현존 수업

온전한 현존체험으로 이끄는 10주간의 내면여행

현존 수업

마이클 브라운 지음 | 이재석 옮김

정신세계사

THE PRESENCE PROCESS:
A Journey into Present Moment Awareness
by Michael Brown

Original English language edition published by Namaste Publishing.
Copyright ⓒ 2011 by Michael Brown.
Korean-language edition copyright ⓒ 2013 by Inner World Publishing.

이 책의 한국어판 저작권은 대니홍 에이전시를 통한
저작권사와의 독점 계약으로 정신세계사에 있습니다.
신저작권법에 의해 한국 내에서 보호를 받는 저작물이므로
무단전재와 복제를 금합니다.

현존 수업
ⓒ 마이클 브라운, 2011

마이클 브라운 짓고, 이재석 옮긴 것을 정신세계사 정주득이 2013년 12월 20일 처음 펴내다. 이균형과 김우종이 다듬고, 김윤선이 꾸미고, 경운출력에서 출력을, 한서지업사에서 종이를, 영신사에서 인쇄와 제본을, 김영수가 기획과 홍보를, 하지혜가 책의 관리를 맡다. 정신세계사의 등록일자는 1978년 4월 25일(제1-100호), 주소는 03965 서울시 마포구 성산로4길 6 2층, 전화는 02-733-3134, 팩스는 02-733-3144, 홈페이지는 www.mindbook.co.kr, 인터넷 카페는 cafe.naver.com/mindbooky 이다.

2024년 3월 25일 펴낸 책(초판 제13쇄)

ISBN 978-89-357-0375-3 03200

이 도서의 국립중앙도서관 출판시도서목록(CIP)은 e-CIP홈페이지(http://www.nl.go.kr/ecip)와
국가자료공동목록시스템(http://www.nl.go.kr/kolisnet)에서 이용하실 수 있습니다.
(CIP제어번호 : CIP2013025537)

이것은 '당신'을 위하여 쓴 책이다.

차례

다시 깨어나기 9

1부 **수업을 위한 조율** 25
    현 순간의 자각이란 무엇인가? 29
    재충전의 박동 36
    의도 조율 40
    현존 수업의 원리 48
    의문에 대한 태도 57
    동작 너머의 움직임 62
    자각의식의 경로와 7년 주기 68
    각인된 감정 80
    누적된 감정 83
    중독과 병을 넘어 90
    결과보다 인과 101

2부 **여행 준비** 117
    현존 수업의 3요소 120
    통합적 접근 129
    진입의 단계 142
    항해를 위한 지침 146

3부 **현존 수업** 167
    통찰과 직감 170

    | 1주차 |
    일깨우고 유지하기 173
    의식적인 연결호흡 연습 176
    호흡 속으로 179
    현존과 개인의 표현 187
    현존 체험 191
    앞으로, 안으로, 위로 193

    | 2주차 |
    메신저 알아차리기 195

    | 3주차 |
    통찰 수신하기 212

    | 4주차 |
    조건 없이 느끼면 통합된다 224

| 5주차 |
아동기의 통합 233
아동기 자아의 통합 243

| 6주차 |
누적된 감정의 통합 248
자동반응의 메커니즘 254
감정통합 절차 258
물속으로 261

| 7주차 |
신체적 현존감 받아들이기 264
느낌으로 통과해 나가기 270

| 8주차 |
평화란 느껴지는 울림이다 278
용서를 통해 평화를 깨닫기 281
용서를 위한 기도 291

| 9주차 |
사랑에 관한
무의식의 정의를 통합하라 295
조작 301
조건 없이 주는 것이
곧 받는 것이다 304

| 10주차 |
의식적으로 통일장에 들어가기 313
목적을 가지고 살기 326
'알아봄'의 가치 알아보기 329

4부 **가능성의 문** 335
정원사가 있는 곳에 정원이 있다 337
현존 수업의 결실 338
현 순간의 의식을
책임성 있게 방사하기 378
클라이브와 나딘의 이야기 387
유기적으로 펼쳐지는
현 순간의 자각 393

5부 **이어가기** 397
자유는 곧 책임이다 400
장미는 가시가 있다 406
현존의 힘 409
작별 선물 412

다시 깨어나기

당신이 《현존 수업》을 만나게 되었다는 사실에 마음이 무척 흐뭇하다. 현존 수업 과정은 모든 존재가 공유하고 있는 현존(Presence)에 다시 자신을 연결시키고자 하는 사람이라면 누구에게나 도움이 될 수 있도록 고안된 과정이다. 이 과정은 부드럽고 안전해서 누구나 쉽게 따라 할 수 있다. 또 이 과정을 통해 얻게 되는 이익은 매우 실질적이고 그 효과는 지속적이다.

현존 수업은 시간 중심적인 사고경향의 덫으로부터 당신의 주의를 되찾아주는 실질적인 기법과 인식 도구를 제공하는 안내여행이다. 이 여행을 통해 당신은 점차 당신의 경험이 펼쳐지고 있는 현재의 순간 속으로 다시 들어갈 수 있다.

현존 수업은 1996년 애리조나 사막에서 의식적으로 개시했던 나의 추구과정의 산물이다. 내가 어린 시절 이래 처음으로 나의 참 존재와 다시 합일하고, 그러한 만남이 발하는 그윽한 광휘를 경험한 것도 그때였다. 이 책에서 나는 그 존재를 '현존(Presence)'이라는 말로 부를 것이다. 그리고 이 신성한 본질이 우리 삶의 조종석에 앉을 때 찾아오는 찬란한 경험을 '현 순간의 자각'(present moment awareness)이라 부를 것이다.

내가 참 존재를 처음 만나기 전, 나는 거의 10년 동안 호튼증후군
(Horton's syndrome, '군발두통'이라고도 하며 심한 두통이 집단적, 주기적으로 나타나
는 질병. 역주)이라는 고통스러운 급성신경질환 때문에 무진 고생을 했다.
1987년에 시작된 이 증상은 하루에도 몇 번씩 극심한 고통이 엄습해오
는 증상이었다. 이 증상을 여기서 장황하게 설명할 필요는 없겠지만, 당
시 남아프리카공화국의 유명한 신경외과 의사로부터 이 병은 알려진 원
인이나 치료법이 없다고 하는 말을 들었다. 그는 또 나에게 증상의 심각
성 때문에 약물중독이나 자살의 위험을 경계해야 한다고 경고했다.

처음에 나는 증상을 완화시키기 위해 여러 가지 처방약을 써보았다.
그리고 실망이 거듭되자 온갖 다양한 대체요법들을 알아보기 시작했
다. 조금이라도 치료의 가능성이 있는 방법이라면 무엇이든 다 시도해
봤다. 얼굴에 코르티손(항염증제) 주사를 맞기도 하고, 사랑니를 뽑기도
했으며 남아프리카 코사Xhosa족의 상고마Sangoma라는 주술치료사를 찾
아가기도 하고 훌륭한 '치유가'들을 여럿 만나기도 했다. 그러나 그 어
느 것도 나의 증상을 완화시키거나 해결해주지는 못했다.

1994년, 이 방법 저 방법을 다 찾아다녔지만 아무런 성과 없이 여러
해를 보낸 끝에 드디어 나는 누구도, '외부에' 있는 그 무엇도 나의 고
통을 덜어줄 수 없다는 진실을 직면하게 되었다. 그때 내가 내릴 수 있
었던 선택은 이 상황으로부터 '도망가느냐' 아니면 그 속으로 '들어가
느냐' 하는 것밖에 없었다.

나는 아직 죽을 준비가 되어 있지 않았기 때문에 '나 스스로' 치유할
수 있는 방법을 찾기 시작했다. 그것은 스웨덴 마사지 공부와 레이키(靈
氣)라는 기氣치료 자격증을 따는 것에서부터 시작되었다. 다양한 신체
적, 정신적, 감정적 기법들을 자신에게 실험해보다가, 나는 '높은 고유

에너지 진동수'라고 스스로 이름 붙인 상태를 지속적으로 유지하기만 하면 통증의 강도와 빈도가 상당히 줄어든다는 사실을 발견했다. 이것이 지금 내가 '현 순간의 자각'이라고 부르는 것의 첫 속삭임이었다.

나는 1996년 애리조나 투산에 있는 원주민 한증막(sweat lodge)에서 야키Yaqui족 주술사의 안내로 현존과 현 순간의 자각이 발하는 빛을 처음으로 깊이 경험했다. 한증막 안의 열기와 수증기 속에서 기도하고 북소리에 맞춰 노래하며 두 시간을 보내고 나서, 작은 한증막 출입구를 두 손과 무릎으로 기어서 나왔던 순간을 잊을 수가 없다. 밤의 차가운 공기를 맞으며 한증막 밖에 서 있는 동안 내 안과 주변의 모든 것은 충만한 생명으로 진동하고 있었다. 마치 이 세상에 처음으로 막 태어난 것만 같은 느낌이었다. 그것은 내 삶 속에 내가 처음으로 '등장하는' 느낌을 맛보게 한 특별한 순간이었다.

한증막을 나와서 나는 타닥타닥 타고 있는 장작불 곁에서 오래도록 밤공기를 쐬며 앉아 있었다. 그러면서 혈관을 타고 흐르는 따뜻한 피와, 허파를 가득 채우는 신선한 숨, 그리고 편안한 심장박동을 느꼈다. 그러기를 몇 시간 후, 나는 현존과 직접 연결된 느낌을 체험했다. 그리고 내 몸의 모든 세포 속에서 진동하고 있는 참 존재가 발하는 빛을 느낄 수 있었다. 지금에 와서 깨닫고 있는 사실이지만, 나의 몸은 단지 현존이 현상적으로 드러나게 하기 위한 하나의 매개물일 뿐이다. 실제로 나는 자주 몸을 '몸이라는 운반수단'(body-vehicle)이라고 부른다. 내가 이 책에서 '몸(body)'이라고 말할 때는 일종의 탈것으로서의 몸을 의미하는 것이다.

현존과 현 순간의 자각과의 두 번째 만남은 그로부터 몇 달 뒤, 페요테 선인상으로 우린 차를 마셨을 때 찾아왔다. 페요테 신인징은 지구싱에서 가장 알칼리성이 강한 물질 가운데 하나다. 그것은 또 내가 여태껏 맛본 음료 가운데 단연코 가장 역겨운 맛을 가진 음료이기도 했다! 이 음료를 성찬식의 포도주로 마시는 아메리카 원주민 교회(페요테교敎라고도 하며, 토착종교에 기독교의 요소를 가미한 북미 원주민의 종교로서 종교의식에 페요테 선인장을 사용한다. 역주)에서는 이 음료를 '약'이라고 부른다. 나의 최초의 '약' 복용 경험은 놀라웠다. 한 시간 동안 불편한 메스꺼움에 시달린 뒤에, 나는 깊고 어두운 꿈으로부터 현 순간을 자각하는 체험 속으로 깨어나는 나 자신을 느꼈다. 그것은 일시적인 경험이었지만 현존과의 깊은 연결로부터 오는, 부정할 수 없는 '온전함'의 느낌이었다. 나는 육체적으로 현존하고 있었고, 정신적으로 명료했고, 감정적으로는 균형 잡혀 있었으며, 파동적으로는 '주파수가 맞아' 있었다.

 최초의 한증막 체험에서처럼, 페요테 체험을 하는 동안 나는 현존을 느끼고 의식적으로 그것과 교감할 수 있었다. 그러자 그동안 일상의 온갖 소음과 부산함, 산만함에 가려 있던 나의 참된 본성과 다시 하나가 될 수 있었다. 페요테 선인장은 나로 하여금 인식의 장막을 지나, 뭇 생명이 '친밀하고 지성을 지닌 단일체', 곧 만유가 공유하는 현존에 의해 연결된 실상을 드러내고 있는 막후의 세계에 발을 딛게 해주었다. 나는 우리가 대자연의 숨 막힐 듯 빛나는 아름다움을 인식하지 못하는 이유가, 자신의 통합되지 않은 과거의 트라우마와 두려움에 찬 미래의 투사 속에 매몰되어 있기 때문이라는 사실을 알 수 있었다.

 그 순간 나는 내가 지금 겪고 있는 고통스러운 증상이 사실은 하나의 기회일 뿐만 아니라 어떤 '목적'을 지닌 것임을 직감했다. 나의 고통스러운 신경증은 이제 더 이상 나의 적이 아니라 친구이자 도우미가 되어 다가왔다. 그것은 무의식중에 고착되어 있는 시간이라는 생각의 그물

망으로부터 빠져나오라고 내게 손짓하고 있는 현존이었다. 그 그물망이 나의 주의를 온 데다 산만하게 흩트리고 있었던 것이다.

그 '약'을 접하는 동안, 현 순간의 자각에 대한 체험을 증가시킬 구체적인 방법을 찾아내는 일이야말로 지금부터 내가 해야 할 가장 중요한 일이란 사실이 분명해졌다. 내가 그 방법을 발견하지 못한다면 다른 사람들을 위한 나의 쓸모도 거기에 한정된 채로 남아 있을 것이다. 나는 아직 참 존재가 아니니까 말이다.

원주민 한증막이나 페요테 선인장 체험 같은 것이 모든 사람에게 이롭진 않다는 것도 분명한 사실이었다. 현 순간의 자각으로 들어가는 여행은 최대한 자연스러워야 한다. 어떤 환경에 처해 있더라도 따라갈 수 있는 길이어야 한다. 그래서 나는 현존을 향해 이렇게 물음을 던졌다. "외부조건이나 약물, 도구, 의식儀式 등에 의존하지 않고 자기 내면의 작업을 통해 현 순간의 자각을 얻는 길은 없을까?"

나는 그 길의 첫 번째 실마리를 바로 그 해에 찾을 수 있었다. 그것은 '의식적인 연결호흡'이라는 것이었다. 그것은 분명한 실마리였음에도 불구하고 나는 그동안 그것을 간과해오고 있었다. 의식적인 연결호흡이란 의도적으로 들숨과 날숨 사이에 숨이 멈추어 있는 시간을 두지 않는 호흡법이다.

의식적 연결호흡을 처음으로 몇 차례 해보고 난 뒤, 나는 이 방법을 이용하면 개인의 현존감이 커지고 행복감이 높아지게 할 수 있다는 사실을 알게 되었다. 또 당시에는 이해하지 못한 모종의 원리에 의해, 이 호흡 연습이 나의 신체적 통증도 점차, 지속적으로 줄어들게 해준다는 사실을 알게 되었다. 실로 여러 해 만에, 나는 내가 겪고 있던 호튼증후군의 진정한 해결책에 대한 희망을 어렴풋이나마 느낄 수 있게 되었다.

이 호흡 연습은 또한 나에게 폭발적인 통찰을 가져다주었다. 예컨대 이 자연스러운 호흡 연습은 일상적으로 일어나는 일들에 대한 집착이 놓여나버리는 순간들을 경험시킴으로써 내게 일어나는 인간적인 경험들과 현존의 경험이 어떻게 다른지를 구별할 수 있게 해주었다. 의식적 연결호흡을 하기 전에는 그 차이를 알아볼 줄을 몰랐다. 일상의 경험들 속에 완전히 매몰되어 있던 나는 내가 경험하고 있는 일들을 곧 나로 동일시하고 있었던 것이다.

이 호흡법을 사용한 결과, 나는 현존을 접할 때마다 내가 존재의 온전하고 완전한 상태를 이미 알고 있었음을 깨닫기 시작했다. 그것은 삶에서 일어나는 어떤 일과도 완벽하게 조화를 이루게 하는, 애씀 없는 평화의 체험이었다. 지금 균형이 일그러져서 조율을 필요로 하는 것은 나의 신체적, 정신적, 감정적 '경험'이지, 나의 '본질'이 아니라는 사실을 나는 깨달았다. '우리의 현존이 치유를 필요로 한다'는 생각은 그야말로 터무니없게 여겨졌다.

현존감을 높여가기 위해 의식적 연결호흡 연습을 하는 동안, 나는 행복감을 회복시켜주는 선택들을 내리고 있는 나 자신을 발견했다. 예를 들어 나는 삶의 온갖 상황들에 자동적으로 반응하지 않고 의식적으로 응답하고 있었다. 나의 행동에 일어난 이 하나의 변화만으로도 내 경험의 모든 측면들이 함께 변화했다. 사람들을 포함한 주변 세상과의 만남은 점점 더 조화롭고 편안한 느낌으로 변해갔다.

그와 동시에 나의 고통스러운 증상의 강도도 점점 수그러들었다. 이 신경질환으로 — 그리고 그에 따르는 절망감, 불안, 분노, 슬픔과 우울로 — 그토록 오래 고생한 끝에 드디어 어둠 속에 서광이 비치고 있음을 느낄 수 있었다.

내가 사용할 수 있는 도구 가운데 의식적 연결호흡보다 — 그리고 이 기법을 통해 일어나는 현존에 대한 자각보다 — 더 좋은 치유 도구가 없다는 생각이 문득 들었다. 나는 이 도구에 관해 더 자세히 알기 위해 다른 사람들에게 이 호흡법을 연습시키면서 그 결과를 관찰해봤다.

당시 나에게 찾아왔던 또 하나의 핵심적인 통찰은, 자신을 치유하겠다는, 다시 말해 '내가 느끼는 불편함을 제거하겠다는' 의도 자체가 잘못된 것이라는 깨달음이었다. 아마도 이것이 그동안 아무리 노력해도 성공하지 못했던 이유였을 것이다. 그 후 나는 '치유한다(heal)'는 말을 사용하지 않기로 했다. 그것은 이 단어가, '내게 뭔가 잘못된 부분이 있으니 그것을 고쳐야만 한다'는 인상을 주기 때문이다. 대신에 나는 '통합한다(integrate)'는 말을 사용했다. 이 말은 무의식적인 내 경험의 일부 — 내가 저항하고 통제하고 가라앉히려 하는 내 경험의 일부 — 가 존재하고 있으며, 그것은 전체와 하나가 되기를 갈구하고 있다는 의미로 나에게 다가왔다. '치유'가 나의 경험으로부터 특정한 부분을 배척하는 느낌이라면, '통합'은 내가 경험하는 모든 것을 받아들이는 느낌을 주었다.

현 순간의 자각에 대해 처음 알게 되었던 그 의미심장한 순간은 이후에도 내가 통합의 기술을 탐구해가는 데에 하나의 기준점이 되어주었다. 나는 내가 탐구해온 것들 가운데 현 순간의 자각을 증가시켜주는 것이라면 무엇이든지 참된 것으로 받아들였다. 현 순간의 자각을 키워주지 못하는 것이라면 나는 거기에 더 이상 시간을 낭비하지 않았다. 오늘날까지도 현 순간의 자각에 대한 체험은 내가 그럴듯해 보이지만 아무 효과도 없는 방법들을 건너뛸 수 있도록 도와주는 신뢰할 만한 척도로 남아 있다.

의식적 연결호흡 외에도 나는 주술의 세계를 탐구하기 시작했다. 나는 4년 넘게 아메리카 원주민의 페요테교에서 불 관리인 수련을 받았다. 또 나는 애리조나 국경을 넘어 멕시코로 가서 '페요테 길(The Peyote Way)'의 살아 있는 선조들인 후이촐Huichol족의 원주민 의식에도 참가했다. 기회가 있을 때마다 나는 나 자신을 실험실로 삼고 현 순간의 자각을 일으키는 실험을 했다. 그리고 그에 이어지는 경험들은 우리가 '현존하게 될 때' 일어나는 효과를 살피는 관찰의 장이 되었다.

나의 이런 개인적인 순례여행이 어떤 이에게는 너무 낭만적인 것으로 비칠지도 모르겠다. 게다가 나는 그 과정에서 커다란 재미를 경험했으니까 말이다. 그러나 그것은 결코 쉬운 길이 아니었고, 막막하게 느꼈던 적도 한두 번이 아니었다. 처음에는 내가 현존이나 현 순간의 자각이 어떤 것인지를 다른 사람에게 설명해줄 수 있는 틀이 없었다. 당시 나는 내가 알아가고 있던 것과 이루기 위해 노력하던 것들을 다른 사람에게 설명할 수 있는 어휘를 갖고 있지 않았다. 나에게 타당한 것으로 여겨지는 길을 따라서 한 발짝씩 겨우 내딛고 있을 뿐이었다.

혼란과 낙담에 빠진 적은 셀 수 없이 많았다. 나의 통찰에 의심을 품은 때도 있었다. 하지만 다행히도 나는 언제나 나의 탐구를 다시 이어갈 길을 찾아냈다. 그것은 호흡을 연결시키면서 현존이 발하는 빛 속으로 다시 들어가는 것이었다. 그럴 때마다 나는 나의 탐구가 실은 단순한 것임을 깨달을 수 있었다. 당시에는 그것을 말로 표현할 수 없었지만 지금은 이렇게 표현할 수 있다. '어떻게 하면 갈수록 더욱 현존할 수 있을까? 어떻게 하면 스스로 자기 삶의 경험 속에 현존하고자 하는 사람들을 위해 이정표를 남겨줄 수 있을까?'

당시에는 내가 이런 탐구를 통해 결국은 '특정한 수행법'을 찾고 있다는 사실을 미처 깨닫지 못하고 있었다. 그러나 지금 되돌아보면, 당시에 나는 그러한 의도를 일으킨 결과로서 지금의 '현존 수업'으로 발전한 실질적인 기법과 인식 도구, 심오한 통찰을 체험적으로 발견해가고 있었음을 알 수 있다.

요컨대 나는 현존과 다시 합일하고, 마음의 세계를 벗어난 현 순간의 자각을 이루고자 하는 나의 의도를 끝까지 품고 갔다. 그 의도가 마침내는 우리 경험의 육체적, 정신적, 감정적 측면들의 균형을 맞춰주는 실질적이고 통합적인 구체적 과정이라는 형태로 땅에 뿌리를 내리게끔 말이다.

나는 2002년, 남아프리카공화국을 떠난 지 9년 만에 돌아왔다. 나는 내 탐구의 첫 번째 단계가 이루어졌음을 알고 있었다. 그 첫 단계란, 현 순간의 자각을 쌓는 과정을 시작하고 유지하여 지속시키는 수행법을 만드는 데 필요한 원재료를 얻는 것이었다. 그 해는 내가 호튼증후군이 처음 발작하여 트란스케이(남아프리카공화국 이스턴 케이프 주州에 있는 코사족의 자치국. 역주)의 자갈길에서 쓰러진 지 15년이 지난 때였다. 그 해 느지막이, 나는 사람들에게 현존 수업의 기법을 가르쳐주면서 나의 목적을 의식적으로 실현해가기 시작했다.

내가 개인적으로 얼마나 많은 사람들에게 현존 수업을 도와주었든, 또 얼마나 자주 글과 지침들을 통해 사람들에게 현존 수업을 알려줬든 간에, 그와는 별도로 이 과정이 거기에 발을 들여놓고자 하는 모든 사람들에게 이루어주고 있는 일들을 목격하면서 나는 늘 놀라고 있다. 현존 수업은 희귀한 보석이다. 이것은 통합되지 못한 과거의 트라우마와 두려움으로 투사한 미래 — 이것이 만유가 공유하는 현존과 현 순간의 자각 속에서 살아가는 심오한 경험을 훼방한나 — 를 해소해주는 체세적인 방법을 제공한다.

현존 수업은 무의식중에 늘 산란되어 있는 마음이라는 감옥에서 우리를 해방시킬 길을 떠나보라는 초대장이다. 나는 온 마음을 다해 이 여행을 끝까지 마친 많은 사람들이 새로운 인식 속으로 다시 태어나 자신을 삶이 보낸 사절使節이 되게 하고, 가정과 사회 속에서 진정한 평화 일꾼으로서 살아가고 있는 모습을 본다.

4년 동안 다른 사람들의 현존 수업 과정을 도와본 결과, 나는 사람들을 현존 수업의 도우미로 훈련시키는 것이 내가 원하는 방식이 아니라는 사실을 깨닫게 되었다. 나에게 그것은 현존 수업 과정의 복잡미묘한 내용을 그릇 해석하게 하여 그 효과를 희석시키고, '영적인 돈벌이'에 능한 도우미들의 수입을 높여주는 수단으로 전락시키는 지름길처럼 보였다. 나는 경험을 통해, 오직 삶 자체만이 사람으로 하여금 다른 이들을 도울 수 있는 통합성을 갖추게 해준다는 사실을 깨달았다. 그리고 삶은 우리가 '먼저 우리 자신을' 도울 때만 이런 통합성을 길러준다는 사실도 깨달았다.

나의 의도는 현존 수업이 모든 사람들이 쉽게 접근할 수 있는 감정 통합의 도구가 되었으면 하는 것이다. 그래서 나는 현존 수업을, 훈련받은 도우미를 통해 전해지는 하나의 수행체계로 만드는 대신에 독자인 당신이 이 책을 통해 직접 체험해볼 수 있도록 만들었다. 이렇게 하면 그것을 가장 순수한 형태로 경험할 수 있을 것이다. 이 책은 현 순간의 자각으로 들어가는 여행에 독자 '자신이' 도우미가 될 수 있도록 쓰였다. 이제, '시간을 신봉하는 마음'의 혼란스러운 꿈에서 깨어나고자 하는 사람이라면 누구나 이 책의 가격만 지불하면 이 과정에 들어갈 수 있다. 그래도 나는 여러분이 이 멋진 여행길을 서로 격려하면서 함께

가는 친구가 되기를 바란다. 그리고 그러한 우정의 진수가 어떤 '권위자'를 통해서가 아니라 길벗들의 본보기를 통해 경험되기를 바란다.

내가 이 심오한 과정을 발견할 수 있도록 나보다 앞선 경험으로써 길을 깔아준 스승들께 감사드린다. 현존 수업은 내가 지나온 멀고도 힘든 길을 굳이 밟지 않더라도 누구나 현존과 현 순간의 자각을 경험할 수 있게 해준다. 돌이켜보면, 내 여행의 많은 부분이 실은 '하지 않았어도 좋은' 불필요한 것이었음을 깨닫는다. 이 책에 소개된 간단한 지침들을 따라가면 여러분은 잘못된 의도의 결과를 겪어내느라 불필요한 시간과 에너지를 낭비하지 않고도 현존을 경험할 수 있는 자기만의 길을 찾을 수 있을 것이다.

약초나 의식 등을 통해 현존에 대한 자각을 일으킬 수도 있지만, 대부분의 사람들에게 이런 도구들은 길 자체가 아니라 길 위에 세워진 표지판에 불과하다. '주술치료사'를 자기 삶의 방식으로 삼고 사는 사람은 많지 않다. 나는 이런 도구와 의식, 의술, 그리고 이런 것들을 열심히 지키고 돌보는 사람들을 나의 우군으로 느끼고, 앞으로도 늘 그럴 것이다. 나는 그들이 우리가 여태껏 잊어왔던 무엇을 상기해내도록 도와주기 위해, 그리고 자신의 가능성을 일별하도록 우리를 돕기 위해 여기에 와 있다는 사실을 안다. 하지만 그들의 접근 방식이 '만인을 위한 길'이라고는 생각지 않는다. '만인을 위한 길'의 메커니즘은 모든 사람의 안에 내장되어 있어서 내면의 설계도, 의도의 청사진, 혹은 설계된 천부권의 모습으로 발견된다.

의식儀式과 약물 복용도 현존에 대한 자각을 일으키고 현 순간의 자각을 경험할 수 있게 하여 인류의 진화를 위한 많은 통찰을 제공해줄 수 있지만, 그 영향력은 시간이 지나면 사그라지고 만다. 그것은 우리가 자각을 유지하는 데 필요한 일상 속의 현존 경험을 키워주지는 못하기 때문에, 유용한 한편 우리를 오도할 가능성도 충분히 가지고 있다. 그래서 자각을 얻고 유지하기 위해 이런 방법을 반복적으로 사용하는 사람은 이런 능력을 자연스럽게 기르고자 하는 의지와 자기규율성을 동시에 발휘하지 않는다면 '내면' 계발이라는 명분하에 '외부의 것'에 의존하는 모순에 빠질 위험이 있다.

나의 경험상, 대부분의 사람들에게는 자연스러운 접근법을 통해 다가갈 때만 현존과 현 순간의 자각과의 참되고 열린 관계가 가장 쉽게 맺어진다. 즉, 의식적이고 또렷하게 깬 상태에서 그것에 다가가, 변함없는 자기규율과 개인의 의지력을 발휘하여 관계를 쌓아가는 것이 가장 바람직하다. 현 순간의 자각을 달성하는 일은 일회성 응급처방이 아니라 이 지구에서 살아가는 우리의 일상적인 삶의 방식이 되어야 한다. 현존 수업이 모두에게 전하고자 하는 것이 바로 이처럼 자연스러운 접근방식이다.

현존 수업의 장점은, 그 어떤 인위적인 도구나 외부적 활동, 복잡한 의례나 의식, 독단, 신념 따위를 요구하지 않으면서도 자신의 참된 상태로 돌아가는 길을 열어준다는 데에 있다. 현존 수업은 '주의'와 '의도'를 의식적이고 일관되게 사용하기만을 요구할 뿐이다. 직접적인 체험을 통해 이 과정에 들어가면 — 대개의 경우 3회 정도 이 과정을 반복하면 — 그것은 모두가 가지고 있는 능력을 점차 각성시켜서 현존에 대한 자각과 그에 따른 현 순간의 빛나는 자각을 쌓아갈 수 있게 해준다. 이 복잡하고 정신없는 세상 어디에 놓여 있더라도, 이제 당신은 일상의 세속적인 경험들 속에서도 안전하게 그것을 성취할 수 있다. 그것은 운명이 우리를 데려다놓은 현재의 이곳을 떠날 것을 요구하지 않는다.

현존 수업은 또한 변화하는 조건의 세계에서는 익숙하지 않은 개념을 우리에게 소개한다. 그것은, '현존은 그 어떤 어려움도 알지 못한다'는 사실이다. 현존은 우리가 현 순간의 자각을 경험하지 못하도록 방해하는 역기능들을 통합시키는 데 필요한 상황들을 우리 일상의 적시적소에 나타나게 하는 놀라운 능력을 갖고 있다는 말이다.

이 책에 이끌린 독자들 중 많은 사람들과 마찬가지로, 나도 처음에는 불편한 신체증상 때문에 이 모험길에 들어서게 되었다. 나의 고통은 괴로움을 일으키는 원인을 내 안에서 찾게끔 만들었다. 나는 이 과정이 내부에서 증상을 일으키는 조건들을 변화시킬 수 있다는 사실을 나 자신과 다른 사람들의 사례를 통해 직접 목격했다. 우울증, 공포증, 약물과 알코올 중독, 슬픔, 분노, 두려움, 알레르기, 무기력증을 비롯해 무수한 외면적 징후들을 일으키는 내면의 불편함 말이다. 이 과정은 또한 신체적 부상이 신속히 회복되게 하고 모험적이고 창의적인 능력을 진작시키며, 요가와 명상을 비롯한 여러 가지 수련에 활기를 더해준다.

이 과정은 우리로 하여금 부지불식간에 현재에 대한 자각으로부터 멀어지게 만드는 주범이 우리 안에 깊이 억압된, 각인된 감정이라는 사실을 보여준다. 우리가 내면에서 느끼는 불편함이 신체적으로 드러나게끔 만드는 원인은 이 같은 통합되지 못한 감정이 일으키는 혼란한 정신상태다. 그리고 이런 신체적 불편은 결국 질병이라는 증상으로 이어진다.

그러니 본질적으로 현존 수업은 우리의 감정적 차단 상태를 통합할 책임을 우리 스스로가 떠맡을 수 있도록 안내해주는 실질적인 방법론이다. 다시 말해 현존 수업은 의식적으로 '어른이 되는' 길이다.

감정 통합을 의도적으로 시작하고 나면, 우리는 이 과정이 우리에게 주는 크나큰 선물은 흔히 경험하게 되는 증상의 완쾌가 아니라 자기 삶의 경험의 질을 결정하는 책임을 스스로 온전히 떠맡을 수 있는 능력이라는 사실을 깨닫게 된다.

현존에 친숙해지고 현 순간의 자각을 쌓아가는 것은 그 끝을 짐작할 수 없는 매우 만족스러운 여행이 될 것이다. 나에게 이 여행은 원주민 한증막과 페요테 선인장 체험을 통해 처음 시작하던 때와 마찬가지의 친밀한 울림으로 오늘날까지 이어지고 있다. 이 여행은 우리가 삶에 자동적으로 반응하지 않고 의식적으로 응답할 수 있도록 힘을 부여해주는 '존재방식'을 일깨워준다. 이 여행은 우리로 하여금 분리를 경험하게 만드는 것들에 빠져드는 대신 우리 모두가 공유하고 있는 그것을 자각하도록 이끌어준다. 하지만 우리가 현 순간의 자각으로 들어서는 자신의 여행을 의식적으로 시작할 때까지, 현존의 경험은 세속적 일상의 요구와 혼란에 가려진 채로 남아 있을 것이다.

현존에 대한 경험적 자각을 일깨우는 것이야말로 우리가 자신에게 줄 수 있는 가장 큰 선물 중 하나이다. 이것은 인류에 기여할 수 있는 책임 있는 행동방식이기도 하다. 왜냐하면 현 순간의 자각에 들어서면 우리는 현존의 심오한 능력을 모든 상황과 일에 적용할 수 있게 되기 때문이다.

현존 수업은 모두가 공유하고 있는 현존을 자각하기를 권유하는 하나의 초대장이다. 이 수행법은 현존으로 하여금 우리를 '있는 그대로의 만유'에 대한 깊어진 자각으로 이끌게 한다. 현존 수업은 삶의 가능성에 대한 자신의 인식을 스스로 변화시킬 수 있는 힘을 선물한다. 그러니 책이든 이 과정이든 서두를 필요는 없다. '되도록 빨리' 이 과정을 끝내겠다는 조급한 생각으로는 이 과정에서 얻어야 할 것을 얻을 수가 없다.

지금과 다른 어딘가에 도착하기 위해 이 과정을 지나가야만 한다고 생각하는 것은 도움이 되지 않는다. 당신이 찾고 있던 모든 것이 이미 당신을 찾았고, 당신 안에 고스란히 다 있다. 현존 수업은 당신이 이 사실을 직접 체험해보고 확증할 기회를 줄 것이다.

나는 고통스러운 신경질환으로 모습을 드러냈던 감정 상태를 성공적으로 해결했다. 현존과 친해짐으로써, 그리고 '내면의 아는 자'(inner knower)가 현 순간의 자각으로 들어가는 나의 가이드 역할을 맡게 함으로써 그렇게 할 수 있었다.

당신에게도 이런 무한한 능력이 내재해 있다. 그것은 우리 모두가 공유하고 있는 것이고, 우리 '본래 모습'의 일면이기 때문이다. 당신도 얼마든지 이런 존재상태에 이를 수 있다. 나에게 그러했던 것처럼, 그리고 자신의 경험에 온전히 책임지라는 권유를 이미 받아들인 많은 사람들에게 그러했던 것처럼, 이 마법과 같은 신비한 여행이 당신에게도 축복을 내려 삶의 모든 경험의 질을 높여줄 것을 믿는다.

오늘날처럼 정신없이 돌아가는 세상에서 현 순간의 자각은 미지의 변경이자 개인의 해방을 향해 활짝 열린 문이다. 그리고 현존은 우리가 이 문으로 들어가 여행을 계속하도록 이끌어주는 신뢰할 만한 안내자이다. 당신과 마찬가지로 나 역시 호기심 많은 탐험가이다. 앞으로, 안으로, 위로 끊임없이 헤치고 나아가는 탐험가 말이다. 자신에게 이 선물을 준 당신께 감사한다.

따뜻한 가슴으로,
마이클

1부

수업을 위한 조율

이 책의 내용은 현존 수업(The Presence Process™)이라 불리는 한 경험적 과정을 돕기 위한 것이다. 이 책을 읽음으로써 당신은 이 과정에 부드럽게 이끌리어 그것을 체험해가면서, 변화된 일상의 삶 속으로 안내될 것이다.

현존의 체험을 통해 당신은 '현존하게' 된다.

이 과정을 마치면 당신은 현 순간의 자각 속으로 이어지는 여행의 '셀프 도우미'로 훈련된다. 당신은 당신을 인도하려고 늘 기다리고 있는 참 존재의 한 면과 연결되고, 그러면 더 이상 외부의 안내를 구하지 않게 된다.

현존 수업은 당신 '안으로' 들어가는 여행이다. 그것은 잊혀진 기억을 통과해 익숙하지 않은 감정 영역으로 당신을 데려간다. 이 과정에서 당신은 자신의 일상에 스며 있는 억압된 두려움과 분노, 슬픔을 통합할 수 있다. 이러한 감정 영역은 처음에는 낯설어 보일 수도 있다. 하지만 당신을 본연의 순수와 기쁨과 창조성과 재결합하게 하는 것은 바로 이 잊혀진 에너지 지대이다.

언뜻 보기에는 당신 혼자서 이 여행을 하는 것처럼 보여도 실은 그렇지 않다. 현존과의 직접적인 관계를 일깨워줄 1부를 통해 당신은 이 사실을 깨달을 수 있다. 지금 당장은 자신이 어디로 향하고 있는지, 이 방향으로 어떻게 헤쳐갈 수 있을지를 알지 못해도 그것을 알고 있는 당신의 참 존재의 한 측면이 있다. 그것은 '모든 것을' 알고 있다. 당신이 내면을 향한 이 여행길에 오르도록 권유하는 것도 바로 그것이다. 이 현존은 당신이 찾고 있는 것이 무엇인지를 알고 있고, 그것을 얻는 데 필요한 것이 무엇인지도 알고 있다.

현존은 당신의 최고의 친구이자 가장 가까운 벗이며, 또한 당신의 수호자이자 의장병으로서 당신의 깃발과 보급물자를 모두 지니고 다닌다. 현존은 열정적으로 당신을 떠나보내고, 당신이 현 순간의 자각에 다가갈 때 그곳에서 당신을 반가이 맞이해준다.

현존 수업의 1부는 현존으로부터 오는 커뮤니케이션에 당신이 마음을 열도록 준비시킨다. 1부를 읽으면 현존이 의사소통을 위해 쓰는 언어인 참의 언어(language of authenticity)를 배울 수 있다.

이 책에 쓰인 내용을 모두 암기할 필요는 없지만 가능하면 자주 읽어보는 것이 도움이 될 것이다. 특히 편안하게 마음이 열려 있는 고요한 시간에 읽으면 더 좋다.

만약 언제라도 책의 내용에 압도당하는 느낌이 든다면, 그것을 책을 덮고 자신이 읽은 내용을 '통합할' 공간을 스스로에게 줘야 한다는 신호로 받아들이라. 여기서 '통합'이란 읽은 내용을 신체적, 정신적, 정서적으로 받아들일 수 있는 여유공간과 고요를 스스로 허용한다는 뜻이다. 당신은 이 책이 촉발하는 체험을 제대로 소화시켜 그것이 가진 영양분을 온전히 흡수할 수 있어야 한다. 그러니 서둘러서는 안 된다는 점을 이쯤에서 강조해두고자 한다. 이 책을 찬찬히 읽어가면서 그것을 제대로 소화시킬 시간을 자신에게 주는 것이 반드시 필요하다.

현존 수업은 누구나 쉽게 접근할 수 있도록 입구가 두 단계로 되어 있다. 첫 단계의 입구는 책을 읽으면 곧바로 들어갈 수 있다. 두 번째 단계의 입구는 10주의 기간에 걸쳐 점진적으로 전개되는 체험 과정이다. 1부는 이 두 단계 중 어느 것이 자신에게 적합한지를 현명하게 선택할 수 있도록 도와줄 것이다. 2부는 문을 열고 길을 가리켜줌으로써 당신을 현존 수업의 전반적인 취지에 맞도록 조율시켜줄 것이다. 2부는 당신의 의도를 구체화하고 주의를 집중시키고 내면의 안내자를 일깨움으로써 당신을 준비시키고 독려해줄 것이다.

현 순간의 자각이란 무엇인가?

현 순간의 자각(present moment awareness)이란 행위(doing)와 반대되는 존재(being)의 상태를 말한다. 현 순간의 자각을 간단하게 정의하자면 '당신이 살고 있는 지금 이 순간을 온전하게 자각하는 것' 또는 '지금 이 순간에 현존하는 것'이라고 할 수 있다.

여기서 중요한 것은 '현 순간' 자체가 아니라 당신이 현 순간에 온전한 주의를 기울임으로써 삶의 경험 위에 가져와 힘을 미치게 하는 '참 존재'이다.

당신이 현 순간의 자각에 들었는지의 여부를 판단할 수 있는 믿음직한 지표가 있다. 그것은 특정 순간에 당신이 아무리 편안하게 느끼든, 아니면 아무리 불편하게 느끼든 상관없이 당신의 경험에 '감사'의 마음이 스며들어 있는가 하는 것이다.

여기서 말하는 감사는 자신이 다른 사람보다 건강하다거나 돈이 많다는 따위의 비교로부터 나오는 감사가 아니다. 또 자신이 원하는 대로 삶이 술술 풀려나가는 데서 우러나는 감사의 마음도 아니다. 내가 여기서 말하는 감사란, 아무런 이유도 필요치 않은 감사의 마음이다. 그저 당신에게 주어진 이 삶에의 초대, 삶이라는 여행, 삶이라는 선물에 감사하는 마음 말이다.

감사는 당신이 자신의 경험 속에 현존하고 있는지 그렇지 않은지를 보여주는 단 하나의 의지할 만한 지표이다. 그저 살아 있음에 감사하는 마음이 부족하다면 그것은 당신이 현재로부터 길을 잃고 '시간'이라는 착각적인 마음상태 속에 빠져 있기 때문이다.

우리가 태어나 살고 있는 오늘날의 문화는 거의 완전히 시간의 세계 속에 존재한다. 이 때문에 우리들 가운데 현존을 지속적으로 유지할 수 있는 사람은 그리 많지 않다. 이것은 현대 문명이 내린 저주라고도 할 수 있다. 우리는 진보를 갈망하지만, 많은 경우 그것은 진보가 일어나고 있는 동안에는 더 이상 현존하지 않아도 좋도록 삶을 구조화하는 결과로 이어지고 만다. 경험이 자동화될수록 삶의 기술을 덜 쓰게 되는 것이다.

시간의 세계에서는 감사의 마음을 느끼기가 어렵다. 왜냐하면 시간의 세계에서는 그 무엇도 당신이 '생각하는 대로' 펼쳐지는 것처럼 보이지 않기 때문이다. 시간의 세계에서는 과거는 후회를 안고 있고 미래는 발전의 약속을 품고 있으며, 현재는 끊임없는 적응을 요구하고 있다. 그래서 당신은 과거에 무엇이 잘못되었는지를 곱씹고, 당신이 구하는 평화와 만족감을 얻는 데 필요하다고 생각되는 적응을 도모하는 데에 깨어 있는 시간의 대부분을 보낸다. 그런데 이 같은 적응은 '더 나은 내일'을 위한 것이라서, 어떻게 하면 의미 있는 '오늘'을 살 수 있을

지에 대해서는 까마득히 잊은 채로 살게 된다. 그 결과 당신은 '지금 당장'의 경험을 단지 '목적을 위한 수단' 정도로만 간주한다. 더구나 당신이 현재 처해 있는 이 곤경을 비춰볼 만한 다른 경험에는 접근할 방도가 없기 때문에, 그저 그렇게 사는 것이 당연해 보인다.

이리하여 당신은 부단히 현재를 건너뛰며 살아간다. 지나간 과거는 바꿀 수 없고 미래는 아직 오지 않았음에도 불구하고, 당신은 자신이 실제로 살고 있는 유일한 순간인 바로 지금 속으로 들어가 그것을 온전히 경험하는 대신 시간이라는 환영의 세계 속에 마음을 주저앉혀 놓기를 택한다.

이런 마음상태 속에 습관적으로 머물면서 과거와 미래라는 환영 속으로 주의를 투사함으로써, 당신은 정작 '지금 여기서' 일어나고 있는 진정한 육체적, 감정적 경험은 놓치고 만다. 당신은 삶의 생생한 떨림을 담고 있는 유일한 순간인 현재를 지각하지 못하는 채 살아가고 있다. 당신은 자신이 살아 있다고 '생각하지만', 실은 그저 목숨을 연명하고 있을 따름이다. 당신은 앞으로 나아가고 있다고 '생각하지만', 실은 똑같은 쳇바퀴를 계속 맴돌 뿐이다. 당신은 모든 것을 머리로 헤아리게 되었고, 그 대가로 육신의 현존과 조화된 감정을 경험하기를 포기했다. 그리하여 당신의 삶은 마음이 발전했다고 스스로 믿는 만큼이나 혼란에 덮여 있다.

그저 목숨을 연명할 뿐인 '존재하지 않는'(not-being) 상태에 익숙한 당신에게는 그렇게 사는 것이 당연해 보일 뿐만 아니라 어쩌면 스스로도 그것을 바라고 있는지 모른다. 하지만 그것은 결코 당연한 상태가 아니다. 왜냐하면 그것은 조화를 알지 못하기 때문이다. 어떤 차원에서는 당신도 그 사실을 알고 있다. 마음이 부지런히 현재를 건너뛰어 다니는 와중에도 거기에 뭔가가 빠져 있음이 느껴지기 때문이다. 내적 평화의 결핍은 고요와 침묵의 경험을 회피하는 당신의 습관으로 표현될 뿐만 아니라 끝없는 혼돈의 모습으로 외부로 투사된다. 마음이 지배하는 이 시대의 주제가는 '소음과 움직임이 있게 하라'이다.

과거에 무엇을 잃었는지 기억하지 못하는 당신은 자신이 지금 무엇을 잃고 있는지도 알지 못한다. 당신은 그것을 찾을 수 없다. 과거의 그림 속을 들여다보거나 미래를 내다보며 그것을 찾아 두리번거리고 있기 때문이다. 끊임없이 무언가를 갈구하는, 만족할 줄 모르는 당신의 행동은 지금의 삶의 방식이 채워주지 못하는 공허함의 반증이다. '충분하다'는 말은 이제 우리와는 볼 일이 없는 단어가 되었다.

불안과 고뇌에 휩싸인 당신은 평화를 찾아 온 지구를 샅샅이 뒤진다. 그렇지만 어떠한 행위도 당신의 광적인 '행위 상태'에 평화를 가져다 주지는 못한다. 이것은 당신이 평화란 '행위'가 아니라 '느낌'이라는 사실을 잊고 산 지가 오래기 때문이다. 평화는 강요하거나 기계적으로 주입할 수 있는 것이 아니다. 그것은 당신이 느낌을 통해 '지금 이 순간' 속으로 들어갈 때에만 실현되는 어떤 것이다.

당신 내면의 불안상태는 육체적, 정신적, 감정적 불편과 질병의 증상을 통해 겉으로 드러난다. 당신이 그것을 어떻게 받아들이든, 그것을 피해 어디로 도망가든, 끝없는 '행위'로써 어떻게 그것을 외면하든 간에, 당신이 붙잡으려는 안식은 영원히 손에 닿지 않는 것처럼 보인다. 오래 잠을 자지 못한 사람에게 불가피하게 신체적, 정신적, 감정적 고장이 생기듯이, 현 순간의 자각이라는 오아시스를 잊어버린 우리 또한 계속 커져만 가는 지구적, 사회적 분열 속으로 끌려 들어갈 것이다.

'시간 속에서 살고 있는' 이러한 마음상태, 휴식이나 평화를 느낄 겨

를도 없이 끊임없이 어제로부터 도망치는 동시에 미친 듯이 내일을 향해 달려가는 이런 상태가 바로 현존 수업이 다루어 구해줄 당신의 곤경이다. 현존 수업은 당신이 처한 곤경의 원인을 깨닫게 함으로써 그 딜레마에서 벗어나는 길을 알려준다. 그것은 자각의 밧줄을 던져 당신을 과거와 미래라는 착란에서 벗어나올 수 있게 해줄 것이다. 그렇게 하여 당신은 유일하게 탄탄하고 안전하고 평화로운 토대, 곧 현재로 돌아올 수 있다.

당신이 세상 속에서 안전하게 받아들여진 느낌을 얻기 위해 지어내는 행동들은 진정한 평화의 대용물일 뿐이다. 진정한 당신은 그것이 아니다. 현존 수업은 당신의 의식을 당신의 진정한 본성인 현존으로 안내한다. 당신은 현 순간에서 멀어진 결과로서 겪고 있는 두려움과 분노와 슬픔으로부터 자신을 방어하기 위해 거짓과 가식을 동원하는데, 현존 수업은 당신이 의식적으로 이러한 거짓과 가식을 벗어놓을 수 있도록 용기를 북돋아준다.

곧 들어가게 될 이 10주간의 공부는, 세상에 대한 당신의 경험을 진실로 변화시키는 방법은 바이러스와도 같은 이 '시간 속의 삶'으로부터 자신을 건져내는 것임을 보여줄 것이다. 이 정신착란 상태에서 자신을 건져내는 것이야말로 '바로 지금' 실천할 수 있는 최고의 봉사행위이다.

미래가 당신에게 무엇을 약속하든 간에 지금 실재하고 있는 이 순간, 즉 '지금-여기-이것'은 어제 일어났던 일이나 내일 일어날 일과는 아무런 상관이 없다. '그때-거기-저것'에만 몰두하여 삶에서 일어나는 사건들에 무의식적으로 반응하는 한, 당신은 바로 눈앞에 있는 것도 보지 못한다. 대신 과거라는 망령과 미래에 투사한 환영으로부터 뒷걸음

질치면서 머릿속에서 지어낸 꿈에 쫓겨 다닐 뿐이다. 이것은 제대로 사는 것이 아니다. 사실 그것은 전혀 사는 것이 아니다. 왜냐하면 진정한 삶의 떨림은 시간 속에서는 공명되지 않기 때문이다. 시간을 바탕으로 한 지금 당신의 경험은 통합되지 못한 두려움과 분노와 슬픔의 쇠창살로 만들어진 감옥이다. 그것은 당신을 아무 데도 데려다주지 못한다. 과거에도 그런 적이 없었고 앞으로도 그럴 것이다. '시간' 속에서는 어떤 일도 실제로 일어나지 않는다. 다만 일어난다고 '생각할' 뿐이다.

좋은 소식은, 이것이 우리가 지금 '알고 있는' 경험의 유일한 성질이긴 해도 그것이 우리가 '가질 수 있는' 유일한 경험은 아니라는 사실이다. 시간의 세계와 나란히 존재하는 또 하나의 패러다임이 있다. 우리는 그것을 '현 순간'(present moment)이라고 부른다. 현 순간의 신성한 관리자는 우리 모두가 공유하는 현존(Presence)이며, 우리는 현 순간의 자각(present moment awareness)을 통해 현존이라는 광대한 공간을 체험할 수 있다. 당신은 현존이라는 것의 존재를 알고 있다. 왜냐하면 자신이 갈망하는 것이 현존이라는 사실을 의식적으로 깨닫지 못하고 있을 때조차 당신은 그것을 찾고 있기 때문이다. 그리고 다양한 배경의 많은 보통 사람들이 이미 현존 속으로 다시 들어가 지금도 현존하고 있다. 오늘날 지구상에는 많은 사람들이 현 순간의 자각을 즐기고 있고, 현존의 경험을 공유하는 사람들의 이 공동체는 점점 더 커지고 있다. 이 책과 이 책이 담고 있는 수행법은 당신을 이 파티에 초대하는 특별 초대장이다.

당신은 어디에 있든지 상관없이 현 순간의 자각에 이를 수 있다. 현 순간의 자각을 가동시키기 위해 여기가 아닌 다른 곳으로 가거나 어떤 외부적 '행동'에 착수할 필요가 없다. 하지만 통합되지 못한 과거의 트라우마(정신적 외상)나 미래의 두려운 일에 무의식적으로 붙들려 있으면 의식적으로 현 순간의 자각 속으로 들어갈 수가 없다.

지금 이 순간도 기쁨에 넘치고 건강하고 풍요로운 삶이 우리 모두에게 쏟아져 넘치고 있다. 그러나 '시간 속에서' 살고 있으면 당신이 타고 있는 배는 뒤집히고 만다. 당신은 이 전도된 상태에서 '이미 영원히 주어진 것을 그저 받아들이지' 못하고 '무언가를 얻으려고 애쓰면서' 자신의 경험을 낭비하고만 있다.

현 순간의 자각은 관념이 아니다. 그것은 '체험'이다. 점점 더 많은 사람이 현 순간의 자각에 들고 있다는 것은 인류의 진화가 가속되어가고 있는 결과이다. 지금 이 순간이 주는 축복을 누리고 싶은 사람 누구에게나 그 초대장은 여기, 지금 바로 이 순간, 이 환경 속에 있다. 그 초대장은 나지막한 목소리로 이렇게 말한다. "멈추세요. 당신이 가야 할 어떤 곳도, 해야 할 무엇도 없습니다. 모든 것이 그저 존재할 뿐입니다." 이것이야말로 현존 수업이 보내는 여행의 초대이자 선물이다.

이제 당신은 현 순간의 자각에 대해 좀더 온전히 이해할 수 있게 됐다. 다시 말하면 현 순간의 자각이란 '낱낱의 경험에 의식적으로 응답할 수 있도록', 주어진 매 순간 애씀 없이 현존과 하나로 어우러져 있는 그런 존재상태이다. 그 의식적 응답이란 감사의 응답이어서, 그 물줄기가 당신의 환영幻影을 말끔히 씻어 내려줄 것이다.

시간 속에서 살기에 너무나 익숙해 있는 당신에게 이런 상태에 들어가는 것은 힘들고 복잡한 일처럼 보일 수도 있다. 그러나 현 순간의 자각은 당신의 타고난 권리여서 그렇게 사는 것은 자연스러운 일일 뿐 아니라 별다른 노력이 필요하지 않다. 현 순간을 탕진한 탕아가 이제 깨어나서 들어서고 있는 것은, 다름 아닌 자각이라는 왕국의 문이다.

재충전의 박동

현존 수업은, 당신의 진정한 본질은 마음이 아니라는 전제에서부터 출발한다. 당신은 영원한 현존이다.

현존 수업의 맥락에서는 '마음(mind)'이란 하나의 도구여서, 당신은 그것을 가지고 이 덧없는 인간의 경험에 응한다. 마음은 물질성(몸)과 정신성(생각), 그리고 정서(감정상태)로 이루어져 있다. 다른 책들에서 '마음'이라고 할 때는 대개 '생각'만을 가리키지만 말이다.

현존 수업은 책의 형태로 전해지는 현 순간의 자각 체험이다. 그래서 이 책은 당신에게 익숙하지 않을 수도 있는 방식으로 쓰이고 구성되었다. 비록 현존 수업이 마음의 생각하는 측면을 도구로 빌려 쓰고 있기는 하지만(이 책 전체에 걸쳐 이것을 '정신체mental body'라고 부를 것이다.) 그것은 당신에게 생각을 더 많이 하라고 부추기려는 것이 아니다. 마음의 생각하는 측면은 주로 시간에 근거한 패러다임 속에서 작동하기 때문에 현 순간의 자각을 이해하는 데는 어려움을 겪는다. 생각과 현 순간의 자각이 함께 있는 경우는 좀처럼 없다.

당신이 현 순간의 자각 속으로 들어가고 있음을 말해주는 지표 중 하나는, 머리로 분석하는 일이 점점 줄어든다는 것이다. 그러나 당신은 마음의 생각하는 측면이 당신에게 봉사하도록 만드는 대신 당신 스스로 그것의 노예가 되어 버렸으므로 이 정신활동을 잠재우는 데는 의도적인 과정이 필요하다. 인식을 원상복구시키는(undoing) 과정 말이다. 이 때문에 군데군데서 이 책의 리듬이 좀 매끄럽지 않게 느껴질 수도 있다.

당신의 정신체는 이 책의 속도에 다소 어려움을 느낄 수도 있다. 아마 이렇게 말하리라. "이건 너무 반복적이야. 이 설명은 이미 했는데 왜 또다시 읽어야 한다는 거야? 이 저자는 독자가 지능이 모자란다고 생각하는 건가?"

당신의 정신체가 이렇게 반응하는 이유는, 당신의 인식이 시간에 근거한 패러다임에 빠져 있는 한 생각하는 마음은 '이해하기'에만 온통 골몰하기 때문이다. 생각을 통해 이해하려고 하는 것이야말로 현재 정신체의 가장 주된 쓰임새이다. 정신체에게 '이해'는 실로 신과도 같은 존재다!

생각하는 마음은 자신이 이미 뭔가를 이해했다고 믿으면 그것이 반복될 때 불쾌해하고 지루해한다. 특히나 그것이 완전히 똑같은 식으로 반복될 경우에는 더욱 그렇다. 마음의 생각하는 측면은 분석하고 이해하기 위한 도구로서의 역할 이외에는 정보에 더 이상의 의미를 두지 않는다. 그러나 이 책에 담긴 정보는 단지 당신의 이해를 돕는 것을 넘어 더 깊은 목적을 가지고 있다. 이 책에 담긴 정보(information)는 당신이 이 정밀한 과정의 흐름과 함께 형성되어가는 과정 속을(in formation) 부드럽게 움직여가게 해준다.

마음의 생각하는 측면은, 책을 보면 그것이 생각을 위해 쓰인 것이라고 생각한다. 그래서 책 속의 모든 문장이 새롭고 흥미롭기를 원하며 매 장이 손에 땀을 쥐게 하는 상황으로 마무리되기를 바란다. 생각하는 마음은 끝없는 변화와 짜릿함에 굶주리고 중독되어 있어서 계속 자신을 즐겁게 해주고 싶어한다. 마음의 생각하는 측면은 반복순환하는 경험 속에 내재된 침묵과 고요를 이해하지 못한다. 특히 현존이 그로부터 나오고, 당신을 그리로 손짓하는 깊은 침묵과 고요를 이해하지 못한다.

생각하는 마음에게 주기적인 순환이란 그저 무의미한 반복에 지나지 않는다. 이것이 바로 생각하는 마음이 해변에 가만히 앉아 파도를 바라보며 일몰의 고요한 광경을 즐기거나 나무 밑에서 정적을 즐기지 못하는 이유이다. 생각하는 마음은 반복을 성가셔하면서 불만을 토한다. "도대체 이걸 이렇게 계속 반복하는 이유가 뭐야?" 생각하는 마음은 자신이 애지중지하는 생각들 중 대부분이 '실로' 무의미한 반복의 연속이라는 사실에도 불구하고 이렇게 반응한다!

그 맥동하는 속알맹이로 보자면, 생명은 새로운 것이 아니다. 생명은 그 자체로서 이미 완결된 것이며 그 핵심적인 본성에서 변함이 없다. 그런 의미에서는 세상의 모든 생명은 순환하는 조류를 타고 밀려오고 밀려나가는 끝없는 고요이자 침묵이라 할 수 있다. 그렇지만 이 순환은 결코 단순한 반복이 아니다. 그것은 현상계의 영원한 춤으로부터 오는 보강, 재충전의 에너지이다. 이 현상계에서, 이 같은 재충전의 순환은 바로 우리 모두가 공유하고 있는 참 존재의 심장박동이다.

이 책은 당신의 정신체를 즐겁게 해주기 위해서 쓴 것이 아니라 정신체를 재조율하고 고무해주기 위해 쓴 것이다. 생각하는 마음에게는 단순한 반복으로 보이는 것이 실은 현 순간의 자각에 대한 점진적 깨달음을 낳는 재충전 에너지가 될 수 있다. 이 여행에서 정신체의 임무는 책 읽는 것을 도와주고, 이 책에 담긴 정보를 당신의 육체적, 정서적 경험이라는 직물 속에 짜 넣을 수 있게 하는 것이다. 이 책의 내용에 대해 '생각하는' 것은 필요하지도 않을뿐더러 바람직하지도 않다. '생각'을 통해서는 현 순간의 자각 속으로 들어갈 수 없다. 생각으로써는 상자 밖으로 나올 수 없다. 왜냐하면 '생각' 자체가 상자이기 때문에!

왜 이 책의 내용이 이 같은 흐름을 취하고 있는지, 왜 어떤 정보가 반복적으로 나타나는지는 책을 읽은 뒤에 돌아보면 분명하게 이해할 수 있을 것이다. 하지만 책을 읽기 전에, 우선 내용의 흐름을 움직여가는 구조적 의도를 알아두는 것도 좋을 것이다. 이렇게 하면 생각하는 마음이 진정되어 지루함과 짜증, 저항감으로 기우려는 성향을 막아줄 수 있다.

현존 수업은 무의식이 의식의 표면으로 떠오르게 하기 위한 것이다. 이로써 당신은 현존에 대한 자각을 방해하는 오도된 인식을 되돌릴 수 있다. 무의식이 의식의 표면으로 떠오르는 이 과정에서, 현재 일어나고 있는 일이 당신에게 의미 있는 일임을 계속 자각할 수 있도록 특정 정보를 반복적으로 보강해주는 작업이 필요하다.

이 책은 당신의 '내면의 아이'에 대한 자각을 부드럽게 일깨워준다. '내면의 아이'는 당신이 아동기를 떠날 때 버려졌던, 당신 존재의 중요한 일면이다. 이 측면이 통합되고자 의식 표면으로 떠오를 때 특정 정보를 보강해주면, 당신 내면의 아이가 '그때-거기-그것'을 떠나 '지금-여기-이것'과 합쳐지는 것이 안전하다는 사실을 깨닫도록 도와줄 수 있다. 다시 말해 이 책은 의식적으로 책장을 넘기고 있는 당신의 측면에게 말하는 외에 이 내면의 자아와도, 그리고 아직 의식되지 않고 있는 당신 존재의 다른 측면들과도 동시에 소통하고 있는 것이다. 아이들에게 이런 보강작업이 필요한 것과 마찬가지로 무의식적 행위에 빠져 있는 어른들에게도 이런 작업이 필요하다.

현존 수업을 시작한다는 것은 단지 10주간의 과정을 시작하는 것일 뿐만 아니라 평생에 걸친 모험을 출발하는 것이기도 하다. 현 순간의 자각이 높아짐에 따라 당신은 현존과 날마다 조금씩 더 친해진다. 현존 수업은 경험을 일깨우는 정보의 강물이어서, 이 강물은 당신을 현 순간의 자각이라는 영원한 대양으로 실어갈 것이다.

문장이나 단락을 건너뛰면서 책의 이곳저곳을 대충 읽는다면 책의 도움을 제대로 받을 수 없다는 사실을 명심하라. 이 책에 제시된 정보는 중요도의 순서에 따라 의도적으로, 중층적으로 전달되고 있다. 날마다 조금씩 페이지를 넘겨가며 단순한 지시사항에 주의를 기울이다 보면 당신은 자신의 인식을 부드럽게 정화시켜 현 순간의 자각이 일상의 모든 측면들 속에 영구적으로 닻을 내리게 할 수 있다. 의식적이고 일관되게 접근하기만 하면 '반복적인 일상(routine)'은 오히려 이 단어가 암시하는 것처럼 '내면으로 들어가는 길(route in)'이 될 것이다.

의도 조율

현존 수업의 전체 의도는 현 순간의 자각과 현존의 무한한 가능성을 일깨우는 것이다. 현존은 어떠한 어려움도 알지 못하기 때문에 이 능력을 일깨우면 당신은 통합되지 않은 경험들을 처리할 수 있게 된다.

현존과 현 순간의 자각이라는 패러다임은 관념 속에서 찾거나 관념으로써 확인할 수가 없다. 다른 사람의 설명을 통해서는 현존과 현 순간의 자각이라는 패러다임 속으로 들어갈 수가 없는 것이다. '현존'이라는 단어가 뜻하는 바를 감이라도 잡으려면 현존과 현 순간의 자각을 직접 체험해야만 한다. 이 책의 모든 내용은 그러므로 '체험에의 초대'로서 제공된 것이다. 이 책은 당신 스스로 문을 열고 이 현존이라는 상태로 들어오라는 초대이다. 현 순간의 자각이라는 선물이 과연 무엇인지를 직접 확인해볼 수 있도록 말이다.

당신이 이 책에 담긴 정보를 마땅하게 여기는지 어떤지는 사실 중요하지 않다. 중요한 것은 책을 읽고, 읽은 내용을 적용해봄으로써 일깨워지는 당신의 경험이 당신의 주의를 시간에 근거한 마음으로부터 현 순간의 자각으로 전환시킬 수 있느냐 하는 점이다.

이것이 어떻게 작용하는지를 보려면 어머니가 갓난아기에게 불러주는 자장가를 생각해보라. 아기는 자장가 가사의 뜻을 못 알아듣지만 상관없다. 거기에 담긴 정서적인 울림이 아기를 달래주느냐가 중요한 것이다. 마찬가지로 이 책의 효과도 이 책이 현존에 대한 자각을 일깨워줄 수 있느냐, 그래서 현 순간의 자각에 들게 해줄 수 있느냐에 달려 있다.

자신의 직접 경험을 통해 현존 수업에 들어감으로써 이 과정을 끝까지 마치기로 스스로에게 맹세하라. 이 맹세는 물론 무조건적인 것이다. 왜냐하면 현존 수업을 끝까지 마치기 전에는 그 경험이 어떤 것인지를 실로 알 수가 없기 때문이다.

현존 수업은 아직 익숙하지 않을 수도 있는 내면의 장소로 당신을 데려간다. 그래서 당신은 불가피하게 '어디로 가고 있는지, 무슨 일이 일어나고 있는지를 알 수 없는 느낌을 경험하게 될 것이다.' 이것은 정상적이고 흔히 일어나는 일이다. 개인의 성장은 이 '알지 못하는' 순간들을 통해 가속된다.

이 수행을 끝까지 마치더라도 자신에게 일어난 일을 다른 사람에게 설명하는 것은 여전히 쉽지 않을 수 있다. 이 수행의 많은 부분이, 일어나는 일에 대한 정신적 이해가 아니라 직관과 느낌에 관련된 것이기 때문에 이 또한 충분히 그럴 수 있는 일이다. 실제로 현존 수업은 주로 느낌과 직관을 일깨우기 위한 과정이다. 이 수행을 끝마치고 나면 이 경험이 자신에게 선사하는 소중한 사랑의 선물임을 의심치 않게 될 것이다.

또 말해두지만, 이 수행을 시작한 결과로 당신이 '반드시 겪게끔 되어 있는 어떤 특정한 체험'이 있는 것은 아니다.

현존 수업을 끝까지 마치고 나면 당신은 이 수행이 '하나의 경험'을 일깨운다는 것을 의심의 여지 없이 알게 된다. 그것이 '당신에게' 그 어떤 경험을 일깨우든 그것은 의미가 있다. 이 책이 전하는 정보는 그 경험을 의식적으로 탐사하는 것뿐만 아니라 그것을 자기 안에 통합시키도록 돕기 위한 것이다.

자신의 체험에서 나오는 통찰을 소화할 수 있게 되면 당신은 해방된 것이다. 당신은 더 이상 삶을 헤쳐나갈 길을 찾기 위해 다른 사람의 경험과 통찰을 분석할 필요가 없다. 이제는 당신의 체험이 곧 당신의 스승이다.

당신이 겪는 경험은 '언제나' 의미가 있는 것임을 깨닫는 것이 중요하다. 정말이지, 당신이 겪는 경험의 모든 측면들은 '지금 당신이 배워야 할 것이 바로 그것'이기 때문에 당신 앞에 나타난 것이다. 몸소 경험해가는 현존 수업의 여행이 그것을 말해준다.

우리는 적절한 영양분을 몸에 공급해줌으로써 신체적으로 성장한다. (나는 몸을 '몸이라는 도구'로 부르기를 좋아하지만 여기서는 그냥 간단히 '몸'이라고 하겠다.) 또 우리는 학교교육이라는 기본적인 경험을 통해 정신적으로 성장한다. 그러나 일곱 살 정도부터 급격하게 발달이 느려지는 우리의 정서적 부분은 성인이 될 때까지 별다른 주목을 받지 못한다.

우리 인간의 육체가 환경에 대한 적응력이 놀랍도록 강하다는 것은 입증된 사실이다. 또 지난 세기에 우리의 정신은 거인처럼 성장했다. 하지만 슬프게도 감정적으로는 우리는 아직도 불구의 상태로 남아 있다. 그리고 파란만장한 세상의 현실은 이 세상이 감정적으로 미숙한 사람들의 놀이터임을 말해주고 있다. 그러므로 현존 수업을 통해 떠나는 당신의 여정은 본질적으로 육체적 현존감을 자각하게 하고 정신을 맑게 일깨움으로써 감정의 성숙을 기하는 여정이 될 것이다.

몸에다 의식의 닻을 내려놓는 법을 깨우칠 때 육체적 현존의 체험이 일어난다. 많은 이들이 자신의 몸을 자기가 점유하고 있다고 믿지만, 사실은 거의 그렇지 못하다. 과거와 미래에 대한 생각은 정신의 영역이고, 이것은 육신의 뇌가 점하는 공간에 한정되지 않고 생각할 수 있는 만큼 뻗쳐나간다. 다른 나라에 사는 친구를 생각하거나 지난번에 만난 사람을 기억에 떠올릴 때도 당신은 자신이 몸 안에 현존하고 있다고 생각하지만 실은 전혀 그렇지 않다. 실제로는, 당신은 '주의가 있는 곳에 존재한다.' 생각 속에서 깊이 헤매고 있을 때는 눈앞에서 벌어지는 일도 전혀 의식하지 못한다. 이때 당신은 분명히 몸 안에 현존하고 있는 것이 아니다!

몸은 신체적 증상을 통해 과거의 경험과 미래에 대한 투사를 반영하지만, 몸 자체는 '언제나' 온전히 현존한다. 낱낱의 심장박동이 오직 현재에만 일어난다는 사실에서도 볼 수 있듯이, 신체는 그 정교한 기능 속에서 온전히 현존하고 있다. 그러나 육체적 현존의 '경험'은 오직 현 순간의 자각에 들 때만 일깨워진다. 예컨대 육체적 현존을 경험할 때 당신은 자신의 심장 박동을 직접 '느낄' 수 있다.

하지만 슬프게도 당신이 육체적 현존을 가장 가깝게 체험하는 것은 사고를 당하거나 섬뜩한 두려움을 느끼는 때와 같이 수동적인 상황에서다. 섬뜩함을 느끼는 바로 다음 순간, 당신의 의식은 몸 안으로 완전히 들어가 혈관으로 뿜어지는 혈액과 가슴에서 쿵쾅거리는 심장의 박동을 느끼게 된다. 정신의 영역인 생각에 빠진 채 나날을 보낼 때는 심장의 박동을 듣고 느끼기는커녕 자신에게 심장이 있다는 사실조차 자각하지 못하고 산다.

현존 수업은 의도적으로 의식이 몸에다 닻을 내리게 만드는 호흡법을 가르친다. 이렇게 높아진 자각 상태로부터 당신은 정신을 명료하게 하고 감정을 통합시키는 단계로 나아갈 것이다. 먼저 육체적으로 현존하고 그다음에 정신이 명료해지게 함으로써 감정 통합을 이루는 것이 감정을 성숙시키기에는 효과적인 방법이다. 책의 뒷부분에서, 당신이 감정 성숙을 도모하는 목적이, 그것이 신체적, 정신적으로 불편한 증상을 통합시키는 자연스러운 방법이기 때문이라는 점을 자세히 설명할 때 이것이 더 분명히 이해될 것이다.

감정을 성숙시키는 것은 도전적인 일이다. 당신의 주변에는 감정 성숙의 필요성을 지지하기는 고사하고 그것을 제대로 이해도 하지 못하는 사람들이 대부분이다. 이 책에서 제시하는 지침들은 당신이 이 경험을 좀더 부드럽게 하도록 하려는 것이지, 수행 과정 자체를 쉽게 만들려는 것은 아니다. 이 과정이 처음부터 당신을 기분이 '나아지거나' '좋아지게' 만들어주지는 않을 것이다.

기분이 '좋다', '멋지다', '괜찮다'는 등의 표현은 당신이 감정적으로 무뎌졌을 때 사용하는 표현이다. 이 과정을 경험해나가는 동안 자신의 기분이 얼마나 좋아지느냐를 가지고 공부의 진척을 판단해서는 안 된다. 현존 수업에서는 그 어떤 느낌과 기분을 경험하든 모든 것이 그 자체로서 '의미가 있다'.

현존 수업은 '진정으로' 느끼는 법을 기억해내기 위한 과정이다. 처음에는 두려움, 분노, 슬픔 같은 자신의 억압된 감정 상태를 경험하는 것이 포함된다. 현존 수업 과정은 억압된 감정 ― 당신이 평소 인정하고 싶지 않은 감정 ― 에 부드럽게 다가갈 수 있도록 도와준다. 이 과정을 지나는 동안 당신은 일부러 이런 일이 일어나게 한다. 왜냐하면 이 억압된 감정들이야말로 당신에게 더 이상 도움이 되지 않는 행동과 경험이 일어나게 하는 무의식 에너지 차원의 씨앗이기 때문이다. 당신은 이 억압된 감정의 에너지에 접근하여 그것을 풀어놓음으로써 자신의 경험에 '참된 울림'을 회복시킨다.

이 과정은 당신이 감정을 성숙시키는 일에 전념해야 하는 이유를, '관념적' 이해를 넘어 '경험적으로' 알려줄 것이다. 이 과정을 밟아가는 동안에 알게 되겠지만, 정신적 이해는 감정 통합의 일부로 보기 어렵다. 미지의 세계를 탐사하는 여행과 마찬가지로, 당신도 일정한 완성 지점에 도달하여 성찰의 힘을 얻어야만 자신이 어디에 있으며 왜 지금과 같은 일이 벌어지고 있는지를 알게 된다.

현존 수업 전반에 걸쳐 우리는 '감정(emotion)'이라는 말을 '작용 중인 에너지'(energy in motion)의 약어처럼 사용할 것이다. 감정을 성숙시키려면 먼저 억압되고 막혀 있는 감정을 풀어준 다음 그 에너지를 책임성 있게 터놓아 그 에너지가 당신의 경험의 질을 높여주게끔 할 수 있는 방법을 배워야 한다. 이를 위해 당신은 몇 가지 간단한 인식적 도구를 사용하게 될 것이다. 이 도구들은 당신의 모든 경험에 유용하게 활용되어서, 삶에서 어떤 일이 일어나더라도 자기만의 길을 찾아갈 수 있게 할 것이다.

현존 수업은 당신 본래의 모습에 변화를 가하려는 것이 아니다. 본래의 모습을 변화시키는 것은 불가능하다. 그보다 현존 수업은 당신이 '가공架空된 정체성에 대한 집착을 내려놓음으로써' 참된 현존에 대한 자각으로 부드럽게 돌아갈 수 있게 한다. 그러면 그것은 당신을 가공된 싱세싱으로부터 해방시켜 참 존재의 일면에 의식적으로 연결되게 한다.

그 세계에 들어서는 순간부터, 그것은 변함없이 지속적으로 현존한다.

다시 말해 현존 수업은 당신을 가식(pretence)으로부터 현존(Presence)으로 데려간다.

현존 수업은 '다른 무엇', 혹은 '다른 누군가'가 되려고 하는 것이 아니다. 현존 수업은 당신 본래의 모습을 기억해내고, 그것을 경험하는 것이다. 또 현존 수업은 당신의 이마와 손발에 새겨져 있다는 '운세'를 바꾸려는 것도 아니다. 그보다 현존 수업은 바로 '지금 여기서' 펼쳐지고 있는 매 순간의 온전한 잠재력 속으로 깨어나는 것이며, 지금과 다른 일이 일어나기를 기대하면서 삶에 자동적으로 반응하는 것이 아니라 현존으로써 삶에 응답하는 것이다.

현존 수업은 모든 경험을 조작해야만 비로소 안심되게 만드는 당신의 욕망이, '있는 그대로의' 경험을 마주하여 그 경이로움을 온전히 음미하지 못하는 데서부터 비롯된다는 사실을 보여준다. 현존 수업은 '지금 이 순간' 일어나고 있는 일을 대하는 당신의 방식 속에 현재 경험의 경계 너머 장차 올 일의 씨앗이 들어 있음을 자각시켜준다. 현존 수업은 당신이 그저 자동적으로 반응하느냐(react), 아니면 의식적으로 응답하느냐(respond)에 따라 매 순간 뿌리는 씨앗의 질이 달라진다는 사실을 보여준다.

경험에 자동적으로 '반응한다'는 것은 당신이 어제 일어난 일과 내일 일어날 일에 대한 자신의 믿음을 바탕으로 모든 결정을 내린다는 뜻이다. 반면 바로 지금, 여기서 일어나고 있는 것에 근거하여 결정을 내릴 때, 당신은 경험에 '응답하는' 것이다. 의식적 응답은 과거의 경험에서 얻어진 지혜를 사용하는 데 반해, 자동적 반응은 당신의 내면에 잠재되어 있는, 아직 해결되지 못한 트라우마에 지배받는다. 자신의 행동과 믿음의 근저에 있는 에너지 패턴을 통합하고 나면 모든 경험에 자동반응하지 않고 의식적으로 응답하는 것이 가능해진다.

현존 수업은 누군가를 기쁘게 해주기 위한 것이거나 누구를 대신해서 경험할 수 있는 것이 아니다. 또 현 순간의 자각을 일깨우는 것은 각자의 임무이기 때문에 현존 수업은 그 본질상 비교와 판단의 대상이 될 수 없다. 다시 말해서 현존 수업은 헌신과 호기심, 그리고 의도에 의해 추동되는 여행이기 때문에 현존 수업에 '실패'란 존재하지 않는다. 현존 수업을 해가는 과정에서 당신이 어떤 경험을 하든, 그것은 저마다 나름의 의미를 갖는다. 자신이 가진 능력을 최대한 사용하여 간단한 지침들을 따라가는 것 외에 현존 수업을 받는 단 하나의 '정확한' 혹은 '올바른' 방법이란 존재하지 않는다. 오직 현존 수업을 하는 '자기만의' 방법이 있을 뿐이다.

현존 수업을 해나가다 보면 자신이 그것을 해나가는 방식이 곧 삶의 전반적인 경험과 관계 맺고 있는 자신의 방식을 압축적으로 보여주는 하나의 프랙탈(카오스계 속에 숨겨진 질서의 기본 단위구조. 역주)임을 깨닫게 된다. 다시 말해 현존 수업의 여행은 당신이 일상의 경험을 어떻게 대하는지를 보여주는 거울이라고 할 수 있다.

현존 수업은 당신의 어떤 면이 결코 그래서는 안 된다는 듯이 그것을 끝장내려 들지 않는다. 오히려 현존 수업은 당신이 '이미' 가고 있는, 현존과 현 순간의 자각 한가운데를 향한 평생에 걸친 여행의 '연장'일 뿐이다. 그 여행의 이 길목에 접어들면서 인간으로서 겪을 나머지 경험들을 위해 감정을 성숙시키는 일에 전념하는 것, 이것이 당신의 의도가 되게 하라.

여기서 책을 더 읽어나가기 전에 고요한 시간을 내어 이런 물음에 대해 곰곰이 생각해보는 것도 좋을 것이다. "현존 수업을 시작하는 '나의' 의도는 무엇인가?"

현존 수업의 원리

현존 수업은 외면적 '행위'가 아닌 '무위(Not-doing)' 혹은 '원상복구(Undoing)'라는 인식적 응답의 기술을 소개한다.

여기서 '무위'를 불활동성과 혼동해서는 안 된다. 삶은 행동을 수반하며, 당신을 통해 움직임의 형태로 자신을 표현한다. 그런데 움직임에는 '반응하는' 움직임이 있는가 하면 '응답하는' 움직임이 있다. 반응하는 움직임은 통합되지 못한 감정의 에너지에 의해 무의식적으로 추동되는 움직임으로, 내면의 억압된 불편감에서 비롯한다. 한편, 응답하는 움직임은 내면의 불편감에 대해 책임을 지고 그것을 돌보려는 움직임이다. 응답하는 움직임은 단순히 '그 불편감과 함께하는' 것이다. 아무런 조건도 부여하지 않고 다만 그 불편감이 당신의 자각 속에 온전히 존재하도록 하는 것이다.

현존 수업의 맥락에서 행위(doing)란 자신이 느끼는 내면의 신체적, 정신적, 감정적 불편감을 통제하여 진정시키는 것을 목적으로 하는 움직임이다. 반면에 원상복구(undoing) 혹은 '무위'란 신체적, 정신적, 감정적으로 느끼는 내면의 불편감에 의식적으로 응답하는 것을 목적으로 하는 움직임이다.

현존 수업의 틀을 이루는 모든 원리들은 이 '무위'를 지향한다. 예컨대,

- 당신은 이미 숨을 쉬고 있다. 이 과정은 의식적으로 숨을 쉴 수 있는 힘을 준다. 응답하는 자각의식(responsive awareness) 외에는 이미 일어나고 있는 것들 위에 어떤 것도 더해지지 않는다.
- 당신은 이미 정신적 활동을 하고 있다. 이 과정은 당신에게 이로운 사고과정을 의식적으로 포용할 수 있는 힘을 준다. 응답하는 자각의식 외에는 이미 일어나고 있는 것들 위에 어떤 것도 더해지지 않는다.
- 당신은 이미 느끼고 있다. 이 과정은 현재 억압되어 가라앉아 있는 것들과 의식적으로 함께할 수 있는 힘을 준다. 응답하는 자각의식 외에는 이미 일어나고 있는 것들 위에 어떤 것도 더해지지 않는다.
- 당신은 이미 일상에서 책을 읽으며 산다. 이 과정은 당신의 의식이 현 순간을 향하게 하는 글을 제공한다. 이미 전개되고 있는 현상에 응답하는 자각의식 외에 어떤 것도 더해지지 않는다.
- 당신은 이미 인식의 여러 가지 도구를 활용하고 있다. 이 과정은 통합되지 않은 과거의 경험에서 나온 해석과 신념을 통해 인식하는 것이 아니라 세상을 있는 그대로 인식하게 하는 도구를 제공해 준다. 응답하는 자각의식 외에는 이미 일어나고 있는 것들 위에 어떤 것도 더해지지 않는다.

현존 수업은 물구나무서기처럼 당신 경험의 일부가 아닌 것을 수련하라고 요구하지 않는다. 현존 수업은 이미 있는 것에다 다만 '자각의식이라는 울림'을 더한다. 자각의식이야말로 당신 경험의 측면들을 진정으로 변화시키는 데 필요한 유일한 도구이기 때문이다.

현존 수업은 이어지는 열 개의 단계별 훈련으로 구성되며, 각 훈련은 7일 동안 진행된다. 이 7일짜리 10회의 훈련은 당신에게 필요한 경험을 일상생활로부터 수집할 수 있는 시간과 공간을 준다. 일상생활은 당신이 이 과정을 통해 얻은 통찰을 자신의 것으로 통합시킬 수 있도록 도와준다. 일상의 경험을 통해 이 통찰을 확인할 때 그것은 스스로 체득한 지식이 된다. 이 스스로 체득한 지식이 당신의 인식과 생각, 말과 행위의 바탕을 이루는 기본주파수가 될 때 당신은 지혜의 울림 속으로 들어설 수 있다. 이런 점에서 현존 수업은 지혜를 일깨우는 체험을 쌓는 공부에 당신을 초대한다.

1주차에 당신은 의식적 연결호흡법(consciously connected breathing practice)을 배우게 될 것이다. 의식적 연결호흡은 당신이 이 여정을 가는 동안 하루 두 번, 15분씩 하게 될 수련이다. 이 호흡 수련은 현존 수업의 뼈대를 이루는 것으로, 당신을 시간에 근거한 마음에 갇혀 있게 만드는 에너지 패턴을 통합시킴으로써 현 순간의 자각을 나날이 쌓아갈 수 있게 해준다.

현존 수업 과정을 거치는 동안 당신은 주의(attention)와 의도(intent)라는 인식의 도구를 의식적으로 사용하게 될 것이다. 주의는 정신체(mental body)의 도구로서, '무엇에' 집중하느냐를 말한다. 한편 의도는 감정체(emotional body)의 도구로서, '왜' 집중하는가를 말한다. 당신은 자신의 모든 경험을 겪고 통과하여 빠져나오는 전 과정에 주의와 의도를 활용한다. 평소에 당신은 인식의 도구인 주의와 의도를 무의식적으로 사용하고 있기 때문에 현존 수업은 당신이 그것을 의식적으로 사용하게끔 만들도록 고안되었다. 당신의 경험의 질은 이 도구들을 얼마나 의식적으로 사용하는가에 좌우된다.

한 주가 지날 때마다 매일의 호흡 수련에 더하여 정신을 명료하게 일깨워주는 선언문이 주어진다. 우리는 이것을 '의식적 응답'이라고 부를 것이다. 이 과정에 자극받아 일어나는 나날의 경험에 그 주일의 의식적 응답을 적용하라. 의식적 응답 외에도 당신은 인식의 도구와 통찰이 담긴 글을 매주 읽게 될 것이다. 이 글들은 당신을 무의식적인 행동 방식으로부터 일깨우기 위한 것이다.

현존 수업은 '외부에 있는' 어떤 사람이나 사물에 주의를 '고착시키는' 것이 아니다. 현존 수업은 자기 내면의 힘을 개발하는 데에 주의를 집중하게 한다. 이 과정을 통해 당신은 현 순간의 자각에 다가갈 책임을 스스로 온전히 떠맡는다.

현존 수업은 자신의 경험으로부터 떨어져 나와 그것을 관찰하는 법을 가르침으로써 당신에게 잘못된 것은 아무것도 없다는 사실을, 다시 말해 당신의 참 존재에는 아무런 문제가 없다는 사실을 깨닫게 한다. 이로써 당신은 균형을 회복해야 할 주체는 '당신'이 아니라 당신이 겪고 있는 '경험'의 질이라는 사실을 알게 된다. 이렇게 현존 수업은, '당신의 본래 모습'과 '현재 경험' 사이에는 차이가 있다는 사실을 깨닫게 한다.

현존 수업이 어떤 과정을 통해, 또 어떤 이유로 효력을 발휘하는가와 관련해서 마술적이거나 신비적인 요소는 아무것도 없다. 현존 수업은 단지 인간의 의식이 자연스럽게 흘러가는 성질과 원리에 맞추어 고안된 인식의 기술일 뿐이다. 현존 수업은 원인과 결과라는 매 순간의 흐름을 존중하고, 그것을 활용한다. 이 과정을 직접 경험해보면 당신은 이 수업에서 배우는 원리와 통찰들이 지당한 것임을 깨닫게 된다.

현존 수업이 다른 수행법들과 구별되는 점은, 거기에는 외면적인 의식儀式이나 도그마가 없다는 것이다. 현존 수업에는 마법적인 힘 같은 현혹적인 장난감이 없다. 현존 수업은 어떠한 신념체계도 종교적 관념도 강요하지 않으며, 기존의 철학에 대한 지식도 필요 없다. 현존 수업은 그런 선입관을 적게 가지고 접근할수록 더 큰 효과를 발휘한다.

현존 수업에서 당신이 성취하는 모든 것은, 자신의 주의와 의도를 의식적으로 부리는 의지력을 단련시킨 결과로서 얻어진다. 당신은 끝없는 생각의 복도에서 서성거린 시간을 내주고, 대신 통합된 신체적, 정신적, 감정적 경험을 돌려받는다. 당신은 각각의 통찰을 계속 몸소 '체험해가는' 기회를 얻는다. 현존 수업을 하는 동안에는 그런 통찰들이 일상생활 속의 만남과 사건과 상황으로서 당신 앞에 나타나기 때문이다. 지시를 따라 실천해가면서 그 결과를 직접 확인함으로써 당신은 다음과 같은 사실을 체험을 통해 알게 된다. 즉 '모두가 공유하는 현존, 그것과 의식적인 관계를 맺는 것보다 당신의 경험에 지속적인 영향을 미치는 것은 없다'는 사실 말이다.

현존 수업은 자신의 본래 모습을 직접 대면하는 즐거운 시간으로 당신을 초대한다. 이것이 당신이 다른 사람을 대신하여 그 경험 속으로 들어갈 수 없는 이유이고, 다른 사람에게 무언가를 증명하기 위해 그 경험 속으로 들어가지 않는 이유이다. 이 여행을 시작하여 끝까지 가겠다는 의욕은 '처음에는' 자신에게 나타난 불편한 증상이나 외부 환경에 대한 반응으로 나오는 것일 수도 있다. 그러나 체험을 해가는 과정에서 당신은 자신의 내면으로부터 의도와 의지력을 직접 길어내는 법을 배우게 된다. 자신의 경험의 질에 스스로 온전히 책임지는 방법을 알게 됨으로써 당신은 '가해자-피해자' 심리를 내려놓는다.

현존 수업은 '내가 알지 못하는 것으로부터 진정한 성장이 온다'는 통찰을 받아들일 수 있게 해준다. 이것은 아무리 강조해도 지나치지 않다. 하지만 이것은 머리로는 이해할 수 없다. 생각하는 마음은 자신이 알아야 할 것은 이미 모두 알고 있다고 판단해버린다. 혹은 자신이 아직 알지 못하는 것은 무엇이든 분석과 사고를 통해 습득할 수 있다고 믿는다.

그러나 진정한 성장은 '모른다'는 태도를 자발적으로 취할 것을 요구한다. 그렇기 때문에 당신이 자기 경험의 매 측면에서 일어나고 있는 일들을 모두 정확히 파악하고 있다고 생각한다면 그것은 현존 수업에 자신을 내맡기는 것을 어렵게 만든다. 그래서 이 여행에 들어가는 당신은 자신이 누구이며 무엇을 찾고 있는지, 또 어떻게 자각을 일궈낼 수 있는지에 대해 자신이 아무것도 모를 수도 있다는 가능성에 마음의 문을 열어둬야 한다. 어쩌면 당신이 스스로 안다고 믿고 있는 모든 것이 사실은 잘못 알고 있는 것일 수도 있다.

앞서 당신은 이 여행을 떠나는 의도가 '좋은 기분을' 느끼려고 하는 것이 아니라 바로 지금 여기 우리 안에서 실제로 일어나고 있는 것을 느끼려는 것임을 알았다. 다시 말해 우리의 의도는 '더 기분 좋게' 느끼려는 것이 아니라, '더 잘' 느끼려는 것이다.

참된 현존의 상태는 기쁨과 조화의 상태이며, 평화를 사랑하는 상태이다. 그러나 이러한 현존에 대한 지속적인 자각을 일깨우기 위해서는 현재의 감정체를 통과해 지나가야만 한다. 그리고 이 여행은 당신을 억압된 두려움과 분노와 슬픔으로 데려갈 것이다. 당신은 불편한 감정 상태가 올라올 때마다 무언가가 잘못됐다고 생각하기 때문에 이 불편한 감정 상태는 억압되고 만다. 그러나 이런 생각은 당신에게 도움이 되지 않는다.

'언제나 좋은 기분을 느끼고자 하는' 노력은 당신이 실제로 느끼는 것은 두려움과 분노와 슬픔이라는 사실을 은폐하려는 욕망에서 나온다. 현존 수업에 들어가면 당신은 이 억압된 감정 상태를 의식의 표면에 떠오르게 만든다.

억압된 감정이 의식 표면에 떠오르는 것을 경험하는 과정에서, 주변 사람들은 아마도 당신을 염려하면서 반사적으로 당신이 '기분 좋아지게' 만들려고 애쓸 것이다. 그렇게 함으로써 그들은 당신으로 하여금 의식 표면으로 떠오른 억압된 감정을 '다시 덮어버리게(re-cover)' 만든다. 그러나 여기서 당신이 할 일은 자신의 억압된 감정으로부터 '회복하는(recover)' 것이 아니라 그것을 의식의 전면에 '드러내는(discover)' 것이다.

억압된 감정 상태가 의식 표면으로 떠오르는 것을 경험하게 될 때, 당신이 무엇을 하고 있는지 알 도리가 없는 다른 사람들에게 자신을 드러내 보이는 것은 불필요한 방해만 일으킬 뿐이다. 이 여행을 하는 동안 자신의 체험을 다른 사람에게 함부로 이야기하지 않도록 분별력을 발휘하는 것이 좋다. 이것을 자제력이라고 한다. 의식 표면에 떠오르는 불편한 감정을 타인의 관심을 끄는 데 이용하는 일도 없도록 주의할 필요가 있다. 자신의 드라마를 외부로 투사하는 것은 처음에는 좋은 기분을 느끼게(feel better) 해줄지 — 다시 말해 회복(recover)될지 — 모르나 억압된 감정을 더 잘 느끼도록(better at feeling), 즉 발견하도록(discover) 도와주지는 못한다.

호흡에 의식을 두는 것은 현존 수업에 필수적이다. 왜냐하면 호흡은 주의를 현재에 두고자 할 때 언제든지 사용할 수 있는 효과적인 도구이기 때문이다. 처음에는 현존 수업에서 사용하는 호흡법이 호흡 요법이나 재탄생(rebirthing) 요법과 유사한 것으로 생각될 수도 있다. 현존 수업에서 하는 호흡 연습은 호흡 요법이나 재탄생 요법과는 목적이나 용도가 같지는 않지만, 이들과 일치되는 많은 부분이 있어서 마치 이들의 부수물처럼 보일 수도 있다. 그러나 의식적 연결호흡의 의도는 현존 수업 고유의 것이다.

또 현존 수업은 프라나야마Pranayama(조식법調息法)이나, 그 밖에 진동 체험을 일깨우기 위해 호흡에 대한 자각을 확대시키는 기법들과도 다르다. **현존 수업은 호흡을 조절하지 않는다. 오히려 정상적이고 건강한 호흡 패턴을 확립하기 위해 호흡에 대한 무의식적인 통제를 내려놓는다.**

의식적 연결호흡의 주된 의도는 현재의 경험을 가로막는 무의식의 감정적 장애물을 통합함으로써 현존과 현 순간의 자각을 일깨우고 쌓아가려는 것이다.

의식적 연결호흡은 어떻게 현 순간의 자각을 일깨울까? 대다수의 사람들은 깨어 있는 시간을 과거에서 비롯된 상황이나 앞으로 일어날 상황에 대한 생각에 빠진 채로 보낸다. 사실이지, 생각하는 마음은 거의 언제나 이런 일에 몰두해 있다. 그러나 과거와 미래에 대해 생각하는 것은 자신을 혼란스러운 꿈결 속에 가둬놓는 정신적 중독이다. 바로 이것이 외부로는 세상의 끊임없는 갈등과 혼란과 혼돈으로 나타나는 것이다.

이 책에서 우리는 이 같은 중독적인 꿈 상태를 '시간 속에서 살기'라고 부른다. 이것은 현 순간의 자각이 없는, 그리하여 그 결과도 인식하지 못하는 상태이다. 그러나 현 순간의 자각 속으로 들어가지 않으면 당신은 자신의 경험의 질에 책임질 수 없으며, 다른 이를 도와줄 수도 없고, 다른 생명과의 연결성을 경험할 수도 없다.

현 순간의 자각이 없이는 원인과 결과가 서로 긴밀하게 연결되어 있음을 깨닫기가 쉽지 않다. 현 순간의 자각이 없으면 당신이 그 안에서 춤을 추는 통일장(unified field)의 존재도 알아차리지 못할 것이다. 이와 반대로, 진정으로 현존할 때 당신은 타인에게 의도적으로 해를 입히지 못한다. 왜냐하면 현 순간의 자각이 지닌 긴밀하게 연결된 성질로 인해 당신은 자기 행동의 결과를 '직감할' 수 있기 때문이다. 무신경한 행동은 현 순간의 자각과 그로부터 생기는 직감이 결여되어 있음을 말해준다.

다행히도, 당신이 시간 중심 패러다임인 꿈 상태에서 완전히 길을 잃고 있는 것은 아니다. 왜냐하면 현 순간의 자각으로 들어가는 생명선은 당신 안에 있기 때문이다. 그것은 바로 호흡이다. 과거나 미래에서는 숨을 쉴 수 없다. 당신은 오직 현재에서만 숨을 쉴 수 있다. 호흡을 자각함으로써 당신은 과거와 미래로부터 주의를 되찾아주는 도구를 작동시키는 것이다. 들숨과 날숨을 연결시키는 데에 주의와 의도를 집중함으로써 당신은 의식의 일면을 현 순간에 닻을 내리게 한다.

현존 수업은 자신의 통합되지 못하고 억압된 기억이 의식 표면으로 부드럽게 떠오르게 하는 동시에 안전한 통합을 촉진하고 필요한 통찰을 얻게 해준다. 또한 억압된 감정이 우리의 현재 경험의 질에 미치는 파괴적 영향을 중화시켜준다. 이러한 것들이 성취되면 그것은 우리가 누구나 어릴 적에 스스로에게 던지는 두 가지 의문에 대한 답을 준다. '무슨 일이 일어난 거지?' 그리고 '어떻게 하면 이 일이 다시 일어나지 않게 할 수 있을까?' 이 두 의문에 답하지 않는 한 이것들은 계속 당신의 주의를 현재로부터 과거의 트라우마와 두려운 미래로 몰고 갈 것이다. 이 의문에 답하지 않은 채로 있으면 그것은 지속적인 불안을 일으키는 스프링보드가 되고 만다. 현존 수업은 이러한 불안을 그 원인 지점에서부터 진정시키고 해결해 준다.

물론 이 과정은 당신의 진동하는 의식에 영향을 미치지만 '영적인' 과정이나 '영적 체험'을 일으키고자 하는 의도는 없다. 이것은 감정의 깨어남과 성장, 그리고 지속적인 감정 성숙을 촉진하는 신체적, 정신적, 감정적 통합 기법으로 바라보는 것이 더 정확하다.

다시 말해 현존 수업은 '성장함으로써 스스로 책임을 떠맡는 것이며, 또 스스로 책임을 떠맡음으로써 성장하는 것'이라고 할 수 있다.

의문에 대한 태도

현존 수업에 들어가는 데 필요한 내려놓음의 태도를 일으키기 위해서는 우선 의문에 반응하는 당신의 방식을 바꿀 필요가 있다. 의문에 대한 답을 생각해내려고 하는 대신 의문을 던지는 데 주의를 집중하는 것이다. 깨달음이 필요한 순간에 답이 떠오를 것을 믿으면서 의문의 답이 뜻밖에 스스로 나타나도록 허용하는 것이다. 이것은 당신의 수용력을 열어준다.

당신의 가장 커다란 실수 중 하나는, 도전적인 의문에 부딪혔을 때 당신이 사용할 수 있는 유일한 도구는 생각하는 마음이라고 가정하는 것이다. 과거의 경험에 관한 의문이 생길 때 당신의 정신체가 그 답을 찾아 기억을 뒤지는 꼴을 보라. 생각할 필요도 없이 즉각적으로 구할 수 있는 답도 있고, 어느 정도 생각을 요구하는 답도 있다. 그러나 아무리 생각해도 답에 이를 수 없는 의문도 있다.

정신체는 '나는 몰라' 혹은 '기억나지 않아' 같은 자기제한적 생각이 일어날 때까지 탐색을 계속한다. 정신체가 이러한 자기제한적 생각에 호응하는 순간, 마음의 생각하는 측면은 탐색을 그친다.

자신의 과거에 관한 의문의 답을 그것에 관해 생각하는 것만으로는 얻을 수 없다는 사실을 받아들이면 당신의 내부에는 다음과 같은 자기 판결이 일어난다. '나는 장기 기억력이 좋지 않아서 기억을 못해.' '그건 내게 별로 중요한 일이 아니라서 기억을 못해.' '너무 고통스러울 것 같아서 기억을 안 해.' '너무 오래전 일이라서 기억을 못해.' 등. 정신체는 의문에 대해 자기 판결을 가지고 생각함으로써 의문에 답하지 못하는 자신의 무능을 확인해주는 마침표를 찍는다. 그렇게 하면 자신이 모든 것을 알지 못한다는 사실을 숨길 수 있기 때문이다. 정신체는 자신이 모른다는 사실까지 품어 안지 못하고, 생각을 통해 정보에 접근하지 못하는 자신의 무능력을 두고 외부환경에 탓을 돌린다. 이런 일이 일어날 때마다 당신은 본의 아니게 현존으로부터 오는 '앎'에서 자신의 경험을 차단시키고 만다. 이러한 단절이 일어나는 이유는 현존은 억지로 끼어들지 않기 때문이다. 현존과의 소통로는 늘 열려 있지만 당신이 오로지 생각하는 과정을 통해서만 정보를 얻으려 할 때 그 소통로는 보이지 않는다.

생각을 사용하지 않고 정보에 접근한다는 것이 낯설게 느껴질 수도 있다. 왜냐하면 우리의 현 교육체제는 정신의 힘이 지배하고 있기 때문이다. 그러나 일반의 생각과는 달리, 마음의 생각하는 측면이 통찰력의 전부가 아니다. 그와 반대로, 우리는 누구나 가장 뜻밖의 순간에 통찰을 얻어내는 능력을 지니고 있다.

'도무지 답을 모르겠어'라고 느낄 때 의문의 답을 찾게 되는 경우가 누구에게나 있다. 마치 답이 바로 손 앞에 있는 것만 같은 느낌이 들기 때문에 당신은 이렇게 혼잣말을 하면서 답을 구하는 정신적 탐색을 그치지 않는다. '난 내가 답을 알고 있다는 사실을 알아.' '곧 답이 떠오를 거야.' '답이 혀끝에 있어.' 그 결과, 답이 '실제로' 떠오른다. 주의가 다른 것을 향하고 있는 동안에 신비스럽게도 답이 떠오른다. 마치 늘 거기 있었던 것처럼.

마찬가지로 발명가들도 현재의 일에서 주의를 돌려 다른 무언가를 하는 동안에(예컨대 곤하게 낮잠을 자는 등) 자신의 발명을 가능하게 한 핵심 정보가 떠올랐다는 식의 증언을 많이 한다.

이 같은 경험들은, 올바른 접근방식을 적용하기만 하면 과거의 경험과 관련된 모든 정보를 찾아낼 수 있음을 보여주고 있다. 그 올바른 접근 방식에 반드시 생각이 필요한 것은 아니다. 그보다, '모든 것을 알고 있는 당신의 측면'에 마음을 열고 답을 받아들이는 자세가 필요하다.

당신은 현재의 자기를 모든 것을 알지 못하는 존재로 생각한다. 하지만 모든 것을 알고 있는 참 존재의 한 측면이 있다. 다만 당신이 아직 그 측면을 자각하지 못하고 있을 뿐이다. 그것은 생각하지 않고도 모든 것을 안다. 현존은 당신이 겪는 모든 경험을 지켜보는, 말 없는 목격자이다. 현존은 이들 경험의 매 순간을 마치 지금도 일어나고 있는 것처럼 모두 기억한다. 당신이 겪는 모든 경험이 현존에게는 '지금' 일어나고 있는 듯이 보인다. 왜냐하면 현존은 현 순간의 자각 속에 머물기 때문이다. 현 순간의 자각은 시간을 모른다. 현존은 모든 경험들이 동시에 펼쳐지기라도 하는 듯이 끊임없이 그 모든 경험을 지켜보고 있는 목격자이다.

현존 수업을 하는 동안 당신은 자신의 경험에 관하여 많은 의문을 던지게 될 것이다. 의문을 던지는 자신의 잠재능력을 훼손하지 않기 위해, 당신은 의문의 답을 생각해내는 것에 연연하지 않으면서 의문을 던져보게 될 것이다. 당신은 질문의 답을 알 수도 있고 모를 수도 있다. 답에 관해 생각한다고 해서 이 사실이 변하는 것은 아니다. 생각은 추측을 유도할 수 있으나 이미 자명한 앎이 아니라면 추측은 앎을 일깨우는 데에 아무런 힘을 발휘하지 못한다. 오로지 생각에만 의지하면 틀림없이 거짓된 이야기를 지어내게 된다.

무엇을 머리로 이해하는 것과 반대로, '앎'은 그것이 알고자 하는 것에 관하여 당신이 신체적, 정신적, 감정적으로 통합된 체험 속으로 들어갈 것을 요구한다. 만약 그러한 통합된 체험에 대한 기억이 전혀 없다면 그것에 관해 생각하는 것은 아무런 소용도 없을 것이다. 답을 생각해내려고 애쓰지 않고 의문을 던짐으로써, 다시 말해서 진지하게 의문을 던진 뒤 그것을 놓아버리고 답이 절로 떠오르도록 허용함으로써, 당신은 신체적, 정신적, 감정적 체험을 통해 필요로 하는 답이 드러나도록 맞아들일 수 있다. 현존은 그 답이 필요한 때에 드러나는 것을 굽어보고 있다.

의문과 답은 원인과 결과와 같은 관계에 있다. 의문을 던지는 순간 당신은 원인과 결과의 관계성을 발동시키는 셈이다. 그 결과, 당신은 의문에 답하는 경험에 이미 연결되어 있다. 당신이 자기제약적인 반응으로써 이 인과관계의 순간을 훼방하지만 않는다면 의문에 대한 답은 필요한 바로 그때에(반드시 우리가 '원하는 때'는 아닐 수도 있지만) 일정한 형태로 당신의 의식에 드러날 것이다. 이때 의문은 원인이요, 답은 결과이다. 의문과 답은 서로가 서로의 일부이기 때문에 이미 불가분하게 연결되어 있다. 서로가 상대방을 보증하는 셈이다. 당신이 현존 수업을 해나가는 동안 당신 앞에 던져질 의문에 대해 취하기를 권유하는 태도는 이것이다.

이 책을 읽는 동안 의문에 대한 답이 즉시 떠오르지 않는다 해도 조금도 걱정할 필요가 없다. 성실하게 질문을 던졌다면 그것으로 당신은 할 일을 다 한 것이다. 즉각적으로 답이 떠오르지 않는다 해도 그저 열린 마음을 유지한 채 일상 경험 속에서 애씀 없이 답이 떠오르도록 내버려두면 된다. 그러면 답은 '당신이 원하는' 때가 아니라 '필요한' 때에 떠오를 것이다.

정신체는 통찰을 '전하는' 데 유용한 메커니즘이지, 통찰에 '접근하는' 도구는 아니다. 현존이 통찰에 접근하여 필요한 때에 정신체의 메커니즘을 통해 그것을 당신에게 전해준다. 이때 당신이 할 일은, 모든 것을 머리로 해결하려 하지 않고 현존의 무한한 능력 앞에 자신을 여는 것이다.

자각의 관점에서 삶에 대한 심오한 의문을 던지면 일상 경험 속에서 영감과 통찰의 에너지가 깨어나게 한다. 그러면 '이유를 몰라도 그저 아는' 울림 속으로 들어갈 수 있다. 이것은 현존 수업을 하는 동안에 특히 유용하다. 왜냐하면 이렇게 함으로써 당신은 정신적 능력이 발달하기 이전, 다시 말해 모든 것에 정신적 개념을 갖다붙이는 능력을 갖추기 이전의 경험에 다가갈 수 있기 때문이다. 이 경험들 가운데 많은 부분이 감정 상태, 에너지 진동, 신체감각 등의 느낌을 통해서만 당신에게 나타난다. 이것은 당신이 엄마 자궁 속에 있을 때와 출생 직후에 겪은 체험들로서, 일종의 '작용 중인 에너지', 진동의 체험이다. 모든 것의 '이유'를 머리로만 이해하기를 고집한다면 어릴 적 느낌의 기억에 다가가는 — 그리하여 그 기억들이 당신의 현재 경험에 미치는 영향을 통합할 수 있는 — 능력이 방해받는다.

자신의 감정을 다루는 이런 경험을 거치는 동안에 스스로에게 어떤 의문을 던지는가가 중요하다. 왜냐하면 그 의문들에 대한 답이 당신을 해방시켜줄 것이기 때문이다. 원인과 결과처럼, 의문을 던짐과 동시에 자신을 열린 상태로 둘 때, 의문에 대한 답은 언제나 일정한 형태로 나타날 것이다. 현존 수업을 하는 내내, 의문에 대한 답을 '찾는' 것이 아니라 그저 드러나는 답을 당신 스스로 '받도록' 허용하는 경험을 탐사해보길 권한다.

동작 너머의 움직임

종종 당신은 현존 수업 과정에서 자신이 시작하려는 그런 종류의 체험에 들어가게 된다. 이것은 당신이 '자신을 변화시키기를' 추구하기 때문이다.

자신이 '경험을 하고 있는' 현존이라는 사실을 깨닫지 못하고 '경험' 자체를 곧 자신으로 잘못 알고 있다면, 당신은 자신의 행동과 외양과 환경을 바꿈으로써 '자신을 치유하려' 들 것이다. 그러나 행동과 외양과 환경은 당신의 참모습이 겉으로 드러난 것일 뿐이다. 또 그것들은 당신이 현재 겪고 있는 경험을 나타낼 뿐이다.

이 진실을 깨닫지 못하면, 다시 말해 당신의 참모습과 당신이 현재 하고 있는 경험 사이의 차이를 구분하지 못하면 당신은 외적인 행위에 끝없이 빠져들게 된다.

중요한 것은 우리가 '자신을' 바꿀 수는 없어도 '자기의 경험의 질은' 바꿀 수 있다는 사실이다.

현존 수업에 들어가는 당신은 '움직임'에 대해 지니고 있는 자신의 견해를 수정할 필요가 있다. 일반적으로 움직임이라고 할 때는 하나의 물리적 위치에서 다른 위치로 이동하는 물리적 사건을 가리킨다. 물리적 세계에 관한 한, 이 물리적 움직임 없이 한 곳에서 다른 곳으로 이동하기란 불가능하다.

그러나 현존 수업은 이와는 다른 종류의 움직임을 수반한다. 이것은 물리적 운동에서 비롯되는 움직임이 아니다. 다시 말해 이것은 이동하지 않고도 당신 삶의 경험의 질을 변화시키는 움직임이다. 그리고 언제나 더 큰 '참됨(authenticity)'으로 나아가는 움직임이다.

이 둘의 차이를 보이기 위해, 당신이 자기 경험의 질에 만족하지 않을 때 흔히 하는 행동을 살펴보자. 이때 당신은 함께 일하는 사람을 바꾸거나, 직업을 바꾸거나, 아니면 다른 마을, 도시, 심지어는 다른 나라로 옮겨감으로써 당신이 처한 환경을 바꾸려고 한다. 이러한 변화는 많은 물리적 이동을 요구한다.

여기저기 돌아다니지만 결국은 아무 곳에도 이르지 못하는 것 — 이것이 당신이 일상 경험의 질에 대해 불만을 느낄 때 그것을 바로잡을 수단으로서 세상이 권장하는 방법이다. 그런데 문제는, 새로운 곳에 자리 잡아 물리적 환경을 바꿔도 당신이 느끼는 불만족은 슬그머니 다시 고개를 내민다는 사실이다. 이것은 아무리 주변 상황을 바꾸더라도 당신 '내면의' 진정한 움직임은 아직 시작되지 않았기 때문이다. 흔히 말하듯이, '아무리 가봤자 거기엔 네가 있다.'

누구나 어떤 형태로든 이런 절망적인 경험을 해본 적이 있을 것이다. 일상의 경험을 이런 식으로 재배치하는 것은 쓸데없는 소동일 뿐이다.

이것을 더 적절히 표현해줄 단어는 아마도 '드라마'일 것이다. 이 책에서는 이런 쓸데없는 소동을 '드라마'라고 부른다. 이 책에서 '드라마'는 원인에 영향을 미치지는 못하고 그저 결과에만 달라붙어 그것을 조작해보려는 신체적, 정신적, 감정적 활동을 가리킨다.

현존 수업은 당신의 경험에 참된 움직임을 촉발시킴으로써 당신을 드라마에서 빠져나오게 한다. 삶에 대한 당신의 무의식적 접근은 많은 부분이 이도 저도 할 수 없는 상황에서 비롯한다. 자신의 경험 속에 참된 움직임을 일깨우기 전까지는 드라마에 반응적으로 의존하는 수밖에 없다. 그러나 반응적으로 드라마에 의존하는 한 당신은 참된 움직임을 일으키지 못한다. 현존 수업은 막혀 있는 '감정'을 통합함으로써 이 딜레마에서 빠져나오는 길을 가르쳐준다. 이러한 막혀 있는 감정들이 해소되면 그 결과는 당신의 신체적, 정신적, 감정적 경험 속에 저절로 반영된다.

원인을 건드릴 수 있는 능력 — 이것을 '연금술'이라고도 한다 — 을 기름으로써 당신은 드라마에 의존하지 않고 자신의 경험 속에 참된 움직임이 일어나게 할 것이다. 이 연금술적 방법의 효과를 깨닫고 나서야 비로소 당신은 드라마를 내려놓을 준비가 된다. 참된 연금술을 통해 모든 드라마의 무용함이 자명하게 드러날 것이다. 일단 이것을 깨달으면 모든 드라마의 다르마(진실)에 다가갈 수 있다.

현존 수업에 들어가면 당신은 '행위'에서 존재로, 그저 보는 것에서 제대로 보는 것으로, 들리는 것에서 경청하는 것으로, 불편함에서 균형으로, 분리에서 통일로, 반응에서 응답으로, 참되지 않음에서 참됨으로, 분열에서 통합으로, 행복을 구하는 것에서 기쁨을 허용하는 것으로, 복수와 비난에서 용서로, 부정확한 인식에서 정확한 인식으로, 불평과 경쟁에서 연민으로, 무의식적 행동에서 의식적 행동으로, 그리고 시간 속의 삶에서 현 순간을 자각하는 경험으로 옮겨가기 시작한다.

이러한 모든 움직임은 가식(pretense)에서 현존(Presence)으로 옮겨가는 동일한 변화의 각기 다른 모습들이다. 그리고 이러한 변화는 주의와 의도를 사용하여 자신의 느낌과 직감을 조율해야만 이룰 수 있다.

세상이 내세우는 본보기들 때문에, 당신의 현재 환경에서 드라마를 사용하지 않고 참된 변화를 이룬다는 것을 이해하기란 쉽지 않다. 예를 들어 당신은 현존 수업 경험에 들어가면서부터 벌써 불필요한 드라마를 덧붙이고 있는지도 모른다. 당신은 '현존 수업을 하는 동안에도' 흡연 등의 중독을 끊으려고 하거나 특별 다이어트와 훈련 프로그램을 자신의 일상에 추가하고 싶어질 수도 있다.

그러나 기분이 좋아지기 위한 수단으로서 자기 경험의 일면을 변화시키고자 한다면 당신은 자동적으로 드라마에 빠진다. 드라마는 인과관계가 아니라 단지 결과에만 관심을 둔 채 그것을 조작하려고 한다. 그러나 지금 당신이 필요로 하는 것은 더 많은 드라마가 아니라 참된 움직임을 일으키는 것임을 받아들인다면, 불필요한 외면적 활동을 일으켜 이 과정에 대한 자신의 경험을 보완하려고 애씀으로써 에너지를 낭비하지 않아도 될 것이다.

현존 수업에 들어가는 당신은 이 과정을 거치는 동안 '기분이 얼마나 좋은가'에 따라 자신의 경험을 평가해서는 안 된다. 또 이 여행이 '쉬울' 것으로 기대해서도 안 된다. 대신 당신은 설령 불편하게 느껴질지라도 스스로 '참된' 경험을 하고자 하는 의도를 일으켜야 한다.

당신은 자기 삶의 경험의 질에 조화를 회복시켜줄 열쇠가 개인의 감정을 성숙시키는 데에 놓여 있을지도 모른다는 가능성의 손짓을 받고 있다. 또한 당신은 '알지 못함'의 경험에 자신을 내맡기는 데서부터 개인의 감정 성숙이 촉발될 수 있다는 생각의 손짓을 받고 있다.

당신의 '현재' 외양과 행태와 환경은 당신의 감정체의 최근 상태가 누적된 결과로 나타난 것이다. 그 일면이 마음에 들지 않는다면 당신은 그것을 바꿔놓을 수 있는 능력을 가지고 있다. 그러나 당신의 경험에 지속적인 변화를 가져오는 참된 움직임은 원인을 건드림으로써만 일어난다. 자신의 모습과 행태와 환경을 조작하는 것은 일시적인 위안을 가져다줄 뿐 항구적인 회복, 다시 말해 통합을 가져다주지는 못한다.

급격한 외적 변화에 의존하는 것은 지금 일어나고 있는 일을 통제하고 안정시키려는 무의식적인 욕망이 표출된 결과이다. 이러한 반응적 행동은 소란을 일으킨다. 이것은 당신이 성급하게 너무 많은 것을 하려고 덤비도록 만드는데, 이것은 무의식의 자기태만 전략 가운데 하나이다. 현존 수업은, 당신의 경험에 지속적인 변화를 가져오는 것은 인과 관계의 조율을 통해서, 다시 말해 현재 당신의 감정체가 처한 상황 속에 참된 움직임을 일으킴으로써만 가능하다는 사실을 경험적으로 깨닫게 해준다.

이 여행에 들어서면 당신은 자신의 외양과 행태와 환경 등을 외부적으로 한꺼번에 조종하고 싶어하는 자신의 의도를 간파할 지혜를 갖추게 된다. 현존 수업 과정을 모두 마칠 때까지 그러한 갑작스런 조종을 미뤄둘 수만 있다면, 자신을 외적인 드라마와는 잠시 작별해 있게 하는 것이 좋다. 급격한 변화를 일으키려는 의도를 지닌 충동적 행동에 끌리지 않도록 조심하라. 현존 수업을 하는 동안 '충동적' 혹은 '급격한'이라는 단어가 나온다면 그것을 곧 드라마로 간주해도 좋다.

당신에게 무엇이 필요한지를 말해줄 수 있는 사람은 당신 외에 아무도 없다. 당신의 '가슴'은 무엇을 밀어붙이는 것과 그저 자연스럽게 펼쳐지도록 놔두는 것의 차이를 알고 있다. 강물을 거슬러 올라가지 말라! **현존 수업을 해나가는 동안, 생각과 외면의 물리적 '행위들'은 당신을 느낌과 직감에서 더 멀어지게 만들 뿐이다.** 만약 자신의 외양, 행태, 혹은 삶의 환경을 크게 바꾸라는 통찰적 메시지를 받고 있다고 느껴진다면 행동하기 전에 우선 그러한 통찰들과 단지 '함께하기로' 해보라. '무언가를 하고자 하는' 이 충동이 숨을 쉬도록 놔둬 보라. 그러면 그것이 적절한 응답인지 아니면 반응적인 반사행위인지를 알 수 있을 것이다. 감정을 처리하는 과정에서 급격하게 행동하고 싶은 충동이 종종 터져 나올 수 있다. 그것은 통합되기 위해 의식 표면으로 올라오는, 무의식에 각인된 감정에 대한 반응이다.

외양과 행태와 환경을 바꿈으로써 자신을 변화시키려는 잘못된 시도는 마치 자신이 듣고 싶은 방송국 주파수에 맞추기 위해 방 안에서 라디오를 들고 이리저리 돌아다니는 것과 마찬가지다. 반면 현존 수업에서는 원인과 결과의 접점에서 당신의 경험의 질을 조정하는 법을 터득하게 된다. 현존 수업을 통해 시작하는 여행은, 지금 있는 곳에다 라디오를 그냥 놓아두라고 한다. 그리고 당신은 라디오의 다이얼을 돌리는 데만 주의와 의도를 집중하면 된다. 이것은 드라마에 의존하는 것보다 훨씬 더 간단한 방법이어서, 음악에 주파수를 맞출 수 있게 해주며 그것이야말로 당신이 원하는 바로 그것을 가져다준다.

현존에 대한 자각을 일깨우는 데는 돈이 들지 않는다. 그리고 이것은 피부색, 계급, 신념에 의한 외면적 분리와는 무관하게 누구든지 할 수 있는 일이다. 또 이것은 어떠한 의식도 형식도 도그마도 필요로 하지 않는다. 인과를 책임지고 돌보는 능력은 우리의 타고난 권리이다.

지금부터 떠나게 될 현존 수업 여행은 단순한 여행이다. 그러므로 가슴으로 하는 이 작업을 정확하게 잘 하려고 '지나치게 애씀으로써' 더 복잡하게 만들지는 말자. 더 많은 행동을 일으킬 필요는 없다. 그런 드라마는 에너지의 낭비일 뿐이다. 그것은 불난 집에 부채질하는 꼴이다. 당신이 할 일은 단지 호흡 연습과 의식적인 응답만 열심히 하면서 인식의 도구를 담고 있는 매주의 글을 읽는 것뿐이다.

자각의식의 경로와 7년 주기

자각의식의 경로

현존 수업은 모든 인간이 타고나는 자각의식의 경로(pathway of awareness)를 알고 그에 맞춰 작용하기 때문에 인식에 큰 영향력을 미치며, 종종 명쾌하다. 성취할 수 있는 것들에 비하면 현존 수업은 거의 노력이 들지 않는 이유도 이 때문이다. 이 책에서 우리는 이것을 '자각의식의 경로'라고 부를 것이다.

우리의 경험은 대부분 이 경로를 따라 주의와 의도를 무의식적으로 적용한 결과로 나타난다. 그러므로 우리 모두에게 이 경로는 제2의 천성이라고 할 수 있다. 그것이 자각되기 전까지는 숨어 있지만 말이다.

이 자각의식의 경로의 단순한 역학을 알고 나면 참된 정신적, 신체적 변화를 일으키기 위해서는 경험의 감정적 핵심에 다가가 그것을 조율해야만 한다는 사실을 받아들일 수 있게 된다. 일단 자각의식의 경로에 난 자신의 발자국을 발견하고 자기 삶의 경험에서 7년의 주기를 확인하고 나면 당신은 불편한 경험의 인과적 접점을 통합할 준비를 갖춘 것이다.

자각의식의 경로를 확인하는 것은 어렵지 않다. 이것은 새로 태어난 신생아의 자연스런 발달 과정을 관찰하면 된다. 출생 순간부터 아기의 감정적, 정신적, 신체적 능력은 이미 분명히 드러나고, 동시에 나란히 발달해가기는 하지만, 각 개인의 자각의식이 그 사이를 지나 의식적으로 이동해가는 특유의 경로가 존재한다. 처음에 아기는 울고 웃고 구구 소리를 내며 좋아하는데, 이것은 감정적인 것이다. 다음으로 아기는 다양한 언어로 의사소통하는 법을 배우는데, 이것은 정신적인 것이다. 그리고 그 이후에야 아기는 걷는 법을 배우게 된다. 물론 이것은 신체적인 것이다. 그러므로 자각의식의 경로는 감정적인 것에서 정신적인 것으로, 그리고 신체적인 것으로 이어진다.

엄마의 자궁을 떠나 세상에 나올 때, 당신은 주로 감정적인 존재이다. 그때 당신이 할 수 있는 것이라고는 감정을 발산하는 것뿐이다. 당신은 아직 자신의 경험을 개념화하거나 이야기할 수 있는 언어를 갖고 있지 못하다. 또 어떤 일을 신체적으로 혼자 수행할 수 있는 운동기능도 갖고 있지 못하다. 그때 당신이 경험하는 세상은 '움직이는 에너지'(energy in motion)이며, 당신은 주로 직감을 통해 그것과 관계를 맺는다. 당신은 무언가를 인식하고 그것과 의도적으로 상호작용을 시작하기 전까지 느낌과 직감 속에서, 주로 감정적인 이 상태에 머문다.

특정한 결과를 얻기 위해 의도적으로 감정을 사용하는 방법을 터득하고 나면 자각의식의 경로에서 다음 단계인 정신의 영역이 펼쳐진다. 이때 감정은 더 이상 자신이 처한 환경에 대한 기계적 반응이 아니다. 감정은 이제 당신의 경험과 의식적으로 상호작용하는 수단이 된다. 의도적인 의사소통의 도구로서 울음이나 미소를 사용하는 순간, 당신은 더 이상 그저 감정만 발산하는 것이 아니라 정신적 상호작용에 참여하게 된다. 이 정신적 영역으로의 진입은 당신이 최초로 말을 하기 시작하면서 더 공고해진다. 이 첫마디는 곧 무언가에 이름을 붙이는 행위, 다시 말해 인식하는 행위이다. 자기 경험의 일면에 이름을 붙여 그것을 인식할 수 있다는 것은 당신이 자각의식 경로의 다음 단계로 나아갈 수 있는 문이 열렸다는 의미이다. 그다음 단계란 바로 신체의 영역이다.

당신이 경험의 일면을 인식하고 그것에 이름을 붙일 수 있게 되면 이 일면들은 더 이상 단지 '움직이는 에너지'로 나타나지 않는다. 당신이 무엇인가에 이름을 붙이는 순간, 지금까지 움직이는 에너지의 모습으로 나타나던 것은 사라지고 이제 그것은 견고한 물질(matter)로서 나타나게 된다. 이제 자신에게 중요해진(matter) 그것에 당신은 이름을 붙인다.*

대상을 인식하고 뒤이어 그것에 이름을 붙이는 능력은 한때 에너지의 흐름이었던 것을 이제는 견고하고 농밀하고 정지된 물질로 인지한 결과이다. 인간으로서의 경험 속으로 들어간다는 것은 어쩌면 '모든 것을 물질(matter)로 만드는' 인식 능력을 갖추는 것이라고 할 수 있다. 그런데 그 뒤에 당신은 이 인식 능력에 중독되어 버린다. 심지어 모든 것이 당신에게 '중요해지기(matter)' 이전의 경험은 어땠는지를 더 이상 기억하지 못할 정도로 거기에 중독돼버린다. 이 중독은 당신의 인식으로 하여금 주변 환경 속으로 들어가서 그것을 견고한 물리적 접촉으로 느끼게 만든다. 실제로는 순수한 진동일 뿐인 주변 환경을 말이다. 이렇게 당신은 '세상을 정지시켜놓고' 그 안을 돌아다닌다.

* matter는 물질이란 뜻과 중요하다는 뜻을 동시에 가지고 있다. 역주.

어린이가 된 당신의 인식이 세상을 정지시켜놓고 그 낱낱의 조각들에 이름을 붙이고 나면 당신은 이름 붙인 그것들 사이를 호기심에 차서 기어다니면서 그것들과의 만남에 몰두한다. 주의와 의도의 이 같은 외부지향적 움직임은 호기심에 의해 촉발된다. 그리고 이것은 주로 감정적이고 정신적인 경험으로부터 빠져나와서 자각의식 경로의 세 번째 단계인 신체의 영역으로 옮겨가도록 유도한다. '자기에게 중요한(matter) 세상' 속으로 들어가는 걸음마를 떼는 데는 호기심이 필수다.

이처럼 자각의식의 경로는 감정 영역에서 정신 영역으로, 그리고 다음엔 신체 영역으로 이어진다. 우리는 누구나 이 단계를 거쳐 세상의 경험 속으로 들어가게 된다. 그리고 이 경로는 세상이 당신을 대하는 방식에서도 — 주로 무의식적이긴 하지만 — 분명하게 나타난다. 세상이 자각의식의 경로를 어떻게 인식하는지를 깨달으면 7년 주기가 드러난다.

7년 주기

엄마의 자궁에서 나오는 순간부터 시작되는 주로 감정 중심적인 발달기는 시간이 지나면서 점차 약해지다가 대부분의 경우 일곱 살이 되면 완전히 멈춘다. 7세가 되면 아동기는 공식적으로 끝이 난다. 이제는 어린 소녀와 소년이 되는 것이다. 이것이 7세에 공식 교육이 시작되는 이유이다. 우리는 이 시기를 아이가 '성장하는' 시기로 알고 있다.

이 7년의 전환점은 감정체를 중심으로 한 아동기 발달로부터 이제는 정신 능력의 발달로 무게중심이 옮겨가는 시기이다. 7세부터 14세까지 당신은 정신적 이해력을 훈련받으며, 말하기와 읽기, 쓰기 같은 기본적인 의사소통 기술을 발달시킨다. 또 당신이 태어난 사회에 적설한 행동

방식도 배운다.

14세가 되면 당신은 또 한 번의 전환점을 맞게 된다. 당신의 정신적 발달은 당신이 사회에서 의미 있는 신체적 역할을 담당하는 데 필요하다고 다른 사람들이 예상하는 것들로 초점이 옮아간다. 이 같은 초점 이동은 주변 환경과, 당신이 그 속에서 맺는 관계에 대한 신체적 자각이 높아지는 것에서 나타난다. 정신적 표현에서 신체적 표현으로의 이러한 초점 이동은 사춘기 경험을 통해 신체적으로 나타난다.

사춘기는 당신의 정신이 사회에 길들어지는 7년의 주기를 마치고 세 번째 7년 주기에 진입함을 알리는 징표이다. 이 세 번째 7년 주기는 당신이 물질세계와 맺는 관계를 강화시켜준다. 이제 당신은 어엿한 십대이다. 이 세 번째 7년 주기 동안 당신은 자신의 신체를, 그리고 자신이 세상과 주고받는 물리적 상호작용을 더 예민하게 의식하게 된다. 당신은 다른 사람에 이끌리기도 하고 그들에게 배척당하기도 한다. 당신은 자기가 속하고 싶은 그룹을 선택한다. 이 시기에는 신체적으로 책임 있고 유능한 인간으로서 자신의 역할을 어떻게 수행할 것인가에 관한 정신적 지도를 그리는 데 초점이 맞추어진다. 세 번째 7년 주기가 종료되면 당신은 스물한 번째 생일을 맞이하고, 이때부터 성인이 된다.

현존 수업은 자각의식의 경로의 자연스러운 흐름과 처음 세 번의 7년 주기의 관점에서 볼 때 당신의 현재 육체적 경험의 원인은 현재의 물리적 환경도, 현재의 생각도 아니라는 사실을 직접적인 체험을 통해 알게 한다. 현존 수업은 먼저 육체적 현존을 일깨우고 그다음에 명료한 정신을 일깨우는 법을 가르친 뒤, 당신이 현재 겪고 있는 불편한 경험들의 원인이 아동기에 경험했던 감정 중심의 첫 7년 주기라는 사실을 경험적으로 깨우치게 해준다.

첫 7년 주기를 지나는 동안 주로 느낌을 통해 에너지 형태로 심어진 감정의 씨앗은 당신이 그것을 의식적으로 통합하지 않으면 싹을 틔워 지속적인 불편감으로 이어진다. 이 같은 지속적인 불편감으로 인해 당신은 반응적인 정신 상태, 다시 말해 생각이라는 것을 만들어낸다. 그리고 그것은 다시 당신이 신체적으로 경험하는 불균형 상태와 주변 환경을 통해 자신을 드러낸다. 이 책에서 우리는 원인이 되는 이 씨앗 뿌리기의 메커니즘을 '감정적 각인'(emotional imprinting)이라고 부를 것이다.

현존 수업이 주는 심오한 통찰은, **당신이 첫 7년 주기를 지난 이래로 감정적으로 새로운 일은 전혀 일어나지 않았다는 사실이다.** 비록 겉으로는 매일같이 새로운 물리적 환경과 정신적 경험을 하는 것처럼 보이지만 **당신이 그것을 의식적으로 통합하지 않으면 감정 차원에서 변화하는 것은 아무것도 없다.**

감정 차원에서, 당신은 첫 7년 경험 동안 당신의 감정체에 각인된 것과 똑같은 내용의 경험을 7년마다 반복하고 있다. 자신의 정신적, 육체적 경험의 밑바닥을 흐르는 감정의 저류를 인식하는 법을 터득하고 나면, 당신은 자신이 다양한 경험을 하면서 성장해온 '것처럼' 보여도 실은 그렇지 않다는 사실을 깨닫게 된다.

14세가 되면 당신의 주의와 의도는 삶의 물리적 환경과 조건에 습관적으로 '고착되고(transfixed)' 만다. 당신은 자신이 중요하게 여기는 세상에 붙들린(fixed) 채 일종의 정신적 몽환 상태(trance)에 머문다. 어른이 된 당신은 사물의 견고한 표면만을 인식한다. 순환적인 본성을 지닌 물질계는 끊임없이 변화하고 있으며 매 순간 자신을 새롭게 드러내는 것처럼 보이므로, 지속적인 변화라는 환상이 만들어진다. 그러나 지속적 변화처럼 보이는 것도 실은 물질세계의 속임수이다. 이것은 크나큰 착각이요 환영이다. 동양에서는 물질세계의 이 교묘한 속임수를 '마야 maya(환영)'라고 한다.

현존 수업은 사물의 표면 아래를 보는 법을 가르침으로써 물질세계의 교묘한 속임수를 드러내 보여준다. 느낌과 직감을 동원하면 물리적 환경과, 그에 관해 당신이 스스로에게 속삭이는 마음의 스토리의 이면을 꿰뚫어 볼 수 있게 된다. 그곳에서 당신은 삶의 감정적 내용물을 '보게' 된다. 오랫동안 억압해온 자기 경험의 일면을 느끼도록 자신을 허용하면 이처럼 '보는' 것이 가능해지는 것이다. 이러한 봄, 다시 말해 이러한 느낌과 직감을 발견해내면 당신은 모든 사람이 어릴 적에 자신의 감정체에 각인된 패턴을 — 무의식적이긴 하지만 — 부지런히 반복하고 있다는 사실을 깨닫게 된다.

이러한 감정 패턴을 무의식적으로 반복하는 동안에 '시간 속에 사는' 경험이 생겨난다. 그러면 당신은 '손목시계를 제거하는 것'만으로는, 다시 말해 현재의 환경을 순전히 정신적 물리적으로 뜯어 맞추는 것만으로는 현 순간의 자각으로 들어가는 것이 불가능하다는 사실을 깨닫게 된다. 아동기의 불편한 경험이 당신의 감정체에 미친 에너지 충격을 통합해야만 현 순간의 자각에 들 수 있는 것이다.

현존 수업을 해나가다 보면 자신의 개인적인 에너지 기질로부터 표출되는 반복적이고 정체된 상태를 발견할 수 있다. 이것은 실제로 당신이 늘 과거 속에서 살면서 과거의 감정적 내용물을 고스란히 반복 재생하는 미래의 시나리오를 계속 써내고 있음을 보여준다.

현존 수업을 해나가다 보면 자신이 일곱 살 때 이미 감정적 죽음을 경험했다는 사실이 드러난다. 원인이 되는 에너지가 죽음을 맞이한 지점이 이곳이기 때문에 당신은 이 지점에서부터 다시 깨어나야 한다. 당신의 반복적인 감정 패턴은 표면상으로는 현실처럼 보이지만 실은 꿈(환영)에 불과하다. 이 꿈 상태의 이면을 볼 수 있게 되면 당신은 놀라운 사실을 발견한다. 마음에 끄달리고 물리적으로는 붙들려 매인 채 시간 중심적 패러다임 속에서 살고 있는 어른은 바로 그 '죽은 아이'라는 것을 말이다.

무난한 어른이 되기 위해 아동기의 자기를 죽이는 것은 하나의 처세술일 뿐, 반드시 죽여야만 하는 것은 아니다. 당신은 단지 죽은 척하고 있는 것뿐이다. 성인이라는 스스로 만든 인식의 감옥을 빠져나와 아동기의 자아를 가식의 지하감옥에서 구출해내는 것은 당신의 손에 달린 일이다. 자신의 순진무구상태(innocence), 다시 말해 내적 감각(inner sense)을 회복하는 데 필요한 경험을 얻으면 당신은 완전히 새로운 패러다임 속으로 들어갈 준비를 갖추게 된다. 이 패러다임은 내적 감각과 외적 경험이 지혜라는 균형 잡힌 저울 위에서 조화롭게 공존하는 상태다.

'왜 이런 일이 자꾸 나에게 일어나는지 모르겠어.' 같은 상황이 자꾸만 반복되면 당신은 이렇게 푸념한다. 아니면 '왜 이런 일이 계속 일어나는 거지?'라고 자문한다. 감정의 저류가 작용하는 메커니즘을 탐사하는 이 의식적 여행을 시작함으로써, 당신은 자신과 사람들이 이런 푸념과 의문을 던지는 이유를 알게 된다. 이때 당신이 탐사해야 할 것은 물리적 환경이나 그에 대해 당신이 스스로에게 들려주는 반복적인 스토리가 아니다. 당신이 탐사할 것은, 삶 속에서 어떤 경험이 반복해서 일어날 때 느껴지는 당신의 기분이다. 이 기분은 현재의 경험 속에 반복적으로 일어나고 있는 아동기 감정 주기에 대한 하나의 반응이다. 당신의 경험 중 통합되지 못한 감정들이 끊임없이 반복 재생되면서 정신적, 신체적 불편을 일으키고 있는 것이다.

자신이 무의식중에 계속 어린 시절의 감정적 울림을 다시 일궈내고 있다는 사실을 깨닫고 나면 당신은 이 꿈과 같은 상태로부터 깨어나는 첫 단계를 밟을 수 있다. 당신은 자기 삶의 경험의 질에 진정한 변화를 일으키려면 물리적 환경에 손을 대는 것은 소용없는 짓임을 깨닫는다. 과거의 습관처럼 당신도 한동안은 이런 경험들을 물리적으로 조작해보려고 할지도 모른다. 아니면 자신에게 들려주는 스토리를 바꾸려고 애쓸 수도 있다. 그러나 결국에는 이런 소동은 모두가 한갓 드라마일 뿐, 그것으로는 아무 일도 해낼 수 없다는 사실을 깨닫게 된다.

첫 7년의 감정적 경험이 제대로 소화되지 않고 남아 있는 이유 가운데 하나는, 우리 인간의 경험이란 것이 순전히 감정적인 것만은 아니기 때문이다. 거기에는 정신적, 육체적 요소도 있다. 어떤 경험이든 충분히 통합시키려면 그것을 감정적, 정신적, 육체적으로 받아들여야만 한다. 첫 7년 주기 동안 당신은, 감정으로는 상호작용할 능력을 가지고 있지만 정신적, 신체적 능력은 경험을 통합하는 과정에 참여할 만큼 충분히 발달하지는 못한 상태다. 이 때문에 일곱 살이 되면 세상이 제도적 교육을 강조하면서 끼어들고, 이에 따라 당신의 감정 성숙은 거의 멈춰버리고 만다. 만약 세상이 이렇게 하지 않았다면 당신은 온전한 통합에 필요한 정신적, 육체적 능력을 발달시키는 데에는 주의를 쏟지 않았을 것이다.

현존 수업은 지금 이미 진행 중인 경험 이외의 '다른 경험'을 만들어내려는 것이 아니다. 당신은 '축복'이나 '깨달음'을 간구하는 것이 아니다. 당신의 의도는 '지금-여기-이것'을 온전히 품어 안는 것이다. 지금 여기를 넘어서거나 무언가 다른 것을 구하려는 것이 아니다. 현존 수업에서 당신은 어떻게 하면 '지금 여기의 이 경험' 속에 존재할 수 있는지를 배운다. 각인된 감정이 느낌으로써 전해오는 말에 귀를 기울임으로써 말이다. 당신은 감정 성숙이 갑작스럽게 멈춘 지점, 다시 말해 현존이 가식에 가리게 된 지점으로 의식을 되돌리는 데에 주의와 의도를 사용하는 법을 알게 된다.

이렇게 함으로써 당신은 참된 변화를 가능케 하는 에너지를 다시 일깨우려면 물리적 환영과 정신적 혼란의 이면으로 의도적인 여행을 떠나야만 하는 이유를 스스로 깨닫게 된다. 이 여행에서 당신은 의식적으로 자각의식의 경로를 거슬러가면서 7년 주기가 당신의 현재 경험에 미치고 있는 감정적 부하를 제거하게 된다. 투사된 미래와 과거의 트라우마가 모두 해체된다. 그리하여 현재의 고유한 기쁨과 아름다움이 드러나게 한다. 이것은 결코 간단한 작업이 아니지만 일단 착수하고 나면 당신은 그것이 왜 당신 앞에 놓인 가장 의미 깊은 일인지를 알게 될 것이다.

'거슬러가는' 여행은 이 작업을 적절히 표현한 말이 아니다. 그것이 적절한 표현인 것처럼 느껴지는 이유는 당신이 시간을 직선적으로만 이해하는 마음 상태로 살면서 자신이 언제나 앞으로 나아가고 있다고 인식하기 때문이다. 자신의 과거를 온전히 통합할 때까지, 당신은 자기 꼬리를 좇아 맴도는 강아지처럼 에너지의 순환고리 속을 맴돌 뿐이다. 현존 수업으로 시작되는 여행을 좀더 적절히 표현하자면, 울림을 지닌 자각의식(vibrational awareness)을 향해 '내면으로의' 움직임을 개시하는 것이다.

당신 경험의 외면적인 껍질은 물질적인 것이어서, 그것이 당신에게 '중요한(matter)' 한 그것은 계속 물질적인 것으로 남아 있을 것이다. 자신의 내면으로 들어가는 방법을 알게 되면서 당신은 정신을, 그리고 다음에는 감정을 통과해 지나간다. 거기서 한 발짝 더 나아가면 거기에 울림이 있다. 지금까지 누적되어온 감정 상태를 의식적으로 통합하지 못하면 울림을 지닌 자각의식을 포용할 힘을 키울 수 없다. 신체적, 정신적인 과정을 통해 진동하는 자각의식을 드나들 수는 있지만, **감정을 통합하지 않으면 진동하는 자각의식을 '지속적으로' 경험할 수가 없다.**

자각의식의 경로를 따라가는 내면의 여행은 당신에게 낯선 여행이 아니다. 자신의 근원을 접하기를 바랄 때마다 자동적으로 당신은 이 여행을 떠나고 있다. 이것을 구체적으로 보려면 아이가 기도하는 모습을 지켜보라. 아이는 우선 무릎을 꿇은 뒤 손을 모은다(신체적). 그런 다음 근원에게 말을 건다(정신적). 그러면 근원의 순진무구 상태의 언어가 가슴을 건드려 느낌의 상태를 일깨운다(감정적). 자각의식의 경로를 따라 근원의 자각으로 돌아오는 당신의 여행은 신체로부터 출발하여 정신을 거치고 감정을 거쳐 울림 속으로 이어진다.

현존 수업은 당신이 어릴 적의 유치한 감정적 순수성을 떠나 어른의 세계에 진입했던 과정을 자각하게 할 뿐 아니라 자신의 첫 7년 주기로 돌아가 감정체에 각인되어 있는 경험을 통합하게 한다. 자각의식의 경로를 따라 과거로 돌아가서 자신의 아동기 자아에게 평화를 가져다주지 못하면 어른이 되어서도 통합되지 못한 상태로 살게 된다. 그러면 당신의 현재 경험 속에서 참된 움직임이 일어날 수 없고, 당신의 정신적, 신체적 상태도 조화를 회복할 수가 없다.

7년 주기는 인류의 진화가 오늘날처럼 속도를 더해감에 맞추어 계속 스스로를 조정해간다. 예를 들어 오늘날 일부 아동들은 7년 주기가 아닌 6년, 심지어 5년으로 짧아진 주기를 경험하기도 한다. 우리는 일부 아동들이 과거보다 이른 나이에 감정 발달로부터 정신적 발달과 신체적 발달로 옮겨가는 것을 본다. 하지만 현존 수업에서는 7년을 주기로 에너지가 반복되는 것으로 가정한다.

당신은 첫 7년 주기에 누적된 감정이 자신의 현재 경험에 미치는 영향을 현존 수업을 통해 점차 통합해갈 수 있다. 이 과정을 한 번 이상 반복하면 에너지 주기가 완전히 해체된다. 왜냐하면 당신이 어른이 되는 순간 경험했던 감정의 죽음, 그것으로부터 생긴 내면의 인식 장벽이 제거되기 때문이다.

이 에너지 주기가 제대로 해체되면 당신은 가능성의 가장자리 끝에 서게 된다. 이제 당신의 의식은 과거를 떠올려 미래로 투사하는 프로그래밍 상태로부터 현존의 영원한 순간 속으로 녹아든다. 그러면 과거와 미래라는 양극에 대한 에너지 경험이 사라지면서 당신의 의식은 통일된 진동의 장場으로 수렴한다.

참고 아직 자신의 경험 속에서 7년 주기의 증거를 찾아내지 못했더라도 걱정할 필요는 없다. 그것을 통합하기 위해서 머리로 이해해야만 하는 것은 아니다. 머리로 그것을 이해하든 못하든 상관없이 당신은 현존 수업을 직접 해봄으로써 이 에너지 패턴을 통합시킬 수 있다. 자신의 7년 주기는 머리로 이해하는 것보다 통찰을 통해 온전히 파악할 수 있다. 통찰을 받아들이는 능력을 기르면 자신에게 필요한 통찰을 얻을 수 있다.

이러한 통찰력을 기르기 위해서는 경험되는 사건의 표면적 스토리로부터 주의를 떼어내야 한다. 그리고 느낌과 직감을 길러서 당신의 경험을 관통하고 있는 감정의 저류를 알아차려야 한다. 이렇게 하려면 현 순간의 자각을 키워야 한다. 현존 수업은 각자에게 가장 알맞은 속도로 이를 달성할 수 있게 한다. 인내심을 갖는다면 필요한 때에 모든 것이 당신 앞에 드러날 것이다.

각인된 감정

현존 수업에서 '각인된 감정'이란 말은 부모나 양육자의 통합되지 못한 감정 상태가 무의식 속에서 당신에게 전해진 것을 가리킨다. 당신은 일곱 살쯤 되면 부모나 양육자로부터 감정의 바통을 이어받는다.

인간은 모두 부모에게서 이런 감정의 바통을 이어받으면서 인간 사회에 동참하게 되는데, 이는 아동기의 피할 수 없는 결말이다. 각인은 우리가 서로 간에 맺은 어떤 신성한 합의이다. 그러므로 각인은 부모가 '당신에게 저지른' 무엇이 아니며 당신이 부모 역할을 수행할 때 '자식에게 가하는' 무엇도 아니다. 그것은 우리가 '함께 들어서는' 어떤 경험이다.

부모가 자식에게 감정의 바통을 넘겨주는 첫 7년의 기간을 '운명을 다운로드받는' 의도적인 과정으로 생각할 수도 있다. 왜냐하면 당신의 감정적, 정신적, 신체적 환경의 잠재적 에너지 패턴을 결정짓는 것이 바로 이 첫 7년의 감정 주기이기 때문이다.

당신이 경험할 삶의 잠재적 가능성은, 엄마 자궁 속에서 보내는 마지막 7개월 동안은 '진동을 통해', 출생 후 첫 7년 동안은 '감정을 통해', 7세에서 14세 사이에는 '정신을 통해', 그리고 그 후 21세가 될 때까지는 '신체를 통해' 다운로드된다. 이러한 이동의 각 차원은 마치 삼투 현상처럼 각인을 통해 발생한다. 주로 느낌을 통해 에너지 시스템에 전달되는 이 각인은 상호작용하는 신체적, 정신적, 감정적 경험 전반을 통해 일어난다.

첫 7개월 동안 당신은 엄마의 자궁 속에서 경험하는 진동의 느낌을 통해 각인을 받는다. 이것은 당신이 엄마의 심장박동과 허파의 숨소리, 혈액의 흐름, 신체의 움직임, 목소리의 울림 등을 감지할 때 일어난다. 그리고 출생 후 첫 7년 동안은 주로 부모와 직계 가족과의 상호작용을 통해 감정적으로 각인된다. 또한 자신이 처한 환경의 여러 측면을 접할 때의 느낌을 통해서도 각인된다. 7세에서 14세까지는 선생님, 학우들과의 만남, 또래 집단이 당신에게 정신적 각인을 남긴다. 그리고 14세에서 21세까지는 첫사랑이나 더 확대된 물리적 환경과의 상호작용이 당신에게 각인을 남긴다. 21세가 되면 당신 운명의 잠재에너지는 당신의 다차원적 경험 속에 진동적, 감정적, 정신적, 신체적으로 각인된다.

그런데 당신이 '시간 속에서 사는' 한, 이 각인된 경험과 잠재에너지는 신체적, 정신적, 감정적으로 표출되어 계속 올라온다. 이것은 언뜻 무작위적이고 무계획적으로 일어나는 것처럼 보이지만 사실 여기에 무작위적이고 무계획적인 것은 아무것도 없다.

당신이 하는 모든 경험이 의도적으로 전개되고 있음을 얼마나 알아차리는가가 곧 현 순간의 자각에 들어선 정도를 판가름하는 잣대가 된다.

엄마의 자궁 속에서도 진동을 통해 각인이 일어난다면 우리는 왜 출생 후부터 7세까지 받은 감정적 각인을 통합하는 데에만 초점을 맞추는 것일까? 이에 대한 대답은, 진동적 각인과 감정적 각인을 통합하는 데는 모두 느낌과 직감이 필요하기 때문이다. 진동을 느끼지 못하면 그것을 통합할 수 없다. 마찬가지로, 누적된 감정을 통합하는 데 주의를 집중함으로써, 다시 말해 '스스로 이 에너지 상태를 아무 조건 없이 느끼도록 부추김으로써' 직감과 느낌을 다시 일깨우고 키울 수 있다.

느낌과 직감이 길러지면 자신의 내면에 일어나는 진동에 의식적으로 참여하는 인식적 능력을 얻게 된다. 실제로, 각인된 감정을 통합시킴으로써 현 순간의 자각을 얻으면 당신은 자동적으로 인식의 정류장에 서게 되고, 이 정류장에서 당신은 진동의 세계로 떠나는 열차에 자연스럽게 올라탈 수 있다.

조건 없는 느낌과 직감을 통해 감정 차원에서 이 7년 주기를 다룰 수 있을 정도로 깨어나기 전까지는, 당신은 그것의 노예로 산다. 자신의 길을 의식적이고 책임 있게 이끌어갈 수 있도록 힘을 부여하는 것은 의식을 깨워서 각인된 운명의 메커니즘을 자각하겠노라는 당신의 의지이다.

이때가 되어서야 비로소 당신은 당신이 현재 관념상 '자유의지'라고 '생각하는' 그것을 확립하고 탐구할 수 있게 된다. 누적된 감정의 부하를 줄여줌으로써 감정체가 느끼는 불편을 통합하고 나면 당신은 자신의 운명에 의식적으로 참여할 수 있게 된다. 누적된 감정에 의해 보상 경험을 찾아 이리저리 끌려다니지 않을 때, 감정체와의 만남은 가장 높은 잠재력을 되찾게 된다.

다시 말해, 자기 경험에 쌓인 부하를 빼냄으로써(taking the charge out of it) 자신의 경험을 책임지고 돌볼 수 있게(take charge of) 되는 것이다. 그러면 의도적인 삶을 살 수 있다. 누적된 감정을 통합함으로써 자기 경험의 질에 책임지는 것은 곧 개인의 진정한 자유로 들어가는 문이다.

이 정도의 감정 통합은, 어떤 감정은 위협으로 간주하여 회피하고 어떤 감정에는 유혹되어 주체를 못하고 빠져드는 대신 모든 감정(emotion)을 '작용하는 에너지'(energy in motion)로 볼 수 있을 때까지 자신의 고통과 불편을 줄였을 때에야 가능해진다. 진정한 감정 통합을 경험하기 위해서는 특정한 감정을 다른 감정보다 선호하는 경계를 넘어서야 한다. 온전한 감정 통합은 당신의 내면에 수용의 느낌을 일궈주기 때문에 당신은 더 이상 어떤 감정을 경험할까 궁리하며 속셈을 하지 않게 된다.

에너지에다 이름을 붙이기 전, 다시 말해서 에너지가 당신에게 '중요한 것'이 되기 전에 당신은 그것을 주로 '작용하는 에너지'로서 경험했다. 이는 당신이 아직 그것을 머리로 이해하기(make sense) 전, 그러니까 이해 이전(pre-sense, 곧 현재)의 상태에 있을 때였다. 현 순간의 자각으로 돌아간다는 것은 에너지에 대해 중립적인 태도로 돌아갈 수 있도록 인식을 조정하는 것이다. 이 같은 변화를 통해 당신은 모든 '작용하는 에너지'를 당신의 경험의 질에 일어날 참된 변화의 연료로 바꿔놓을 수 있다.

누적된 감정

누적된 감정의 중요한 특징은, 당신이 그것을 '불편한 것'으로 인식한다는 점이다. 이것은 누적된 감정이 막히고 갇힌 에너지, 억눌리고 통제된 에너지이기 때문이다.

누적된 감정은 아동기부터 당신과 함께 있었기 때문에 당신은 그것에 대체로 무감각하다. 그런데 그 감정이 본연의 충동에 따라 일으키는 움직임에 당신이 저항할 때 마찰이 일어난다. 그리고 이 마찰이 당신의 경험을 구석구석에서 열띠게 만든다. 그러면 당신은 내면의 그 축적된 열기를 겉으로 비쳐내게 되고, 그것이 당신의 삶을 지옥 같아지게 만드는 것이다.

요즘의 우리 인간들의 경험은 매우 연소성이 강하다. 우리는 열기를 가하고 끓이고 태움으로써 주변 환경을 만들어간다. 실제로 우리는 음식을 모두 가열해서 먹는다. 커피와 술 등 우리가 마시는 음료의 대부분도 우리 안에 열기를 일으킨다. 설탕 같은 우리가 중독된 물질도 대부분 몸속에 열기를 일으킨다. 심지어 우리는 담배라는 것을 만들어 우리가 들이마시는 공기를 태우고 열을 가하는 도구로 사용한다. 우리가 현재 이용하는 교통수단도 연료를 연소하지 않고는 움직이지 못한다.

인간 경험의 이러한 가열 현상은 우리의 집단적이고 무의식적인 내면의 연소가 외부로 표현된 것이다. 참에 대한 우리의 끈질긴 저항은 이 내면의 불길에 부채질을 하는 것과 같다. 현존(Presence)보다 가식(pretence)을 더 편하게 느끼는 우리는 '불타는 세상'에 사는 것을 더 편하게 느낀다. 자기 내면의 열기의 에너지 메커니즘을 알아차리지 못하므로 우리는 '불타는 지옥에 사는 것'이 어떤 것인지도 알지 못한다.

우리는 누적된 감정 상태의 이런 측면들의 느낌을 다양한 이름으로 부를 것인데, 그중 모든 것을 포괄하는 세 가지가 두려움과 분노와 슬픔이다. 두려움과 분노와 슬픔은 누적된 감정에 저항함으로써 생기는 가열 현상을 정신적으로 정의한 말이다. 열기와 누적된 감정 사이의 관계를 이해하면, 그리고 감정체가 물의 요소와 상징적으로 연관되어 있다는 사실을 이해하면 감정의 과부하를 표현하는 우리 언어의 다양한 표현들도 새롭게 이해할 수 있게 된다. (영어의 관용 표현이므로 영어를 병기함, 역주)

"그 순간의 열기에" In the heat of the moment

자기존중감 self-esteem (자아는 곧 증기 self is steam)

"칼라 아래가 뜨겁다(화난다)" Hot under the collar

"뚜껑이 열린다" Going to blow my top

"기염을 토한다" Blowing off steam

"냉정을 잃었다" Losing my cool

"뜨거운 물속이다(곤경에 처했다)" I'm in hot water now

"뚜껑 열리게 만든다" Blowing my top

이 곤경은 이런 감정 부하의 경험이 만들어내는 지옥불 같은 이미지 외에도 다음 두 가지 형태로 나타난다.

1. 드라마

누적된 감정의 첫 번째 산물은 드라마이다. 드라마란 (신체적, 정신적, 감정적인) '반응적 투사'로서, '아직 자신이 스스로에게 줄 힘이 없는' 주의를 다른 사람으로부터 얻어내기 위해 이용하는 도구다.

우리는 누구나 참된 행동이 좌절당했을 때, 다시 말해 스스로 나서기를 꺼리게 되었을 때, 마음속으로 궁리하여 준비해둔 검증된 행동 목록을 가지고 있다. 이런 행동들이 바로 우리의 반응(re-act-ions)이다.

스스로 기뻐하는 창조적인 아이는 움직이는 순수 에너지이다(pure energy in motion). 당신의 부모와 환경은 당신이 어른 세계에 동화되도록 만들기 위해, 다시 말해 '시간 속에서 살도록' 만들기 위해 당신의 자연스러운 자발적 행동들 중 많은 부분을 숨아내기 시작한다. 감정적 각인 과정의 일부로서, 당신은 진실한 행동이 좌절당하고 세산된 석낭

한 행동으로 재조정되는 아동기 경험의 노예가 된다. 이것은 당신이 어른들의 세계에서 사회적으로 인정받는 존재로 변해가는 과정에서 일어나는 일이다. 이리하여 어린이의 현존은 어른의 가식으로 대체된다.

　공공장소에서 벌거벗고 뛰어다니는 것과 같은 자연스러운 행동은 두 살배기에게는 귀여운 행동으로 간주되지만 여덟 살짜리에게는 적절치 못한 행동으로 간주된다. 더구나 열여덟 살짜리가 그렇게 하는 것은 대부분의 사회에서 불법행위다. 자발적 행동을 조절할 필요가 있는지 어떤지는 여기서 논할 주제가 아니다. 우리는 행동의 결과에 관심의 초점을 맞추고 있다.

　자발적인 행동들은 대개 부모에게서 "그만둬" 혹은 "안 돼" 같은 말을 들음으로써 재조정된다. 그런데 여기서 드러나지 않는 사실은, **자발적인 행동의 근저에 있는 에너지 작용은 강제적인 규율로 막아놓아도 결코 활동을 멈추지 않는다는 것이다.** 그것은 저항하는 에너지가 되어 계산된 드라마로 형태를 바꾸어 나타난다.

　계산된 드라마는 당신을 성인의 세계에 받아들여지게 한다는 점에서는 성공적이다. 하지만 다른 한편으로 그것은 당신으로 하여금 자신의 진실을 스스로 받아들이지 못하게 만든다. 자기 내면의 존재를 이처럼 거부하면 에너지의 갈등이 일어나고, 이 갈등은 주변의 관심과 수용을 얻기 위해 지어내는 온갖 행동들을 통해 외부로 투사되고 되비쳐서 돌아온다.

　이처럼 당신은 스스로 자신을 거부해놓고는 자신을 대신하여 다른 사람들이 당신을 인정해주기를 바란다. 그리고는 그들로부터 당신을 인정해줄 만하다는 느낌을 '얻어내기 위해' 필사적으로 애쓴다. 당신의 숱한 드라마의 주제가 다름 아닌 이것이다. 관심과 인정에 대한 이 근본적인 욕구는 곧 누적된 감정으로 인해 생긴 불편감과 열기를 누그러뜨리고자 하는 욕구이다. '저 밖에 있는' 누군가가 당신을 대신하여 이러한 불편감을 덜어주고 제거해줄 수 있을 거라는 이 잘못된 믿음으로부터 온갖 투사된 드라마가 생겨난다.

자신에게 진실한 행동 중 어떤 것은 더 이상 받아들여지지 않는다는 사실을 깨달은 당신은 인정받을 수 있는 작은 행동들을 지어낸다. 그런 행동들이 먹히는지 어떤지는 그것이 부모나 가족으로부터 얼마나 관심을 끌어내는가에 따라 판단된다. 흔히 당신은 약간의 관심이라도 — 설령 그것이 불편하고 달갑지 않은 결과를 가져온다 할지라도 — 관심을 전혀 못 끄는 것보다는 낫다고 생각한다. 이리하여 당신이 취하는 행동은 주변의 긍정적인 관심으로 이어질 수도 있지만 부정적인 관심으로 이어질 수도 있다.

관심과 인정에 대한 이러한 욕구는 공연이나 창작 예술을 통해 긍정적이고 창의적으로 발산될 수도 있다. 그러나 어떤 기예에서든 참된 기량을 발휘하려면 당신이 타인에게서 구하고 있는 무조건적 관심을 스스로 자신에게 주는 법을 먼저 배워야만 한다.

2. 자가치료 - 진정과 통제

누적된 감정의 두 번째 결과 역시 내면의 불편함에 대한 반응으로서 일어나는 일종의 극적인(dramatic) 행동, 곧 드라마이다. 하지만 이 행동은 타인의 관심을 끌기 위해 외부를 향하는 대신, 내면의 불편한 경험을 줄이기 위해 자신에게로 향한다. 현존 수업에서 우리는 이런 행동을 '자가치료'(self-medication)라 부를 것이다. 자가치료는 '진정'과 '통제'의 형태로 나타난다.

누적된 감정이 의식에 떠올라 내면에서 불편한 느낌을 느끼게 하는 상황이 일어날 때마다, 당신은 그 경험을 진정시키거나 통제하려고 한다. 이 두 가지 반응형태를 살펴보자.

- 진정은 여성적 측면의 역기능으로서, 자신의 누적된 감정에 대한 자각을 무디게 하려는 시도이다. 예를 들어 습관적으로 술을 마시는 것은 불편감을 진정시키려는 의도이다. 이렇게 당신은 자신의 진정한 감정상태가 들리지 않게 만들어 그것을 잊어버리고 싶어 한다. 우리는 이것을 흔한 말로 '슬픔을 잠재운다'(drowning our sorrows)고 표현한다.

- 통제는 남성적 측면의 역기능으로서, 불편감을 이겨낼 힘을 얻으려는 시도이다. 다시 말해서 불편감을 힘으로 제압하고자 하는 것이다. 습관적으로 담배를 피우는 것은 자신의 누적된 감정을 통제하려는 의도를 갖는다. 지금 무슨 일이 일어나고 있는지를 모르겠을 때마다, 통제를 벗어났다고 느낄 때마다 당신은 담배에 손을 뻗는다. 왜냐하면 담배를 피우면 최소한 지금 무슨 일이 일어나고 있는지 — 즉 담배를 피우고 있다는 것 — 를 알 수 있기 때문이다. 불을 찾아서 담배를 피울 수 있다는 사실이 자신의 누적된 감정을 통제하고 있다는 환상 속에서 살 수 있게 해준다.

습관적으로 마리화나를 피우는 것은 인기 있는 자가치료 방편이다. 왜냐하면 이것은 진정과 통제를 한꺼번에 달성시켜주기 때문이다. 진정이나 통제와 관련된 행동은 아주 노골적인 행위에서부터 미묘한 행위까지 그 폭이 매우 넓다. 자신의 누적된 감정을 상당 부분 감소시키기 전까지 우리는 누구나 일정 수준에서 자가치료를 하고 있다. '행복'을 추구하거나 운이 좋기를 바라는 것, 일이 수월하게 풀리기를 바라는 것도 모두 통제나 진정과 관련된 행동이다.

습관적이고 중독적인 행위를 더 이상 즐기지 않게만 되면 당신은 자신의 습관과 중독의 배후에 있는 누적된 감정의 정체를 느낌으로 금방 감지할 수 있다. 절제로부터 솟아나는 이러한 직감은 당신을 자가치료 행동으로 내모는 누적된 감정의 힘과 그 성질을 드러내 보여준다.

자가치료의 일종인 중독은 진동적, 감정적, 정신적, 신체적 각인을 통해 당신의 장場에 에너지로서 심어져 있다. 누적된 감정을 통합하는 것이야말로 유일하게 참된 치료법, 원인을 바로잡는 중독 치료법이다. 왜냐하면 모든 자가치료 습관은 내면의 감정적 문제의 결과이기 때문이다.

관련된 감정적 누적물을 통합하지 않고 자가치료 행위를 중단하는 것은 효과도 없을뿐더러 아무것도 얻지 못한다. 감정이 누적되게 한 원인으로 느껴지는 것 대신 그것이 겉으로 드러난 모습에만 주목한다면 결국은 하나의 자가치료 행위를 다른 자가치료 행위로 대체하는 것에 그치고 말 것이다. 이것을 '전이(transference)'라고 한다.

자신의 누적된 감정(charged emotion)을 통합하는 정도에 따라 자기 경험의 질에 참된 '책임을 지는'(in charge) 사람과 자기 경험에서 드러나는 누적된 감정을 짊어지고(carry the charge) 사는 사람의 차이가 생긴다.

누군가가 당신의 의식의 장에 들어올 때, 그가 자기 경험의 질에 '책임을 지는' 사람인지, 아니면 누적된 감정을 '짊어지고 사는' 사람인지가 금방 드러나지 않을 수도 있다. 그러나 한동안 그 사람의 행동을 관찰해보면 모든 것이 드러난다. 오랫동안 누적된 감정을 짊어지고 사는 사람은 조만간 신체적, 정신적, 감정적 드라마를 연출하게 된다. 그들은 또 진정과 통제의 수단으로 자리 잡은 자가치료 행위로서 습관과 중독을 즐긴다. 사회는 알코올과 담배를 용인함으로써 당신이 자신의 불편한 감정적 누적물을 통합하지 못하는 것을 거북하게 느끼지 않고 공공연히 자가치료 행위를 할 수 있게끔 만든다.

중독과 병을 넘어

현존 수업의 관점에서 보면 중독(addiction)과 병(affliction, 만성질환과 질병)은 동일하다. 중독과 질병 모두 감정체 내에서 통합되지 못한 감정이 외부로 드러난 현상이기 때문이다.

이 책에서는 알레르기에 대해 따로 이야기하지 않겠지만, 알레르기도 중독이나 질병과 동일한 관점에서 이해할 수 있다. 다만 알레르기는 그 방향성이 중독과는 정반대이다. 중독은 특정한 경험을 자신에게로 끌어당기는 데 반해 알레르기는 특정 경험을 밀쳐낸다. 이 둘의 원인은 모두 통합되지 못한 감정 부하에 있다.

현존 수업의 맥락에서 중독은 통제불가능한 습관적 행동만을 의미하지 않는다. 현존 수업에서는 '특정한 감정 방아쇠'에 직면했을 때 자석에 끌리듯이 하게 되는 행위는 무엇이든지 간에 모두 중독이라고 할 수 있다.

현존 수업은 당신이 오랫동안 중독과 병으로 고생했든, 아니면 매우 급격하게 그 영향력 아래 놓였든 간에 중독과 질병의 원인을 통합시키는 법을 잘 가르쳐준다. 현존 수업은 '치료'를 약속함으로써 통합을 이루는 법을 가르쳐주지는 않는다. 치료는 '하나의 목적지'일 뿐이다. 그보다 현존 수업은 온전한 감정 통합을 향한 내면의 지속적인 여행길에 오르는 법을 가르쳐준다. 그리고 온전한 감정 통합은 당신으로 하여금 겉으로 드러나는 그런 외면적 경험들을 초월하여 나아갈 수 있도록 단계적으로 이끌어준다.

아무리 고통스러운 상황에 처하더라도 우리는 누구나 '조화롭게 살' 수 있다! 이것은 개인의 의지와 각오, 그리고 '초지일관'하는 태도의 문제이다. 당신이 현존을 일깨우고자 하는 의도를 내고, 그 의도가 의식의 최전방에서 자리를 지키고 있으면 누적된 감정은 통합되지 않을 수가 없다.

현존 수업은 불법 약물, 술, 음식, 섹스, 도박, 혹은 합법적인 처방약 등의 중독은 자가치료 행위라는 사실을 보여준다. 그것은 감정체 안에 누적된 감정을 진정시키고 통제하려는 목적으로 표출되는 행위이다. 이때 자가치료를 하지 않으면 필연적으로 질병이 생긴다. 지속적인 약물 처방으로 질병을 성공적으로 억제한다고 해도 동일한 증상은 중독의 형태로 표출된다. 중독과 질병 모두 통합되지 못하고 누적된 감정의 부하가 표출된 현상이다. 통합되지 못한 감정 부하가 중독으로 표출되느냐, 질병으로 표출되느냐, 아니면 알레르기로 표출되느냐, 아니면 세 가지의 조합으로 표출되느냐는 각자의 환경에 달린 문제일 뿐이다.

누적된 감정을 충분히 통합하면 중독이나 질병의 뿌리가 사라진다. 현존 수업은 이 단순한 깨달음에 바탕을 두고 있다. 현존 수업은 지금까지 감정체에 누적된 감정을 진정시키고 통제하는 수단으로서 중독 행위와 약물 처방에 주로 의존해온 사람들에게 새로운 길을 제공한다.

현존 수업을 시작하기 위해 자가치료 행위를 중단해야 하는 것은 아니다. 현존 수업을 하는 동안에 한갓 드라마일 뿐인 외적 행위를 덧붙이는 것이 바람직하지 않듯이, 이 여행에 앞서 중독 행동이나 약물 처방을 억지로 중단하도록 자신을 강요하는 것도 불필요한 일이다.

중독 행위는 하나의 '결과'로서, 아직은 당신에게 필요한 자가치료 행위일 수도 있다. 누적된 감정의 내용물을 줄이기도 전에 자가치료를 중단하면 무의식적 행동으로 빠져들어 현존 수업 과정에 끈기 있게 전념하기가 어려워질 수도 있다. 이런 무의식 상태에 깊이 빠져들면 자신이 사용할 수 있는 '도구'를 잊어버리게 된다. 그러면 당신은 압도당하고 좌절하여 이 과정에 들어오기 전보다 더 강렬하게 중독 행위로 돌아가 버릴 것이다.

물론 매일의 호흡 연습과 매주의 읽기 과제에 주의를 기울이는 동안에는 가능하다면 자가치료 행위를 하지 않는 것이 더 바람직하다.

의학적 조언

질병으로 고생하는 사람은 현존 수업을 시작할 때 기존의 처방약이나 기타 처방된 치료를 바꾸지 말고 의사의 지시에 따라야 한다. 그렇지만 현존 수업을 해 나가는 동안 처방약이 자신에게 미치는 영향을 주의 깊게 살피는 것이 좋다. 만약 약물에 대한 자신의 반응이 이전과 달라진다면 즉각 의사와 상담하여 자신의 상태에 대한 검사와 평가를 부탁해야 한다. 그 이유는 당신의 질병과 관련된 감정 부하가 통합되기 시작하면서 약물에 대한 당신의 관계도 변하기 때문이다. 이것이 분명하게 드러나는 경우가 약이 자신에게 너무 세다고 느껴지는 때이다. 이때는 의사에게 처방약의 양을 줄여주도록 재평가를 요청해야 한다.

현존 수업을 시작하기 전에 반드시 약물을 중단하지 않아도 좋은 이유는, 결과를 조작해서 변화시킬 수 있는 것은 없기 때문이다. 중독이나 질병은 하나의 결과이다. 그러므로 당신의 중독 행위나, 처방약과 맺는 당신의 관계 또한 결과이다. 이것들을 무리하게 당장 중단하는 데 에너지를 쏟기보다는 증상의 원인을 통합하는 데 초점을 맞추는 것이 더 유익하다.

그러니 만약 당신이 읽기 과제나 의식적 응답, 호흡 연습을 할 수 없을 정도로 기운이 빠져 있다면 현존 수업에서 실질적인 소득을 얻어내기가 어렵다. 이런 상황에서는 우선 재활치료를 통해 몸의 독소를 제거하고 현존 수업이 요구하는 것에 주의를 기울일 수 있을 정도의 의식의 명료성을 회복하는 것이 바람직하다. 만약 중독이 심각한 상태라면 재활치료가 인식적 이해력이 안정화되는 '회복' 상태로 데려다준다.

하지만 자신에게 정직해지자. 여기서 '회복 중'이라는 이 불안정 상태는 소리 없이 계속 절박감을 느끼고 있는 상태이다. 회복(recovery)은 자신이 처한 곤경의 원인을 자각의식으로부터 계속 '덮어 가리는(re-covery)' 지속적인 '행위(doing)'이기 때문이다. 그럼에도 회복 중인 상태 — 즉, 덮어 가리는 모드 — 는 좀더 명료하고 일관된 행동을 할 수 있게 해준다. 그러나 재활치료를 마친 후에는 자기 경험의 원인을 통합하는 데 필요한 단계를 밟을 수 있도록 곧바로 현존 수업에 들어가는 것이 바람직하다.

능력껏 최선을 다하여 현존 수업을 경험적으로 마치면 당신은 누적된 감정의 통합을 향해 출발하게 된다. 당신은 자신의 누적된 감정을 지속적으로 통합시켜가는 삶을 살 수 있게 해주는 인식의 도구를 갖춘 것이다. 이 여행을 시작하면 당신의 경험의 질은 점차 조화를 회복해갈 것이다. 조화를 회복하는 데 걸리는 시간은 여러 요인에 좌우된다. 그것은 당신의 감정 개발 능력, 현재의 직감능력 수준, 그리고 중독이나 질병 상태에 머문 기간 등에 따라 다르다. 또 당신이 경험으로부터 배우게 될 교훈의 성격이 어떤 것인지, 얼마나 오랫동안 지배자-희생자 심리 속에 남아 있기로 했는지, 또 통합 작업을 위한 당신의 능력이 어느 정도인지에도 달려 있다.

누적된 감정을 많이 통합할수록 질병은 줄어들 것이며, 그에 따라 필요한 약물의 양도 줄어들 것이다. 자가치료는 오직 당신이 그것을 '필요로 할 때만' 안락과 진정의 효과가 있다. 그것을 더 이상 필요로 하지 않게 되면 그것이 주던 기쁨은 시들고, 그것이 주던 안락은 불편으로 바뀐다.

다시 말해 자신의 신체적, 정신적, 감정적 경험 속에 현존할수록 그 약물이 실제로 당신에게 어떤 영향을 끼치는지를 더 잘 느낄 수 있다. 독성 물질을 삼키는 것은 유쾌할 것이 아무것도 없다. 오히려 그 부작용으로 더 많은 독성 물질을 요구하게 될 뿐이다. 오로지 당신의 감정체가 느끼고 있는 지속적인 불편감 때문에 그런 행위가 이로운 것처럼 여겨지는 것일 뿐이다.

위에서 '필요로 하는'이라고 말했다고 해서 그것이 중독적인 행위를 정당화시키는 것은 아니라는 점을 분명히 할 필요가 있다. 당신은 고통을 겪고 있고 아직 그 해결에 이르지 못했기 때문에 중독적인 행위에 몰두하는 것이다. 당신의 내면에 불균형을 일으키는 누적된 감정을 통합하면 중독적인 행위를 뒷받침해주던 토대가 허물어진다.

만약 아주 오랜 기간 자가치료나 처방약을 사용해온 상태라면 현존 수업 과정이 어떤 '결과'를 가져올 것인지에 대해서는 신경 쓰지 말고 자신의 불편한 경험의 원인을 통합하겠다는 의도를 가지고 들어가는 것이 좋다. 당신이 중독자라면 수치심이나 죄책감을 느낄 수도 있다. 그것은 자연스러운 일이긴 하지만 불필요한 일이다. 사람들이 자가치료를 하는 이유는 사회의 보건체제가 각인된 감정을 통합하는 법을 알려줄 만큼 물리적으로 현존하지 못하고 있거나, 정신적으로 명료하지 않거나, 혹은 감정적으로 성숙하지 못해 있기 때문이다. 하지만 그것이 당신의 현재 증상을 사회의 탓으로 돌리고 비난할 이유는 되지 않는다. 지금 당신이 처한 곤경에 책임을 져야 할 사람은 바로 '당신 자신'이다. 중독은 다른 누구도 아닌 '당신이' 하고 있는 자가치료 경험이기 때문이다. 당신이 하고 있는 경험은 변화될 수 있다. 자신의 경험에 책임을 짐으로써 당신은 경험을 변화시킬 수 있는 능력을 받아들이는 것이다.

만약 오랫동안 중독 상태에 있었다면 현존 수업을 하는 동안 통합이 일어날 수 있도록 자신을 향한 연민의 시간을 가지는 것도 좋다. 일반적으로 중독 치료 프로그램은 당신을 '영원한 중독자'라고 믿게 만드는 경우가 많다. 이들 프로그램은 모임에 정기적으로 참석하지 않으면 중독으로 영원히 되돌아갈 것이라고 한다. 그런데 중독의 원인을 통합하는 일에 관한 한 중독자 자활 모임은 무능하다. 그래서 당신이 영원한 중독자라는 믿음은 일종의 자기실현적 예언이 되고 만다. 하지만 그것은 진실이 아니다. 그것을 진실이라고 믿는다면 당신은 중독의 대상을 약물 남용으로부터 자활 모임에 대한 의존으로 무의식중에 옮겨간 것밖에 되지 않는다. 당신은 '중독자 자활 모임'에 다시 '중독'되어버린 것이다. 이제 중독자 자활 모임에 대한 의존이 당신의 병이 된다.

현존 수업은 당신으로 하여금 이러한 자기파괴적 신념체계, 그리고 '모임'의 지지를 받아 존재를 지탱하는 희생자 심리의 불가피한 감옥에 도전하게 해준다. 또 현존 수업은 이런 중독 자활 모임에 나가는 사람들로 하여금, 언뜻 보기에 절제하고 회복해가는 것처럼 보이는 중독자들이 중독의 대상을 다른 것으로 옮겨가는 과정도 관찰할 수 있게 해준다. 예컨대 '회복 중인' 알코올 중독자가 담배를 더 많이 피울 수도 있고, '회복 중인' 흡연자가 음식을 예전보다 더 많이 먹을 수도 있으며, '회복 중인' 헤로인 중독자가 이번에는 진통제에 의지하게 될 수도 있다. 이러한 모든 전이는 원인을 '발견하는(discovering)' 수단으로 기능하기보다는 원인을 '덮어버리고(covering up)' 만다.

자신의 누적된 감정을 계속 덮어 가리도록 설계된 삶의 방식을 회복(recovery)이라고 한다면, 그것은 조용한 자포자기 속에서 삶을 살아가게 하는 것이다. 반면 발견(discovery)은, 직감을 통해 당신의 누적된 감정을 의식적으로 받아들여 감정체의 성장을 위한 거름으로 삼는 것으로, 현 순간의 자각과 현존으로 이어진다. 처방약의 복용량이 줄어드는 것과 마찬가지로, 누적된 감정이 통합될수록 끝도 없는 자활단체 모임에 참석해야 할 필요성도 줄어든다. 그리고 궁극적으로는 그런 모임의 필요성이 완전히 없어질 것이다. 중독은 죽을 때까지 짊어지고 가야 하는 종신형이 아니다. 그것은 경험이며, 경험은 계속 변화해간다.

현존 수업은 우리의 보건 개념이 비약적인 진화의 문턱에 서 있는 것이 아닌가 하는 생각까지 들게 한다. 자신의 증세에 대해 남의 통찰을 구하여 헤매다니고 그들이 뭔가를 해주기를 바라는 대신 당신은 그런 모든 능력이 이미 모든 사람들에게 내재해 있다는 사실을 깨닫도록 초대받고 있다.

지금까지 중독 치료에는 12단계 의식화(Twelve Step consciousness)라는 패러다임이 필요했었다. 12단계 의식화 패러다임은 많은 이들이 물에 빠지지 않고 물 위를 걸을 수 있게 해주었다. 그러나 현존과 현 순간의 자각은 당신이 딛고 설 탄탄한 토대를 갖게 해준다. 마른 땅에 다시 발을 올려놓을 수 있게 해주는 탄탄한 토대는 바로 경험을 통해 현존과의 관계를 확립하는 것이다. 이제 우리가 생각해볼 가능성은 13번째 단계이다. 이 단계는 '밖으로, 세상 속으로 나가는 것이 아니라 자기 내면으로 돌아옴으로써 성취되는' 단계이다.

그렇다고 여기까지 당신을 데려다준 경험을 어떤 식으로도 부정하려는 것은 아니다. 그 경험을 당신의 진화에 필요한 부분으로서 인정한다. 그러나 모든 여행이 마찬가지겠지만 현재 자신이 딛고 있는 계단에서 발을 떼지 않으면 다음 계단으로 올라설 수가 없다. 다음 계단에 올라서면 당신은 회복(recovery)에서 발견(discovery)으로, 자신이 처한 곤경을 마지못해 받아들이는 것으로부터 중독이나 질병의 원인을 통합할 수 있는 가능성으로 건너갈 수 있다.

현존 수업은 만성병, 불치병, 말기병을 가진 사람들로 하여금 대증요법과 정신의학계의 현 신념체계에 도전하게 해준다. 의사가 불치라고 했다고 해서 그것이 정말로 치료가 불가능하다고 믿는 것도 그저 하나의 신념체계에 불과하다. 진실의 언어로 말하자면 '불치'란 곧 "당신을 위해 뭘 해줄 수 있을지 나로선 대책이 없소"라는 뜻이다. 그럼에도 의사들은 이 말을 "당신은 죽을 겁니다. 그리고 나와 당신, 그 밖의 어떤 사람도 이에 대해선 아무것도 할 수 없어요"라는 뜻으로 사용한다. 모든 신념체계에 도전하라. 그 신념체계들은 그저 삶의 표피를 긁고 있을 뿐이다.

대증요법은 신체적, 증상적 트라우마를 억누르고 통제하고 진정시키는 데는 뛰어나다. 예컨대 자동차 사고를 당해 신체적으로 상해를 입거나, 질병과 중독 증상이 악화되어 사는 것 자체가 견디기 어려울 정도라면 전문의료인을 찾아야 한다. 그들은 부러진 뼈를 붙이고 상처를 봉합하는 법을 알고 있다. 또 신체적, 정신적, 감정적 증상들을 진정시키고 통제하여 상황을 안정시키는 방법도 알고 있다.

하지만 당신으로 하여금 신체적, 정신적, 감정적으로 자신을 무력화시키는 경험들을 무의식중에 표출하게 만드는 원인은 따로 있다. 그것은 누적된 감정인데, 이 누적된 감정을 통합하고자 한다면 전문의료인을 찾아가서는 도움받을 수가 없다. 왜냐하면 그들은 모든 질병에 대해 '육체 차원의' 설명을 찾아내도록 교육받았기 때문이다. 그들은 '원인'이 아니라 '결과'를 치료하는 데에 그들이 가진 모든 전문지식을 동원한다. 기존 의학계의 대부분이 중독이나 질병의 원인을 제대로 이해하지 못하고 있다. 그들의 관심은 약물과 요법으로 중독과 질병을 '억누르는' 데에 온통 쏟아져 있다.

당신은 현존 수업을 통해 이와는 다른 새로운 방향으로 자신 있게 발을 내딛는다. 현존 수업은 자기 감정의 심연으로 기꺼이 뛰어들 용의가 있는 사람들에게, 감정 통합의 여행에 자신을 바치면 중독과 질병의 원인을 발견할 수 있음을 보여줄 것이다. '손쉬운' 접근법인 약물이나 불필요한 수술과 달리 이것은 쉽지도, 즉각적인 효과를 일으키지도 않는 방법일 수 있다. 감정이 미숙하고 정신은 혼란스럽고 신체는 산만한 세상에서, 감정 통합이라는 작업은 매우 도전적인 작업이다. 그러나 도전적이긴 해도 '재활 모임'에 끝없이 의존하는 것보다는 낫다. 또 신체적 질병의 불편 — 게다가 약물의 부작용으로 가중되는 불편 — 을 하염없이 안고 사는 것보다는 낫다. 현존 수업은 당신이 이 불편한 곤경을 건너서 나아가게 한다.

결국 어떤 형태를 띠든 중독은 질병이며, 질병은 곧 중독이다. 사회는 여전히 중독이 가난이나 게으름, 교육 부족, 나약한 성격, 마약 밀매꾼 때문에 생기는 것으로 상정하고 있다. 그러나 중독의 이러한 원인들은 사실 '결과'이지 '원인'이 아니다. 중독의 원인은 통합되지 못한 감정 상태이다. 이것을 깨닫는 것은 깊은 해방감을 준다.

증상의 정도에 따라 그 원인이 되는 감정체 안의 누적물을 통합하기 위해 현존 수업을 여러 차례 반복해야 할 수도 있다. 어쩌면 평생에 걸쳐 통합 작업이 필요할 수도 있다. 그러나 얼마나 오랜 시간이 걸리는가는 당신이 고심할 문제가 아니다.

당신에게는 두 가지 선택밖에 없다. 자신의 경험에 책임을 지면서 자각의식의 경로를 따라 내면으로 여행하느냐, 아니면 자각의식의 경로를 따라 외부세계를 다니면서 부질없는(ineffectual: in-effect-you-all: 사실상 당신의 전부인) 짓을 이어가느냐 하는 것이다. 타인에 대한 의존, 약물에 대한 의존으로써 자신의 감정 상태를 보상하려는 짓 말이다.

현존 수업의 첫 여행은 자신의 누적된 감정에 응답하는 법을 가르쳐준다. 자기가 스스로 자신의 자활 모임이 되어주는 셈이다. 현존 수업 여행을 시작하는 것은 곧 자신의 누적된 감정 상태 전반을 통합하는 작업을 시작하는 것이다. 두 번째 여행에서는 의지력과 상식의 힘을 발휘하여 자신을 의식화儀式化된 일상의 중독 행위에서 빠져나오게 하는 것이 좋다. 그러면 당신은 자신의 일시적인 미봉책을 서서히, 그러나 의도적으로 내려놓게 될 것이다.

자가치료 행위를 줄이거나 중단하면 그 행위와 연관된 감정의 부치기

의식 표면으로 절로 떠오를 것이다. 그러면 당신은 호흡과 인식의 도구를 사용하여, 그리고 이 책이 제공하는 통찰을 통해 이 곤경의 느낌에 의식적으로 개입할 수 있다. 이런 감정적 징후를 자각할 때, 당신은 이 불편한 울림의 느낌과 조건 없이 함께할 수 있는 힘을 키우게 된다.

현존 수업을 두 번째로 할 때는 이미 수업을 한 번 했기 때문에 축적되어 있는 경험도 하게 된다. 당신은 얼마든지 비틀거리거나 넘어질 수 있다. 그것은 충분히 예상할 수 있는 일이다. 감정적 불편에 의식적으로 응답하는 능력은 가지고 싶다고 해서 금방 얻어지는 것이 아니다. 이것은 지속적인 훈련을 통해 점진적으로 계발되는 능력이다. 중요한 것은 비틀거리거나 넘어지지 않는 것이 아니라, 자신을 계속 일으켜 세워 앞으로 나아가는 것이다. 두 번째로 이 과정을 마친 다음에는 3주 정도 휴식을 취한 뒤 다시 과정에 들어갈 것을 권한다.

이 과정과 만날 때마다 당신은 자신의 내면으로 더 깊이 여행할 힘을 얻는다. 첫 번째로 이 과정을 통과할 때는 주로 신체적 자각이 높아지는 경험을 한다. 두 번째로 할 때는 정신이 더 명료해지는 것을 경험한다. 세 번째는 감정을 통합시키는 능력이 확장된다.

이 여행에 경험적으로 참여함으로써 당신은 지금까지 당신에게 일어났던 과거의 모든 일들이 현 순간의 자각이라는 온전한 상태로 당신을 데려가는 데 일조했다는 사실을 깨달을 것이다. 당신은 자가치료로 보낸 세월에 대해 죄책감과 수치심과 후회를 느끼지만 실은 그것이 잘못된 해석에 근거한 것임을 깨닫는다. 중독 행위와 질병은 결코 당신의 '참모습'의 반영이 아니다. 그것은 단지 당신이 '지금 겪고 있는' 경험일 뿐이다. 이 경험이 선사하는 통찰을 얻고 나면 당신은 이 경험을 넘어 새로운 경험으로 나아갈 힘을 얻는다.

현 순간의 자각에 다가가는 동안 당신은 여행의 모든 측면에, 특히 힘든 면에 감사하는 마음이 점점 커짐을 느낄 것이다. 당신의 모든 과거는 당신을 현 순간의 자각으로 이끌어준 디딤돌이었다는 사실이 드러날 것이다.

결과보다 인과

말과 그 말이 실제로 의미하는 바가 다른 경우가 종종 있다. 예를 들어 '풍요'라고 할 때 실제로는 '돈'을 의미하는 경우가 많다. 또 '건강'을 말하면서 실제로는 '외모'를 뜻하는 경우도 있다. '기쁨'을 말하면서 '행복'을 뜻할 때도 있다.

풍요, 건강, 기쁨을 경험하는 것과 돈, 훌륭한 외모, 행복을 경험하는 것은 엄청나게 다르다. 전자는 포괄적이지만 후자는 배타적이다.

풍요는 나에게로 들어오고 나에게서 나가는 모든 신체적, 정신적, 감정적 경험에 감사하는 마음을 갖는 것이다. 풍요는 '경험의 통합과 진화에 필요한 바로 그것이 언제나 나에게 주어지고 있다'는 깨달음에서 일어난다.

건강은 건강의 원인에 의식적으로 응답함으로써 자신의 신체적, 정신, 감정적 경험의 모든 측면에 주의를 기울일 때 생겨난다. 건강은 책임성을 통해 일궈진다.

기쁨은 '모든 것'을 그저 펼쳐지는 그대로, 평가하지 않고 경험하도록 자신을 허락할 때 일어난다. '어떠한 조건도 없이 존재할 때' 일어나는 것이 기쁨이다.

반면에 돈은 당신의 전체 에너지 흐름의 아주 작은 단면을 대변할 뿐이다. 오로지 외모만을 중요하게 여긴다면 그것은 살갗만큼의 깊이밖에 미치지 않는 생각이다. 행복은 '이런저런 일이 일어나거나 일어나지 않아야 한다'고 단서를 단다.

현존 수업은 돈을 모은다든지 외모를 가꾼다든지 아니면 행복을 얻는다든지 하는 것과는 관계가 없다. 그보다 현존 수업은 내 경험의 정원에 씨를 뿌리고 가꾸어 '현 순간의 자각'이라는 열매를 맺을 준비를 갖춰가는 과정이다. 그리고 현 순간의 자각이야말로 풍요와 건강과 기쁨의 진정한 의미를 깨닫는 것이다.

당신은 그칠 줄 모르는 욕망 때문에 어떤 특정한, 따라서 배타적인 의도를 지닌 채 이 여행에 들어가기가 쉽다. 이것은 자연스런 일이다. 하지만 현존 수업은 당신의 특정한 욕망을 만족시켜주기 위한 것이 아니다. 현존 수업은 당신의 의식을 활짝 열어 '감정 통합을 시작하는 데 필요한 것'을 의식적으로 받아들이게 하기 위한 것이다. 현존 수업은, '나에게 어떤 일이 일어나고 있다면 그것은 나에게 필요하기 때문에 일어나고 있는 것'이라는 깨달음에 경험적으로 다가가는 것이다. 현존 수업은 '지금 일어나고 있는 그대로의 경험은 언제나 의미 있다'는 사실을 받아들이는 것이다.

현재 일어나고 있는 일들이 당신이 스스로 원하지 않은 일처럼 보일 수도 있지만, 그 일이 일어나고 있다는 사실은 그 자체가 그것이 당신에게 정말로 필요한 것임을 말해준다. 이 책의 맥락에서는 '당신이 무엇을 욕망한다고 "생각하든" 상관없이' 당신에게 일어나고 있는 일이라면 바로 그것이 당신에게 필요한 일로 간주된다. 일단 이 사실을 깨닫고 나면 당신에게 남는 선택은 두 가지, 즉 자동적으로 반응하느냐 아니면 의식적으로 응답하느냐 하는 것뿐이다.

현존 수업을 해나가면서 어떤 '결과(results)'를 기대하게 되는 것은 자연스런 일이다. 당신은 자기 경험의 모든 측면을 어떤 목적을 위한 수단으로 부끄럼도 없이 과시하는 세상에서 자라왔다. 이런 세상에서 자란 당신은 자신의 모든 행동의 결과를 수치화하려고 잣대를 들이댄다. 이 때문에 당신이 조건 없는 행위가 어떤 것인지를 알기란 어려운 일이다. 아무리 그러지 말라고 해도 당신은 자기도 모르게 진척을 감시하며 자신의 욕망이 얼마나 채워졌는지를 살피고 따지면서 끊임없이 성공을 측정하려 든다.

'결과'에 집착하지 말라고 하는 것은, 처음에는 현존 수업에 들어간 결과로 일어나는 진정한 변화가 무엇인지 알아내기 위해 무엇을 기준으로 삼아야 할지 감을 잡을 수가 없기 때문이다. 이런 사정으로 당신은 불가피하게 자기 경험의 엉뚱한 측면에서 진척의 신호를 찾아내려고 한다.

현존 수업에는 성공을 측정할 만한 표준화된 기준이 없다. 전혀 뜻밖의 방향으로 흘러가는 경험들 외에는 말이다. 당신에게 필요한 것은 거의 언제나 예측하지 못했고 의도하지 않았던 모습으로 당신에게 나타날 것이다. 반면에 욕망을 충족시키고자 하는 당신의 그릇된 기대는 당신의 노력에 찬물을 끼얹고 의심만 키워놓을 뿐이다.

당신이 결과를 — 그리고 성공을 판가름해줄 척도 — 를 구하여 두리번거리는 것은 통합되지 못한 채 누적되어 있는 감정의 부추김 때문이다. 아무리 자기는 다른 사람과 다르다고 생각해도, 통합되지 못한 불편한 감정을 경험하고 있는 한, 사실은 모든 사람이 똑같은 것을 구하고 있다. 즉, 당신은 가슴에 뚫린 커다란 블랙홀을 메우려 하고 있는 것이다. 그러니 당신이 처음에는 기분이 더 좋아졌는지 어쩐지로 진척을 측정해보려고 하는 것도 자연스런 일이다. 그러나 이 가슴의 작업은 '기분이 좋아지게 하기 위한' 작업이 아니라는 사실을 명심해야 한다. 이 작업은 '더 잘' 느끼게 되기 위한 작업으로서, 오히려 지금까지 오랫동안 느끼지 않고 억압해왔던 감정들을 느껴야만 한다.

현존 수업은 통합되지 못하고 쌓여 있는 감정으로부터 일어나는 욕망을 충족시키려는 것이 아니다. 사실 이 욕망은 결코 충족될 수 없다. 당신이 진정시키려고 하는, 통합되지 못하고 누적된 감정은 사실 결코 해결되지 않는다. 먹이를 주고 있는 한 그것은 계속 살아남을 것이다.

현존 수업은 욕망에 먹이를 줌으로써 그것을 만족시키려는 것이 아니다. 그보다는 그 근본원인을 통합함으로써 끝이 없어 보이는 내면의 허기를 해결하려는 것이다.

그러므로 현존 수업 과정에 들어간 결과로 당신에게 '무언가가 일어나고 있음'을 자각하는 것은 매우 중요하다. 이 여행에서 주어지는 지침을 따라가면 당신은 무언가가 정말로 일어나고 있다는 경험적 확신을 지속적으로 얻을 수 있게 된다.

이러한 확신이 생기는 이유는, 이 수업은 원인을 다루고, 따라서 당신의 경험에 영향을 미치기 때문이다. 그렇지만 이 여행에 들어가서 얻는 초기의 결과는 기분이 좋아지거나 일이 잘 풀리는 것이 아니다. 당신이 아무리 신체적으로 준비되어 있다고 스스로 생각하든, 또 아무리 정신적으로 기민하다고 생각하든, 아무리 감정적으로 성숙하고 진동적으로 깨어 있다고 생각하든 간에 감정의 원인에 대한 자각이 일어나면 그것을 '느껴야만' 한다.

당신이 온갖 중독과 통제와 진정시키려는 노력을 통해 도망가려고 하는 대상도 바로 이 느낌이다. 물론 도망치던 대상을 직면하는 것은 결코 유쾌한 일이 아니다. 그런 감정 상태를 느끼는 것은 당신이 바라던 일이 아니다. 하지만 그것은 당신에게 필요한 일이다.

아동기를 떠난 이래로, 당신은 감정적으로 일으킨 열망을 얼마나 잘 억제하느냐를 성취의 척도로 삼아왔다. 이 끊임없는 내면의 허기를 억제하지 못하면 아무것도 성취할 수 없다고 당신은 믿어왔다.

지금까지 당신은 단식이나 운동 등 규칙적인 행위를 통해 물리적 환경을 조절함으로써, 아니면 처방약이나 중독적인 자가치료 행위를 통해 이 내면의 허기를 잠재우려 해왔을 것이다. 또 음식, 섹스, 일, 자선활동을 통해 자신의 갈망을 잠재우려고 했을 수도 있다. 아니면 마인드컨트롤, 최면, 긍정적 사고기법을 통해 자신의 혼란스러운 정신상태를 변화시키려고 했을 수도 있다. 당신은 무수한 자기계발서를 읽고 건강 수련회와 워크숍에 참석했을 수도 있다. 그리고 언어치료 등 각종 치료에도 많은 시간을 쏟았을 수 있다. 그러나 이러한 외면적인 방법에 의해 생기는 '결과' 가운데 어느 것도 지속적인 것은 없다. 이 결과들이 당신의 경험에 미치는 영향은 언뜻 도움이 되는 것처럼 보이지만 실은 근본원인에 대한 인식을 가린다는 점에서는 일시적인 속임수라고 할 수 있다. 그것은 물 위를 밟고 가는 것처럼 당신을 피곤하게 만들 뿐, 아무 데도 데려다 주지 못한다. **그런 결과들은 그 어떤 지속적인 것도 성취하지 못한다.**

당신은 부지런한 노력으로 회복(recovery)의 상태에 오랜 기간 머물 수도 있다. 그러다가 균형을 잃게 될 때면 현재의 감정 상황이 위태롭다는 사실을 깨닫는다. '회복 중인 중독자'는 심지어 60년이 지난 뒤에도 자신의 절제력을 배신할 위험성이 있다. 그것은 회복이라는 것이 결국은 '조용한 절망이라는 작위적 평화'를 유지하는 것이기 때문이다.

회복(recovery)은 발견(discovery)이 아니다. 그리고 진정한 발견이 없이는 원인을 바꿔놓을 수도 없다.

회복은 결과에만 관심을 두는 반면 발견은 원인을 좇는다. 결과를 만지작거려서는 원인에 영향을 줄 수 없다. 회복에 참여하는 데 주어지는 보상이 있다면 그것은 언제나 자기기만적인 조용한 절망뿐이다. 현존 수업은 원인을 좇는다. **현존 수업은 원인에 영향을 미치면 그 결과는 절로 나타나며, 그로 인한 변화는 영원히 지속될 것임을 알고 원인을 찾아 나선다.**

이것이 현존 수업이 결과보다 인과에 관심을 갖는 이유이다.

결과結果는 분명하게 보장할 수 있는 것이 아니기 때문에 확실한 것이 아니라 그저 그랬으면 좋겠다는 당신의 희망사항이다. 결과는 등급을 매겨 주변의 인정과 승인을 얻기 위한 것이다. 결과는 내면의 허기를 해결했느냐가 아니라 일시적으로 그것을 진정시켰느냐를 가지고 성공을 측정한다.

반면에 인과因果는 효과이다. 그러므로 그것은 필연적이다. 효과는 현존 수업의 근원적 힘에 대한 직접적인 반응으로서 일어난다. 실제로 현존 수업 과정은 처음부터 끝까지 오로지 원인을 추구한다. 이렇게 현존 수업은 결과중심적인 마인드를 인과중심적인 마인드로 바꿔준다.

감정체 안으로 들어가서 연결 호흡을 통해 자신의 누적된 감정을 통합하고 정신을 명료하게 일깨우고 직감을 기르는 등의 효과를 처음부터 기대할 수 있는 것은 아니다. 오히려 처음에는 이런 것들을 기대하기가 어렵다! 누적된 감정을 적극적으로 자각하는 것은 썩 기분 좋게 느껴지지 않는다. 이것은 당신이 평소에 기꺼이 하려 드는 그런 경험이 아니다. 그것은 당신의 경험에 매우 실질적인 충격을 안겨주기 때문이다. '충격'이란 단어가 어떤 느낌을 주는지 생각해보라.

당신이 지금 당장 자연스러운 기쁨과 풍요로움, 건강한 진동을 경험하고 있지 못하는 이유는 '통합되지 못하고 누적되어 있는 감정' 때문이다.

누적된 감정은 감정체 안에서 차단물로 작용하여 저항을 일으킨다. 이 저항을 어떻게 통합해야 할지를 모르는 당신은 그에 대한 자각을 억누름으로써 더욱 저항한다. 저항에 대한 저항이 쌓이고 쌓이면 열기가 일어난다. 그리고 이 열기가 당신의 삶의 느낌에 신체적, 정신적, 감정적 불편으로 나타난다. 이 불편을 보상하기 위해서 당신은 '행복해지려고 애쓰고' 다른 사람들에게 '아무 문제가 없는 것처럼' 보이려고 한다. 또 '스스로 이만하면 괜찮다고 느끼기에' 충분한 돈을 벌려고 한다. 다시 말해서 자신이 처한 곤경 속에서 최대한 기분 좋게 느끼려고 하는 것이다.

누적된 감정이 느낌과 생각, 말과 행동을 지배하고 있는 한 당신은 삶을 채워지지 않는 내면의 허기를 충족시키기 위한 끊임없는 노동으로 경험하게 된다. 이런 상황에서 진정한 기쁨과 풍요로움과 건강은 실현될 수 없다.

행복, 돈, 완벽한 외모에 대한 끝없는 추구와는 달리, 진정한 기쁨과 풍요로움과 건강은 목적을 위한 수단이 될 수 없다. 그것들은 당신이 '지금 이 순간'과 평화롭게 지낼 때에만, 다시 말해 이 순간을 의미 있게 인식할 때에만 경험할 수 있다. 기쁨, 풍요로움, 건강은 현 순간의 자각이 만들어내는 자연스러운 부산물이다. 현존과 마찬가지로 이것들도 당신 안에 이미 존재하고 있다. 그런데도 그것을 자각하지 못하는 것은, 당신이 주의를 다른 곳에다 매어놓고 있기 때문이다.

당신이 현존 수업과 같은 경험을 하게 되는 이유 중 하나는, 당신이 현재의 어려움을 해결함으로써 '아무 문제가 없는 것처럼' 보이게 만들어줄 마법의 처방을 남몰래 원하고 있기 때문이다. 즉각적인 만족을 요구하는 사회에서는 이런 것은 충분히 예상할 수 있는 일이다. 또한 당신은 오랫동안 불편한 감정에 시달려왔기 때문에 어떤 면에서는 조용한 절망 속에 살고 있다.

그런데 절망은 목적의식의 씨앗을 뿌린다.

다행히도 당신의 과거가 보여주듯이, 현재 처한 상황을 비켜감으로써 삶의 경험의 질에 진정하고 지속적인 영향을 미치는, 그런 손쉬운 방법은 존재하지 않는다. 수많은 탈출로가 존재하기는 하지만 그중 어느 길을 통해서도 평화를 실현할 수 없다. 그것들은 모두 막다른 골목이다.

통합되지 못한 당신의 감정체에 관한 불편한 진실 하나는, 그것을 '피해' 갈 길은 없다는 사실이다. 통합되지 못한 감정체를 벗어나는 길은 오직 '그 속으로 들어가 그것을 지나가는' 길뿐이다.

이 길의 이러한 성질을 제대로 알고 나면 불필요한 드라마와 그릇된 기대로부터 빠져나올 수 있다. 또 예상하지 못한 신체적, 정신적, 감정적 불편 때문에 중도에 탐험을 그만두는 일도 없을 것이다.

우리 사회에서 '정상적인' 시민으로 성장한다는 것은 곧 자신의 내면에 사나운 폭풍우를 일궈내는 것을 뜻한다. 사회는 당신이 자신의 참존재를 부정한 결과로서 들어가 살고 있는 조용한 절망 상태를 오히려 정상으로 간주하기 때문이다. 당신이 혼신을 다해 다독거려 억누르고 있는 이 내면의 폭풍우의 존재를 아무리 부정하려 해도, 그것은 결코 숨길 수가 없다. 그것은 이원성의 폭풍, 다시 말해 참됨과 그릇됨 사이의 전쟁이요, 현존과 가식 사이의 분열이다. 성인기 자아와 아동기 자아 사이에는 두려움과 분노와 슬픔이라는 거대한 협곡이 놓여 있다. 이 지구를 내려다보면 이러한 누적된 감정 상태의 원인을 곳곳에서 찾아볼 수 있다.

참된 평화를 실현하고자 한다면 당신은 의식적으로 이 폭풍우 속으로 들어가야 한다. 이를 위해서는 자신의 내면을 향해 들어가는 힘이 필요하다. 세상의 온갖 문제를 모두 떠안을 필요는 없다. 왜냐하면 당신이 인식하는 모든 혼란의 원인을 바꿔놓을 수 있는 길은 '당신 안에' 이미 들어 있기 때문이다.

높은 다리 위에서 뛰어내리는 번지점프처럼, 현존 수업은 내면의 폭풍우 속으로 뛰어들라고 손짓을 보낸다. 현존은 당신의 용기와 만용을 제어하는 장치다. 현존은 내면의 폭풍의 눈을 향해 당신을 이끌고 가서 그것을 통합하도록 도와준다. 폭풍우 속으로 의식적으로 들어가면, 당신은 상상하지 못했던 성장을 경험할 수 있게 된다. 폭풍우의 사나운 바람은 뿌연 안개 같은 '시간 속을 사는' 당신의 경험을 흩어버리고, 억수 같은 비는 착각과 망상을 깨끗이 씻어 보낸다.

이 내면의 감정의 폭풍우는 그저 우연히 발생한 것이 아니다. 이것은 초대인 동시에 방책防柵이기도 하다. 내면의 감정의 폭풍우는 일종의 관문으로서, 아직 거기에 들어갈 준비가 되지 않은 사람을 저지하여 시간이라는 몽롱한 꿈속에 더 머물러 쉬도록 마음을 바꿔준다. 내면의 감정 폭풍우 속으로 의식적으로 들어가는 것은 하나의 통과의례이다. 이것은 원인에 영향을 미치고, 그를 통해 울림의 세계로 들어가는 올바른 경로이다.

현존 수업은 외부로의 여행이 아니라 내면의 탐구이다. 이 말이 어떤 의미인지는 아직 명확하게 이해하지 못해도 좋다. '내면의 여행'이 의미하는 바는 체험을 통해 점차 드러나게 될 것이다. 내면의 여행이란 바깥세상과는 거래할 필요가 없음을 뜻한다. 세상은 거기에 그대로 내버려둔다. 내 얼굴에 묻은 검댕을 닦기 위해 거울을 닦지는 않는다. 거울 — 곧 당신이 세상에서 겪는 경험 — 은 얼굴에 묻은 검댕을 알아차리기 위한 도구일 뿐이다. 모든 조율은 '내면에서부터', '느낌과 직감'을 통해 첫 단추를 꿴다.

누적된 감정을 만들어낸 원인에 의도적으로 영향을 미침으로써 동시에 당신은 마음이 의도적으로 초점을 맞추고 있는 것들을 반영하는 신체적, 정신적, 감정적 경험을 구현할 수 있다. 이러한 이유로 현존 수업을 해나가는 동안 당신이 세상에서 하는 경험들은 모두가 하나의 '효과(effect)'로서 나타나는 것일 뿐임을 스스로 자주 상기시키는 것이 좋다. 자신의 얼굴을 닦지 않고 거울을 닦는 드라마로 새지 않기 위해서는 이것을 명심하는 것이 중요하다.

많은 경우, 누적된 감정의 원인에 의식적으로 영향을 가할 때 나타나는 효과는, 불편한 느낌이 느껴지기 시작한다는 것이다. 현존 수업의 여행에 처음 들어설 때는 경험이 전반적으로 더 악화되는 것처럼 보일 수도 있다. 자신의 욕망이 무시되는 것처럼 보일 때도 있고, 반대로 증폭되는 것처럼 보일 때도 있다.

이것은 사실이 아니지만 모두가 나름의 의미가 있다. 겉으로 보기에 '악화되는' 이 현상은 결코 사실이 아니지만 그것도 모두 필요한 일이다. 이것은 통합되지 못한 아동기의 경험이 반영된 것으로, 이제는 그것이 세상이라는 스크린에 투사되어 어른이 된 당신의 눈을 통해 인식되고 있는 것이다. 그것이 세상으로 투사되는 이유는, 당신이 아직 그것을 내면에서 인식할 수 있는 힘을 갖고 있지 못하기 때문이다.

당신은 결과를 곧 원인으로 믿고, 당신이 내면에서 자신과 평화롭게 지내지 못하는 이유가 세상 때문인 것처럼 행동하는 데 중독되어 있다. 그래서 자신의 환경에 일어난 이 변화에 자동적으로 반응한다. **이러한 이유로, 불편하고 낯선 느낌이 점점 커지는 것처럼 보여도 그것은 당신이 현존 수업에 들어가면서 자신의 감정적 장애물에 의도적으로 주의를 보내고 있기 때문에 일어나는 현상임을 스스로 상기시킬 필요가 있다.** 지금의 이 혼란스러움이 실은 당신에게 이로운 것이라는 점을 자신에게 상기시켜야 하는 것이다!

기분이 좋고 모든 일이 수월하게 펼쳐지는 것과는 대조적으로, 이 같은 뜻밖의 변화는 오히려 첫 진척이 일어나고 있다는 믿을 만한 징조로 보아야 한다. 이 변화는 당신이 '원하는' 결과는 아니지만 당신에게 '필요한' 효과다. 당신은 또한 행복을 원하고 남에게 멋있게 보이고 싶어하며 돈을 많이 벌어 온갖 물건을 사서 기분 좋아지기를 원하는, 어린아이 같은 통합되지 못한 면이 자기 안에 있다는 사실을 잊어서는 안 된다. 이 어린아이 같은 측면의 당신에게 외부상황의 갑작스럽고 예상치 못한 변화는 위협으로 느껴진다. 그것은 마치 '세상의 종말'처럼 느껴진다.

일면 그것은 세상의 종말이 맞다. 다만 '가식'이라는 세상의 종말 말이다. 현존이 다시 깨어나면 가식은 사라져 없어진다. 그래서 당신은 이러한 변화를 '거쳐가는' 동안 인내심과 자신에 대한 연민을 발휘하도록 고무받는다. 당신에게 이 '현존 수업을 신뢰하기'를 권하는 이유는 이 때문이다. '밖으로 나가는 길은 그 속을 통과해가는 길밖에 없다'고 말하는 것도 이 때문이다. 당신에게 '어떤 일이 있더라도' 현존 수업의 전 과정을 끝까지 마칠 것을 권하는 이유도 이 때문이다. 일단 자신의 감정적 장애물에 초점을 맞췄다면 거기서 물러나느니 애초부터 시작하지 않는 편이 낫다. 만약 5, 6, 7, 혹은 8주차에 이 경험을 그만두어버린다면 당신은 통합되지 못한 감정적 내용물에 대한 자각으로부터 도망가는 것이다.

당신의 신체적, 정신적, 감정적 경험에 일어나는 갑작스런 외부적 변화는 '지나간다'는 사실을 기억해두라. 원인이 통합되면 그것은 당신의 환경에 이로운 변화로 반영되어 나타난다는 사실을 기억하라. 불편감이 점점 커진다고 해서 당신이 이 과정을 잘못된 방법으로 하고 있다는 뜻은 아니다. 오히려 정확하게 하고 있다고 보는 것이 맞을 것이다. **현존 수업 과정을 거치는 동안 신체적, 정신적, 감정적으로 고통을 겪는다면 그것은 당신이 그로부터 이로운 영향을 받고 있기 때문이다.** 이것은 세상이 성공으로 간주하도록 가르치는 것, 세상이 제시하는 성공의 바로미터와는 정반대이다.

몸소 이 불편한 경험 속으로 들어가 그것을 통과해 밖으로 나오는 과정을 직접 관찰함으로써만, 당신은 자기 경험의 질을 책임져야 할 사람은 오직 자기뿐이라는 사실을 '아는' 위치에 다다른다. 이를 통해서 당신은 자신의 감정을 성숙시키는 것이 당신의 근본적인 책임 중의 하나라는 사실을 깨닫게 된다. 당신은 이 여행을 통해, 세상을 살면서 누적된 감정을 경험할 때 그것은 자기 내면의 상태가 외부로 반영된 것임을 이해하게 된다. 이 경험을 통과해가는 동안 당신은 통합에 필요한 것들을 정확히 가져다주는 현존의 능력을 직접 '목격하게' 된다. 이처럼 현존 수업은 당신의 개인적 경험을 증거로 삼는다. 당신의 경험이 곧 당신의 스승이 되는 것이다.

현존 수업의 권유는, 피할 수 없는 불편을 두려워하거나 저항하지 않는 법을 몸소 경험을 통해 배우라는 것이다. 또 '세상이 끝난' 것처럼 행동함으로써 이 감정처리 과정에 자동적으로 반응하지 않는 법을 배우라는 것이다. 오히려 당신은 감정처리 과정의 불편한 느낌을 기꺼이 받아들일 수 있어야 한다. 이 불편한 느낌은 당신이 그 불편의 원인에 진정한 영향을 미치고 있다는 증거다. 현존 수업의 권유는, 당신의 내면에 살고 있는 용의 등에 맘먹고 올라타라는 것이다. 그리고 그 용의 등에 올라탈 때만 그것을 길들일 수 있다는 사실을 체험을 통해 깨달으라는 것이다.

감정체가 불편한 느낌으로 인식하는 그것을 직면하지 않고서도 자기 경험의 질에 지속적인 진정한 변화를 줄 수 있다고 주장하는 사람은 의심해봐야 한다. 내면에 각인된 불편을 기꺼이 마주하고자 하는 당신의 의지야말로 변화의 연료를 공급해주는 연금술이다. 그렇다고 해서 불필요한 고통을 겪어야 한다는 뜻은 아니다. 단지 자기 경험의 질에 진정한 변화의 움직임을 일으키고자 한다면 자기 안에서 일어나는 어떤 것도 직접 마주해야 한다는 것이다. 자기 내면의 상태가 불편하게 느껴질 때, 그것을 가식으로써 외면하지 않고 정직하게 마주하는 것이 참됨이다.

현존 수업은 감정의 전사들이 싸우는 전쟁터라고 할 수 있다. 당신에게 현존 수업은 맘먹고 나아가 칼을 내리쳐서 감정으로 프로그램된 시간 중심의 마음에 묶인 자신을 구해낼 기회이다. 현존 수업은 당신에게 의미 있는 것과 그렇지 못한 것을 재빨리 구분해낸다. 이 작업은 '수월하거나 좋은 것'을 찾는 일이 아니다. 이 작업은 행복이나 외모나 돈을 추구하는 것이 아니다. 이 작업은 참됨에 관한 것이요, 감정적 성장과 자신의 통합성 회복을 위한 것이다. 이것은 바싹 다가가서 삶을 붙잡는 것이며, 자신을 '감정적으로 죽은 상태'로부터 들어올리는 것이다. 감정체는 이 작업을 그만둘 구실을 끝없이 찾아낼 것이다. 특히 5, 6, 7, 8주에는 더욱 말이다.

당신의 경험 가운데는 변화를 거부하는 일면도 있다는 사실을 기억해두라. 특히 자신이 통제력을 갖고 있다고 믿을 때, 정신체는 잘 변화하지 않는다. 정신체는 '모르는 곤경보다는 아는 곤경이 더 낫다'고 속삭이며 당신을 참된 변화로부터 멀어지도록 유혹하는 목소리다. 정신체는 처음에 당신이 변화를 구할 때는 격려를 해주지만, 그것은 허세를 부리는 것이다. 정신체는 당신 편인 것처럼 위장하여 자신의 책략을 당신이 알아차리지 못하게 한다. 이처럼 위장을 하는 이유는, 정신체는 익숙함을 좋아할 뿐만 아니라 거기에 중독되어 있기 때문이다. 습관을 없애기가 그토록 어려운 이유도 이 때문이다.

정신체는 어떤 형태의 변화도 받아들이지 않는다. 변화를 격려하고 현재 당신이 처한 주변 환경의 질을 바꿀 수 있는 방법을 제시하면서 당신을 돕는 것처럼 보일 때조차도 말이다. 당신이 이들 방법 중 어떤 것이라도 일관적으로 적용해보려고 하는 순간 정신체는 말을 바꾼다. 당신이 하는 경험이 뭔가 익숙하지 않게 느껴지는 순간, 정신체는 '나쁘다', '잘못됐다', '위험하다', '해롭다', '악하다', '불편하다' 같은 말이 섞인 스토리를 늘어놓는다. 이 단어들은 당신을 두렵게 만들고, 그 두려움은 당신으로 하여금 자신이 향해 가고 있는 새로운 방향에 의심을 품고 의문을 던지게 만든다. 그런 다음 정신체는 당신이 익숙한 것으로 다시 돌아가도록 꼬드긴다. 이리하여 당신은 설령 그것이 자신을 '죽이는' 습관으로 복귀하는 것을 의미할지라도 안락한 느낌으로 돌아가고 만다. 그것은 '모르는 곤경보다는 아는 곤경이 더 낫다'고 주장한다. 정신체가 당신의 경험을 통제할 때마다 그것은 악마와 같은 존재로 변한다.

자기 경험의 질에 참된 변화를 일으키려는 시도의 결과를 측정하는 수단으로서 정신체에 의지할 때 당신은 또 하나의 딜레마에 부딪히게 된다. 그것은 이런 식이다.

당신은 변화를 구한다.
변화의 기회가 주어진다.
그 기회를 끌어안는다.
지금까지와 다르게 느끼기 시작한다.
그러면 정신체는 당신에게 이 낯선 느낌이
'잘못된' 것이라고 속삭인다.
당신은 각인된 감정이 의식 표면으로 떠오른 것일 뿐인
이 낯선 느낌을 머리로(정신적으로) 해석한다.
그것이 당신이 잘못된 방향으로 가고 있다고 속삭이는
'직감', 내지는 '붉은 신호등'이라고 말이다.
당신은 이 이야기에 귀를 빼앗겨 자기 경험을
변화시키기를 거부하고 익숙하고 안전한 것으로 되돌아가버린다.
성취된 것은 아무것도 없다.
당신은 이전보다 더 좌절하여 혼란에 빠진다.
이제 정신체는 더 강해지고, 당신은 풀이 죽어 있다.

이것이 현존 수업의 전 과정을 '어떤 일이 있더라도 끝까지 마치도록' 권하는 이유이다. 여행의 '도중'이 아니라 모두 마친 뒤에 그것을 평가해보라. 어떤 경험이 일어나더라도 끝까지 여행을 마쳐야만 한다.

주의 현존 수업 중에 일어나는 모든 경험은 정신체가 이해하든 못하든 상관없이 모두 의미가 있다. 정신체가 어떤 말을 하든 상관 말고 이 여행을 끝까지 마치라. 마음의 측면들 중 정신체야말로 감정의 불편을 직면할 때 필요한 변화를 가장 늦게 받아들이기 때문이다. 현존 수업 과정을 끝까지 마치지 못하면 그것은 오히려 정신체에 힘을 실어주어 당신을 지배하게 만드는 꼴이 된다. 이것을 '정신'체라고 부르는 데는 그만한 이유가 있다. 이 경험을 해나가면서 마음의 생각하는 측면이 아닌, 가슴에다 귀를 기울이라.

2부

여행 준비

어떤 여행이든 출발하기 전에 신중한 준비를 갖추는 것이 좋다. 준비는 경험의 전반적 질에 영향을 미치고, 필요한 절차들이 잘 적용되게 해주기 때문이다. 2부는 현존 수업의 3요소인 호흡 연습, 의식적 응답, 매주의 읽기 자료와 인식의 도구에 대해 자세하게 살펴봄으로써 현존 수업의 여행이 실제로 어떤 과정인지를 소개한다.

현존 수업의 3요소

1. 호흡 연습

의식적 연결호흡은 현존 수업의 핵심이다. 왜냐하면 이 호흡법이야말로 현존에 대한 경험적 자각에 접근하고 현 순간의 자각을 쌓아가는 가장 중요한 도구이기 때문이다.

당신은 현존 수업 첫 주에 배우는 호흡 연습을 한 번에 15분 동안, 하루 두 번씩 하게 된다. 꾸준한 연습을 통해서만 호흡 연습이 지닌 통합의 힘을 얻을 수 있기 때문이다. 꾸준한 연습의 중요성은 아무리 강조해도 지나치지 않다. 호흡 연습을 꾸준히 하지 않으면 불필요한 어려움이 생길 수 있다. 그저 꾸준한 연습에 자신을 내맡기면 당신은 마치 어딘가로 실려가는 듯한 황홀한 느낌의 부정할 수 없는 축복을 받을 수 있다. 꾸준히 하지 않으면 이러한 느낌을 얻기 위해 불필요한 추가적 노력을 기울여야만 한다고 느끼게 될 수 있다. 그렇게 되면 무언가가 '일어나고 있는 것처럼' 느끼기 위해 다시 드라마와 소동에 의지하게 된다.

의식적으로 호흡을 연결시킬 때 다음의 두 가지 핵심적인 과정이 동시에 일어난다.

(1) 첫째는 '현 순간의 자각'을 모으게 된다. 이것은 멈춤 없이 호흡할 때 저절로 생기는 부산물이다. 멈춤 없이 호흡을 한다는 것은 호흡 사이에 불필요한 간격을 두지 않는 것이다. 멈춤 없이 호흡하는 데 주의와 의도를 집중하면서 매 순간을 보내면 현 순간의 자각이 쌓이게 된

다. 호흡 연습을 하는 동안 당신은 연습시간 내내 호흡 사이에 멈춤을 두지 않도록 마음을 쓴다. 이를 통해 현 순간의 자각을 최대로 쌓을 수 있다.

아마도 정신체는 당신이 호흡 연습을 하는 동안 그것을 그만둬야 할 신체적, 정신적, 감정적 이유를 끝없이 들이댈 것이다. 이때 당신이 할 일은 '그 어떤 일이 있더라도' 멈추지 않고 호흡 연습을 계속해나가는 것이다. 이렇게 하면 의지력이 강화된다. 현존 수업 과정에서 하루 두 번 호흡 연습을 하는 것보다 더 중요한 것은 없다.

흥미롭게도 인간은 숨 쉬는 도중에 꾸준하고도 무의식적으로 불필요하게 호흡을 멈추는 유일한 폐호흡 동물이다. 개와 고양이를 살펴보라. 그들은 멈춤 없이 지속적으로 호흡하고 있다. 개나 고양이는 놀랐을 때 연결 호흡이 더 강해지고 속도를 내면서 더 많은 산소와 현 순간의 자각을 받아들인다. 반면에 인간은 호흡과 호흡 사이에 계속 멈춤을 둔다. 인간은 놀랐을 때 호흡이 완전히 멈추기까지 하고, 불균형한 호흡 주기로 인해 과호흡이나 천식을 일으키기도 한다.

호흡과 호흡 사이에 멈춤을 두는 이런 습관은 당신이 정신의 영역에 들어가서 생각 속에 빠져서 헤맬 때 어김없이 일어난다. 과거의 상황이나 투사된 미래에 쏙 빠져 있거나 현재 상황이 아닌 다른 곳에 주의가 팔려 현재를 벗어날 때 당신은 호흡과 호흡 사이에 멈춤을 두게 된다. 생각 속에 깊이 빠져 있거나 주의가 산만한 사람을 관찰해보면, 그들 역시 호흡과 호흡 사이에 멈춤을 둔다는 사실을 확인할 수 있다.

다시 말해 당신이 현존하지 않을 때마다, 호흡이 의식적으로 연결되지 못한다. 왜냐하면 의식적인 연결호흡은 오직 '지금 이 순간'에만 일어나기 때문이다. 호흡하는 생명체 가운데 '시간 속에서 살지' 않는,

다시 말해 생각이라는 정신의 영역에서 헤매지 않는 생명체는 호흡과 호흡 사이에 무의식적인 멈춤을 두지 않는다. 현존 수업의 이로운 점 중 하나는, 당신으로 하여금 단절된 호흡 메커니즘에 다시 주의를 기울이게 해준다는 것이다. 그리하여 당신은 호흡 패턴에 조화를 회복할 수 있게 된다.

당신의 호흡방식은 — 특히 호흡 연습을 하는 동안에는 — 당신의 삶의 방식을 그대로 반영한다. 당신은 연결호흡을 하면서 현존하고 있는가, 아니면 호흡과 호흡 사이가 단절되어 있어 현존하지 못하고 있는가?

(2) 의식적 연결호흡 연습을 하는 동안에 일어나는 또 다른 과정은 '산소 공급'(oxygenation)이다. 호흡 연습을 하는 동안 호흡 패턴이 정상으로 회복되면서 산소 공급이 증가되는 것이다. 물속에 가라앉으면 의도적으로 호흡을 멈추는 고래, 돌고래, 바다표범, 악어, 하마 등을 제외한 폐호흡 동물은 현 순간의 자각과 높은 수준의 산소 공급률을 유지하기 위해 멈추지 않고 양껏 호흡한다. 우리 인간은 호흡과 호흡 사이에 멈춤을 둘 뿐만 아니라 일반적으로 폐 용량의 20퍼센트도 채 사용하지 않는다. 이 때문에 우리는 산소 부족(oxygen-deprived) 상태에 처한다. 신체 차원에서 산소란 곧 생명과 다르지 않다. 이 점을 잘 생각해보면 신체에 원활히 산소 공급을 해주는 것이 얼마나 중요한지를 깨닫게 된다.

조언 연습을 하는 동안 매 호흡을 깊이, 그리고 완전히 호흡할 것을 권장하지만 필수사항은 아니다. 필수사항이 아닌 이유는 산소 공급을 높이는 것이 현존 수업의 목적은 아니기 때문이다. 현존 수업의 주목적은 현 순간의 자각을 모으는 것이다. 의식적으로 호흡을 연결시킬 때 현 순간의 자각은 계속 쌓이게 된다. 산소 공급이 증가하는 것은 부가적인 보너스일 뿐이다. 현존할수록 당신은 산소를 더 많이 필요로 하게 된다.

의식적으로 연결시킨 호흡을 과호흡과 혼동해서는 안 된다. 과호흡은 산소와 이산화탄소의 양이 불균형을 일으킨 결과로, 부자연스러운 호흡을 억지로 과장해서 하거나 트라우마 경험을 할 때 생긴다. 반면 의식적인 연결호흡은 부자연스러운 호흡이 아니기 때문에 조화를 회복해준다. 이것은 트라우마를 자극하는 것이 아니라 오히려 해소시켜준다.

의식적 연결호흡을 할 때 경험하는 모든 불편한 느낌은 통합되지 못한 과거의 트라우마가 통합되기 위해 의식 표면에 떠오른 결과이다. 의식적 연결호흡을 하는 동안에 경험되는 불편감은 나름의 목적과 의미가 있다. 이 불편함을, 현존 수업이 내부의 원인에 영향을 미치고 있다는 징표로서 반기라.

의식적 연결호흡 연습의 첫 단계에서 당신은 다양한 수준의 개인적 저항에 부딪힐 수도 있다. 이것은 정상적인 일이다. 당신이 이 저항을 이겨내지 않으면 저항이 당신을 이겨낼 것이다. 당신이 경험하는 저항에는 다음 세 가지 수준이 있다.

(1) 저항의 첫 번째 수준은 '신체적' 저항으로서, 스스로에게 이렇게 말할 때 뚜렷이 표출된다. "하고 싶은 마음이 들지 않아. 너무 어려워."

(2) 저항의 두 번째 수준은 '정신적' 저항으로, 스스로에게 이렇게 말할 때 뚜렷이 표출된다. "이걸 해봐야 아무 일도 일어나지 않을 거야. 별로 하고 싶지 않아."

(3) 저항의 세 번째 수준은 '감정적' 저항으로, 스스로에게 이렇게 말할 때 뚜렷이 표출된다. "지금 나에겐 아무런 문제가 없어. 그러니 이제 그만둬도 돼." 또 그밖에 우리가 감정적으로 무딘 말을 할 때 분명하게 드러난다.

만약 호흡 연습 중에 다음과 같이 정직하게 느낀다면 당신은 저항을 통과했음을 알 수 있다. "와, 정말 좋군. 이렇게라면 언제까지고 영원히 호흡할 수 있을 것 같아."

호흡 연습을 하는 동안 어떤 체험을 하든 상관없이 최선을 다하여 지속적으로 호흡을 연결시키는 노력을 하면 그것만으로도 당신은 각 호흡 연습이 요구하는 기준을 달성한 것이다. 뭔가 심오한 체험을 기대하면서 호흡 연습에 임하는 것은 잘못된 태도이다. 호흡 연습에서 당신이 '하게끔 되어 있는' 미리 정해진 체험 같은 것은 없다.

호흡 연습은 어떤 정해진 체험을 하게 하려는 것이 아니다. 당신의 삶이 곧 그 체험이기 때문이다.

당신은 호흡을 계속 연결시키겠다는 의도만 갖는다. 이런 태도로 접근할 때 당신은 매 호흡 연습이 모두 저마다 다르다는 사실을 깨닫게 된다. 호흡 연습은 매번 당신에게 '필요한 것'으로 다가온다. 그러니 당신이 호흡을 연결시킬 때 하게 되는 경험은 어느 것 하나 의미 없는 것이 없다.

호흡 연습을 하는 동안 깨어 있지 못하고 잠에 빠져드는 자신을 발견할 때가 있다. 이것은 왜 그런가?

의식적으로 호흡을 연결시킬 때, 당신은 의식의 전부를 과거나 상상 속의 미래로 떠돌게 하지 않고 그 일부를 현 순간에 닻을 내리게 만든다. 결과적으로 주의의 전부가 현 순간을 떠나 '시간 속의 장소'로 여행하는 대신, 이 '시간 속의 장소' 가운데 일부가 당신에게로 이끌려오게 된다. 다시 말해 그것들이 현 순간으로 끌려오게 되는 것이다. 당신이 현 순간의 자각을 어느 정도 쌓을 때까지는 이 '시간 속의 장소들'은 당신의 주의에 아직도 강력한 영향력을 지니고 있다. 그래서 그 '시간 속의 장소들'은 현 순간에 닻을 내리려는 당신의 시도를 제압하여 당신의 의식을 무의식의 파도로 나타나는 꿈과 같은 상태로 이끌고 간다. 이 무의식의 파도에 압도당할 때 당신은 느닷없이 꿈과 같은 상태에 빠져드는 자신을 발견하게 되는 것이다. 당신은 다시 깨어나 자신이 의식적으로 호흡을 연결하지 않고 잠에 빠져들었다는 사실을 발견하고 나서야 이런 일이 일어났음을 깨닫게 된다.

무의식 상태로 빠져드는 것은 의식을 시간으로부터 빼내려고 할 때 일어나는 정상적인 현상이다. 이런 현상에 좌절하는 것은 또 하나의 드라마를 지어내는 것밖에 되지 않는다. 현존 수업의 여행을 하는 동안 당신은 호흡을 하려고 자리에 앉을 때마다 잠에 떨어지는 이른바 '잠의 쳇바퀴' 속에 걸려들 수도 있다. 그러나 이것은 걱정거리가 아니라 오히려 수행을 지속해야 할 이유가 된다. 이 상황에서 벗어나는 길은 오직 그것을 통과하는 것뿐이다. 당신은 통합되기 위해 의식 표면으로 떠올라오는 무의식을 다 통과할 때까지 꿋꿋이 버틸 수 있어야 한다.

매일같이 꾸준히 호흡 연습을 하면 호흡을 하는 동안에는 의식을 현 순간에 둘 수 있을 만큼 현 순간의 자각이 쌓인다. 이렇게 되면 '시간 속의 무의식적 장소들'이 당신을 무의식으로 끌고 갈 힘을 더 이상 갖지 못한다. 대신 당신이 이 무의식 속의 과거 경험들을 현 순간으로 가져와서 통합할 수 있게 된다. 무의식 속의 과거 경험은 꿈과 같은 상태로서 현 순간의 자각 앞에서는 살아남지 못한다.

2. 의식적 응답

의식적 응답이란 평소에 당신이 자동적으로 반응하게 만드는 경험들에 의식적으로 응답하기 위해 사용하는 도구이다. 이 도구는 정신체로 하여금 혼란의 뿌리에 있는 통합되지 못한 감정의 각인을 자각하게 하는 데에 사용된다.

 10주간의 현존 수업 과정은 당신이 매주 사용할 특정한 의식적 응답과, 모든 호흡 연습에서 사용할 의식적 응답 한 가지를 제시할 것이다. 의식적 응답은 경험의 막혀 있는 측면을 자각하도록 의식을 일깨워준다. 당신은 직감을 통해 이 장애물을 자각함으로써 그것을 통합할 수 있다. 그러므로 당신의 경험에 대하여 이 인식의 도구를 많이 사용할수록 더 효율적으로 통합 작업을 달성할 수 있다.

 의식적 응답은 또한 '저질 생각', 다시 말해 비생산적인 사고 패턴을 책임 있는 사고과정으로 대체하기 위한 것이다. 마음이 무엇인가에 몰두해 있지 않을 때면 언제든지 그 주週의 의식적 응답을 계속 되읊는 것이 도움이 될 것이다.

 당신의 정신체는 이러한 의식적 응답에 저항하거나 거부반응을 보일 것이다. 이것은 자연스러운 현상이다. 때로는 하루종일 이것을 한 번도 하지 않고 지냈다는 사실을 깨닫고는 해야겠다고 각오를 다지는 것 역시 현존 수업 과정의 필요한 부분이다. 잊어버렸다가 다시 상기했다가 하는 것도 다 도움이 되는 과정이다. 이것은 당신이 주의를 현 순간으로 되가져와 닻을 내리게 할 때 사용되는 마음의 근육을 강화시켜줄 것이다.

의식적 응답은 그저 그렇게 되었으면 좋겠다는 막연한 바람을 담은 생각이 아니다. 또 그것은 긍정적 확언도 아니다. 의식적 응답은 '원인'이다. 그것은 감정을 차단하고 있는 결과물에는 신경 쓰지 않고, '원인으로서 움직이는' 당신의 능력에만 관심을 둔다.

돈이 없는데 "나는 부자다, 나는 부자다, 나는 부자다"라는 말을 끝없이 반복하는 사람은 긍정적 사고법인 '정신적 반복' 기법을 사용하고 있는 것이다. 그러나 이것은 단지 막연한 바람을 담은 생각일 뿐이다. 그들은 통합되지 못하고 누적된 자신의 감정이 물리적으로 표출된 상황으로부터 정신적 확언을 끌어내려고 애쓰고 있는 것이다.

다시 말해 그들은 '결과물을 다루기 위해서 결과물을 이용하고 있는' 것일 뿐이다.

"나는 부자다, 나는 부자다, 나는 부자다"라고 되뇔 때 그 확언은 그 사람에게 돈이 부족해진 '원인'을 건드리지 못하고 있다. 지금 그의 초점이 되고 있는 궁핍은 어떤 감정이 차단된 '결과'이지 원인이 아니다. 그러므로 그의 확언은 무력한 것이 되고 만다. 그런 방식은 효과적이지 않다(in-effect-ual). 다시 말해, 결과를 내지 못한다.

의식적 응답은 또한 평화에 대한 진정한 이해에 도달하고자 한다면 그것을 방해해온 혼란스러운 투사물들을 자각할 필요가 있다는 깨달음에 조율되어 있다. 당신은 투사된 혼란을 해결함으로써 자연스럽게 평화에 대한 자각을 회복한다.

이처럼 의식적 응답은 당신 경험의 질에 영향을 미치고 있는 무의식의 측면들을 자각하게 한다. 당신이 처한 혼란이 사라져주기를 '막연히 바라고만' 있어서도, 또 그것을 무시해버려서도 안 된다. 그것을 자각하여 의식적으로, 책임 있게 그 혼란을 통합하고 그로부터 필요한 지

여행 준비

혜를 얻어야 한다.

자신에게 도움이 되지 않는 경험에 스스로 책임을 짐으로써, 당신은 세상이 즐거운 곳으로 바뀌기를 허구한 날 기다리기만 해온 자신을 비로소 해방시킬 수 있다!

3. 매주의 읽기 자료와 인식의 도구

현존 수업을 하는 동안, 주일마다 그 주에 읽어야 할 읽기 자료가 주어질 것이다. 매주의 읽기 자료와 당신이 지금까지 읽은 글들은 모두 '의도적인' 순서를 갖고 있다. '의도적(deliberate)'이라는 말에 '해방(liberate)'이라는 단어가 포함되어 있음을 주목하라.

이 책은 각 장章과 페이지와 단락만이 아니라 문장 하나하나에도 현존 수업의 정신이 녹아 있다. 이 책의 글은 급하게 훑어보기만 해서는 제대로 소화할 수 없는 통찰을 담고 있다. 이 책의 글은 통합을 촉진하는 통찰의 느낌에서 우러나온 오랜 기간의 체험을 담고 있다.

매주의 연습이 끝나는 순간까지 읽기 자료를 놓지 않는 것이 좋다. 매주의 읽기 자료는 현 순간의 자각을 촉진해준다. 자료의 각 장은 그 주에 사용하게 될 인식의 도구를 담고 있다. 자료는 당신이 여행의 각 단계를 지나는 동안 일어나는 현상들을 더 깨어서 의식하게 함으로써 감정처리 과정이 부드러워지게 해주도록 고안되었다. 주기적으로 이 자료를 반복해서 읽어보면 유익할 것이다. 왜냐하면 현 순간의 자각 수준이 높아지면 그로부터 얻어지는 통찰도 심화될 것이기 때문이다.

이 책 자체가 '하나의 긴 의식적 응답'이라고 보는 편이 맞을 것이다. 이 책이 나누어주는 인식의 도구들은 당신의 행동을 자동적 반응에서 의식적 응답으로 전환시켜준다. 또 그와 동시에 비생산적인 믿음을 당신에게 유익한 정보로 대체해준다. 모든 새로운 시도가 그렇듯이, 현 순간의 자각에 능숙해지기 위해서도 이 도구들을 부단히 반복해서 사용할 필요가 있다. 반복적 적용의 결과를 직접 체험하면 그 이익을 자기 것으로 만들 수 있다.

이 도구들을 적용하는 데는 어떠한 '행위(doing)'도 필요하지 않다. 이 도구들은 책임 있는 정신적 처리과정에 힘을 보태주는 내면의 응답이다.

통합적 접근

자신의 아동기가 아무런 문제 없이 좋았다고 믿고 있더라도, 조건 지어진 세상에 태어나는 것 자체가 불편한 신체적, 정신적, 감정적 경험을 하게 됨을 뜻한다. 당신은 조건 지어진 존재가 아니기 때문에, 조건 지어진 경험 속으로 들어간다는 것은 불가피하게 어느 정도 정신적 충격과 상처를 입게 되는 경험이다.

인류가 진화과정에서 자기 경험의 질에 온전히 책임질 수 있게 되는 시기가 온다면, 그것은 자신의 감정체 속으로 들어가는 여행을 통해서 그렇게 될 것이다. 그 책임을 다하려면 통합적인 접근법을 취하는 것이 바람직하다.

현존 수업의 목적상, 우리는 '치유(heal)'보다는 통합(integrate)이라는 단어를 사용하고자 한다. 그것은 이 두 단어가 서로 다른 의미를 지니고 있기 때문이다. '치유'라는 말은 무언가가 잘못되어 있으며 따라서 고쳐야 할 필요가 있다고 가정한다. 치유는 종종 그 대상을 '제거히려고' 시도한다. 그래서 치유는 '지금 있는 것'에 대한 자동적 반응인 경우가 많다.

전통적으로 치유는 주로 증상으로 드러난 불편에 초점을 맞춘다. 치유는 증상으로 드러난 것이 제거되기 전까지는 아무것도 이뤄지지 않은 것으로 믿는다. 그러므로 치유자란 시선을 외부로 향한 채 고장 난 이 세상을 고칠 필요가 있다고 생각하는 사람들이다. 그들은 자기 자신이 타인을 고쳐주기 위해 선택된 존재라고 믿는다. 치유를 직업으로 택하는 사람들 가운데는 해결되지 못한 자신의 증상을 바깥세상에 투사해놓고는 자기에게 인식되는 그 그림자를 고치려 드는 사람도 많다.

반면에 '통합'은 무언가가 일어나고 있다면 그것이 일어나고 있다는 사실만으로도 거기에는 어떤 의미가 있으며, 따라서 그것은 '필요하다'고 보는 관점에서 출발한다. 통합은 아무것도 '잘못되거나', '고쳐야 할 필요가 있는' 것으로 간주하지 않는다. 그보다 무언가가 균형을 벗어나 있는 것처럼 보인다면 그것을 품어 안아 다시 원래의 온전한 모습으로 되돌려놓아야 한다고 본다. 이처럼 의식적으로 응답할 때, 거기에는 더 큰 성장에 필요한 통찰이 담겨 있다. 그러므로 통합은 '지금 있는 것'에 대한 의식적인 응답이다.

통합은 오직 현상의 원인에만 관심을 갖는다. 통합주의자에게 세상이 고장 난 것처럼 보인다면, 그는 그렇게 보는 자신의 인식에 책임을 지고 세상이 아니라 자신의 인식을 건강하게 회복시킴으로써 그에 응답한다. 통합은 일자리를 제공해주지 않는다. 통합 작업을 해달라고 돈을 주는 사람도 없고, 누가 당신을 대신하여 통합 작업을 해줄 수도 없다. 이것이 '현존 수업 도우미'라는 직업이 존재하지 않는 이유 중 하나다. 통합은 스스로 자신을 돕는 기술이다.

삶의 경험의 질에 대한 통합적 접근법은 다음과 같은 깨달음에 기초하고 있다. **자기 경험의 원인이 되는 측면에 영향을 가하면 전체의 상태를 송두리째 변화시킬 수 있다는 깨달음** 말이다. 또한 이것이 전체에 일으키는 효과는 전체의 행복을 위해 가장 좋은, 유기적인 방식으로 일어난다.

삶 전체를 수준 높게 경험하기 위해 현존 수업이 다루는 경험의 각 부분들로는 신체(신체감각), 정신체(생각), 그리고 감정체(기분)가 있다. 현존 수업은 이 세 가지 측면 모두를 다루도록 고안되어 있지만, 가해지는 모든 영향력은 감정체 내에 누적된 감정의 통합을 향해 겨냥된다는 점에서 원인 지향적이다.

자기 삶의 경험의 질에 만족하지 못할 때, 우리는 대개 물리적 환경을 뜯어맞춤으로써 변화를 일으키려고 애쓴다. 경험의 물리적 측면이야말로 손으로 만질 수 있고 바로 접근할 수 있기 때문이다. 그러나 물리적 환경에 상대적으로 빠른 변화를 일으켜놓더라도 그것은 오래 지속되지 못한다. 왜냐하면 물리적 환경에 일어난 변화는 결과물의 변화일 뿐, 원인의 변화가 아니기 때문이다.

물리적 환경을 뜯어고침으로써 자기 경험의 질에 변화를 일으키려는 당신의 시도를 더욱 복잡하게 만드는 것은, 당신의 물리적 경험은 항상 변해가고 있다는 사실이다. 이것은 당신이 물리적으로 강제한 모든 변화는 시간이 흐르면 또 불가피하게 변하게 되어 있음을 뜻한다. 또 힘을 써서 무언가를 신속히 변화시켰다 해도 그 변화된 상태를 유지하기 위해서는 엄청난 에너지를 계속 투입해야 하는데, 이는 불가능한 일이다. 이러한 이유로 자기 경험의 질에 변화를 일으키는 시도로서 물리적 변화를 일으켜 그것을 지속시키려면 통제와 진정이 필요해진다.

또 당신은 무언가에 관한 자신의 생각을 바꿈으로써 정신적으로 자기 경험의 질을 변화시키려고 시도할 수도 있다. 예컨대 '마인드 파워'나 '긍정적 사고'가 그런 것들이다. 무언가에 관한 자신의 생각을 바꾸면 실제로 자기 경험의 질이 변화되기도 한다. 그러나 그것은 당신이 그 생각을 '다시' 바꾸지 않는 한에서 그렇다. 다시 말해 당신이 정신적 변화를 일으킴으로써 성취할 수 있는 변화의 정도와 지속 시간은 예측하기 어려운 임의적인 현상일 뿐이다. 왜냐하면 이 방법은 성취한 것을 당신의 무의식적 사고과정으로부터 끊임없이 보호해야만 하기 때문이다. 자신의 긍정적 사고가 지닌 의도와 반대되는 방향으로 펼쳐지는 환경을 잘 관찰해보면, 당신은 당신의 무의식적 사고과정이 무엇을 하고 있는지를 알 수 있다!

또한 당신이 무언가에 관한 생각을 의식적으로 바꾼다고 해서 그것에 대한 '느낌'까지 달라지는 것은 아니다. 그러므로 생각의 변화로 물리적 환경에 변화가 일어났다고 해도 그것을 다르게 '느끼기' 전에는 아무리 마인드 컨트롤을 하더라도 참된 변화의 느낌에 이를 수가 없다. 무의식의 감정 상태가 영향을 받지 않으면 그것이 낳는 무의식적 사고과정은 계속 당신의 의도를 방해할 것이다.

경험의 변화는 단지 긍정적 사고의 결과가 아니다. 경험의 변화 아래에는 느낌의 변화가 자리 잡고 있다. 의도하는 변화를 달성하고자 한다면 느낌과 사고과정이 조화를 이뤄야 한다. 물리적 차원에서만 변화를 일으키려는 시도와 마찬가지로, 자기 경험의 질을 변화시키기 위해 정신적 차원에서만 변화를 기한다면 이 역시 원인은 두고 결과만 만지작거리는 것밖에 되지 않는다.

다행히도 당신은 자신이 느끼는 불편의 뿌리로 곧장 들어가 그것에 근원적 변화를 일으킬 수 있는 선택권을 갖고 있다. 이것은 감정체의 상태에 변화를 일으킴으로써 달성할 수 있다. 이것은 도전적인 일이지만 그만큼 효과적이고, 크나큰 보상을 안겨준다. 그리고 이것은 달성하기만 하면 그 영향이 지속된다.

감정체 내의 변화를 일깨우기 위해서는 거기에 부드럽고 꾸준하게 다가가는 것이 중요하다. 여기에는 인내와 각오가 요구된다. 이것은 커다란 나무를 찍어 쓰러뜨리는 것과 비슷하다. 나무를 찍고 또 찍지만 때로는 아무리 작업을 해도 아무런 일도 일어나지 않는 것처럼 보일 수 있다. 그러나 그러다가 쩍 하는 소리가 들리면 이내 나무는 쓰러지기 시작한다. 나무가 쓰러지기 시작하면 그 무엇도 그것을 멈출 수 없다. 나무가 바닥에 쓰러지고 나면 그것을 다시 일으켜 세우기는 어렵다. 감정체의 상태를 변화시키는 것도 이와 비슷하다. 감정체에 대해 꾸준히 작업을 하고 있는데도 때로는 아무런 효과도 없는 것처럼 느껴지기도 한다. 그러다가 어느 순간 어떤 변화가 일어나기 시작하고부터는 아무것도 그것을 멈추지 못한다. 내면의 변화가 일어나기 시작하고 나면, 감정체를 이전의 상태로 되돌리는 것은 불가능하다.

감정체는 갑작스럽게 변화를 일으키는 성질을 갖고 있기 때문에 경험의 변화가 정신적 충격이나 상처를 가져올 가능성도 있다. 삶의 경험의 질에 지속적인 변화를 일으키는 빠른 방법은 신체적, 정신적 과정에 시간을 낭비하지 않고 자신의 감정체에 집중하는 것이다. 그렇지만 감정체가 인과의 뿌리라는 사실을 알았다고 해서 곧장 감정체 속으로 들어가 변화를 일깨우는 것은 바람직하지 않다. 다른 모든 것을 배제한 채 오직 감정체에만 집중하는 대신 ― 이것은 정신적 충격을 가져올 수도 있다 ― '부드러움, 인내, 일관성, 책임' 같은 단어들을 기억하면서 감정체에 접근해가는 것이 좋다.

현존 수업은 감정체에 접근해가는 과정에서 일어나는 갑작스러운 변화를 흡수할 수 있는 신체적, 정신적 준비를 갖추도록 설계되었다. 책임성 있게 접근하기만 한다면 이 갑작스러운 감정의 변화는 매우 심오한 경험이 될 수 있다. 그것은 즉각적인 인식의 변화로 이어진다. 그 변화의 순간부터 당신은 세상을 이전과 다르게 인식한다. 그러한 감정 변화의 결과는 자각의식의 경로를 따라 정신적, 신체적 체험을 통해 여과된 다음, 경험의 질이 변화하는 것으로 나타난다. 이렇게 될 때 그 영향은 지속적인 것이 되며, 그것을 유지하는 데에 아무런 노력도 들지 않는다. 감정체의 상태가 변화되면 당신은 다른 행성에 가지 않고도 세상을 새롭게 경험할 수 있게 된다. 바로 이런 식으로 접근하는 것을 우리는 '통합적' 접근법이라고 부른다.

신체, 정신체, 감정체에 일어난 변화가 어떤 과정을 거쳐서 당신에게 영향을 미치는지를 더 깊이 들여다보기 위해, 당신이 과체중에 시달리는 성인이라고 가정해보자. 당신은 '정상적인' 성인이므로 대부분의 사람들과 마찬가지로 세상을 살면서 겪은 경험에 자기도 모르게 정신적, 신체적으로 고착되어(transfixed) 있다. 이 때문에 당신은 체중감량 문제를 단지 몸에서 초과분의 지방을 제거하는 것으로만 간주하고 주로 신체적인 관점에서 접근해간다.

주로 신체적인 접근법을 취하는 당신은 체중감량을 위해 무지방 다이어트에 돌입하고 몸에서 지방을 녹여 없애는 음식을 섭취할 것이다. 운동 프로그램을 시작할 수도 있고, 더 많은 칼로리를 태우기 위해 지금 하고 있는 운동량을 한 단계 더 높일 수도 있다. 심지어 위를 절제하거나 이빨을 철사로 동여매는 과격한 신체적 조치를 취할 수도 있다. 그러나 이런 신체적 접근은 과체중의 '원인'이 아니라 '결과'에 집중하는 것이어서 노력이 들어간다. 이런 노력 가운데는 상당한 경제적 부담은 말할 것도 없고 피와 땀과 눈물을 요구하는 것도 있다.

그러나 이렇게 체중을 줄였다 해도 그것이 당신이 추구해온 효과를 보장해주는 것은 아니다. 당신은 한동안 향상된 자신의 외모에 기분이 좋아질 수 있다. 그러나 이 느낌은 시간이 지나면 사라지는데, 왜냐하면 당신의 과체중의 원인은 신체적인 것이 아니기 때문이다.

모든 다이어트가 결국 실패하고 마는 이유는 그것이 과체중의 '감정적 원인'을 해결하지 못했기 때문이다. 위를 절제한다고 해서 당신이 소화할 방법을 모르고 있는 감정적 혼란의 불편까지 봉해지는 것은 아니다. 이빨을 동여맨다고 해서 자신을 진실로 표현하게 되거나 억압된 감정의 부하를 해소할 수 있는 것은 아니다. 이런 조치들은 과격하게 할수록 신속한 효과를 낼 수 있지만, 이를 통해 얻어지는 행복감은 진짜가 아니어서 효과가 일시적이다. 그러다가 마침내 내면의 불편이 의식 표면으로 올라오면 그것은 절망적인 상황이 될 수 있다. 왜냐하면 이제 더는 의지할 곳이 없어 보이기 때문이다.

이런 육체적 차원의 조치는 자아상과 관련된 무의식의 활동을 통합하지 못한다. 또 폭식이라는 신체 행위로 나타나는 내면의 감정 폭발도 잠재우지 못한다. 설령 그러한 조치로 먹는 행위를 멈추게 된다고 해도 자가치료와 진정 작용, 통제 수단으로서 의지해온 음식에 대한 중독은 다시 다른 대상을 찾아 옮겨가고 만다. 한동안은 썩 좋은 외모를 유지할지도 모르지만 당신의 생각은 여전히 부정적인 것에 휩싸여 있다. 외과적인 방법 등을 동원하여 아무리 지방을 제거한다 해도 표면 아래서 당신은 괜찮다고 '느끼지' 못하고 있다. 장기적인 결과가 이를 증명한다.

이처럼 과격한 신체적 변화를 일으킨 결과는, 이 변화가 당신의 정신적, 감정적 상태를 과장한다는 사실이다. 신체적인 조치에만 의지하여 고통을 덮어버리려고 할수록 당신은 정신적, 감정적으로 더 비효율적으로 기능하게 된다.

외적으로 아름다운 신체라는 환영의 거품은 필연적으로 정신적 혼란과 감정적 파국으로 치닫는다. 그렇게 되기까지 시간이 걸릴 수도 있지만 그것은 일어나게 되어 있다. 새롭게 향상된 신체는 외부의 팬클럽을 확보하지 못하면 내면의 절망이라는 불만에 감염된다. 삶의 경험에서 불편을 제거하기 위한 시도로서 신체적 차원에서만 변화를 일으키는 것은 감정의 시한폭탄을 장치하는 것과도 같다. 그것은 언젠가는 폭발하게끔 되어 있다.

신체 중심적인 접근에서 실패를 반복하다 보면 그다음에는 자신이 처한 상황에 정신적인 접근을 시도하게 된다. 당신은 자신이 먹는 음식에 관한 생각을 바꾸고, 자신에 대해 품고 있는 이미지를 바꾸려고 한다. 자신에게 도움이 되지 않는 자기파괴적인 생각 패턴을 알아내는 통찰을 얻기 위해 '마인드 파워'나 '긍정적 사고' 세미나에 등록하기도 한다. 생각을 바꾸어 변화를 일으키려는 시도는, 신체적 과정에 의지하는 것보다 신체적 변화가 더디긴 하지만 실제로 변화를 일으킬 수 있다. '물질보다 마음을 우위에 두는' 방식으로 지속적으로 작업하면 실제로 체중을 줄일 수 있다. 그러나 이것도 어느 정도까지만 효과가 있다.

불행히도 정신적 재조건화를 통해 일어나는 변화는 한계가 있을 뿐 아니라 일시적이다. 왜냐하면 여기서도 당신은 여전히 결과물인 생각을 건드릴 뿐이기 때문이다. 아직도 진정한 원인에 변화를 일으키지는 못하고 있다.

체중을 줄이기는 해도 자신의 체격에 가장 적합한 체중에는 잘 도달하지 못한다. 설령 도달한다 해도 그것을 유지하기가 어렵다. 왜냐하면 의식적 사고는 변화시켰다 하더라도 무의식적 사고의 영향으로부터 당신의 경험을 보호할 수는 없기 때문이다.

무의식의 생각 패턴을 통합하는 것은 생각의 싹이 올라오는 뿌리인 감정체를 건드릴 때만 가능하다. 무의식 속의 정신적 소동이 지속되는 한, 당신의 몸은 계속 과체중을 붙들고 있을 것이다.

그 결과 당신은 '궤도를 이탈할' 위험을 늘 지니고 살아간다. 그리고 실제로 그렇게 되면 당신은 다시 해로운 음식을 과식한다. 그리고 그 결과로 자신의 일관성 없는 행동을 비하한다. 생각하는 마음에게 그러한 행동은 아무런 도움이 되지 않는다고 아무리 다짐해둬도 이런 일은 일어난다. 아직도 당신은 자신의 무의식적 생각이 자기파괴 행위로 나타나는 것을 막지 못한다. 신체적으로 조금 가벼워진 것처럼 보일 수도 있고 정신적으로 자신에 대한 태도가 조금 더 긍정적으로 바뀔 수도 있지만, 그런 표피 아래에서 당신은 예전보다 조금도 더 좋게 '느끼지를' 못하고 있다.

감정적으로 좋은 느낌을 느끼지 못할 때, 당신은 위안을 얻기 위해 음식을 마구 먹어대거나 체중 증가의 원인이 될 수 있는 활동을 할 위험성을 늘 안고 다닌다. 현재의식의 정신적 과정에 일으킨 변화는 감정 상태에도 영향을 미치는데, 왜냐하면 무의식 속의 생각은 돌보지 않은 채 의식적 생각의 성질만 바꾸는 것도 정신적인 통제이기 때문이다. 하지만 조만간 감정이 탈선하여 그 급류에 휩쓸리면 이러한 정신적 통제력도 상실되고 만다.

신체적, 정신적인 방법으로는 자신이 처한 조건에 참되고 지속적인 영향을 줄 수 없다는 사실을 깨달을 때, 당신은 마침내 감정 차원의 방법으로 체중문제를 해결하기로 마음먹게 된다. **많은 이들에게 이 작업은 도전적이다. 왜냐하면 이것은 진실성을 요구하기 때문이다.** 대부분의 사람들이 이 방법을 가장 나중에 고려하는 이유도 이 때문이다. 감정체에 변화를 일으키는 작업은 점진적이고 지속적인 '과정적 작업'(process work)을 요구한다. 이것은 임시변통 조치가 아니다. 감정 차원의 작업은 도전적이긴 하지만 '원인에 변화를 일으키는' 것이기 때문에 매우 깊은 보상의 느낌을 준다.

과체중이었던 당신이 감정의 짐을 풀어놓으면 당신은 그 즉시 좋아진 느낌을 느낀다. 그리고 그 느낌은 자각의식의 경로를 따라 당신의 의식뿐만 아니라 물리적 환경에도 전달된다. 당신의 식사습관이 바뀌고, 물리적 차원에서 세상을 대하는 방식도 바뀐다. 그리하여 당신의 체중은 힘들이지 않고 자연스러운 균형 상태로 돌아간다. 당신은 무리하게 다이어트를 하지 않고 건강에 이로운 식사를 하게 된다. 더 이상 자신의 통합되지 못한 감정을 억압하는 일에 음식을 동원할 필요가 없어졌으므로 이전보다 덜 먹게 된다. 이제 당신은 몸을 통해 세상을 즐기기를 원하므로 더 이상 극단적인 운동을 할 필요성을 느끼지 않는다. 삶의 경험의 질에 근원적인 변화를 일궈낸 당신은 더 이상 체중이 다시 예전 상태로 돌아갈까 봐 전전긍긍하지 않는다.

삶의 경험의 질에 변화를 일궈내는 통합적 접근법은 당신의 신체, 정신체, 감정체가 제각기 서로의 반영이며, 이들 각 영역에서 일어나는 경험들은 서로 연결되어 있다는 깨달음에 바탕을 두고 있다. 또한 통합적 접근법은, 참된 방법으로 자기 경험의 질에 변화를 일궈내면 통합되지 못한 아동기 경험의 산물에 초점을 맞추느라 시간과 에너지를 낭비할 필요가 없어진다는 이해에 기초하고 있다. 우리의 의도는 그 뿌리에서 원인이 바뀌게 하는 것이다.

가장 부드러운 길은 통합적인 접근법을 통한 길이다. 통합적 접근법은 전일적全一的(holistic) 접근법이다. 이것은 감정체 속의 뿌리를 서서히 찾아들어가서 그것을 통합시키려는 의도로써 신체와 정신체, '그리고' 감정체를 아울러 한꺼번에 다루어낸다.

또한 통합적 접근법은 아동기 이래 당신의 경험에 무의식적으로 반복되어왔던 불편한 감정의 주기가 하루아침에 사라지지는 않는다는 사실을 잘 알고 있다. 그래서 현존 수업은 체계적으로, 부드럽게, 꾸준히 자각의식의 경로를 따라 의도적으로 움직여 다가간다. 그리고 당신의 감정체를 조화로운 상태로 회복시키고자 하는 전반적인 의도를 품고 신체적, 정신적, 감정적 기법을 활용한다. 통합적 접근법의 예술성은, 결과물의 표층을 부드럽게 뚫고 들어가 그 원인을 건드려 바꿔놓는 데에 있다.

삶의 경험에 조화를 회복시키는 데에 통합적 접근법을 적용하는 것은 단순하면서도 동시에 매우 복잡한 일이다. 여기에는 상식과 함께 역설도 따른다. 통합적 접근법은 그 의도를 '즉시' 달성하지만, 그 영향이 제대로 스며들어 당신의 경험 속에서 나타나게 되기까지는 일정한 시간을 필요로 한다. 그것은 사물의 표면에서 관찰 가능한 동시에 표면 아래서도 활발하게 움직이고 있다.

통합적 접근법은 '과정적 작업'이다. 즉, 유기적으로 전개된다는 뜻이다. 그것이 당신의 모든 노력을 관통하여 하나의 의식적인 흐름으로 흘러가게 하기 위해서는 인내심과 '일관성'의 힘을 필요로 한다. 통합적 접근법은 전체의 모든 부분에 대해 작업하는 동시에 그 뿌리에서 눈을 떼지 않는다. 뿌리에서 변화를 일궈내면 그 효과가 전체에 나타난다는 사실을 분명히 알고 있기 때문이다.

통합적 접근법은 또한 이 물결효과가 전체의 행복을 위해 가장 적당한 보폭으로 전개된다는 사실을 알고, 따라서 그것을 신뢰한다. 그러니 서두를 필요가 없다. 일깨워진 각각의 경험이 품고 있는 영양분을 제대로 흡수하려면 그것을 완전히 소화시켜야 하기 때문이다. 서두르면 소화불량과 변비를 일으킨다. 서두르는 것은 또 하나의 드라마일 뿐이다.

'시간 속에서' 살 때, 당신은 무엇을 하나 완수하면 그 이익과 결과와 영향력을 '지금 당장' 즐기려고 한다. 누군가를 위해 일을 해주면 당신은 즉시 그에 대한 보상을 받기를 원한다. 무언가 의미 있는 일을 성취했을 때는 즉시 그에 대한 인정을 받고 싶어한다. 이것이 마치 패스트푸드 같은 당신의 성급한 정신 상태이다. 당신은 첫 차를 살 때까지 돈을 저축하지 않고 당장 은행으로 달려가 은행이 당신을 대신해서 차를 사게 한다. 청소년들은 하루빨리 성인이 되고 싶어 안달하고, 성인은 4년제 학위를 1년 속성과정으로 끝내고 싶어한다. 오늘날은 많은 부모가 아이의 자연분만을 기다리지 않는다. 채소와 과일도 유전자 조작을 통해 더 많이, 더 빨리 소출을 늘린다. 원하는 것을 지금 당장 얻지 못하면 당신은 불편해하며 다른 곳에서 구하려고 두리번거린다.

당신은 즉각적인 만족에 중독되어 있으면서도 웬만해서는 만족을 느끼지 못한다. 왜냐하면 당신은 비록 모든 것을 '지금 당장' 가능하게 만들고 있어도 지금 당장 그것을 즐길 수 있을 만큼 '현존하지 못하기' 때문이다. 원하는 것을 얻는 순간, 당신의 주의는 현 순간에서 달아나 '다음 물건'을 어떻게 얻을지를 궁리한다. 이것은 빚을 지고 살아가는 것이 더 편하게 느껴지는 세상을 만들어낸다. 다른 사람의 시간을 빌리고, 누군가의 에너지를 빌려서 사는 삶을 편하게 느끼는 세상 말이다.

당신은 더 이상 자신의 집과 차, 옷을 소유하지 않는다. 은행이 그것들을 소유하고 있다. 당신은 유기적 성취의 만족감을 스스로에게서 앗아버렸다. 이제 더 이상 '통과의례' 같은 것은 존재하지 않는다. 오직 급행 선로만이 있다. 어린아이들은 십대가 되고 싶어하고, 십대 청소년들은 어른이 되고 싶어하며, 어른들은 평생 해야 할 일을 서른도 되기 전에 달성하려고 한다. 당신은 자기보다 늘 앞장서 가면서 매 순간을 보내고 있다. 그렇게 하면 영원한 행복과 인정과 안락과 화려함으로 가득한 곳에 이를 수 있다고 믿는 것이다. 당신은 항상 무언가로부터 도망가고 있고, 동시에 무언가를 향해 가고 있다. 모두가 이렇게 행동하므로 이것이 '정상'으로 간주된다. 자신이 하는 모든 일에서 영원한 현 순간을 정신적으로 피해 다니며 산다. 이렇게 당신은 생명의 흐름을 무시하고 있다.

그러나 현존 수업은 ― 그리고 현존 수업을 마쳤을 때 나타날 성과는 ― 이와는 다른 걸음걸이로 움직인다. 이 여행은 뭐든 '가능한 한 빨리' 하려는 것이 아니다. 이것은 '과정'에 관한 것이지 즉각적인 만족에 관한 것이 아니다. 이 여행을 마침으로써 당신이 얻어내는 결과는 부드럽게 전개되는 통합적인 접근법 덕택에 얻을 수 있는 것이다. 한 번에 한 단계씩 신중하게 지침을 따르고, 어떤 일이 있어도 현재의 과업을 일관되게 완수한다면, '과정'이 의미하는 것을 상기시켜주는 통과의례를 체험할 수 있다.

'과정'이 무엇을 의미하는지는 단지 정신적인 깨달음만으로는 알 수 없다. 그것은 감정적, 정신적, 신체적으로 통합된 경험을 필요로 한다. 즉각적인 만족의 세상에서 과정적 작업의 가치에 눈뜨는 것은 드문 일이다. 과정적 작업은 당신 경험의 질에 강력한 영향을 미친다. 왜냐하면 현 순간의 삶이란 지속적이고 유기적인 과정이기 때문이다. 물론 과정적 작업의 리듬 속에 내재한 힘을 깨닫는다고 해서 생활력이 커지는 것은 아니다. 그렇지만 그것은 삶의 심장박동에 마음을 열 수 있는 힘을 길러준다.

현 순간의 자각으로부터 흘러나오는 경험은 조수를 이루며 주기를 따라 흐른다. 동시에 그것은 통합적이고 근원적인 것이어서 편안한 멈춤의 상태에 계속 머문다. 그것은 원인에 영향을 가하면 그로 인한 결과는 반드시 나타남을 아는 지혜 속에 고요하고 평화롭게 머문다. 서두를 필요가 없다. 이 여행은 시간에 뿌리박은 의식 속에서 스스로 한정한 마음의 목적지 너머로 당신을 데려간다.

진입의 단계

현존 수업은 하나를 손보면 모든 것이 해결되는 그런 과정이다. 왜냐하면 균형을 잃은 신체적, 정신적, 감정적 경험은 통합되지 못한 감정체라는 동일한 하나의 원인에서 온 것이기 때문이다. 그런데 우리는 각자 감정체의 강도가 서로 다른 상태로 이 여행에 들어가기 때문에 나는 이 과정에 기초 단계와 체험 단계, 두 가지의 진입 단계를 두었다. 각 개인의 고유한 경험을 보완하기 위해 이들 각각은 서로 다른 강도를 갖는다.

현존 수업 과정에 들어갈 때 어느 진입 단계를 택할지는 자신의 상식과 직관을 따르면 된다. 짧은 시간에 너무 많은 것을 달성하려고 하면 예상치 못한 내면의 저항에 부딪힐 수도 있다. 이 저항은 내면의 혼란과 혼동이 갑작스럽게 심해지는 것으로 나타날 것이다. 압도적인 저항이 당신을 이 경험으로부터 도망가게 만들어 이 여행을 끝마치지 못하게 할 수도 있다.

그러니 '이것을 하기만 하면' 혹은 '가능한 빨리 이것을 끝내기만 하면' 모든 문제가 사라질 것이라는 환상에 빠져서 이 과정을 서둘러서는 안 된다. 현존 수업은 지금부터 단 몇 주 동안 일어나게 될 경험에 관한 것이 아니다. 그것은 '지금부터 당신의 생명이 다할 때까지' 겪게 될 경험에 관한 것이다. 현존 수업은 당신으로 하여금 경험할 순간들이 주어지는 한, 매 순간을 책임 있게 사는 법을 발견하게 하는 과정이다.

기초 단계

기초 단계의 접근법은 간단하다. 이 책을 마치 소설처럼 계속 이어서 읽어나가면 된다. 의식적 응답을 외는 따위의 일에는 신경 쓰지 않는다. 호흡 연습을 시작하지도 않고 인식의 도구를 사용하지도 않는다. 그저 매주 한 장章씩 책을 읽기만 하면 된다. 연습이나 경험 같은 것은 하지 않고 그저 마음으로 모든 내용을 읽어가기만 하면 된다.

이 기초 단계의 접근방식으로도 심오한 통찰과 소득을 얻을 수 있다. 이 책은 통찰들로 가득하다. 책을 읽고 이해하는 것만으로도 자신의 경험을 대하는 방식에 절로 변화가 일어날 것이다. 그것은 현존과의 관계와, 그에 뒤따르는 현 순간을 자각하는 의식의 빛이 어떤 것인지에 대한 통찰을 선사한다.

기초 단계의 접근을 마치면 처음으로 다시 돌아가 체험 단계를 시작하라. 이미 자료를 다 읽었다고 해서 경험이 줄어드는 것은 아니다. 오히려 그것은 당신의 체험을 드높여준다!

체험 단계

체험 단계의 접근법은 당신을 직접 신체적, 정신적, 감정적으로 현존 수업 과정에 들어가도록 안내한다. 체험 단계에서는 호흡 연습, 의식적 응답, 그리고 인식의 도구를 점진적으로 소개한다.

당신의 여행에서 되도록 많은 소득을 얻어내기 위해서는, 현재 자신의 감정적 상태가 얼마나 양호한가와는 상관없이 체험 단계의 접근을 '세 차례' 해보는 것이 바람직하다. 이것이 유일한 권장사항이다. 그리고 체험 단계의 접근을 한 차례 마친 뒤에는 신체적, 정신적, 감정적 통합이 이루어지도록 최소 3주 정도는 의도적으로 쉬는 것이 좋다.

체험 단계의 접근을 한 차례 마치고 다시 복습에 들어가기까지 휴식을 취하는 동안에는, 정신적 작업은 하지 않더라도 15분짜리 호흡 연습만은 하루에 두 번씩 반드시 해야 한다. 현존 수업을 마친 뒤에는 6개월 동안 매일의 호흡 연습을 지속하는 것이 바람직하다.

체험 단계의 접근을 처음으로 마치고 통합을 위한 휴식을 취한 다음 다시 현존 수업 과정에 들어갈 때, 당신은 한 가지 사실을 발견하게 된다. 그것은 이렇게 다시 현존 수업 과정으로 들어가는 것이 완전히 새로운 경험처럼 느껴진다는 사실이다. 현 순간의 자각이 쌓였으므로 당신은 새로운 자각 수준에서 이 과정에 다시 들어가게 되는 것이다. 다시 말해 당신이 '서 있는 지점'이 바뀐 것이다. 그에 따라 읽기 자료와 의식적 응답도 처음과는 다른 자각의 지점에서 맞이하게 될 것이다. 이것은 정상적인 일이다. 한 차례 이상 현존 수업 과정에 들어가본 사람은 누구나 이것을 경험한다. 현존 수업 과정 자체는 중립적이기 때문에 그것은 언제나 당신이 있는 그곳에서 당신을 맞이한다. 그렇게 그것은 현재 당신이 처한 상태에서 필요한 것을 반영하고 제공해준다.

현존 수업을, 매 순간 당신의 경험을 의식적으로 책임 있게 이끌어가게끔 지침을 주는 매뉴얼로 생각해도 좋다. 기초 단계의 접근이 지금부터 당신이 해나갈 과제에 대한 이론적 개관이라면, 체험 단계의 접근은 실제적인 수행 지침이라고 할 수 있다.

의식적으로, 그리고 책임 있게 자기 경험의 신체적, 정신적, 감정적 측면들을 이끌어가는 훈련을 마치고 나면 이제 새롭게 발견한 이 인식을 삶이라는 활주로로 가져가 그 가능성을 실현시킬 수 있다. 삶의 모든 면에서 '기초'를 이해하고 그것을 완벽하게 다듬는 것은 통달을 위한 든든한 기초를 닦는 일이다. 현존 수업에서도 마찬가지다. 이런 이유로 체험 단계의 접근을 한 차례 이상 마치도록 권하는 것이다.

'어딘가에 도달하려고' 서둘러서는 안 된다. 서두르는 것은 핵심을 놓치는 짓이다. 서두르는 것은 드라마이다. 목적지가 아니라 여정을 생각하라. 당신의 주의가 현 순간에서 다른 곳으로 달아나게 만드는 각인된 감정이 도처에 도사리고 있는 듯해도, 체험 단계의 접근을 한 차례 이상 해나가면 서서히 그 각인들 위로 떠올라 큰 통찰을 얻을 수 있다. 당신이 받은 개인적 각인들은 의도적으로 그렇게 당신 앞에 놓여 있다는 것, 그래서 당신이 그것을 의식적으로 해결하면 '삶'이라는 경험의 의식적이고 책임 있는 운전자가 되는 데 필요한 도구와 능력을 발견할 수 있다는 것이 그런 통찰 가운데 하나이다.

체험 단계의 접근을 한 차례 이상 마치면 당신은 현 순간의 자각 능력을 충분히 얻어서, 이제는 자신의 개인적 각인으로부터 주의를 거두어 세상을 이롭게 하고자 하는 염원과 함께 세상을 향해 보낼 수 있게 된다.

세상을 이롭게 하고자 하는 태도는 아직도 시간의 꿈속에서 헤매고 있는 사람들 사이를 깨어서 걸어가기로 한 사람이 지녀야 할 마땅한 책무이다.

이것은 의식적으로 삶을 사는 기술을 맞아들이라는 초대이다.

이것은 시간으로부터 깨어나 바로 지금, 세상 속에 현존하는 여행이다.

이것은 세상에 이로운 존재가 되리라는 약속이다.

이것은 현 순간의 자각을 통해 경험적으로 현존을 자각하게 하는 선물이다.

항해를 위한 지침

항해를 위한 지침은 처음에 정한 의도를 끝까지 지켜가도록 도와준다. 여기에는 당신이 현존 수업의 경험에 들어서면서 품게 되는 의문들에 대한 통찰이 담겨 있다. 이것은 또한 당신이 현존 수업을 해나가면서 겪게 되는 여러 가지 체험에 대한 설명도 담고 있다. 항해를 위한 지침은 당신이 혼란스러울 때마다, 그리고 '나에게 지금 무슨 일이 일어나고 있지?', '이게 맞는 건가?'라는 의문이 들 때마다 참고할 수 있다. 이 부분에 책갈피를 끼워놓고 자주 참고하라.

1. 1주차에 들어가기 전에 우선 이 여행에 임하는 자신의 전반적인 의도를 분명히 하는 것이 스스로를 돕는 일이다. 자신의 의도를 간단한 문장으로 적어보는 것이 좋다. 의도가 확실하지 않으면 의문만 던져놓고는 답을 구하지 않게 되고 통찰을 얻기도 어렵다. 현존 수업은 의도의 힘이 밀고 가는 여행이기 때문에 당신의 의도는 실

현된다. 그러나 그 실현을 향한 여행이 당신의 예상대로만 전개되지는 않을 것이다. 내면의 성장은 '당신이 모르는 것'으로부터 오며, 예상하지 못했던 방식으로 전개된다. 여행에 처음 들어갈 때 지녔던 의도가 과정이 전개되는 동안 바뀌고 떨어져 나갈 수 있다는 사실을 받아들여야 한다. 모든 사람이 뭔가를 바라면서 이 과정에 들어서기 때문에 그렇다. 이 '바라는' 상태는 통합되지 못하고 누적되어 있는 감정에 먹이를 주려는 욕망에 의해 유지되고 있다. 그러나 현존수업 과정을 밟아나가면 이 같은 '바라는' 상태가 사라진다. 이 욕망은 더 이상 필요하지 않게 되고, 당신은 이 과정을 아무런 조건 없이 있는 그대로 경험할 수 있게 된다. 의도가 움직임을 촉발하지만, 그 과정이 전개되는 방식이나 그 결과를 결정짓지는 않는다.

2. 수업을 해나가는 동안 호흡 연습의 일부를 불가피하게 연기하거나 취소해야 하는 상황이 발생할 수도 있다. 이때 당신은 이 일을 '드라마'로 바꿔놓지 않는다. 그저 나중에 그런 일이 왜 일어났는지를 깨닫기만 하면 된다. 일단 이 경험을 끝까지 마치기로 의도를 정했으면 '펼쳐지는 대로의' 순간순간을 최대한 활용하면 된다. 이렇게 할 때 이 과정에 대한 당신의 경험은 의미 있는 것이 되고, 여기서 당신이 할 일은 현재 일어나고 있는 일에 자동적으로 반응하지 않고 의식적으로 응답하는 것이다.

3. 이 과정은 당신에게 이로운 방향으로 전개된다. 그러나 무엇이 이로운가는 당신이 이해하는 것과 항상 일치하지는 않는다는 사실

을 알아둘 필요가 있다. 당신은 어떤 경우에도, 무슨 일이 어떻게 일어날 것인지는 내가 잘 안다고 우기면서 '강물을 거슬러 올라갈' 수 없다. 무엇이 필요하고 어떻게 얻는지를 정말 알았다면 당신은 지금쯤 이미 그것을 성취했을 것이다. 현존 수업을 처음으로 하는 당신이 할 일은, 이 과정의 메커니즘에 대해 왈가왈부하지 않고 그저 지침을 성실히 따르는 것이다. 책에서 만약 '이것을 일주일 동안 하시오'라고 하면 그것을 일주일 동안 하면 된다. 자신의 개인적 계획이 충족되지 않은 것처럼 느껴진다고 해서 며칠 혹은 몇 주를 연장하면 안 된다. 호흡 연습을 한 차례 혹은 하루 두 차례 모두 놓쳤다고 해서 거기에 하루를 덧붙여 진행과정을 늦추지도 말라. 이 과정에서 중요한 것은 완벽이 아니라 참여라는 점을 명심하라. 평가는 드라마일 뿐이다. 자신이 이룬 것에 대해 평가하려 들지 말라.

4. 이 과정은 어떠한 '노력'도 필요로 하지 않는다. 지금 당신에게 주어진 지침 이외의 어떤 노력도 필요하지 않다. 여기에는 당신을 인정해주거나, 당신에게 각인을 남기거나, 당신의 진도를 평가해줄 '외부인'이 없다. 당신의 진척을 가늠해볼 비교 대상도 존재하지 않는다. 자신의 여행을 다른 사람과 비교하는 것은 드라마이다. 이 과정에 대한 당신의 경험은 오직 자신만의 고유한 것이다. 어떤 일이 일어나더라도, 그것은 당신에게 필요하고 의미 있는 것이다. 자기 능력의 최선을 다하여 지침을 따르기만 하면 당신은 필요한 경험을 필요한 만큼, 필요한 때에 애씀 없이 얻게 될 것이다. 당신은 믿지 않더라도, 당신의 경험은 의미가 있다.

5. 호흡 연습을 할 때는 헐렁하고 편안한 옷을 입으라. 가능하다면 다른 사람의 방해를 받지 않는, 동일한 장소에서 매일 연습하는 것이 좋다. 이 과정은 내면의 작업이어서 남에게 '보여주거나 자랑하기 위한' 것이 아니다. 다른 사람 앞에서 호흡 연습을 하면 그것은 자기를 내세우는 짓이다. 그런 행동은 드라마로서, 아무것도 이루지 못한다. 물론 다른 사람이 있는 방에서 하는 것이 불가피한 일이라면 그 상태에서 하는 수밖에 없다.

6. 현존 수업 과정에 들어가면 신체 해독이 촉진되는 경험을 하게 되기 때문에 적어도 매일 1.5리터 정도의 물을 마시는 것이 좋다. 그러나 호흡 연습 직전에는 물을 너무 많이 마시지 않도록 한다.

7. 가능하다면 호흡 연습 전에는 졸음을 일으키는 약물을 섭취하지 않도록 하라. 이 여행을 해나가다가 자신의 누적된 감정에 영향을 미칠 수 있게 되면 신체적, 정신적, 감정적 경험도 거기에 적응해 가는 것을 깨닫게 될 것이다. **이 적응과정에 대해 뭔가가 잘못됐다는 듯이 자동적으로 반응하지 말라.** 때로는 신체가 불편을 느끼게 될 수도 있고, 위장이 몸의 독소를 배출할 수도 있다. 혹은 통합되기 위해 의식 표면으로 올라오는 과거의 상처로 인한 통증을 경험할 수도 있다. 통합은 '그것에 대해 뭔가를 함으로써'가 아니라 '그것과 함께함으로써' 일어난다. 통합을 위해서는 의식 표면으로 올라오는 불편을 스스로 자각해야 하므로 사소한 불편 때문에 약을 먹어서는 안 된다. 또 불필요하게 의사와 건강 전문가를 찾는 것과 같은 드라마도 벌이지 말라. 하지만 증상이 계속되어 이 과정 자체

를 지속하기가 어려워진다면 전문가를 찾아가서 증상을 완화시키는 것이 좋다.

8. 현존 수업을 하는 동안에는 술을 먹지 말라. 이 과정에서는 아주 소량의 술도 당신의 진정성을 잠재우고 드라마를 확대시킨다. 현 순간의 자각을 얻고 나면 이것이 분명하게 느껴질 것이다. 만약 알코올에 심하게 중독된 상태에서 현존 수업 과정에 들어가야 하는 경우라면 〈중독과 병을 넘어〉(90쪽)에 주어진 지침을 참조하라.

9. 현존 수업을 하는 동안에는 마리화나나 의식을 변성시키는 약물을 섭취하지 말라. 현존 수업에서 이런 약물은, 특히 마리화나는 감정체의 있는 그대로의 상태에 의식적으로 접근하는 것을, 따라서 그것을 자각하는 것을 방해한다. 그러므로 현존 수업을 하는 동안 마리화나를 피우는 것은 도움이 되지 않는다. 그것은 억압된 트라우마가 제대로 통합되지 못하게 방해하고, 중독의 원인을 위장하고, 누적된 감정을 억눌러 가려버린다. 의식이 변성되지 않은 상태에서(말짱히 깬 상태에서) 호흡 연습에 임하는 것이 가장 효과적이고 책임성 있는 접근법이다. **정상적으로 깨어 있는 정신은 진정한 자신을 일깨우기 위한 필요조건이다.**

10. 다른 사람을 기쁘게 해주기 위해서 현존 수업을 한다면 이 경험 속으로 들어가 제대로 도움을 얻을 수 없다. 이 점은 아무리 강조해도 지나치지 않다. 누군가를 기쁘게 해주거나 조종하기 위해 현존 수업을 한다면 당신은 이 여행을 힘들어하게 될 것이다. 마찬가지

로, 당신은 다른 사람이 요구한다고 해서 자신의 중독을 통합시킬 (해결할) 수 없다. 다른 사람의 요구를 충족시키려 한다면 자신의 내면 작업에 성공할 수 없다. 현존 수업의 여행을 끝까지 마치지 못하는 사람들은 '스스로' 자기 경험의 질에 진정으로 변화를 일으키는 것 외에 다른 목적을 가지고 이 여행에 들어오는 사람들이다.

11. 스스로의 의지로 현존 수업 과정에 임했더라도 때로는 과제에 저항감을 느끼게 될 수도 있다. 마치 하기 싫은 숙제를 해야 하는 초등학생처럼 말이다. 현존 수업 과정은 숙제가 아니다. 그것은 '집으로 돌아가는 데 필요한' 작업이다. 현존 수업 과정의 각 측면과 요소들은 오랜 기간의 개인적 체험과 관찰된 경험들을 통해 용의주도하게 고안된 것들이다. 이 과정이 지닌 구조적 통합성은 그것을 모두 해보고 난 뒤에야 그 가치를 알 수 있기 때문에, 당신은 가능한 모든 노력을 다해 현존 수업 과정에 전념할 필요가 있다. 때로는 일어나는 현상에 강렬한 저항이 느껴지는 때도 있을 것이다. 이것은 무의식에 깊이 각인된 감정이 의식 표면으로 올라올 때 일어나는 정상적인 현상이다. 이것은 호흡 연습을 하는 동안에는 졸음으로 나타날 수도 있다. 저항감은 또한 의식적 응답을 마음속에서 반복하기를 기피하게 만들 수도 있다. 이때야말로 당신이 '정신을 차리고' 최대한 현존해야만 할 때이다. 밖으로 나가는 길은 오직 그것을 통과하여 지나가는 길밖에 없다. 저항은 호흡 연습을 나중으로 미루는 형태로 나타날 수도 있다. 아니면 현존 수업의 과정 자체에 대한 분노나 초조감, 우울, 절망 같은 감정 상태로 나타날 수도 있다. 저항은 또 감기나 폐병 같은 신체적 증상으로 나타

나기도 한다. 그것을 핑계로 호흡 연습을 취소하거나 연기하는 자신의 행동을 그럴듯하게 정당화하는 것이다. **하지만 하고 싶지 않을 때 더욱 매일의 연습에 충실하게 임해야 한다.** 다시 말하지만, 밖으로 나가는 길은 오직 그것을 통과해가는 길밖에 없다.

12. 무의식에 오랫동안 억압된 기억이 의식 표면으로 올라올 때, 당신은 그 경험에 속속들이 저항감을 느끼게 될 수도 있다. 그럴 때는 그것에 지나치게 신경 쓰지 않도록 하라. 당신은 지금까지 이 통합되지 못한 상태를 의식으로부터 꽁꽁 숨기느라 상당한 시간을 허비해왔다. 현존 수업 과정에 들어가면 이제 당신은 그것을 의식 표면으로 올라오게 할 수 있다. 이제는 그것을 의식적으로 통합할 준비가 되었기 때문이다. 그런데 그것이 의식 표면으로 올라올 때, 프로그램된 무의식의 본능은 당신으로 하여금 현재 일어나고 있는 현상이 잘못된 것이고 불편하고 무서운 것이어서 이제는 '속수무책'이라고 믿게끔 만든다. 이것은 정신체의 목소리이다. 이럴 때 당신은 자연히 무엇이든 그런 상황 변화를 가져온 것에 대해 저항감을 느낀다. 그래서 현존 수업에 관련된 것이라면 무조건 저항감을 느끼게 되는 것이다. 이럴 때는 거기에 자동적으로 반응하여 수업에 전념하기로 했던 각오를 철회하지 말고, 이 저항적인 감정 상태를 현존 수업 과정이 그 원인에 성공적으로 영향력을 미치고 있음을 알려주는 신호로 받아들이라. 인내심을 발휘하면 당신은 저항의 저쪽 벽을 뚫고 나가 무의식이 해방되는 것을 경험할 수 있다. 다시 말하지만, 밖으로 나가는 길은 그것을 통과해가는 길밖에 없다.

13. 다른 모든 노력에서와 마찬가지로, 이 과정에 무조건적으로 자신을 내어줄 때 당신은 더 많은 것을 얻는다. 당신은 종종 자신에게 무엇이 최선인지를 알면서도 그것을 하지 않는 경우가 있다. 왜냐하면 그것만이 당신의 현재 경험 속에서 지속되고 있는 혼란을 통제할 수 있는 유일한 방법이라고 느끼기 때문이다. 그러나 현존 수업에 들어가고 나면, 당신은 현재 일어나고 있는 현상에 자신이 통제력을 행사하고 있다고 느끼기 위한 수단으로서 이 공부에 의식적, 무의식적으로 저항하는 짓을 하지 않는다. 현존 수업에서 '내맡김'이란 단어는 '포기'를 의미하지 않는다. 그것은 당신이 '현존 수업 과정에 자신을 내맡기는 것', 따라서 어떤 일이 있어도 포기하지 '않는' 것을 의미한다. 현존 수업을 끝까지 마치는 것은 내맡김의 행위이다. 당신의 정신체는 현존 수업 과정의 짜임새를 바꿔놓으려고 할 수도 있다. 예를 들어 의식적 응답에서 특정 단어를 바꾸려 하거나, 내용에 동의할 수 없다고 읽기 자료의 일부를 읽지 않으려고 할 수도 있다. 또 정신체는 당신이 '과거에 비슷한 과정을 이미 해보았기' 때문에 특정한 인식의 도구를 사용할 필요가 없다고 생각할 수도 있다. 이렇게 현존 수업 과정의 일부를 바꾸고 싶은 충동이 느껴질 때 고려해야 할 두 가지 사실이 있다. 첫째는 오직 통제력을 행사하고 싶어하는 정신체만이 현존 수업 과정을 바꿔놓으려 든다는 사실이다. 둘째는 정신체는 암흑 속에서 살고 있다는 사실이다. 정신체는 자신이 모든 것을 안다고 생각하지만 사실은 아무것도 '알지' 못한다. 당신은 아무리 해도 현존 수업의 성과를 통제할 수가 없다. 당신은 자신이 현 순간의 자각 속으로 들어가는 것을 통제할 수 없다. 당신은 단지 의식적으로, 당신 자

신으로 하여금 현 순간의 자각으로 다시 깨어나게끔 해줄 토대를 닦을 수 있을 뿐이다. 정신체는 시간에 근거를 두고 있는 존재이기 때문에 현존하는 것에 대해서는 알레르기 반응을 보인다. 그러니 당신은 발견의 한가운데서 그만두려고 하는 정신체의 논리에 휘둘리지 않도록 조심해야 한다. 밖으로 나가는 길은 오직 그것을 통과하는 길밖에 없다.

14. 당신은 현존 수업을 모두 마친 뒤에야 이것을 깨달을 수 있을 테지만, 여기서 통찰의 씨앗을 심어두는 것도 좋겠다. ― **이 책의 내용을 읽은 순간부터 당신 삶의 경험에서 일어나는 모든 일은 현존 수업 여행의 일부라는 사실 말이다.** 정말로 이제부터 모든 일이 현존 수업의 일부가 될 것이다! 당신은 하루 24시간 내내 현존의 도움을 받을 것이며, 현존 수업이 모두 끝난 10주 이후에도 그럴 것이다. 이러한 도움이 어떻게, 왜 일어나는가 하는 원리는 현존 수업 과정 중에 설명할 것이다. 현존 수업을 하는 동안에는 무의식의 기억이 의식 표면으로 올라오고, 그러면 당신은 그 기억들에 쏟아부었던 에너지를 의식적으로 통합시킬 수 있다. **기억을 억압하는 인간의 능력은 교묘한 기술이어서, 무의식의 기억은 정신체에 심상으로 떠오르지 않고 주변 사람들의 행동 방식과 같은 외부의 환경으로 나타난다.** 현존 수업을 통해 당신은 자신이 경험하고 있는 주변 사람의 행동이나 환경은 당신의 통합되지 못한 과거를 '의도적으로' 상기시켜주고 있을 뿐이라는 진실을 점차 깨달아가게 된다. 당신은 이 반사되어 돌아오는 기억들을 의식적으로 통합하는 법을 현존 수업을 통해 배우게 된다. 그리하여 그 기억이 당신 경험의 질에 미치는 불편한 영향력

을 통합할 수 있게 된다.

15. 현존 수업은 하나의 '과정'이라는 사실을 명심하라. 현존 수업은 당신이 거기에 전념하기로 할 때 비로소 시작된다. 그렇지만 전체 여행을 모두 마칠 때까지는 눈에 띄는 완결 지점에 도달하지 못할 것이다. 그리고 여행을 모두 마치더라도, 그것은 계속해서 펼쳐지고 있는 무언가의 '시작'일 뿐이다. 과정의 한가운데에 있는 동안에는 자신이 아무것도 이루지 못하고 있다고 느낄 수도 있다. 이것은 당신이 정말로 과정의 '한가운데에' 있기 때문이다. 과정을 모두 마치고 나서야 당신은 문을 발견했고, 그 문을 여는 법도 배웠다는 사실을 깨닫게 된다. 그리고 그때부터 당신에게 펼쳐지는 경험은 그 모두가 현 순간의 자각으로 들어갈 기회임을 깨닫게 된다. 그러므로 현존 수업은 뭔가를 끝내는 것이 아니라 이미 계속해서 움직이고 있던 무엇의 지속이다.

16. 현존 수업을 시작하면 주변 사람들이 지금까지와 다르게 행동하기 시작할 수도 있다. 그럴 때는 '내 안의 무언가'가 변화하고 있으며 그것이 타인에 대한 나의 인식에 반영되고 있기 때문임을 알라.

17. 특별한 이유 없이 몸이 아프거나 통증이 오더라도 염려하지 말라. 통증은 몸이라는 도구가 당신의 자각의식을 현 순간으로 끌어들이는 방법 가운데 하나이다. 그 불편한 느낌에 대해 판단도, 염려도, 불평도 하지 않고 가만히 주의만 기울이는 자제력을 발휘하면 당신은 현 순간의 지각이 높아지고 통합이 촉진되는 것을 경험할 수

있다.

18. 현재 겪고 있는 증상이 더 악화되는 것처럼 느낄 수도 있다. 이것은 당신의 주의가 신체를 향하여 더 깊이 들어감에 따라 몸의 '상태'에 대한 자각이 커지기 때문이다. 이러한 자각의 증대가 처음에는 마치 증상이 악화되는 것처럼 보일 수 있다. 그러나 실제로 증상이 악화되는 것은 아니다. 오히려 이것은 통합을 위한 첫 단계인 경우가 많다.

19. 오래된 상처가 다시 의식 표면으로 올라오는 수도 있다. 이것은 당신이 현 순간의 자각을 통해 그 상처들에 조건 없는 주의를 기울이고자 하고, 또 그럴 능력이 있기 때문에 나타나는 현상이다. 당신은 증상을 억압하거나 가라앉히거나 통제하려고 하지 않는다.

20. 일시적으로, 혹은 며칠 동안이나 주의가 산만하거나 혼란스러울 수 있다. 이것은 자신의 경험 속에서 지금까지 현존하지 못하던 지점을 새롭게 자각하게 되었기 때문에 일어나는 현상이다. 이 산만과 혼란의 상태는 당신의 경험 속에서 이전에도 일어나고 있었다. 다만 현 순간의 자각이 커지면서 지금은 그것을 더 잘 자각하게 되었을 뿐이다. 그것에 대한 조건 없는 자각의 느낌은 통합을 더욱 촉진해줄 것이다.

21. 지금까지 통제하려고 애쓰던 상황에 대해 이제는 더 이상 신경 쓰지 않는 자신을 발견할 수도 있다. 그런 일이 일어날 때 자연스럽

게 그 흐름과 함께 가라. 그것은 당신에게 유익한 발전이다. 그것은 당신의 우선순위 중 많은 부분이 이제는 자신이 아니라 타인의 이익을 위한 것으로 판명되었기 때문에 일어나는 현상이다. 더욱 더 현존하게 됨에 따라 당신은 모든 사람이 자신의 내적 경험의 질에 책임을 져야 한다는 사실, 그러므로 누구도 다른 사람의 경험의 질에 책임질 수 없다는 사실을 깨닫게 된다. 당신은 때로 자신이 다른 사람의 경험에 책임을 지고 있고, 또 책임을 져야 한다고 생각할 수도 있지만, 그것은 환상이다. 당신이 더욱 현존할수록 이 환상은 무너질 것이다. 당신은 세상과 거기에 사는 사람들을 통제하는 데에 더 이상 당신의 에너지를 사용하지 않는다.

22. 과거 같았으면 자신의 속마음을 겉으로 드러내지 않았을 상황에서 터놓고 말하는 경우가 생긴다. 처음에는 불편하게 느껴질 수도 있지만, 그것은 당신의 진실성이 다시 깨어나면서 일어나는 현상으로 당신에게 꼭 필요한 발전이다. 현존 수업 과정을 통해 당신은 진심으로 '아니오'를 의미할 때 실제로 "아니오"라고 하고, 진심으로 '예'를 의미할 때 실제로 "예"라고 말할 수 있는 능력을 발견하게 된다. 처음에는 자신의 진실을 겉으로 드러내는 일이 마치 무언가 잘못하고 있는 것처럼 느껴질 수 있다. 그러나 당신은 자신을 존중할 필요가 있다. "아니오"는 거기에서 무엇을 더할 것도 뺄 것도 없는, 그 자체로 완전한 문장이다.

23. 경제적 사정에 변화가 생길 수도 있다. 당신이 가진 자원이 줄어드는 것처럼 보일 수도 있다. 그러나 이것은 대개 일시적인 현상이

다. 돈은 당신의 내적 에너지 흐름, 즉 당신의 경험 속에서 일어나고 있는 움직임을 상징한다. 자신의 누적된 감정에 의도적으로 접근할 때, 당신은 자신의 에너지의 흐름에 생긴 문제를 내면적으로 살피게 된다. 때로 이러한 내면적 성찰이 당신의 재정 상태에 혼란이 생기는 것으로 나타날 수도 있다. 특히 당신이 돈에 집착하고 있을 때나 자신의 가치를 경제적 지표로만 판단하는 경우에 그렇다. 그러나 그와 관련된 감정적 부하를 통합하기만 하면 당신은 진정한 풍요를 실현하게 된다.

24. 가족이나 배우자, 친한 친구가 현존 수업에 들어가는 당신을 보고 자기중심적이라고 비난함으로써 수업에 주의를 쏟지 못하게 될 수도 있다. 그러나 이것은 당신이 삶에서 처음으로 자신을 살찌우는 일을 하고 있기 때문에 일어나는 일이다. 그동안 당신은 줄곧 다른 사람을 '돕는' 일로 생을 보내왔다. 당신의 주변 사람들은 그들에 대한 당신의 관심이 거두어진 것에 불편을 느낄 수도 있다. 그러나 그것은 염려할 일이 아니다. 그들은 어떻게든 살아갈 것이다. 어쩌면 그들 중 어떤 이는 자신도 감정의 성장이 필요하다는 사실에 눈뜰 수도 있다.

25. 이유 없이 졸릴 수도 있다. 이것은 당신의 주의가 억압된 무의식에 가 있기 때문에 일어나는 현상이다. 무의식에 주의를 두면 그것이 종종 졸림 현상으로 나타난다. 이것은 유익한 일이다. 할 수 있을 때 최대한 휴식하고, 그럴 수 없을 때는 최대한 견뎌내라.

26. 때로는 잠을 제대로 못 이루게 될 수도 있다. 이것은 현 순간에 대한 자각 수준이 높아지고 그에 따라 감정이 통합되면서 활기가 생겼기 때문에 나타나는 현상이다. 이때 잠자리에서 밤새 이리저리 뒤척이는 것은 도움이 되지 않는다. 잠자리에서 일어나서 그 각성 상태와 '함께함으로써' 그것을 소화하여 받아들이는 편이 더 낫다. 이렇게 깨어 있는 늦은 밤이나 이른 새벽의 순간 속에는 고도의 자각과 통찰과 영감의 선물이 담겨 있다.

27. 생생한 꿈을 꾸는 수가 있다. 그중 일부는 불편한 꿈일 수도 있다. 이것은 종종 당신의 감정 통합 과정이 띠고 있는 성질을 드러내 보여준다. 꿈을 더 잘 자각하게 되는 것은 당신이 자고 있는 동안에 감정이 처리되기 때문이다. 당신은 이 꿈 가운데 어떤 것도, 특히 그것이 당신이 아는 사람에 관한 꿈일 때, 그것을 '진실'이라고 여기지 않는다. 현존 수업의 목적에 비춰보자면 모든 꿈은 상징이다. 꿈에서 당신보다 나이가 많은 남성은 당신이 아버지와 맺는 관계를 대변하며, 따라서 당신이 내면의 인도에 대해 무엇을 깨달아야 하는지를 말해준다. 당신보다 나이가 많은 여성은 당신이 어머니와 맺는 관계를 대변하며, 따라서 당신이 자신을 살찌우는 일과 관련해서 무엇을 깨달아야 하는지를 말해준다. 또 꿈에서 당신과 같은 나이의 여성은 당신의 여성적 측면을 대변하며, 따라서 그것은 당신이 자신의 감정과 맺는 관계와 그것의 통합 과정을 상징한다. 그리고 꿈에서 당신과 같은 나이의 남성은 당신의 남성적 측면을 대변하는 것으로, 당신의 정신적 기능과 현재 습득하고 있는 교훈을 상징한다. 꿈에서 당신보다 나이가 어린 남성과 여성은, 당신이

그 나이에 가졌던 남성적 측면과 여성적 측면을 각각 보여준다. 당신은 꿈에서 보이는 이미지를 상징적으로 받아들인다. 그것들은 통찰을 전해주는 전령이다. 당신은 그것을 알아듣기 위해 그 상징들이 당신에게 무엇을 의미하는지를 궁금해한다. 꿈의 언어는 문자 그대로의 의미를 갖는 경우는 잘 없고 대부분 은유적이다.

28. 뚜렷한 이유 없이 기분이 언짢고 짜증이 나는 경우가 있다. 이것은 당신이 삶의 대부분을 기분이 언짢은 상태에서 속으로 짜증을 내며 살아왔기 때문이다. 이제 당신은 이 억압된 감정 상태가 의식 표면으로 떠오르도록 허용한다. 언짢은 기분과 짜증을 남에게 향하지 않는 한, 마음껏 느껴도 좋다. 현존 수업은 외부로 반응하지 않고 이 감정 상태를 통합하도록 돕는 인식의 도구를 제공한다.

29. 평소 함께하던 사람과 함께하는 것이 내키지 않는 경우도 있는데, 이럴 때는 자신을 존중해주라. 이때야말로 '예'를 뜻할 때 "예"라고 말하고, 더 중요하게는 '아니오'를 뜻할 때 정직하게 "아니오"라고 말하기를 배울 수 있는 기회이기 때문이다. 이것은 진실하게 살라는 권유의 손짓이다.

30. 과거에 알던 사람이나 한동안 소식이 없었던 가족이 연락을 해오는 경우가 있다. 현존 수업은 혼자서 하는 개인적 과정이지만 가족을 비롯해서 에너지 차원에서 당신과 연결되어 있는 사람들 모두에게 영향을 미칠 수 있다. 당신이 사람들과 맺는 관계는 당신이 그들을 어떻게 인식하는가에 근거한다. 그들에 대한 인식이 바뀌

면 그들과의 관계도 변할 것이다. 연락이 없던 사람으로부터 뜻밖의 연락이 오는 것은 당신이 무언가를 이뤄가고 있다는 긍정적인 신호다. 자신의 누적된 감정에 영향력이 미칠 때 당신의 세상은 변화한다. 이런 뜻밖의 연락은 당신이 마음을 바로잡아 과거 경험의 질을 책임지고 뜻깊은 통합 작업을 이루는 현장을 목격하라고 통일장이 보내오는 초대장일 수 있다.

31. 기분이 울적하거나 과거에 알던 사람이 그리워지는 경우가 있다. 이는 그들에 대한 애착이 통합될 수 있도록 의식 표면으로 기억이 떠오르는 것이다. 기억이 자극을 받으면 당신이 그들과 연관 지은 심상들이 정신체의 초점에 들어온다. 이때 당신은 이 사람들을, 그리고 그들과 관련된 심상들을 실제로 '그리워하고' 있는 것이 아니라 그들에 대한 기억을 통합하고 있는 것이다.

32. 한동안 부모님이나 가족 곁에 있는 것이 불편하게 느껴질 수도 있다. **그러나 이런 현상은 결코 가족들 때문이 아니며, 시간이 지나면 사라진다.** 이런 감정 상태가 일어나는 것은, 당신이 스스로에게도 숨기고 싶어하는 감정적 각인을 비춰주는 가장 깨끗한 거울이 바로 가족을 비롯한 가장 가까운 사람들이기 때문이다. 현존 수업은 당신의 감정적 성장이 가속되도록 이렇게 비쳐진 것들을 알아차리는 법을 가르쳐 준다.

33. 자녀들이 지금까지와 다르게 행동할 수도 있다. 자녀들은 당신이 꼭 그 나이에 했던 대로 행동할 것이다. 자녀들 역시 당신을 비춰

주는 거울로 작용한다. 그러므로 당신은 자녀들의 현존(Presence)을 통해서 당신이 억압하고 있는 아동기의 통합되지 못한 각인을 알아차릴 수 있다. 이것은 '그저 지켜볼 뿐, 자동적으로 반응하지 말라는' 권유이기도 하다. 당신의 눈에 보이는 아이들의 행동은 진짜가 아니라 반영, 즉 기억일 뿐이다. 당신의 어린 시절의 기억을 통합해가면 자녀가 그 짐을 계속 지고 가지 않도록 해방시켜줄 수 있다. 그러면 자녀들의 행동도 변한다. 현존 수업을 마칠 때마다 당신은 자녀들이 더 가벼워지고, 더 기뻐하고, 더 진실한 모습으로 변해가는 것을 관찰할 수 있다.

34. 아이들이 몸이 아프거나 감기 등의 신체 증상을 겪을 수도 있다. 통합되지 못한 당신의 과거는 아이들이 각인을 통해 그 에너지를 물려받게 된다. 당신이 이 여행에 들어갈 때 아이들 역시 통합되지 못한 각인을 자신들의 감정체 안에 지니고 있다. 그러므로 당신이 자신의 감정체를 통합하면 아이들도 동시에 자신들의 감정체에 변화를 경험하게 된다. 아이들은 신체 증상, 정신적 혼란, 감정 표현 등을 통해 이것을 경험할 것이다. 이것은 비단 당신의 아이들에게만 일어나는 일은 아니다. 당신이 현존 수업 과정에 들어갈 때, 에너지 차원에서 당신과 가까이 있는 사람이라면 그 누구라도 영향을 받을 수 있다. 다만 당신이 그것을 의식적으로 경험하는 동안 그들은 무의식적으로 그 경험을 통과해갈 것이다. 이 때문에 당신은 가장 가까운 이들에게 사랑과 연민의 마음을 품는 것이다. 그와 동시에 당신은 그들이 자신의 감정적 통합, 그리고 따라서 정신적, 신체적 통합을 겪어나갈 때 평정한 마음을 갖는다. 그들은 당신을

비춰주는 거울이다. 무언가를 '해야만' 한다고 느낄 때마다 그것이 당신 자신에게 하는 행동임을 분명히 알아. 상식도 활용하라.

35. 뚜렷한 이유 없이 눈물이 나는 경우가 있다. 이런 일이 일어날 때는 이러한 감정 상태와 함께할 수 있도록 고요하고 방해받지 않는 순간이 열리기를 의도하라. 그런 다음 울고 울고 또 울라! 특별한 이유 없이 혼자서 우는 것만큼 자신의 감정체를 정화시켜주는 일도 없다. 그러나 다른 사람의 관심이나 동정을 얻기 위해 울어서는 안 된다. 많은 치료사들이 말하는 것과 달리, 감정 처리와 관련된 것일 때는 다른 사람의 어깨에 기대어 우는 것보다 혼자서 우는 편이 더 이롭다. 왜냐하면 그러면 울음이 더 순수하고 진실해지기 때문이다. 그러면 그것은 피상적인 드라마가 되지 않고 정신체의 도구가 되지 않는다.

36. 이미 해결되었다고 '생각했던' 오래된 각인들이 다시 의식 표면에 떠오를 수도 있다. 이것은 과거에 당신이 그것을 아무런 조건 없이 통합하지 못했고, 다만 그것을 통제하여 당신의 의식으로부터 억눌러 놓았기 때문이다. 그러면서 당신은 그것을 '치유'라고 생각했다. 현 순간의 자각을 다시 얻으면 이런 과거의 각인들이 통합을 위해 의식 표면으로 떠올라 당신으로 하여금 조건 없이 그것과 '함께할 수 있는' 기회를 준다.

37. 식사습관에 변화가 생길 수도 있다. 현 순간의 자각이 커지면서 당신은 몸이 갈가을 더 잘 의식하게 된다. 더욱 현존하게 되면 당신

은 음식이 몸에 어떤 영향을 미치는지를 더 잘 자각하게 된다. 현 순간의 자각에 들어가면 먹는 행위에 변화가 일어난다. 당신은 '죽어 있는 무거운 음식'이 아니라 '살아 있는 가벼운 음식'을 먹을 것이다. 아니면 오히려 반대로 채식주의자가 고기를 먹기 시작하는 수도 있다.

38. 과거에 좋아했던 음식이 무척 먹고 싶어질 수도 있다. 이것은 과거의 기억이 일깨워졌기 때문이다. 이것은 일시적인 경험이므로 그것을 즐기도록 내버려두어도 좋다.

39. 압도당하는 느낌을 받을 수도 있다. 그러나 이것은 시간이 지나면 사라질 것이다. 이것은 감정체 안에 쌓인 에너지 때문에 생긴다. 스스로 할 수 있는 것보다 많이 처리할 필요도 없지만, 그보다 적게 처리하는 것도 바람직하지 않다. 강인하고 꾸준하게 인내심을 발휘하는 것이 열쇠다.

40. 설명할 수 없는 낯선 감정을 경험할 수도 있다. 이것은 당신이 아직 언어를 습득하기 전의 경험에 대한 기억이 의식 표면으로 떠오를 때 생기는 현상이다. 이 기억들이 자각의 장을 지날 때 설명하거나 표현할 수 없는 감정 상태와 감각으로 나타나는 것이다. 이때는 아무런 조건 없이 그것들을 느껴보도록 스스로를 허용하라.

41. 당신이 무엇을 경험하고 있는지를 다른 사람에게 설명하기란 지극히 어려운 일이 될 것이다. 당신이 할 일은 현존 수업 과정의 메커

니즘을 다른 사람에게 설명하는 것이 아니라 그들에게 이 책을 소개하고 그들 스스로 책을 살펴보게 하는 것이다. 현존 수업은 개인적인 여행이기 때문에 당신이 경험하고 있는 것을 다른 사람과 공유할 수 있는 구체적인 준거틀이 항상 존재하는 것은 아니다. 당신이 경험하는 모든 것은 전체 경험의 맥락 속에서 당신을 맞이한다. 그렇기 때문에 당신은 그 메커니즘을 어렵지 않게 이해할 수 있다. 그러나 이 과정의 한 측면만을 따로 떼어내어 다른 사람에게 설명하려고 하면 그들은 그것을 이해하는 데 어려움을 겪을 것이다. 왜냐하면 그들에게는 그것을 이해할 수 있는 맥락이 아직 없기 때문이다. 이 과정에 들어서기 전까지 얼마나 많은 글을 읽고 소화해야 했는지를 떠올려보라. 이 책에서 현존 수업의 실제 과정에 들어가기 전 단계의 여행은 일종의 '조율' 단계이다. 이 단계는 다차원의 인식 경로를 만들어내어 복잡한 지형을 간단하고 수월하게 항해할 수 있게 해준다.

42. 당신이 현존 수업 과정을 다시 반복하지 않기로 하더라도, 언제든 책의 전체 내용을 다시 읽어보면 도움이 될 것이다. 현존 수업의 여행 과정에서 당신은 현 순간의 자각을 끊임없이 키워가게 된다. 그 결과로 당신은 이전과 다른 자각 수준에서 다시 책을 읽게 된다. 그 새로운 '나'의 관점으로부터 당신은 처음에는 얻지 못했던 많은 통찰을 얻게 된다. 또 '아하!' 하는 깨달음과 함께 자신이 펼쳐놓은 드라마에 웃게 되기도 한다.

43. 현존 수업 과정을 마치면 자신의 누적된 감정을 처리하고 통합할 수 있는 통찰과 경험, 인식의 도구, 신체적 수련을 구비한 실질적인 기술을 습득할 것이다. 이런 능력을 갖추면 자신의 경험에서 불안을 제거할 수 있다. 현존 수업의 과정으로 시작되는 이 길을 따라 책임 있게 지속적으로 나아감으로써, 당신은 '현재 경험'의 은행계좌에 '현 순간의 자각'이라는 예금을 계속 불려가게 된다. 현 순간의 자각을 더 많이 쌓을수록 당신은 더욱 의식이 깨어 있게 된다.

44. 현존 수업 과정을 '완전히' 마치기 전에는 '완전한' 느낌을 얻기가 어려울 것이다. 그러니 완전한 느낌을 얻으려면 현존 수업 과정을 완전히 마치라.

45. **과정 자체를 신뢰하라.** 이것이야말로 의심과 혼란의 순간에서 생명을 구해줄 구명 뗏목이 될 것이다. 당신의 경험에는 생각하는 마음으로는 통제하고 항해하기는커녕 이해할 수조차 없는 측면이 존재한다. 그렇기 때문에 이 여행을 하는 중에는 누구나 의심과 혼란의 순간을 경험할 수 있다. 그러니 이 여행에 전념하기로 한 후에는 '어떤 일이 있어도' 최선을 다해서 이 과정을 신뢰해야 한다.

46. 밖으로 나가는 길은 오직 그것을 통과하는 길밖에 없다.

3부

현존 수업

이제 당신은 현존 수업을 시작할 준비를 갖추었다. 이 여행을 시작하는 이 시점에서 다음 사실들이 당신에게 위로와 격려가 될 것이다.

- 현존 수업에 들어가는 데 필요한 자격요건 같은 것은 없다. 오직 현존 수업에 들어가겠다는 의지만 있으면 된다.
- 이 경험을 해나가는 정해진 방식이 있는 것이 아니다. 다만 주어진 지침을 최선을 다해 따르기만 하면 된다.
- '옳거나 틀린' 경험이 따로 있지 않다. 오직 '자신의' 경험만이 존재할 뿐이다. 펼쳐지는 그대로의 자기 경험이야말로 의미 있는 것이다. 주어진 지침을 따라 현존 수업 과정을 끝까지 마치면 당신은 성공한 것이다. 끝까지 마치는 것 자체가 성공이다.

통찰과 직감

　현존 수업을 시작하면서, 당신의 도우미인 현존을 향해 마음을 열고 있겠다는 의도를 의식적으로 내어보라. 지금까지 읽은 내용으로 인해 현존에 대한 당신의 자각은 이미 조금씩 일깨워지고 있다. 자각하든 못하든 간에, 당신은 이미 현존의 소통 매체와 친숙해져 있다. 현존 수업에서는 이 소통 매체를 통찰(insight)이라고 부르겠다.

　책의 여기까지 읽은 당신은 변화를 위한 인식의 틀을 갖추고 있다. 이 인식 틀이 당신으로 하여금 의식적인 응답, 매주의 읽기 과제, 인식의 도구를 더 깊이 이해할 수 있게 해줄 것이다. 이 틀은 또한 당신으로 하여금 복잡하고 민감한 에너지 과정을 훨씬 더 부드럽고 수월하게 시작할 수 있게 해줄 것이다.

　현존의 목소리는 주로 통찰(in sight, 내면의 눈)을 통해 소통한다. 이러한 통찰은 당신이 알아야 할 것을 필요한 때에 알려준다. 하지만 그 전에 통찰 능력을 의식적으로 기를 필요가 있다. 통찰 능력의 계발은 자신의 누적된 감정을 의식적으로 통합시키면 자연스럽게 일어난다. 자신의 누적된 감정을 조건 없이 느낄 때, 느낌과 직감이 저절로 계발된다.

　통찰은 주로 느낌과 직감을 통해 당신과 소통한다. 당신은 뭔가가 당신에게 진실이라는 것을 '느낀다.' 이러한 느낌의 힘을 계발하면 현존을 통해 직접적으로 다가오는 통찰에 대해 더 잘 알 수 있게 된다. 그리고 이것은 다시 당신이 정신체와 그것의 사고思考중독에 의존하는 습관을 벗어나도록 도와준다.

　당신은 느낌으로 오는 통찰을 무시하거나 따르거나 하고, 그러고 나서 그 결과를 목격하는 시행착오 과정을 통해 현존의 목소리에 귀 기울이는 힘을 기르게 된다. 통찰을 무시하면 넘어진다. 그리고 넘어지면서 통찰에 귀를 기울여야 한다는 사실을 깨닫는다. 이유를 이해하든 못하든, 통찰을 따를 때 당신은 발전해간다. 그리하여 점차 현존을 통해 다가오는 통찰을 미심쩍어하지 않고 받아들이게 된다. 그러는 가운데 당신은 직감을 절대적으로 신뢰할 수 있게 된다. 개인적 체험을 통해, 현존은 언제나 당신의 최선의 이익을 고려하고 있음을 당신은 알게 된다. 당신은 그것을 '느낌으로' 안다.

현존은 당신을 정신적으로 조종하려 하거나 감정적으로 동요하게 만들지 않는다. 이것이 통찰을 식별하는 한 방법이 된다. 현존은 당신을 방해하지(interfere) — 두려움에 들게 하지(enter fear) — 않으며, 당신이 주의를 기울이지 않는다고 벌하지도 않는다. 또 당신이 현존의 인도를 받아들이지 않는다고 해서 떠나버리지도 않는다. 현존은 드라마를 즐기지 않는다. 현존의 표현은 순수하여, 당신에게 필요한 것만을 필요한 때에 전해준다. 현존은 정신체와 다투지 않으며, 정신체보다 목소리를 높이지도 않는다. 현존은 당신에게 장황한 이해 대신 즉각적인 '앎'을 선사한다.

현존으로부터 오는 가르침은 말이 되지 않는 것처럼 보일 때가 종종 있다. 현존이 주는 가르침은 그 자체로 완전한 '앎'이기 때문이다. 당신이 가진 시간중심적 사고방식을 초월하여 말하는 현존은 어떤 일이 일어날지를 이미 알고 있다. 이런 이유로 현존의 말은 당신의 의식적 주의가 시간 속에 닻을 내리고 있는 지점과는 동조되지 않는 것처럼 느껴지는 때가 많다. 그러니 당신은 통찰을 신뢰하는 법을 배워야 한다. 특히 당신에게 일어난 현상을 논리적으로 설명하기가 불가능하다고 여겨질 때는 더욱 통찰을 신뢰하는 법을 배워야 한다. 현존에 귀 기울이는 것이야말로 현 순간의 자각으로 들어가는 문을 여는 열쇠이다.

현존 수업은 정신체의 끝없는 수다로 인해 만들어진 에너지 장벽을 의도적으로 허물기 위해 나서는 여행이다. 그리하여 현존의 목소리에 귀 기울이는 내면의 귀가 다시 한 번 깨어난다. 통찰을 일깨우는 것이야말로 모든 것을 이루는 길이기 때문이다.

자, 이제 간다…

현존 수업 1주차 7일 동안의 의식적 응답은 이것이다.

"지금 이 순간이 중요하다."
(This moment matters.)

일깨우고 유지하기

일깨우기

이제 당신은 1주차에 들어가 현존 수업의 여행을 떠날 준비가 되었다. 1주일간, 날마다 무엇을 어떻게 해야 하는지 의문이 일어날 때마다 얼른 다시 살펴볼 수 있도록, 이 페이지에 표시를 해두라.

현존 수업의 시작은 간단하다.

1. 주어진 의식적 응답을 기억한다.
2. 이번 주의 읽기 자료를 미리 훑어보고 읽어야 할 분량이 어느 정도 되는지 가늠한다. 그런 다음 한 번에 모두 읽거나, 아니면 일곱 부분으로 나누어 오늘부터 7일 동안 하루 한 부분씩 읽도록 한다. 어떤 일이 있어도 오늘부터 7일 동안 매일 조금씩 읽기 자료를 읽어야 한다.
3. 그런 다음 최소 15분간 연결호흡을 한다. 이 최초의 호흡 연습은 현존 수업 과정을 개시하는 경험적 순간이 될 것이다.

유지하기

다음 주의 새로운 연습이 시작되기 전까지 7일 동안 다음 일들을 해야 한다.

1. 15분간의 호흡 연습을 하루 두 차례씩 한다. 가능한 한 아침잠에서 깬 직후와 잠자기 직전에 하도록 한다. 잠자기 직전에 호흡 연습을 하는 것을 불편하게 느끼는 사람도 있다. 그것이 잠잘 시간에 기운을 지나치게 각성시켜놓거나, 아니면 단지 그 시간에는 너무 피곤해지기 때문이다. 이런 경우에는 시간을 조금 앞당겨 저녁이나 늦은 오후 시간에 하도록 한다. 그렇지만 매일 하루 두 차례씩 꼭 호흡 연습을 해야만 효과적인 통합이 가능하다.
2. 정신적 활동을 하고 있지 않을 때는 언제든지 금주의 의식적 응답을 되풀이해서 읊는다. 다음 주를 시작하면서 새로운 의식적 응답을 받았으면 이전 주의 의식적 응답은 더 이상 사용하지 않는다.
3. 할당된 매주 자료를 읽거나 다시 읽고, 안내된 대로 인식의 도구를 적용한다.

현존 수업에서 제시되는 지침들은 모두 당신 자신을 위한 것이다. 여행에 나서면서 '언젠가는 따로 시간을 내어 현존 수업에 전념할 수 있겠지' 하는 생각으로 이 여행에 임하는 것은 스스로 자신을 훼방하는 짓이다. 그러니 '어떤 일이 있더라도' 이 여행에서 주어지는 지침을 철저히 따르기로 다짐하는 것이 중요하다. 현존 수업의 힘은 '초지일관' 하는 태도에 의해 더욱 커진다. 꾸준히 하는 것이 제멋대로 가끔씩 격렬하게 하는 것보다 더 생산적이다.

바라는 만큼 꾸준히 연습하지 못하는 경우도 불가피하게 생기게 마련이다. 이럴 때 당신은 '내맡김(surrender)'의 의미를 경험적으로 깨닫는다. 최선을 다하려는 당신의 의도에도 불구하고 한 주일의 과제를 완수할 수 없게 하는 상황이 일어나더라도 그 상황이나 자신과 맞서 싸워서는 안 된다. 당신은 그저 그러한 상황에 자신을 내맡기고 계속해나가야 한다. 하지만 '내맡김'을 '저항하거나 변명하는 것'과 혼동해서는 안 된다.

내맡김과 저항을 구별하는 황금률은 이것이다. 즉, 현존 수업에 전념하지 못하게 됐는데 오히려 마음이 가벼워진다면 당신은 저항하고 있는 것이다. 이때 당신은 자신의 진보를 방해하는 환경을 무의식적으로 지어내고 있다. 당신이 현존 수업에 전념할 수 없어서 실망하고 있다면, 그것은 현존이 당신에게 가장 유익하도록 일정을 조정해주고 있는 것일 수 있다. 나중에 돌아보면 자기가 어떤 상황에 처했었는지를 알 수 있게 될 것이다.

정신체는 당신이 수업에 전념하지 않아도 될 온갖 핑계를 갖다 댄다. 특히 불편한 느낌이 통합을 위해 의식 표면으로 떠올라올 때는 더 그렇다. 여기가 바로 자기규율과 개인의 의지가 필요한 시점이다. 과정을 끝까지 마치겠다는 각오를 매일 새롭게 다짐으로써 당신은 의지를 강화하고 자기규율의 태도를 확립할 수 있다.

설사 중도에 넘어진다고 해도 자신을 정신적, 감정적으로 몰아쳐서는 안 된다. 넘어지더라도 다시 일어나 계속 길을 가는 한 그것은 넘어진 것이 아니다. 목적지에 도달하기도 전에 앞으로 나아갈 힘을 잃는 것이 정말로 넘어지는 것이다.

의식적인 연결호흡 연습

현존 수업 전반에서 당신은 다음과 같이 호흡 연습을 한다.

1. 자리에 앉은 자세에서 허리를 편안하고 곧게 편 채 눈을 감는다. 방석에 가부좌를 틀고 앉거나 보통 앉는 방식으로 의자에 앉아도 좋다. 다만 침대에 누워서 하는 것은 권하지 않는다. 이렇게 하면 쉽게 잠에 떨어질 수 있기 때문이다. 목적은 몸을 잊어버리게 하고 의식이 깨어 있게 해주는 자세를 취하는 것이다.

2. 몸이 추위를 느끼지 않도록 해준다.

3. 자연스럽게 호흡을 연결시킨다. 숨을 들이쉬었다가 멈춤 없이(들숨과 날숨 사이에 숨을 쉬지 않는 간격이 없이) 내쉰다. 의식이 바싹 깨어 있는 상태에서 '소리 내어' 숨 쉬어 숨소리가 자신의 귀에 들리게 한다. 들숨에 의도적인 노력을 기울이는 반면, 날숨은 내려놓듯이 자연스럽게 쉬도록 한다. 지하수를 길어올리는 것을 상상하면 이해가 쉽다. 물을 위로 끌어올리는 데는 에너지가 필요하다. 중력이 물을 아래로 끌어당기기 때문이다. 들숨은 물을 위로 끌어올리는 것과 비슷하다. 반면에 날숨은 자연스럽게 땅으로 내려가는 물이다. 들숨에는 깨어 있는 노력을 기울이고 날숨은 자연스럽게 쉬되, 들숨과 날숨의 길이는 동일해지게 하라. 들숨과 날숨이 리드미컬한 하나의 패턴을 이루면서 이어지도록 호흡한다. (호흡 연습의 오디오 시연이 '현존 포털' 웹사이트 www.thepresenceprocessportal.com에 올려져 있다. How-we-breath 항목을 클릭하라.)

4. 코로 숨 쉬는 것이 좋다. 코가 막혀 있는 경우에는 입으로 호흡하라. 그러나 코와 입을 '함께' 사용하는 것은 권하지 않는다. 다시 말해 들숨은 코로, 날숨은 입으로(혹은 그 반대로) 하는 것은 권하지 않는다. 코와 입을 함께 사용하면 체내의 산소와 이산화탄소 비율에 불균형이 생긴다.

5. 현존 수업을 하는 동안 호흡에 맞추어 다음의 의식적 응답을 마음속에 떠올리라. "**나는 지금 여기 이 안에 있다.**"(I am here now in this) 호흡과 생각을 다음과 같이 맞추라. 들이쉬며 'I', 내쉬며 'am', 들이쉬며 'here', 내쉬며 'now', 들이쉬며 'in', 내쉬며 'this'. 이렇게 계속 반복한다. 이 의식적 응답은 연결호흡 연습만을 위한 것이다.*

6. 이렇게 호흡을 연결시킴으로써 당신은 현 순간의 자각에 다가간다. 이것은 당신의 시간관념이 바뀌는 것을 의미한다. 이 때문에 처음 시작할 때는 시간을 맞추기 위해 시계가 필요할 수도 있다.

7. 호흡 연습을 마친 뒤에는 호흡에서 주의를 거두어 조용히 앉은 상태에서 무엇이든 일어나는 느낌과 아무런 조건 없이 함께하기를 권한다. 모든 경험이 그 나름의 의미를 지니고 있다.

---

* 영어로 하는 것이 불편하게 느껴진다면 이렇게 반복해보라. 들이쉬며 '나는', 내쉬며 '지금 여기', 들이쉬며 '이 안에', 내쉬며 '있다'. 혹은 들이쉬며 '나는', 내쉬며 '지금', 들이쉬며 '여기', 내쉬며 '이', 들이쉬며 '안에', 내쉬며 '있다'. 역주.

연습을 해나가는 중에 나날의 이 연습을 15분 이상 더 오래 하고 싶어질 수도 있다. 이런 느낌은 좋다. 하지만 한 번에 15분보다 짧게 하지는 말기를 강력히 권한다. 정신체는 이 짧은 시간을 자신을 위해 할애하지 않으려고 온갖 핑계를 다 갖다 댄다. 그 교활한 술수를 그저 무시하여 사그라지게 하라.

호흡 연습을 하는 동안 신체적, 정신적, 감정적으로 어떤 일이 일어나더라도 그것은 나름의 의미가 있다. 어떤 경험을 하든 — 편안하다고 느끼든 불편하다고 느끼든 — 간에 호흡의 연결을 유지한 채 가능한 한 편안하고 이완된 상태로 가만히 있으면 호흡 연습 중 일어나는 불편한 느낌은 통합될 것이다. 연습 후에 따끔하거나 저린 감각이 계속 팔과 다리에 남아 있을 수도 있지만 이것은 정상적이고 좋은 현상이다.

의식적 연결호흡 연습을 하는 동안 경험하는 모든 불편한 느낌은 당신의 누적된 감정이 통합을 위해 의식 표면으로 올라오고 있다는 표시이다. 호흡 연습을 하는 동안에 경험되는 불편한 느낌은 '과거(past)가 지나가기(pass) 위해' 오는 것이다. 당신은 다만 과정 자체를 신뢰하고 끝까지 과정을 마치면 된다.

현존 수업의 호흡 연습은 그것이 가져다주는 것에 비하면 단순하고도 부드럽다. 그리고 단순한 지침에 주의를 잘 기울이기만 하면 안전하다. 호흡 연습에서 경험되는 불편한 느낌이 당신의 정신을 상상 속의 두려움으로 몰고 가도록 내버려두지 말라. 오히려 그 불편한 느낌을, 당신의 경험의 질을 결정하고 있는 원인에 당신이 에너지 차원의 영향력을 미치고 있음을 확인해주는 징표로 보라.

현존 수업 과정을 신뢰하라. 정상적이고 자연스럽게 호흡하다가 해를 입는 사람은 아무도 없다.

때로 호흡 연습을 하는 동안 무의식 상태에 빠지는 수가 있다. 이는 호흡 연습 중에 느닷없이 잠에 떨어지는 것처럼 보이는 현상으로 나타난다. 마취된 것처럼 느껴질 수도 있다. 이런 경험은 의미가 있다. 깊은 무의식의 기억이 일깨워져서 의식 표면으로 올라올 때 일어나는 현상이기 때문이다. 무의식의 순환고리가 자꾸 일어나서 호흡을 하기 위해 자리에 앉을 때마다 자꾸 잠에 빠진다면, 다시 현존감이 느껴질 때까지 호흡 속도를 두 배로 높이는 것도 한 가지 방법이다. 이때 호흡 속도를 두 배로 높이더라도 들숨과 날숨의 길이는 동일하도록 유지해야 한다.

호흡 속도를 두 배로 높이면 호흡이 멈추는 현상을 최소화할 수 있다. 잠에 빠져드는 지점이 날숨의 끝 지점이라는 사실을 유념하라. 호흡 속도를 두 배로 높이면 이런 현상이 일어나는 것을 최소화할 수 있다. 이렇게 해서 깨어 있는 느낌이 들면 다시 평소의 호흡 속도로 돌아간다. 더욱 현존할수록 의식 표면에 떠오르는 무의식이 당신을 압도하는 일도 줄어들 것이다. 깊은 무의식에 빠졌을 때 거기서 나올 수 있는 유일한 길은, 그것을 통과해 나오는 것밖에 없다.

호흡 속으로

현존 수업의 체험 여행은 당신이 처음으로 호흡을 의식적으로 연결시킬 때 비로소 시작된다.

이미 이 여행을 시작한 많은 사람들이 그랬던 것처럼, 당신도 하루 두 번 15분씩 호흡 연습을 꾸준히 하는 것이 그리 만만치 않은 일임을 깨닫게 될지도 모른다. 또 호흡 연습에 강한 거부감이 느껴질 때도 있을 것이다. 처음으로 혼자 앉아 호흡하는 15분은 어쩌면 지금까지 경험한 어떤 15분보다도 길게 느껴질지 모른다. (반대로 단 몇 분밖에 되지 않는 것처럼 금세 지나갈 수도 있지만.) 그 이유를 알고, 그것이 드문 일이 아니라는 점을 알면 부딪힐 수 있는 모든 정신적 장벽을 돌파할 수 있는 동기를 부여받는다. 이 모든 저항점은 의식의 배후에 각인되어 있는 감정을 반영하는 정신적 장벽이다. 이 여행에서 당신이 구하는 모든 것은 저항의 반대편에서 당신을 기다리고 있다.

하루 두 번, 15분 동안 앉아 호흡을 연결시키는 것이 처음에 쉽지 않은 이유는 이 호흡 연습이 어려워서가 아니다. 호흡 연습의 지침을 따라서 하면 당신은 단순히 자연스럽게 호흡하게 된다. 당신은 '정상적으로' 숨을 쉰다. 지나친 노력이나 특별한 자세는 전혀 필요하지 않다. 당신은 이미 몸에서 자연스럽게 일어나고 있는 것 외에는 다른 어떤 것도 '하지' 않는다. 실제로 당신은 이때 '원상복구하여(undo)' 행위하지 않음, 곧 '무위(not doing)'의 경험에 들어간다고 하는 것이 맞을 것이다. 그러므로 여기서 하루 두 번 의식적으로 호흡을 연결시키는 데 필요한 육체적 노력은 문제의 핵심이 아니다.

이 연습을 꾸준히 해내는 것이 처음에는 어려울 수 있는 원인 중 하나는, 의식적으로든 무의식적으로든 다른 사람이 '해야 한다'고 시켜서 현존 수업을 하게 된 경우다. 그는 당신에게 현존 수업을 소개하면서 '당신을 도와주는' 것이라고 생각했을 수도 있다. 그래서 당신은 그를 기쁘게 하기 위해 현존 수업에 들어온 것이다.

당신은 그밖에 다른 그릇된 동기를 가지고 현존 수업에 들어왔을 수도 있다. 예컨대 현존 수업을 하면 누군가로부터 혹은 세상으로부터 무언가를 얻게 될 것이라고 믿었을 수도 있다. 또 현존 수업을 하면 떠났던 배우자가 돌아올 것이라고 생각했을 수도 있다. 현존 수업을 하면 두 사람이 갈라서게 되었던 문제를 다루게 될 테니까 말이다. 혹은 현존 수업을 마치고 나면 갑자기 큰돈을 벌어 세상에서 성공할 것이라고 생각했을 수도 있다.

이런 그릇된 의도들은 당신이 의식적 응답이 아니라 자동적 반응으로서 현존 수업에 임하고 있음을 보여준다. 이럴 경우에는 첫 단계에서 호흡 연습이 어려울 수도 있다. 왜냐하면 자신이 아닌 누구, 혹은 다른 무엇을 위해서 수업에 임할 때는 꾸준히 정진하겠다는 의지력을 일으키기가 쉽지 않기 때문이다. 다른 사람을 위해서 통합 작업을 한다는 것은 편하지가 않고, 다른 사람을 위해서 호흡 연습을 한다는 것은 아예 불가능한 일이다.

당신에게는 진정으로 자기 자신을 위하여 무언가를 하기로는 현존 수업이 처음일 수도 있다. 현존 수업에 들어온 모든 사람들이 이 점에서 다소간 어려움을 겪는다. 우리는 모두가 남들로부터 자신의 행동, 외모, 삶에 대한 기대치 등을 모방해온 흔적을 지니고 있기 때문이다.

어렸을 때 당신은 부모와 또래 친구들의 지도와 격려, 강요를 통해 질서와 규칙, 그리고 '모범적인 행동'의 세계에 들어섰다. 개인적 의지력 — 다시 말해 자신의 의도를 '통찰'에서 길어오는 능력 — 의 부족은 아기 때부터 엄마와 나눠온 친밀한 관계로 인한 결과이다. 당신은 어머니가 시키는 대로 먹고 입고 씻고 행동한다. 그리고 커가면서는 어머니와 아버지의 눈에 적절해 보이는 기준에 맞춰서 자신을 표현한다. 어린 시절부터의 이 같은 의존의 결과는, 무의식 층에서 오늘날 당신이 먹고 입고 씻고 행동하는 방식의 동기는 거의 모두가 타인의 육적 존재로부터 온 것이며, 그래서 자동반응적이라는 사실이다. 무의식 속에서 당신은 여전히 이 '타인'들을 부모의 반영으로 이용한다. 아직도 당신은 타인들의 육적 존재를 통해서 부모를 기쁘게 하여 환심을 사려고 애쓰고 있는 것이다. 그들의 인정과 무조건적 수용을 얻어내기 위한 수단으로서 말이다.

그런데 아동기와 청소년기, 그리고 성인기를 거치면서 어머니와 아버지의 비위를 맞추고자 하던 애초의 동기는 불가피하게 변질된다. 부모님의 사랑과 인정을 얻을 수 있게 해준다고 믿는 방식으로 행동하고자 하는 이 어릴 적의 충동은 자동적인 것이었다. 십대가 되면 이 행동은 동류 집단과 '어울리고자 하는' 욕망으로 변한다. 청년기에 접어들면 외부의 인정에 대한 이 욕구는 '책임성 있게 보이려는', 그리고 '앞서 보이려는' 욕구로 치장된다.

이런 행동들을 정직하게 들여다보면 그것은 반응을 얻어내고자 하는 욕구, 타인의 관심과 인정을 얻으려는 목적으로 무대에 올려진 드라마이다. 어떤 이들에게는 이런 욕구가 정반대의 모습으로 나타나기도 한다. 어울리지 않으려 하고, 앞서 가지 않으려 하는 것이다. 하지만 이런 저항 또한 반응으로서, 주변의 관심과 인정을 얻고자 하는 노력이다. 이 노력은 부모나 부모를 대신하는 사람과의 최초의 관계로 그 발단을 추적해 올라갈 수 있다.

관심과 인정을 받고자 하는 당신의 욕구를 아무리 감추려 해도, 그리고 아무리 그것을 정당화하려 해도 자신의 내면을 깊이 살펴보면 이런 행동은 참되지 않다는 사실이 드러난다. 비극적인 것은, 우리가 평생을 살면서도 참된 영감에 의한 일을 하나도 하지 못할 수 있다는 사실이다. 우리는 내면의 통찰을 무시하고 눈에 보이는 겉모습에 현혹된다.

자신을 위한 일에 시간을 보낸다는 생각조차 죄책감 같은 감정상태를 일으킬 수 있다. 또 자신을 아끼는 것은 이기적인 짓이라고 믿게 될 수도 있다. 급박하게 돌아가는 현대사회 생활 속에서 우리는 마치 시계처럼 움직이도록 강요받고 있기 때문이다. 우리의 현대 세계는 로봇과 같은 단순반복 생활이다. 당신은 사회라는 기계의 한 수동적 부속품처럼 살도록 강요받는다. 그 기계로부터 돌출되는 것처럼 보이는 행동 — 풍부한 개성을 돋보이는 행동 — 은 그리 환영받지 못한다. 자신의 행동지침을 타인들로부터 얻는 이들에게는 개성이라는 것의 가치가 인식되지 않는다.

당신은 허락과 인정을 얻기 위해 사는 생활방식에 너무나 젖어 있어서 자신에게는 진정한 의지력이 없다는 말이 시사하는 뜻을 이해조차 못한다. 당신이 수용하고 인식하는 주변사들에 영향받지 않고 독자적으로 행동할 수 있는 의지를 발동시키는 근육을 키울 기회는 거의 주어지지 않는다. 자신의 의지력이 얼마나 박약한지를 당신은 거의 깨닫지 못한다. 우리 중 많은 사람들이, 현재의 환경에서 떼내어 목가적이긴 하지만 사람도 애완동물도 없는 무인도에다 데려다 놓는다면 우울증에 빠져서 결국은 쓰러져 죽고 말 것이다. 만약 죽지 않는다면 우리는 깊은 내면의 변화를 겪으리라.

스스로 일으키는 의지력의 결핍을 잘 보여주는 한 지표는, 속으로는 아니면서 그렇다고 하고 속으로는 그러면서 아니라고 하는 당신의 습관이다. 이 같은 감정적 지주의 실종상태는 당신의 행동이 조건반사적 반응에 지배된 결과다. 자신이 이렇게 행동하고 있음을 처음으로 깨닫는다면 이미 당신은 삶 속의 다른 상황에서도 부지불식간에 그렇게 행동하고 있을 가능성이 다분하다.

속으로는 아니면서 그렇다고 하거나, 속으로는 그러면서 아니라고 할 때, 당신은 타인의 인정과 허락을 얻기 위해서 살고 있는 것이다. 그러니, 날마다 연결호흡 연습을 하는 것과 같은 자기계발 활동을 처음으로 시작할 때, 당신은 저항의 벽에 부딪힐 수도 있다. 그 벽은 보이지는 않아도 난공불락의 성처럼 보일 수 있다. 하지만, 그렇지 않다.

　호흡연습에 대한 저항은 이 일을 하겠노라는 의도를 남에게 이야기할 때도 커진다. 이것은 당신이 어떤 일, 특히나 자신을 위한 일에 착수한다는 이야기를 꺼내려면 무릅써야 할 위험이다. 대부분의 경우, 당신은 외부의 지지를 얻고자 하는 유일한 목적으로 그 이야기를 꺼낸다. ― 자신의 노력이 타당하고 가치 있는 것임을 인정받기 위해서 말이다.

　현존 수업에 들어갈 때, 처음에는 그것을 다른 사람들에게 이야기하고 싶어질 수도 있다. 상대방에게서 가치를 인정받고자 하는 욕망을 그저 가벼운 말 뒤에 감추고서 말이다. 이렇게 행동할 때마다 당신은 현존이 대단한 유머감각을 지니고 있음을 어김없이 깨닫게 된다. 현존은 인정받고자 하는 당신의 본능적 욕망 앞에 "호흡연습을 하고 있다고? 하하하, 숨 쉬는 법을 모른단 말이야?" 하고 놀려대는 사람을 데려다 놓는 것이다. 당신이 견뎌야 할 또 다른 대꾸들도 있다. "그건 나도 해봤어. 아무 소용 없더라구." "나도 그거 알아. 안 돼." "과거를 왜 건드려? 그냥 곱게 살지." "나도 그런 거 좀 해보고 싶어. 하지만 눈앞의 현실세계는 어떡허구?" 아무도 자신의 뜻을 긍정해주지 않으면, 게다가 당신은 자신을 자제하지 못하기 때문에, 나날의 호흡연습에 더욱더 저항감을 느끼게 된다.

　한편, 상대방이 현존 수업을 하다니 얼마나 고상하고 멋진 일이냐고 반응해온다면 처음에는 그런 말이 호흡 연습을 좀더 쉬운 일로 만들어준다. 왜냐하면 그러면 당신은 또 연습의 성과를 자랑하고 자신의 영웅적인 노력에 대한 칭찬을 얻을 수 있기 때문이다. 하지만 거기에는 진정성이 없다. 예컨대, 그것이 의지력을 키워주지는 못한다.

왜냐하면 당신이 이 과정에서 얻는 것이 뭔가 실속 있는 것이 되려면 당신의 의도가 내부로부터 샘솟아 나와야만 하기 때문이다. 우리는 누구나 자신이 하고 있는 일을 남에게 이야기함으로써 그들의 격려와 확인을 구하는 실수를 범한다. 이것이 우리 모두가 무의식 속에 각인하여 지니고 있는 조건반사적인 행동습관이다. 그런 실없는 추구에다 지나치게 에너지를 낭비하지 말기를 바란다. 결국 이 과정이 진정성 있는 결과를 얻어내기 위해 필요한 것은 오로지 자기 자신의 긍정이다.

그러니 당신은 이 여행에 홀로 나서기 위한 노력을 의식적으로 기울여야 한다. 당신이 내면에서 이뤄내는 성취는 그 하나하나가 불가피하게 당신이 지나가는 세상을 이롭게 한다. 먼저 노력의 결실을 수확해야 하는 것은 당신 자신이지만 말이다. **왜냐하면 아직 우리 안에 있지 않은 것을 누구에게 줄 수는 없기 때문이다.**

당신이 자신을 위해 의도해야 할 첫 번째 결실은 개인적 의지력의 근육을 키우는 것이다. — 세상에서 일어나는 것으로 인식되는 것들에 영향받지 않고 자신의 통찰을 따라 행동하는 의지 말이다. 이 능력이야말로 당신이 매일 두 번씩 최소한 15분 동안 호흡을 연결시키도록 의식적으로 노력하는 동안 점차 즐기고 누릴 수 있게 될 열매 중의 하나다. '다른 누구'도 아닌 자신을 위해서 호흡하면, 매 연습이 당신의 개인적 의지력의 근육을 꾸준히 키워줄 것이다. **외부의 방해에도 불구하고 어떤 노력이든 꾸준히 하는 것이 개인적 의지력을 모으는 비방이다.**

당신이 현존 수업을 하는 이유를 다른 누가 이해해줘야 할 필요는 없다. 자신의 경험 속에서 진정성 있는 움직임을 주도할 준비가 된 사람들에게만 이 통합 작업이 의미를 가진다. 가끔씩은 당신도 호흡 연습을 하는 그럴듯한 이유를 만들어내려고 고심한다. 이건 정상이다. 역설적인 것은, 자기가 마치 신처럼 으스대고 나설 때조차 정신체는 경험의 질이 당신 자신의 책임이라는 사실을 여전히 이해하지 못한다는 점이다.

정신체는 비난과 탓하기밖에 모른다. 당신의 경험이 마음이 짜놓은 계획대로 가지 않으면 그건 다른 누구, 아니면 상황의 탓이다. 그러니 당신은 이유를 이해받고자 하는 욕구를 넘어서서 이 실천적인 과정에만 자신을 바쳐야 한다. 나날의 호흡 연습은 현존과의 친밀한 관계라는, 당신이 찾는 열매를 맺어줄 나무의 씨앗이다. 현 순간의 자각의식을 인식하는 체험이 그 친밀한 관계를 가져다준다.

나날의 호흡 연습을 자신에게 특별한 일로 만드는 것이 좋다. 왜냐하면 사실이 그렇기 때문이다. 그것은 '당신의' 시간이다. 가급적이면 이 작업을 위해 날마다 동일한 장소와 시간을 할애하라. 친숙한 느낌은 제멋대로 구는 마음을 길들여주고 꾸준함은 의지력을 강화시켜준다.

이 과정을 해나가는 동안 호흡 연습으로써 하루를 시작하고 마무리 짓기를 택하면 전체 경험이 더 부드러워질 것이다. 현실적이고 이성적인 태도를 유지하는 한편으로 그것이 당신의 깨어 있는 순간들의 시작 노래와 끝 노래가 되게 하라. 나날의 일상 중 호흡 연습 시간과의 관계를 이렇게 승화시킴으로써 당신은 자신의 의지력을 재탄생시킬 보금자리를 준비하는 것이다. 개인의 이 같은 의지력은 그것이 진정한 것이라면 다른 누구에게도, 다른 어떤 상황에도 의존하지 않는다. 그것은 당신 안에서 솟아나온다. 그리고 그 안에 당신의 삶을 변화시켜 그 격을 높여줄 힘이 들어 있다. — 그리고 어찌 그뿐이랴.

현존과 개인의 표현

태어나서부터 당신은 자신을 다른 사람과 차별화시키는 것을 자기만의 정체성이라고 배운다. 당신은 이 정체성이 자신의 외모, 행동, 삶의 환경과 밀접하게 관련된다고 들었다. 그리하여 당신은 자신을 몸, 행동, 그리고 자신이 경험하는 환경과 동일시하는 실수를 범한다. 이러한 개인의 표현물들은 당신의 경험을 구성하고 있기는 하지만, 그것이 당신이 '진정' 누구인지를 올바로 알려주지는 못한다.

그렇다면 당신은 무엇인가? 당신에 관해 영원한 것은 무엇이며, 다른 사람과 공통적으로 공유하는 것은 또 무엇인가? 그리고 모든 인간에게 공통된 것은 무엇인가?

경험의 속성은, 그 양태와 질이 끊임없이 변한다는 것이다. 모든 경험의 양태는 그 이전의 감정 상태와 생각과 말과 행동에 따라 형성된다. 한편 경험의 질은 당신이 그런 것들에 부여하는 해석에 좌우된다. 당신의 경험은 끊임없이 변화하면서 왔다가 가지만 '당신'은 그대로 남아서 참여하고 관찰하고 목격하고 있다. 10년 전의 당신의 경험은 달랐다. 하지만 그때 이 경험을 하고 있었던 당신의 부분은 아직도 지금 여기 이 순간에 있다.

모든 경험이 끊임없는 변화 상태에 있음을 깨닫는 것은 유익한 통찰이다. 왜냐하면 이것은 당신이 바로 지금 겪고 있는 경험의 질을 음미하지 않고 있을 때, 그것을 변화시킬 수 있다는 사실을 깨우쳐주기 때문이다. 이 깨달음이야말로 현존 수업의 핵심을 말해준다. 이 모험은 당신의 이미 그런 모습, 언제나 그래 왔고, 앞으로도 언제나 그러할 모습을 바꾸려는 시도가 아니라 당신의 '경험의 질'에 변화를 가하기 위한 것이다.

현존 수업은 당신의 본성은 영원하고 변함없는 현존이어서 바꿔놓을 수 없다는 생각을 바탕으로 행해진다. 당신의 불멸의 본성을 우선은 하나의 관념으로만 받아들여두기 바란다. 하지만 끊임없이 변화하는 경험으로부터 의식적으로 떨어져 나오는 법을 터득하기만 하면 당신은 각자의 표현은 끊임없이 변화하더라도 표현자이자 경험자인 당신은 변함없이 남아 있음을 경험적으로 인식하게 될 것이다. 변함없이 남아 있는 그것은 영원하다.

이 과정을 통해 우리 모두가 공유하고 있는 현존과의 친밀한 만남에 동참함으로써 이미 그것인 자신의 본성을 깨닫기 바란다. 어떤 이들은 현존을 '관찰자'라고 부른다. 그것은 그것이 모든 것을 지켜보고 있고, 그리하여 당신의 삶에 일어난 모든 것을 다 알고 있기 때문이다. 현 순간의 자각의식에 들면 당신은 또한 현존이 '일어날' 모든 것에 대해서도 알고 있다는 사실을 깨닫게 될 것이다.

현존과 의식적인 관계를 키워가는 동안 당신은 다음 사실들을 깨닫게 될 것이다.

- **현존은 어떠한 어려움도 알지 못한다.** 현존은 의식적 통합이 필요한 억압되고 누적된 감정에 대한 자각이 일어나게 하는 상황을 당신의 경험 속에 끌어오는 능력이 있다. 현존이 무엇을 드러내주더라도 거기에 의식적으로 응답하고 그것을 통합함으로써, 당신은 현 순간의 자각을 쌓을 수 있다.
- **현존은 당신에게 가장 이로운 것을 배려한다.** 현존은 그 자신을 알기 때문에, 당신이 자신에 대해 알고 있는 것보다 당신을 더 잘 안다.

현존은 당신이 현 순간의 자각을 쌓는 데 어떤 경험이 필요한지를 정확히 알고 있다. 현존에 자신을 내맡기는 것이 곧 현존 수업 과정에서 펼쳐지는 경험에 자신을 내맡기는 것이 된다. 현존이 당신의 경험을 감독하고 있기 때문에 당신의 경험은 의미가 있는 것일 뿐 아니라 당신에게 필요한 것이라고 할 수 있다.

- **우리 각자의 안에 있는 현존은 다른 모든 살아 있는 생명체 안에 있는 현존과 같은 것이다.** 현존은 모든 것을 포괄하는 의식의 통일장이므로, 당신의 참 존재는 모든 생명과 공유되고 있다. 현존은 당신을 모든 생명과 이어주는 공통의 연결고리이다.
- **당신 안의 현존은 당신을 방해하지 않는다.** 현존은 그것에 자신을 내맡기는 당신의 경험을 기꺼이 돌봐준다. 내맡기기를 배우는 것이야말로 궁극의 과제이고 이 과정이 주는 심오한 가르침 중 하나이다. 당신의 경험의 어떤 모퉁이에서 한편으로는 현존에게 도움을 구하면서 동시에 다른 한편으로는 그것을 '내가 어떻게 할까' 하고 궁리하는 것은 역효과만 낳을 뿐이다.

처음에는 이러한 이야기가 받아들여도 말아도 그만인 개념처럼 느껴진다. 그러나 당신이 현 순간의 자각을 쌓아감에 따라, 다시 말해 자신의 현재 경험 속에 더욱 현존하게 됨에 따라 이 진실을 체험으로 깨닫는 데 필요한 것들이 당신에게 주어질 것이다. 현 순간의 자각은 의식적으로 쌓아가기만 하면 좀처럼 그 빛이 바래는 일이 없다.

호흡 연습과 의식적 응답, 인식의 도구를 통해 현존과 친밀한 관계를 발전시켜갈수록 당신은 어릴 적부터 자신의 개인적 정체성으로 받아들였던 것이 실은 진짜가 아니라는 사실을 점차 깨닫게 된다. 당신의 진정한 현존과는 대조적으로, 당신의 성인으로서의 정체성은 대부분 조작된 가면이다. 그것은 당신의 통합되지 못한 감정적 각인에 대한 자동적 반응이다.

현존 수업은 당신을 다른 사람과 차별되게 만들어주는 것 — 멋지게 개인화된 진동의 표현 — 을 자신의 참모습으로 잘못 받아들이면 그것은 곧 제약과 분리와 단절로 이어진다는 사실을 깨닫게 해준다. 현존 수업은 당신이 자신의 외모와 행동, 삶의 환경 등 개인의 외면적인 표현들만을 자신과 동일시할 경우, 스스로를 제약하고 현존 — 한계 없고 만유가 공유하고 있으며 모든 생명 안에 흐르는 진동하는 생명력인 현존 — 으로부터 단절되게 한다는 사실을 깨닫게 해준다.

당신의 정체성이 오직 겉으로 드러난 자기 모습에만 고착되어 있을 때, 그 정체성은 해석에 근거한 것이다. 이 해석은 과거의 상황과 미래의 상상, 그리고 타인의 의견과 이해로부터 지어내진 해석이다.

당신은 몸이나 행동이 아니며, 또 현재 경험하고 있는 환경도 아니다. 겉으로 드러난 당신의 외면적 표현은 일시적이고 끊임없이 변화하는 신체적, 정신적, 감정적 여행이다. 보기에는 근사해 보이더라도 그것은 지나가고, 당신은 남는다. '나는 무엇인가'에 대한 좀더 정확한 정의는, '내가 모든 생명과 공유하고 있는 그것'이다. 당신이 모든 생명과 공유하는 것, 그것은 과연 무엇일까?

현존 체험

　현존 수업의 단순한 호흡 연습은 현 순간의 자각을 일깨워서 현존에 대한 경험적 자각을 촉진한다. 그러나 당신의 정신체는 현존 체험 따위에는 관심이 없다. 거기에 아무런 가치가 없다고 보는 것이다. 그냥 내버려두면 정신체는 당신의 진척을 방해할 것이다. 호흡 연습을 할 때 아래 사항을 염두에 두면 정신체의 방해공작을 비껴갈 수 있다.

1. **그 어떤 일이 있어도 멈추지 않고 호흡한다.** 이 점은 아무리 강조해도 지나치지 않다. **호흡 연습을 하는 동안 하게 되는 현존에 대한 개인적 체험은 당신이 멈추지 않고 호흡하는 시간의 길이에 비례하여 쌓인다.** 그러므로 호흡 수련을 하는 동안에는 어떤 일이 있더라도 호흡이 리드미컬하게 연결되어 있도록 해야 한다. 현존 체험은 호흡이 연결되어 있는 순간마다 기하급수적으로 쌓여갈 것이다. 당신이 호흡을 멈추어 호흡이 단절되는 순간, 지금까지 커가던 현존에 대한 자각은 사그라지고 만다. 이때 당신은 이번 연습 동안에 쌓아올렸던 현 순간의 자각이 다 날아가버린 것처럼 느끼기 쉽다. **한동안 호흡을 연결시키지 못했다고 해서 호흡 수련의 축적된 효과가 금세 사라지는 것은 아니다.** 하지만 '현존 안에 있다'는 자각은 줄어들 것이다. 그러므로 호흡 연습을 하는 동안 당신은 어떤 일이 있어도 멈추지 않고 호흡하고자 하는 의도를 품어야 한다. 화장실에 가야 하거나 담요를 덮어야 할 때도 호흡을 단절시키지 않은 채 그렇게 하라. 코를 풀어야 할 때도, 기침을 하거나 기지개를 켜거나 물을 한 모금 마실 때도, 재빨리 그 일을 끝내고 호흡으로 되돌아오라. 억압된

감정이 의식 표면으로 떠올라 울고 싶은 충동을 느낀다면 그것을 경험하도록 자신을 허용하라. 그러나 그것이 지나가고 나면 곧장 연결호흡으로 다시 돌아가라.

2. **호흡 연습을 하는 동안 몸을 가능한 한 움직이지 않는다.** 현존에 대한 자각이 의식적으로 호흡을 연결시키는 것에 의해서만 일어나는 것은 아니다. 연습을 하는 동안 몸을 고요히 유지하는 것에 의해서도 자각이 일어난다. 호흡 연습을 하는 동안 일어나는 모든 신체적 움직임은, 호흡을 제외하고는, 누적된 감정이 해소되는 것이거나 아니면 당신의 현존 체험을 방해하려는 정신체의 책동으로 보아야 한다. 이러한 이유로 당신은 몸을 움직이고 싶어하는 욕구를 무시하고 대신 의식적 응답('나는 지금 여기에 이 안에 있다')과 호흡에 주의를 집중해야 한다. 몸을 긁거나 이리저리 움직이거나 흔들거나 하지 말라. 갑자기 요가 자세를 취하거나 콧노래를 부르거나 말하고 싶은 충동에 넘어가지 말라. 이것들은 모두가 드라마이다. 드라마를 연출하는 순간, 당신은 즉각 현 순간의 자각에서 멀어진다. 자연스럽고 균형 잡힌 들숨과 날숨 외에 다른 어떤 신체활동도 현존과의 경험적 만남을 갖게 해주지는 못한다. 호흡 이외의 신체활동은 정신체가 보기에는 아무리 적절한 것이라 하더라도 모두가 드라마일 뿐이다. 현존 수업의 목적상, 당신은 다음 사항을 늘 유념해야 한다. 침묵과 멈춤, 의식적인 연결호흡, 그리고 의식적 응답에 집중된 정신체야말로 현 순간의 자각으로 들어가는 가장 빠른 문이라는 사실 말이다. 그 밖의 모든 것은 방해요소일 뿐이다.

앞으로, 안으로, 위로

현 순간의 자각을 억지로 체험할 수는 없다 해도 그것을 위한 기초를 닦을 수는 있다. 현존과의 경험적 만남은 가장 뜻밖의 순간에 자각된다. 이것은 현존에 대한 기대는 무용하다는 사실을 보여준다.

현존 수업을 하는 매일의 매 순간이 모두 중요하다. 의식적인 연결호흡을 할 때마다 현존 수업 과정은 더 부드러워지고 동시에 더 큰 영향력을 갖게 된다. 그러므로 우리는 현 순간의 자각 과정을 통해 현존과 친밀한 연결을 맺을 기회를 최대한 활용해야 한다. 이러한 연결만 맺고 나면 모든 것을 이룬 것이다.

현존 수업 과정의 각 측면들에 몰입함으로써 당신은 자신의 전체 경험의 질을 높일 수 있다. 본질적으로 현존 수업이 당신에게 제공하는 기회는, 존재할 거라고 짐작은 했지만 얻을 수 없었던 체험 속으로 감정적 재탄생을 하는 것이다. 현존 수업은 내면으로 들어가 근원적인 사건을 일으킬 수 있는 기회이다. 그 근원적인 사건은 당신의 모든 만남에 진실성과 통합성과 친밀성을 재확립시켜줄 것이다. 어느 누구도 당신을 대신하여 이 일을 해줄 수는 없다. 이것은 과거에도 그랬고 앞으로도 그럴 것이다. 오직 당신 자신만이 자기 삶의 경험의 질에 책임을 질 수 있다. 자기 경험의 질에 근원적 영향을 미치는 것은 다름 아닌 지금까지 걸어온 당신의 발자국이다.

매일 아침 호흡 수련을 마치고 나서 현 순간의 자각의 느낌을 하루종일 유지하겠다는 의도를 내는 것도 좋다. 이를 위해서는 다음 기법이 유용하다. 하루 중 자신의 호흡을 알아차리게 될 때마다 그 주의 의식적 응답을 미음속으로 되뇌는 것이다. 그리고 그 주의 의식적 응답을 마음속으로 되뇔 때마다 잠시 동안 호흡을 의식적으로 연결시키는 것이다.

하루 중 최대한 오랜 시간 동안 신체적, 정신적으로 현존을 유지하면 현재 통합 중에 있는 어떤 것에 대해서도 자동적으로 반응하지 않고 의식적으로 응답할 가능성이 더 커진다. 또한 일상 속에 현 순간의 자각을 더 많이 가져와 거기에 현존의 입김을 불어넣을 수 있게 된다.

아무리 현존 수업에 전념하려고 해도 집중이 되지 않고 혼란스러운 순간들이 여전히 경험될 수도 있다. 이런 방황과 혼란은 누적된 감정이 의식 표면으로 떠오르고 있다는 표시이다. 누적된 감정이 의식 표면으로 떠오르는 것은 이제 당신이 그것을 통합할 준비가 되었기 때문이다. 누적된 감정을 어떤 식으로든 조작하려고 하지 않고 그것들과 '함께하면' 그것은 통합된다. 이 불편한 느낌의 순간을 현존 수업 과정이 제대로 전개되고 있음을 알려주는 신호로 받아들이라. 현존 수업은 현존에 의해 촉진되므로 당신이 소화할 수 있는 한도 이상으로 주어지는 일은 없다. 또 당신이 소화할 수 있는 것보다 적게 주어지지도 않는다는 사실을 깨닫게 될 것이다.

이것으로 현존 수업 1주차가 마무리되었다.

현존 수업 2주차 7일 동안의 의식적 응답은 이것이다.

"나는 나의 반영과 투사를 알아차린다."
(I recognize my reflection and projections.)

메신저 알아차리기

현존 수업을 마치면 당신이 경험하게 될 변화 중 한 가지는, 당신의 행동이 자동적인 반응으로부터 의식적인 응답으로 바뀐다는 점이다. 세상에 대한 인식과 세상과의 상호작용에 일어나는 이 변화 하나만으로도 당신의 전체 경험은 달라진다. 자동적 반응이 아니라 의식적 응답을 지속적으로 선택한 결과로 일어난 변화는 영구하다.

통합되지 못한 누적된 감정의 영향이 시간에 의해 지연되어 일어날수록, 그것은 아무 이유 없이 독립적으로 일어나는 듯해 보인다. 이 때문에 당신이 겪는 일들이 당신 '때문에' 혹은 당신을 '통하여' 일어나는 것이 아니라 당신 '에게' 일어나는 것처럼 보이는 것이다. 이것이 당신을 희생자나 지배자 심리에 빠지게 만든다.

희생자나 지배자처럼 행동한다는 것은 당신이 타인에 대한 당신의 경험에 불평을 하거나 그들과 경쟁한다는 뜻이다. 하지만 원인과 결과 사이의 시간차 때문에 당신이 지금 '나 자신에 대해, 그리고 내 행동이 일으킨 결과에 대해 불평하고 있다'는 생각은 잘 들지 않는다. 또 스스로 자신의 길에 장애물을 갖다놓는 식으로 자신과 경쟁하고 있다는 사실도 깨닫지 못한다. 희생자/지배자 심리는 개가 자기 꼬리를 물려고 같은 자리를 뱅뱅 도는 것과 같다.

자동반응적 행동은, 세상 일이 당신 '에게' 일어나고 있다는 믿음, 그러므로 당신이 할 일은 자신을 방어하거나 현재 일어나고 있는 일에 당신의 의지를 개입시키는 것이라는 믿음에 근거를 두고 있다. 그런데 이 속임수가 진실인 것처럼 보이는 이유는, '시간 속에서 사는' 당신은 오로지 현실의 거울에 비친 과거와 투사된 미래에만 주의가 팔려 있기 때문이다. 누적된 감정 상태로 인해 일어나는 당신의 자동반응적 행동과 그 신체적, 정신적, 감정적 결과 사이에는 시간적 간격이 놓여 있다. 이 시간 간격이 꽤 길기 때문에, 당신은 자신이 현재 상황의 원인이라는 생각을 스스로에게 납득시키지 못한다.

시간 속에서 살고 있는 당신은 원인과 결과 사이의 에너지적 연결성을 잘 알아차리지 못한다. 이것은 에너지의 연결은 지금 이 순간에 일어나기 때문이다. 현재는, 당신이 알아차리지 못하면 자각의식 속의 맹점이 되고 만다. 이 사각지대 때문에 당신은 당신과 모든 생명체들 사이에 존재하는 에너지의 연결성을 인식하지 못한다. 그리하여 당신은 촘촘히 연결되어 있는 만물의 실상에 까맣게 눈이 멀어 있다.

모든 생명의 에너지 차원의 연결성과 연속성을 인식하려면 원인과 결과 사이의 긴밀한 관계를 체험을 통해 자각해야 한다. 이 연관성을 깨닫지 못하면 당신의 경험은 혼란스럽고 무질서하고 목적이 없는 것처럼 보일 것이다.

시간 속에서 살면 당신은 ' 인생의 의미를 찾아 두리번거리면서' 나날을 보낸다. 반대로 현존하면 당신은 ' 의미로 충만한 인생을 즐긴다'.

'시간'이라 불리는 인식틀은 감정과 생각과 말과 행동, 그리고 그로 인해 생기는 결과 사이에 지체와 정지, 빈 공간이 있는 것처럼 보이게 만드는 경험이다. 이 지체가 원인과 결과라는 두 사건이 서로 단절되어 있는 것처럼 보이게 만든다. 그러나 아무리 진짜처럼 보여도 실은 그것은 인식의 교묘한 착란에 불과하다. 당신의 자동반응적 행동과 그로 인한 결과는 에너지 차원에서 서로 연결되어 있어서 떼놓을 수가 없다.

예를 들어 당신이 누군가를 좋지 않게 생각한다고 해보자. 그러면 정말로 며칠 내로 그 사람은 당신에게 좋지 않은 행동을 하게 된다. 이때 만약 당신이 시간 속에서 살고 있다면 당신은 자동적으로 그 사람의 좋지 않은 행동이야말로 당신의 희생자/지배자 심리를 증명해주는 증거라고 판단한다. 그러나 실제로 그것은 당신이 그 사람을 안 좋게 생각한 일의 결과이다.

원인과 결과 사이의 에너지적 연결성을 인식하지 못하는 것은 당신의 주의가 물리적인 차원에 고착되어(transfixed) 있기 때문이다. 이것은 당신이 겉으로 드러난 사물의 겉모습에 고착된(fixed) 채로 그것을 실체로 잘못 인식하는 일종의 몽환상태(trance)에 빠져 있다는 뜻이다. 세상에 물리적으로 고착되어 있으면 모든 것이 당신에게 '중요해(matter)진다'. 그리하여 당신은 눈앞의 현상에 대해 스스로 지어낸 이야기 속에서 살게 된다.

물리적 차원에 경도된 이런 인식 상태의 결과로, 당신은 사물의 '속을' 들여다보지 못한다. 그래서 생명체들의 속내에 대해서도 아는 것이 없게 된다. 당신은 모든 것이 서로 얼기설기 얽혀서 상호작용하고 있다는 사실을 깨닫지 못한다. 그것은 모든 생명체들 사이의 진정한 상호작용이 일어나는 근원 자리는 만물의 내면, 그 한가운데에 있기 때문이다. 당신의 주의가 물리적 차원에 고착되어 있으면 당신이 주의를 기울이는 모든 것의 견고한 표면은 만물을 분리시켜 갈라놓는 장벽으로, 외피로 보인다. 그리고 눈앞의 현상에 대해 스스로에게 들려주는 마음의 스토리가 옳은 것처럼 보인다. 당신의 눈에는 내면에서, 근원의 차원에서 실제로 일어나고 있는 것이 보이지 않기 때문이다.

모든 생명체들 사이의 연결성을 인식하는 능력을 되살리려면 생명을 '작용하는 에너지'로 볼 수 있어야 한다. 그렇다면 어디서부터 이런 인식의 조율을 시작할 수 있을까? 바로 자기 경험의 감정적 내용물로 주의의 초점을 되돌리는 훈련에서부터 시작해야 한다. 먼저 움직이고 있는 '자신의' 에너지를 자각해야 한다. 그런 연후에야 그 자각의식이 주변 세상에도 비쳐 보인다.

이러한 점진적 의식 변화의 결과로, 당신의 감정과 생각과 말과 행동, 그리고 그것의 신체적, 정신적, 감정적 결과물 사이의 거리는 점점 줄어들 것이다. 어쩌면 시간이 점점 더 빨리 흐르는 것처럼 느껴질 수도 있다.

이때 당신은 실제로 자기 경험 속의 감정의 저류를 자각하기 시작하고 있는 것이다. 이 감정의 저류는 당신의 경험을 관통하여 흐르면서 원인과 결과 사이를 이어주는 에너지의 줄이다. 이 에너지 줄은 항상 존재하고 있으며, 이것을 인식하는 능력을 되찾는 것이 바로 '현 순간의 자각'의 재탄생이다. 하지만 이것은 육안이나 정신적인 이해력으로 알아볼 수 있는 것이 아니라 오로지 느낌으로 '보는' 마음의 눈을 떠야만 알아볼 수 있게 된다.

현 순간의 자각에 들면, 시간 속에서 살 때마다 당신이 하게 되는 경험의 질이 실은 '결과물'이라는 사실이 분명해진다. 현 순간의 자각이 더욱 깨어나면 지금 당신이 하고 있는 경험의 질은 당신이 아동기 때부터 지녀왔던 통합되지 못한 감정의 누적물들이 다시 일으켜내고 있는 결과물임이 분명해진다. 당신은 평소에는 깨닫지 못하지만, 자신의 통합되지 못한 아동기 감정이야말로 자신의 성인기 경험의 질로서 나타나는 신체적, 정신적 환경의 원인이라는 사실을 깨닫게 된다.

이런 인과의 근원(즉, 감정의 누적을 일으킨 아동기 경험)이 일상의 신체적, 정신적 인식에 의해 잘 알아차려지지 않는 이유는, 현 순간에 대한 자각의 결핍으로 생긴 의식의 사각지대 외에 다음 두 가지가 있다.

1. 이 인과의 근원의 대부분이 의식이 정신적 영역으로 발달해가기 이전에 감정체에 각인되었기 때문이다. 그래서 그것들은 당신의 내면에 생각이나 말, 개념으로서가 아니라 단지 느낌으로서 자리 잡고 있다.
2. 당신의 현재 경험에 영향을 미치는 과거의 핵심적인 감정적 경험은 그 성질상 원래 불편한 것이다. 그래서 당신은 '살아가기 위해서' 자동적으로 그것을 의식에서 밀쳐내려고 한다. 이것을 '억압'이라고 하고, 당신은 진정과 통제를 통해 그것을 해낸다. 당신은 어찌할 방법을 모르는 문제를 자신으로부터 숨기는 데 명수가 된다.

당신은 현존 수업의 경험을 통해 이러한 아동기의 억압된 감정적 누적물이 의식의 표면에 떠오르게 한다. 이 과정의 메커니즘을 잘 보여주는 예를 들어보자. 기름과 물이 담긴 투명한 유리항아리가 있다고 하자. 여기서 물은 당신의 참 존재를 상징하고, 기름은 당신의 불편한 신체적, 정신적, 감정적 경험의 총합을 상징한다고 하자. 당신이 희생자/

지배자 심리로 자동반응적인 삶을 산다면 그것은 이 유리항아리를 끝없이 흔들어대는 꼴이 된다. 그러면 기름과 물이 마구 섞여버려 둘을 서로 구분할 수 없게 된다. 이렇게 당신의 끝없는 '행위'와 '생각'은 결국 우중충한 혼합물을 만들어내고 만다. 자동반응적인 행동은 유리 항아리를 마구 흔드는 것인 반면, 의식적인 응답 행위는 항아리에 담긴 물과 기름이 제자리를 찾아 멈추도록 허용하는 행위다.

현존 수업은 '하지 않음(not doing)'에 관한 것이다. 현존 수업은 현재 경험의 항아리를 '내려서 놓아두도록' 가르친다. 그러면 기름은 저절로 표면으로 떠올라 물과 분리된다. 표면에 떠오르는 기름이 당신의 무의식 속의 아동기 기억이다. 그리고 이 기억은 불편한 느낌의 감정 상태로 당신의 의식을 통과한다.

현존 수업은 당신에게 '하지 않음'을 소개하는 동시에 누적된 감정의 기름을 경험의 표면에서 부드럽게 걷어내는 법도 가르쳐준다. 이 작업을 하면 항아리에 담긴 기름은 점점 줄어드는 동시에 당신의 참된 본성에 대한 자각인 물은 점점 더 투명해진다. 현존 수업을 통해 당신은 자신의 참된 본성을 자각하게 된다. 또 당신이 내면에서 느끼는 불편에 대한 자동반응으로서 무의식적으로 지어내는 경험들이 여태껏 당신을 끊임없이 방해해왔다는 사실도 깨닫게 된다.

다행히도 당신은 자신의 감정체에 이런 불편한 감정을 각인시켜놓은 아동기의 경험을 전부 다시 경험하거나 그것을 다시 살거나 다시 목격하지 않아도 좋다. 이런 경험들을 정신적으로 시시콜콜 모두 다시 경험하는 것은 의미가 없다. 그런 경험들 중 다수는 단지 어떤 느낌과 기분으로서 의식 속으로 다시 들어왔다가 흘러나갈 것이다. 그 느낌은 머리로 이해하기는커녕 기억 속의 어떤 것과도 정확하게 관련짓기가 어려울 것이다.

그로부터 지혜를 축적할 필요가 있을 때만 억압된 기억의 자세한 내용을 머리로 알게 된다. 다시 말해서, 당신은 이 과거 경험의 자세한 내용을 기억해냄으로써 얻어진 지혜가 당신의 현재의 감정적 성숙을 촉진할 수 있는 경우에만 과거를 기억해낼 것이다.

이 억압된 감정이 '지나가기 위해서 오면' — 이것이 그것을 재경험하기 시작할 때 일어나는 일의 전부지만 — 당신은 처음엔 그것을 생전 처음 겪는 경험처럼 느낄 수도 있다. 그러나 현 순간의 자각이 커질수록 당신은 이 불편한 느낌이 당신이 무의식적으로 붙들고 있으면서도 동시에 자신으로부터 숨겨왔던 오래된 감정 상태라는 사실을 깨닫게 된다! 이처럼 당신은 현존 수업을 통해 어떻게 하면 불편한 느낌에 의도와 주의를 기울여 통합을 촉진할 수 있는지를 배우게 된다.

불편한 느낌에 대한 자신의 경험에 어떠한 조건도 달지 않고 그저 그것을 느끼는 것만으로 통합이 촉진된다.

이 억압된 기억과 그에 상응하는 고유의 감정은 당신의 무의식에 너무나 깊이 각인되어 있어서 뭐라 이름 붙일 수 없는 느낌과 기분으로서만 당신에게 나타난다. 그래서 최근에 일어난 사건에 대한 기억을 떠올리듯이 그것을 정신체의 심상으로 떠올리는 것은 필요하지도 않을뿐더러 가능하지도 않다. 억압된 기억이 의식 표면에 떠오르는 방식은 정신체가 최근의 사건을 떠올리는 방식과는 다르다. 억압된 기억을 의식적으로 통합시킬 수 있도록 당신의 경험 속에서 표면으로 떠오르게 할 때, 그것은 '반영(reflection)'이나 '투사(projection)'의 형태로 떠오른다.

'반영'은 당신에게 뭔가를 생각나게 하는, 거울과 같은 역할을 하는 경험이 일어나는 것을 말하며, '투사'는 그런 기억에 당신이 자동반응할 때 하게 되는 행동을 말한다.

　예를 들어, 누군가가 당신의 부모님 중 한 분을 생각나게 한다면 이것은 반영이다. 그다음에 당신이 부모님에게 하는 방식대로 그 사람에게 행동한다면 이것은 투사다. 반영이 먼저 일어나고 투사가 뒤이어 일어난다.

　대부분의 경우 이 반영과 투사의 과정은 의식하지 못하는 사이에 일어난다. 현존 수업에서는 이것을 '방아쇠를 당겼다', '버튼을 눌렀다', '흥분했다'는 등의 말로 표현할 것이다. 당신은 과거에서 온 유령을 본 뒤에(반영) 그것을 쫓아간다(투사).

　현 순간의 자각을 쌓기 전에는 이 반영과 투사들이 당신의 행동과는 무관하게 당신 '에게' 일어나는 사건으로 보일 것이다. 그것들은 얼핏 무작위적이고 혼란스러워 보이는 외부환경이라는 가면을 쓰고 당신에게 나타난다. 그것들은 또 주변 사람들이 아무런 까닭도 없이 당신을 화나게 만드는 듯한 행동으로도 나타난다.

　그러나 현 순간의 자각을 쌓아감에 따라 당신에게 감정적 불편을 일으키는 '방아쇠가 당겨질' 때마다 당신은 자신이 의도적인 어떤 '마련'을 맞이하고 있는 것임을 알아차릴 수 있는 힘을 또한 얻게 된다.

　당신을 흥분 내지 동요(upset)시키는 것은 당신을 위한 어떤 마련(setup)이다.

　당신이 흥분할 때마다 과거라는 유령이 찾아오는데, 이로써 당신은 그 유령이 당신의 현재를 따라다니며 괴롭히지도, 미래를 오염시키지도 못하도록 퇴마할 기회를 얻는다.

　의식 표면에 떠오르는 무의식적 기억의 반영을 주변 세상으로부터 알아차리기 위해서는 다음 두 가지 통찰을 명심할 필요가 있다.

- 당신을 감정적으로 흥분하게 만드는 일이 일어날 때마다 — 그것이 특정한 사건으로 나타나든 아니면 타인의 행동으로 나타나든 간에 — 당신은 과거의 반영을 경험하고 있는 것이다.

- 그런 경험에 신체적, 정신적, 감정적으로 자동반응을 할 때마다 당신은 그 반영의 결과로 투사를 하고 있는 것이다.

유감스럽게도 이 규칙에 예외는 없다. '감정적 흥분 = 기억의 상기'인 것이다.

어떤 것에 감정적으로 흥분할 때, 당신은 여태껏 무의식 속에 숨겨져 있던 뭔가를 활발하게 상기하고 있는 것이다. 당신은 당신을 흥분하게 만드는 이 사건에 에너지적으로 집착하고 있고, 그래서 거기에 자동적으로 반응하고 있다. 왜냐하면 그 사건은 당신의 과거에 일어났던 통합되지 못한 감정 상태를 반영해주고 있기 때문이다. 당신은 이 감정 상태에 시달림을 받는다. 이 때문에 당신은 투사를 함으로써, 다시 말해 희생자나 지배자처럼 행동함으로써 거기에 자동반응한다.

당신을 흥분하게 만드는 상황은 곧 과거 감정의 기억이 의식 표면에 떠오르고 있는 것임을 당신이 잘 알아차리지 못하는 이유 중의 하나는, 앞서 말했듯이 '시간' 속에서는 당신이 오직 상황의 물리적 차원에만 주의를 뺏기는 성향이 있기 때문이다. 시간 속에서 당신의 주의는 당신을 흥분하게 만드는 물리적 사건과 상황, 사람들의 행동에 고착돼버린다. 당신이 경험하고 있는 감정적 반응은 사실 하나의 '결과물'일 뿐이라는 사실을 당신은 인식하지 못하고 있다.

여기서 핵심은 이것이다. 의식 표면에 떠오르는 기억은 육안에 보이는 물리적 대상도 아니며, 정신적으로 이해해야 할 대상도 아니다. 그것은 당신이 순수하게 느낌과 직감을 통해 관계를 맺어야 할 대상이다.

그 기억들은 '느낌을 통해 감지되는 하나의 에너지 반향'이라고 할 수 있다. 이것이 '나는 흥분을 한다'거나 '흥분을 생각한다'가 아니라 '나는 흥분을 느낀다'고 말하는 이유이다.

현존 수업을 통해 당신은 물리적 사건이나 다른 사람의 행동이나 그런 것에 관해 당신 스스로 지어내는 스토리에 주의를 뺏기지 않는 법을 배운다. 대신 당신은 흥분된 상황에서 일어나는 울림의 느낌을 경험하도록 자신을 훈련시킨다. 왜냐하면 거기에는 '그 기억의 특징적인 감정이 담겨 있기 때문이다'.

당신의 최초의 기억들은 단지 특징적인 감정으로만 경험할 수 있다. 그리고 최초의 기억들을 인식하고 그것들을 의식적으로 통합할 수 있는 능력을 가지려면 느낌과 직감을 알아차릴 수 있게 되어야 한다. 느낌과 직감은 당신이 현재 처한 물리적 상황과 당신이 거기에 덧붙이는 정신적 스토리를 넘어설 수 있는 힘을 당신에게 부여해준다. 그리고 스토리 대신 삶의 사건들의 표면 아래에 흐르고 있는 감정의 저류를 자각하는 힘을 또한 부여해준다.

당신 주변의 물리적 세계는 끊임없는 변화의 상태에 있다. 이처럼 경험의 물리적 상태는 끊임없이 변화한다. 이 때문에 그것들은 늘 전혀 새로운 사건인 것처럼 보인다. 그래서 사건의 표면에만 주의를 뺏겨 있으면 당신은 일어나고 있는 일들을 늘 새로운 것으로 여기게 되는 것이다.

그러나 당신이 어떤 특정한 상황에만 흥분하고 다른 상황에는 흥분하지 않는다는 사실 — 그리고 그 상황에 감정적으로 자동반응을 일으킨다는 사실 — 은 당신을 흥분시킨 사건이 무엇이든 간에 사실 그것은 새로운 사건이 아님을 말해주는 충분한 증거가 된다. 그것이 당신에게 감정적으로 불편한 영향을 끼치는 이유는 '그것이 당신에게 아직 통합되지 못한 과거의 불편한 무엇인가를 떠올리게 만들었기 때문이다.' 그 사건이 당신을 감정적으로 흥분시키는 이유는 대개 그것이 당신이 떠올리고 싶지 않은 뭔가의 반영이기 때문이다. 이 때문에 당신은 그것을 불편하게 여긴다.

현존 수업에서는 당신이 흥분하도록 방아쇠를 당기는 사건을 '메신저messenger'라고 부를 것이다. 이 체험 여행을 하는 동안 현존은 당신에게 의도적으로 '메신저(당신 과거의 반영)'를 보내어 당신을 위한 일을 마련할(set you up, 즉 당신을 흥분시킬upset you) 것이다. 이것은 당신이 아동기 이래 오랫동안 자각하지 못하도록 억눌러왔던 통합되지 못한 아동기의 기억을 떠올리도록 돕기 위해서다.

현존은 왜 이런 일을 하는가? 왜냐하면 자신의 깊이 억압된 과거를 통합할 힘을 얻을 수 있도록 그것을 '보게' 하는 방법으로는 거울의 반영(메신저)을 이용하는 수밖에 없기 때문이다. 현존이 이런 식으로 당신을 위한 상황을 '마련하는' 이유는, 억압된 기억들을 의식 표면에 떠올려 의식적으로 통합하지 않으면 그것들은 계속해서 당신의 현재 상황에 영향을 미칠 것이기 때문이다. 이처럼 의도적으로 마련받는 경험의 느낌은 거의 언제나 불편한 느낌이다. 하지만 그것은 당신에게 모욕을 주려는 것이 아니라 해방시켜주기 위해서 일어나는 것이다.

이 준비 과정에 의식적으로 참여하기 위해서는, 이 여행이 쉬울 것이라는 생각이나 이 여행을 하면 기분이 좋아질 거라는 기대를 품고 접근해서는 안 된다. 이런 생각은 당신의 감정적 성장을 촉진하기 위해 일어나는 경험들로부터 당신을 멀어지게 할 뿐이다. 이 경험들은 ― 그리고 그것을 의식적으로 느껴보는 것은 — 당신의 직감력을 키워준다. 그러므로 현존 수업은 당신이 자신의 에너지를 '더 좋은 기분을 느끼기' 위해서가 아니라 '더 잘 느끼기' 위해서 사용할 것을 요구한다.

그렇다면 현존은 어떤 방식으로 '메신저'를 보내 당신으로 하여금 자신의 억압된 과거를 자각하고 그것을 통합할 기회를 갖게 하는 것일까?

그것은 간단하다. 현존 수업 1주차 과정에서 현존의 성질이 소개됐다. 현존의 성질 중 하나는, 당신의 참모습인 현존은 모든 생명체 안에서 발견되는 현존과 밀접하게, 늘 연결되어 있다는 사실이다. 현존은 어디에든 존재하기 때문에 당신이 오랫동안 억눌러온 사건들을 상기시켜주는 행동과 상황을 재현할 사람들과 환경을 당신의 경험 속에 불러 일깨울 수 있다. 현존은 편재하므로 스스로 적당하다고 판단하는 시간과 장소에, 적당한 방법으로 적당한 사람들을 동원하여 당신에게 상황을 '마련해줄' 수 있다. 당신을 흥분시키는 사건들은 모두가 당신의 감정적 성숙을 촉진하는 데 필요하기 때문에 일어나는 것일 뿐이다.

메신저의 활용을 통해 무의식 속의 기억이 일깨워지는 것은 현존 수업에 꼭 필요한 과정이다. 이것은 기존의 신체적, 언어적인 치료 과정으로는 불가능한 것을 달성할 수 있게 한다. 이 체험여행을 마칠 때쯤이면 당신은 이 '방아쇠 당기기'가 모종의 의도에 의한 것인지 아닌지를 더 이상 의심하지 않게 될 정도로 이 같은 마련된 상황을 충분히 체험하게 될 것이다. 10주가 끝날 무렵이면 당신은 감정적으로 흥분이 일어날 때마다 그것이 당신의 누적된 감정 상태를 자각하게끔 마련된 상황임을 경험적으로 알게 된다.

그러나 이 사실을 안다고 해서 상황이 더 수월해지는 것은 아니다.

불행히도 마련된 상황의 유머러스한 면은 나중에 이 과정을 모두 마치고 되돌아볼 때라야 알 수 있다!

흥분될 때는 흥분하는 것이 진실한 태도다. 느낌과 직감을 키우기 위해서는 흥분될 때 흥분을 '느껴야' 한다. 하지만 이처럼 어떤 의도에 의해서 메신저가 활용되고 있음을 알면 당신은 점차 자동반응 대신 의식적 응답을 선택하는 힘을 얻게 된다.

현존이 감정의 자각을 돕기 위해 모든 사물과 사람에게 작용한다는 깨달음은 어쩌면 좀 섬뜩할 수도 있다. 그렇다면 어디에나 존재하는 이 놀라운 현존이 매 순간 당신에게 개인적으로 바싹 주의를 기울이고 있다는 뜻이기 때문이다. 그러나 이 깨달음은 오히려 위안이 될 수도 있다. 왜냐하면 이로써 당신은 지금 결코 혼자이거나 길을 잃었거나 도움의 손길이 미치지 않는 상태에 있지 않다는 사실이 — 그리고 지금까지도 그러했다는 사실이 — 분명해지기 때문이다.

현존을 자각하지 못하는 것은 시간이라는 꿈속에서 잠들어 있을 때 나타나는 증상이다. 시간이라는 음침한 복도에서 정신적으로 헤매고 있는 한 당신의 자각의식은 현존에 대한 직접 체험에 무감각하게 된다.

삶 속에 일어나는 상황들은 당신을 위해 상연되는 연극과 비슷하다. 이 연극은 당신이 안으로 억압해왔던 것들이 바깥세상에 비친 것이다. 당신은 내적 통찰(insight)의 능력이 한정되어 있기 때문에 바깥세상에서 인지하는 외부시야(outsight)의 도움에 의지한다.

이 과정에서 당신은 또한 당신으로 하여금 투사를 하고 자동적으로 반응하게 만드는 반영이 오직 '당신에게만' 의미를 갖는, 개인적으로 억압된 기억들이라는 사실을 깨달을 기회를 얻는다.

이 사실은 당신이 '메신저' — 메신저는 현존에 의해 일깨워져서 당신을 흥분하게 만드는 사람이다 — 에게 다가가서 왜 나에게 이렇게 행동하느냐고 물어보면 깨달을 수 있다. 그들은 십중팔구 당신이 정신이 약간 이상한 사람이라는 듯이 어리둥절한 눈빛으로 당신을 쳐다보고 말할 것이다. "무슨 말을 하는지 모르겠군요. 전 당신이 그런 기분을 느끼게 만들려는 게 전혀 아니에요." 이것은 당신의 통합되지 못한 기억을 되비춰주는 사람의 입장에서는 마련된 전체 상황과 그것이 시사하는 바를 이해할 수가 없기 때문이다. 상황은 그 사람이 의식하지 못하는 가운데 현존에 의해 일깨워져서 당신을 돕는다.

이 흥분의 무대극에 등장하는 주요 등장인물은 당신 곁의 가족과 친척, 아니면 직장 동료들이다. 하지만 현존은 이 세상에 존재하는 모든 것, 모든 사람을 다 동원하여 당신의 주의를 통합되지 못한 감정 상태로 향하게 하는 데 이용할 수 있다.

이 마련된 경험을 통해서 당신이 받아들여야 하는 또 하나의 중요한 깨달음은, '반영은 실재하는 것이 아니란' 사실이다.

반면에 '투사는 실질적인 힘을 가지고 있어서 결과를 낳는다는 사실'은 꼭 알아둬야만 한다.

즉, 느낌과 직감을 통해 인식되는 기억은 과거가 현재에다 비추는 그림자일 뿐이지만, 당신이 거기에 감정적, 정신적, 신체적으로 자동반응한다면 당신은 그것이 현재에 미치는 영향에 실질적인 힘을 부여해주고 있는 것이다.

이런 이유로 당신은 현존 수업 여행을 마칠 때까지 마치 극장에서 연극을 관람하듯이 뒤로 물러나 앉아 자신의 경험을 지켜볼 것이다. 라이브 연극을 관람할 때 당신은 배우들이 당신을 화나게 만드는 언행을 한다고 해서 자리에서 일어나 배우와 싸우지는 않는다. 당신은 그저 가만히 자리에 앉아 있는다. 왜냐하면 지금 당신 앞에 펼쳐지고 있는 것이 단지 연극일 뿐이라는 사실을 알기 때문이다. 그리고 배우들은 단지 당신의 가슴에 친숙한 감정의 방아쇠를 당겨주고 있는 것일 뿐이란 사실을 받아들이기 때문이다.

이것이 바로 당신이 현존 수업 과정에서, 그리고 현존 수업이 끝난 다음에도 의식 표면에 떠오르는 무의식적인 감정의 기억을 경험해야 할 방식이다. 사실은 현존 수업을 떠나서도 당신의 무의식적 감정의 기억은 언제나 이런 식으로 의식 표면에 떠오르고 있다. 다만 당신이 시간이라는 꿈속에 머물러 있는 한 이런 마련된 과정을 알아차리지 못하는 것일 뿐이다. 의식 표면에 떠오르는 기억을 느낌과 직감으로써 인식할 수 있다면 그것은 현 순간의 자각이 커지고 있다는 표시다.

이 마련된 과정이 작동하는 방식을 알고 나면 당신은 자신이 얼마나 잘, 그리고 자주 거기에 걸려드는지를 깨닫고 웃게 된다. 어떤 차원에서 보면 당신 삶의 경험 전체가 마련된 것이다. 이것을 '우주적 농담(cosmic joke)'이라고 한다. 당신이 얼마나 잘, 그리고 자주 거기에 걸려드는지, 그리고 그 경험에 얼마나 무의식적으로 자동반응하는지를 깨닫고 웃을 줄을 알게 되면 웃을 일이 끊이지 않을 것이다.

당신의 감정에 방아쇠를 당기는 사람과 상황에 자동반응하는 것은 — 거기에다 투사를 하는 것은 — 현존이 보낸 메신저를 죽이는 것이나 다름없다. 자동반응하는 대신 의식적으로 응답하는 힘을 얻도록 인식의 훈련법을 스스로에게 가르치라. 자동반응과 의식적 응답의 핵심적인 차이는 아래와 같다.

'자동반응(reaction)'은 자기를 방어하거나 상대를 공격하려고 자신의 에너지를 바깥세상으로 보내는 행동이다. 자동반응은 당신을 흥분하게 만드는 경험의 원인을 잠재우고 통제하려고 펼치는 드라마이다. 모든 반응 행동의 주제는 '비난'과 '복수'다. 자동반응할 때 당신은 '자신에게 일어난다고 생각하는 것에 대해 무언가를 행하는' 것이다.

'의식적 응답(response)'은 의식 표면에 떠오르는 에너지를, 무의식을 통합하는 데 사용하겠다는 의도로써 품어 안고 건설적으로 내면화시키려는 의식적인 선택이다. 의식적 응답 행동의 주제는 '책임'이다. 당신은 '내면에 펼쳐지는 감정 상태를 바깥으로 다른 사람에게 투사하지 않고, 그것을 무조건적으로 느낌으로써' 의식적으로 반응한다.

이제부터 당신의 주의를 자석처럼 잡아당기는 어떤 상황들이 당신의 일상적 경험 속에 펼쳐질 것이다. 그것은 당신이 통합시키려고 주의를 기울이는 상황들이다. 당신의 주의를 자석처럼 잡아당기는 힘은 그 상황들이 당신의 억압된 과거와 에너지 차원에서 연결되어 있기 때문에 생기는 것이다.

이 상황이 당신이 경험하는 다른 모든 상황과 다른 점은, 거기에는 당신이 감정적으로 자동반응한다는 것이다.

현 순간의 자각을 얻어 의식적이고 책임 있게 행동하게 될 때까지 당신은 이런 마련된 상황들에 대해 계속 무의식적으로 자동반응할 것이다. 그러므로 억압된 기억이 떠오르는 방식을 꼭 유념해야만 한다. 억압된 기억은 당신의 정신체 안에서 이야기나 이미지로 떠오르지 않는다. 그것은 당신을 흥분하게 만드는 사람들의 행동이나 상황으로 나타난다.

2주차에 당신이 할 일은 당신의 통합되지 못한 기억들을 반영하는 메신저가 당신의 경험 속에서 나타날 때 그것을 알아차리는 것이다. 또 당신의 투사와 반응적 행동이 방아쇠에 의해 촉발될 때 그것을 알아차리는 일이다. 이때 기분을 좋아지게 하기 위해서 자신의 느낌을 조작하려 들지 말고 단지 방아쇠가 당겨지는 것을 느껴야 한다.

  2주차 과제를 통해 당신은 '보는' — 느낌으로 느끼는 — 능력을 일깨울 것이다. 다시 말해 물리적 상황의 표면 아래서 에너지로 흐르고 있는 그것을 인식하는 직감을 일깨울 것이다. 이 기술이 반드시 필요한 이유는 그것이 '실제로 일어나고 있는 것'과 '반영된 기억'을 구분할 수 있게 해주기 때문이다. 이 기술은 또한 반응적인 것과 응답적인 것을 구별하는 능력을 준다.

  이 과제를 자신에게 부여함으로써 당신은 과거의 유령을 내쫓을 준비를 갖추게 된다. 메신저를 알아차림으로써, 그리고 자동반응과 의식적 응답을 구분함으로써 당신은 유령 잡는 사람이 된다. 유령 잡는 사람으로서 당신은 시간이라는 꿈에 의해 반응적으로 일어나는 경험에서 벗어나도록 자신의 의식을 용의주도하게 이끌어간다.

  이것으로 현존 수업 2주차가 마무리되었다.

현존 수업 3주차 7일 동안의 의식적 응답은 이것이다.

"나는 의식적으로 응답하기를 선택한다."
(I choose to respond.)

통찰 수신하기

현존 수업은 자신의 경험에 자동반응하지 않고 마치 연극을 관람하는 것처럼 관찰하기를 권한다. 그러나 이것은 말처럼 쉬운 일이 아니다. 왜냐하면 '시간 속에서 사는' 한 당신은 자동반응에 중독되어 있기 때문이다.

현재 지구에 사는 사람들 대부분은 끊임없는 반응 상태에서 살고 있기 때문에 자동반응이 정상적인 행동으로 보일 수도 있다. 그래서 자동적으로 반응하지 않는 것이 처음에는 오히려 비정상적인 행동으로 느껴질 수도 있다.

현존 수업 2주차에서 당신은 세상에 나타난 당신의 무의식적 기억의 반영을 알아차리도록 권유받았다. 그것은 현존이 보낸 '메신저'를 알아차리겠다는 의도를 지니고 자신의 경험을 관찰함으로써 가능해진다. 이 메신저를 알아차리는 것은 그리 어렵지 않은데, 그것은 당신을 흥분시키는 사람들의 행동이나 사건으로 나타나기 때문이다. 당신은 그 '메신저들을 죽이지' 않도록 최선을 다해야 한다고 배웠다. 그와 함께 당신은 '메신저에 지나치게 집착하지도 않는다.' 당신은 당신을 흥분시키는 경험이 지닌 가치는 '메시지 자체'에 있지, 그 메시지를 가지고 온 자에게 있지 않다는 사실을 안다.

공과금이 많이 나왔다고 해서 공과금 청구서를 배달한 우체부를 비난하는 사람은 없다. 또 무엇이든 그 앞에 놓인 것을 그대로 비춰줄 뿐인 거울을 비난하는 사람도 없다. 이와 마찬가지로 자신의 통합되지 못하고 누적된 감정의 반영에 자동반응하는 것 역시 무익한 일이다. 자신의 통합되지 못한 감정적 누적물의 반영에 대해 마치 그것이 실재하는 것인 양 자동반응하는 것은 인지기능장애이자 일종의 정신착란이라고 할 수 있다.

이렇게 말하기는 했지만 메신저를 그저 잊어버릴 것이 아니라 그에 대해 실제로 어떤 행동을 취해야 하는 경우도 분명히 있다. 그렇지만 이때도 행동을 취하기 전에 건전한 상식에 물어보아 단지 자신의 기분을 만족시키기 위한 행동은 취하지 않도록 해야 한다. 다시 한 번 기억할 것은, 현존 수업이라는 이 작업은 '기분을 좋게 만드는' 법에 관한 것이 아니라 당신이 '더 잘 느끼게' 하려는 것이라는 사실이다.

앞으로 당신이 겪게 될 만남들에서 그것의 느낌의 측면에 아무런 조건 없이 주의를 기울인다면 자신의 경험에 의식적으로 응답하겠노라는 의도에 늘 충실할 수 있을 것이다. 그렇게 한다면 당신의 모든 행동은 반응적이 아니라 응답적인 것이 될 것이다. 현존 수업은 당신의 감정 능력을 키우기 위해 온갖 도전을 겪어보도록 고안된 과정이다. 그래서 그러한 성질상 때로는 '당신의 진실을 말하고' 말로써 '확실한 한계를 선언하기를' 요구한다. 그리고 당신은 이런 요구를 받고 나서야 자신이 그렇게 할 수 있다는 사실을 깨닫는다. 그리고 그렇게 하더라도 세상이 끝나는 것은 아님을 알게 된다. 그런 행동이 연세 식실하고 인세 픽필

현존 수업

하지 않은지에 대해 정해진 규칙은 없다.

어떤 만남이라도 그 느낌의 측면을 존중함으로써 자신의 경험에 진실해지고자 한다면 당신이 하는 모든 행동의 결과는 모든 당사자에게 이로울 것이다. 여기서 기본원칙은, 상식을 활용하면서 내면의 앎을 신뢰하는 것, 그리고 타인에게 의도적으로 해를 입히지 않는 방식으로 행동하는 것이다. 세상 속에서 타인과 관계를 맺을 때 당신이 갖는 진정한 의도를 아는 사람은 오직 자신뿐이다.

이번 3주차에 당신은 이 과정을 한 단계 더 나아갈 것이다. 메신저에 걸려들지 않은 당신은 이제 그 메신저가 가지고 온 메시지를 받아들일 차례다. 그리고 그 메시지는 바로 '통찰'이다.

처음에는 이것이 도전적인 것으로 느껴질 수도 있다. 왜냐하면 지금껏 당신은 감정의 방아쇠가 당겨질 때마다 자동적으로 반응하는 데 익숙해 있기 때문이다. 그러나 하루 두 번 의식적으로 호흡을 연결시키며 현 순간의 자각을 꾸준히 쌓고 있는 당신은 이제 자각 능력이 점점 더 커지고 있다. 현 순간의 자각을 통해 당신은 경험 속에서 당신을 감정적으로 흥분시키는 모든 일이, 실은 현존이 당신의 무의식적 감정적 누적물을 거울처럼 비춰 보여주기 위해 사용하는 도구라는 사실을 깨달을 수 있다.

현존은 세상에 대한 당신의 경험을 거울효과로 바꾸어, 당신의 무의식적 감정적 누적물을 비춰 보여준다. 당신은 외부에 반영된 것처럼 보이는 것이 실은 당신 내면에 깊이 억압된 감정적 누적물이 물리적 차원에 드리운 그림자라는 사실을 거울효과를 통해 알게 된다. 메신저가 가지고 온 메시지를 제대로 받아들이기 위해서는 다음 사항이 요구된다.

1. 메신저에서 주의를 거둔다.(여기서 메신저란 당신의 감정 방아쇠를 잡아당기는 사람의 행동이나 물리적 사건을 말한다).
2. 당신을 자동반응하게 만드는 스토리에서 한발 물러난다.(다시 말해 정신적 사건으로부터 거리를 유지한다).
3. 감정의 방아쇠가 당겨져서 동요한 결과로 자신이 어떻게 느끼고 있는지에 주의를 집중한다(감정적 사건).

당신은 감정의 방아쇠가 당겨질 때마다 아래 질문을 스스로에게 던짐으로써 메신저가 가지고 온 메시지를 온전히 받아들일 수 있다.

"내 감정의 방아쇠를 잡아당기는 이 사건은
느낌과 직감의 차원에서 내게 어떤 영향을 미치고 있는가?"

이 질문에 대한 대답은 당신이 인지하는 감정 상태를 정신적으로 설명하는 것이어서는 안 된다. 그것은 '느낌과 직감을 통해 직접적으로 느껴지는 경험'이어야 한다. 다시 말해 자신이 '느끼는' 감정 상태이어야 한다.

바꾸어 말하면 위 질문에 대한 대답은 언어적인 것도, 정신적인 것도 아니다. 그것은 느낌이어야 한다. 당신이 몸소 느끼는 그 느낌은 당신의 주의를 현상의 원인으로 향하게 한다. 반면 경험에 대한 언어적 설명은 현상의 드러난 결과로 주의를 향하게 할 뿐이다. 느낌과 직감을 이렇게 사용할 수 있다는 사실을 알면, 기존의 언어 치료가 어느 지점에서, 왜 현상의 원인을 효과적으로 변화시키지 못했는지를 알 수 있다.

치료사가 내담자에게 "이 일로 당신은 어떤 느낌을 받나요?"라고 묻는다면 치료사는 정확한 대답을 내담자에게 요구하고 있는 것이다. 그런데 여기서부터 많은 치료사가 내담자의 주의를 잘못된 곳으로 인도하고 있다. 다시 말해 내담자의 주의를 현상의 원인으로부터 정신적인 영역으로 잘못 인도하고 있는 것이다. 치료사는 자신의 질문에 말로 대답해줄 것을 내담자에게 요구하고 있다. 다시 말해 치료사는 내담자가 인지하는 자신의 감정 상태를 '정신적인 이해'의 형태로 설명할 것을 요구하고 있는 것이다.

그러나 치료사의 이 질문에 대한 정확한 대답은 '말로 표현할 수 없는 느낌의 직접적인 경험'이다. 내담자는 그저 '대답을 느낄 뿐' 그것을 정신적 개념의 형태로 바깥으로 투사하거나 자신이 경험하는 느낌을 스토리로 바꿔놓지 않는다.

치료사가 내담자에게 질문에 대한 응답을 언어적으로 표현할 것을 요구한다면, 이는 내담자가 정신 능력을 발달시키기 이전에 각인되었던 근원적 기억에 접근하는 것을 방해하는 것이다. 이러한 정신적 차원의 조사방법은 정신적으로 이해하는 과정이 치료효과를 가져온다고 인정될 때에만 의미를 갖는다. 그리고 오직 정신체만이 신처럼 모든 현상의 원인이라고 찬양받을 때만 정신적 이해가 치료효과를 갖는다. 이런 잘못된 접근법은 '나는 생각한다. 고로 존재한다'는 사고방식의 결과이다.

메신저가 갖고 온 메시지에 접근하기 위해 현존 수업은 우리에게 이런 질문을 던진다.

"내 감정의 방아쇠를 잡아당기고 있는 이 사건은
느낌과 직감의 차원에서 내게 어떤 영향을 미치고 있나?"

'무언가가 느껴질' 때, 당신은 메신저가 가지고 온 메시지가 수신되었음을 안다. 그리고 그 무언가는 대개 당신이 불편하게 느끼는 무엇이다. 인지되는 감정 상태로서 느끼고 있는 그 에너지를 말로 표현할 수도 있지만, 꼭 그럴 필요는 없다. 이 에너지 상태를 느끼는 것 그 자체가 이 질문에 대한 대답이 된다.

느끼는 능력을 통해 당신은 내면의 원인이 있는 자리를 응시한다. 이것이 곧 통찰을 일깨우는 행위다. 당신의 몸은 공명(resonating)을 통해 메시지를 받았음을 확인한다. 다시 말해 당신의 몸은 감지할 수 있는 신체 감각으로써 그 메시지를 전한다. 이 공명은 손이 부르르 떨리거나 명치가 조여오거나 심장 박동이 빨라지거나 얼굴이 화끈거리는 등의 여러 가지 신체적 신호로 나타날 수 있다. 몸 안, 혹은 몸 주위에서 느껴지는 공명을 접했다면 당신은 메시지를 받은 것이다.

메시지를 받았으면 당신은 다음 단계로 넘어갈 준비가 되었다. 다음 단계는 더 큰 통찰에 다가가는 것이다. 이제 당신은 메신저에 의해 방아쇠가 당겨진 이 특정한 감정 반응이 당신에게 처음 나타난 것이 아니라 반복적으로 일어나는 자신의 누적된 감정 상태라는 사실을 직감으로 알 수 있는 준비가 되었다. 이러한 통찰에 다가가기 위해서 당신은 스스로에게 이런 질문을 던진다.

"지금 직감으로 느껴지는 이 공명과 동일한 경험을 한 것은 최근의 언제였나?"

이 질문을 던짐으로써 당신은 현재의 마련된 상황에서 일어나는 것과 동일한 불편한 감정이 일어났던 과거의 경험을 들추어낼 수 있다.

이 질문을 던지면 당신의 의식은 저절로 이전에 당신을 흥분하게 만들었던 사건으로 향하게 된다. 만약 즉각적으로 떠오르는 기억이 없다면 마음을 연 채로 필요할 때 현존이 답을 주도록 내버려두면 된다.

이전에 당신의 방아쇠를 잡아당겼던 그 사건의 물리적 세부사항에 정신적으로 걸려들지 않고, 또 그것에 관해 자신과 마음속의 대화에 빠지지도 않는 가운데 동일한 성질의 감정, 곧 동일한 불편한 공명이 일어나는 것을 알아차리라. 그리고는 직감을 이용하여 과거로 더 깊이 파고 들어가라. 다음과 같이 물어보라.

"이 상황 이전에 또 언제 이것과 동일한 불편한 공명을 느꼈었지?"

과거에 당신의 감정 방아쇠를 잡아당긴 사건을 하나씩 들추어낼 때마다 당신은 계속해서 이 질문을 던진다. 그렇게 해서 당신은 아동기까지 거슬러 올라가는, 반복적으로 일어나는 느낌의 패턴을 조금씩 파헤쳐낼 수 있다.

이러한 감정 경로를 찾아가기가 버겁게 느껴지는 것은 당신의 정신체가 이 경로의 물리적 세부사항에 너무 관심이 빼앗겨 있을 때이다. 그런데 당신의 동일한 감정반응의 방아쇠를 잡아당기는 과거의 물리적 상황들은 서로 닮은 구석이 전혀 없다. 이런 이유로 당신은 이 질문을 던지는 동안 과거의 '동일한 메신저'를 찾는 것이 아니라 '동일한 감정반응'을 떠올리는 데에 주의를 집중해야 한다.

반복적으로 나타나는 당신의 특징적 감정을 찾아내는 데 유용한 통찰이 하나 있다. 그것은 당신의 내면에 누적된 핵심 감정은 대략 7년마다 반복적으로 나타난다는 사실이다. 과거의 감정반응 경로를 되짚어가는 것이 어렵게 느껴진다면 가장 최근에 일어난 사건에서 7년을 거슬러 올라가 그 당시 당신의 누적된 감정이 의식 표면으로 떠오르게 한 일들을 살펴보는 것이 도움이 된다. 이 기술을 이용하여 당신은 아동기 경험에 근접한 시점, 혹은 아동기 경험의 시점까지 거슬러 올라갈 수 있다.

최초의 원인이 되는 사건에 접근하는 것이 어렵게 느껴지는 것은 당연하다. 왜냐하면 그 최초의 사건은 당신이 그 경험이라는 관념을 만들어내는 정신능력을 갖추기도 전에 일어났을 가능성이 크기 때문이다. 그 핵심 사건은 당신이 세상에 태어나자마자, 혹은 한두 살 때 일어났을 수도 있다. 그때는 당신이 주로 직감을 통해 세상과 상호작용을 하던 때이다. 그렇기 때문에 그 사건은 어떠한 정신적 개념도 붙지 않은 공명의 느낌으로 당신 안에 기록되어 있다.

사람은 누구나 어느 정도 지속적인 반응 상태로 산다. '시간 속에서 사는' 동안에는 이 세상에서 일어나는 사건들은 일종의 무의식적인 드라마로서 당신 앞에 펼쳐진다. 그리고 그 드라마 속에서 당신의 과거와 투사된 미래는 당신의 지속적인 경험을 위해 대본을 쓴다. 현존 수업은 미리 짜인 이 드라마에서 깨어날 하나의 기회다.

깨어남의 첫 단계는, 과거에 일어난 일이나 미래에 일어나리라고 상상하는 일이 아니라 '바로 지금' 일어나는 일에서 행동의 힌트를 구하는 것이다.

과거의 유령이나 미래의 환영으로부터 현재의 공명을 구별해내기 위해서는 반영이나 투사와 진짜 사건을 구분하는 능력이 필요하다. 당신이 지금 '메신저'에 휘말리는 대신 그들이 가져온 '메시지'에 다가가는 데 집중하는 훈련을 하고 있는 이유도 바로 이것이다.

감정의 방아쇠가 당겨질 때마다 바깥을 향해 주의를 투사하지 말고 자기 내면을 향해 다음 질문들을 차례로 던지라. 이를 통해 당신은 반복적으로 나타나는 감정적 행동이 어디서 오는지에 대해 심오한 통찰을 얻을 수 있다.

1. "내 감정의 방아쇠를 당기고 있는 이 사건은 직감의 차원에서 내게 어떤 영향을 미치고 있나?" 직감을 통해 불편한 느낌에 주의를 기울임으로써 이 질문에 답할 수 있다.

2. "지금 직감으로 느껴지는 이 공명과 동일한 경험을 한 것은 최근의 언제였나?"

3. "이 상황 이전에 또 언제 이와 동일한 불편한 공명을 느꼈었지?" 원인에 도달할 때까지 최선을 다하여 이 질문을 반복적으로 던진다.

현존 수업에서는, 위의 질문을 던져서 메신저가 가져온 정보에 접근하는 것을 가리켜 '메시지를 받는다'고 말한다. 이것은 통찰을 받아들일 수 있도록 자신을 여는 것이라고도 할 수 있다. 당신을 흥분시키는 물리적 사건에서 주의의 초점을 거두라. 그것은 당신의 누적된 감정이 메신저라는 모습으로 반영된 것일 뿐이다. 대신 당신이 지금 경험하고 있는 감정적 반응의 울림에 초점을 맞추라. 이렇게 함으로써 당신은 '메시지를 받게' 되고, 그럼으로써 희생자/지배자 심리를 떠나 인식의 도약을 하게 된다.

반응이 아니라 의식적으로 응답하기로 선택하면 자동적으로 반응하려는 무의식적 충동이 누그러진다. 또한 처음에는 아무렇게나 무질서하게 일어나는 사건으로 알았던 일들이 당신의 행동 패턴에 대한 소중한 통찰을 제공해준다. 이 통찰이야말로 당신의 감정적 성숙을 위한 밑거름이다.

이 질문 기법을 통해 당신은 지금 자신이 경험하고 있는 신체적, 정신적, 감정적 불편이 실은 아무렇게나 일어나는 일이 아니란 사실을 점차 자각하게 된다. '메시지를 받음으로써' 당신은 자신에게 불편한 감정을 일으키는 모든 일이 실은 과거에 고착된, 그리고 당신의 아동기 경험의 통합되지 못한 감정적 누적물에 의해 무의식적으로 영속화된 반복적 행동 패턴의 일부라는 통찰을 얻는다.

직감으로 느끼는 울림을 통해 이 사실을 경험적으로 자각하지 않으면 당신은 이러한 반복적 패턴의 통합을 시작할 수 없다. 느낌과 직감을 통해 이것을 경험적으로 자각하면 모든 것이 변화한다. 왜냐하면 그렇게 하면 과거에는 무의식적이어서 보이지 않던 것들이 선명하게 드러나기 때문이다.

물론 한동안은 학습된 드라마가 충동적으로 연출될 수도 있지만 이제는 완전히 무의식적으로 그렇게 하는 일은 없을 것이다. 당신은 '자동적으로 반응하는 동안'(혹은 그 직후에) 자신이 자동반응하고 있다는 사실을 자각한다. 결국 당신은 멀리서 다가오는 메신저를 알아차리고, 그것에 자동반응하기 '전에' 스스로 멈출 줄을 알게 된다.

메시지를 받아 그것이 주는 통찰을 얻으면 모든 것이 바뀐다. 왜냐하면 그렇게 하면 감정 방아쇠가 당겨진 결과라고 생각했던 감정반응이 실은 당신의 성인기 경험과는 아무런 관계가 없다는 사실을 깨달을 수 있기 때문이다. 사실 그것들은 당신이 오랫동안 억압해온, 통합되지 못한 감정적 누적물의 결과인 것이다.

그것은 당신의 아동기가 무의식중에 성인기 경험에까지 새어 나오는 현상이다.

이제 이 감정 방아쇠는 당신이 그것을 인식하고 인정하고 통합할 수 있도록 타인의 행동과 같은 외부적 환경으로서 당신의 의식 표면에 떠오른다. 당신이 조건 없는 느낌과 직감을 사용하여 그것들을 의식적으로 통합할 때까지 그것들은 당신의 성인기 경험에 이런저런 모습으로 계속 나타날 것이다. 그리고 그런 일들이 당신의 모든 노력을 훼방하는 것처럼 보일 때도 종종 있을 것이다.

현존 수업은 당신을 감정적 성숙으로 초대한다. 감정적으로 성숙한다는 말은 자신의 감정 방아쇠를 당기는 일들에 자동반응하지 않고 의식적으로 응답하게 된다는 뜻이다. 당신은 의도적으로 깊이 숨을 한 번 쉰 다음, 방아쇠를 당기는 상황에서 부드럽게 빠져나온다. 이렇게 하면 당신은 불난 집에 부채질하는 어리석음을 다시는 범하지 않는다.

만약 당신이 상황 때문에 정신적인 일에 너무 몰두해 있어서 감정 처리에 주의를 기울이는 것이 불가능하거나 적절치 않을 때는 그 사건을 잠시 그냥 묻어두라. 그리고는 그날 늦게 조용한 시간에 혼자서 적절한 내면의 질문들을 자신에게 던져보라. 그런 시간이 생기면 느낌과 직감을 사용하여 '마련된 상황'을 떠올리고 그것이 촉발시킨 감정적 반응을 떠올리라.

중요한 것은 '질문을 던지는 것'임을 명심하라. 현재의 마련된 상황과 관련되어 있는, 과거에 감정을 촉발했던 사건에 관한 정신적 정보는 부차적인 의미밖에 없다. 이 질문으로써 당신이 구하는 대답은, 현재의 마련된 상황과 내용에 상응하는 경험적 울림의 느낌이다. 이 대답이 즉각적으로 구해지지 않는다고 해서 그것을 머리로 생각하려 든다면 당신은 원인으로부터 더욱 멀어질 뿐이다.

여기서 머리로 생각하거나 분석해야 할 것은 아무것도 없다. 그러니 모든 정신적 추구를 피하라. 질문에 대한 답은 울림의 느낌으로 당신에게 다가올 것이다. 또한 그 답은 가장 적당한 시간, 가장 상서로운 시간에 당신에게 나타날 것이다.

이런 질문을 던지는 것이 당신의 주의를 과거로 향하게 하는 것처럼 보일 수도 있지만 실은 그렇지 않다. 당신의 과거는 더 이상 다시 '돌아갈 수 있는' 무엇으로 남아 있지 않다. 과거는 이미 지나가버렸다. 그렇지만 통합되지 못한 당신의 감정적 누적물은 감정체 '안에' 각인된 에너지 상태로서 계속 남아 있다. 본질적으로 당신은 '과거로 돌아가는' 것이 아니라 '과거 속으로 들어가는' 것이다. 질문에 대한 답은 모두 '지금' 당신 안에 들어 있다. 당신이 필요로 할 때 그것이 의식 표면에 떠오를 것을 믿으라.

이것으로 현존 수업 3주차가 마무리되었다.

현존 수업 4주차 7일 동안의 의식적 응답은 이것이다.

"나는 조건 없이 느낀다."
(I feel unconditionally.)

조건 없이 느끼면 통합된다

'시간 속에서 사는' 결과, 당신은 고통과 불편을 경험한다. 현존 수업에서 '고통과 불편'이라고 할 때, 그것은 신체적, 정신적, 감정적으로 나타나는 모든 불편을 포함한다.

고통과 불편은 당신의 감정체 안의 에너지 상태를 가리키는 말이다. 이 에너지 상태에는 당신이 신체적, 감정적으로 불편하게 느끼는, 통합되지 못한 누적된 감정도 포함된다. 정신적으로는 그것이 불쾌하고 비생산적이고 당신에게 해가 되고 부자연스러운, 뭔가 '잘못된' 것처럼 느껴진다.

이러한 감정 상태에 대한 당신의 조건화된 정신적, 신체적 인식 때문에 당신의 자동적 반응의 밑바닥에는 대개 두려움이 깔려 있고, 따라서 그것은 저항을 받는다. 이런 세계에 들어서는 순간 당신은 고통과 두려움을 느끼며 그에 저항하도록 배운다. 당신은 고통과 두려움을 통제하고 억누르고, 그것으로부터 고개를 돌린다. 또 그것을 둔감해지게 만들거나 약으로 마비시키기도 한다. 당신은 고통과 불편을 적으로 믿도록 부추김을 받고, 그런 것들이 나타나면 무슨 수를 써서라도 도망가거나 아니면 그것과 싸워 이겨야 한다고 생각한다. 그리하여 당신은 고통과 불편이 일어나면 그것을 '뭔가가 잘못되었다는' 표시로 받아들인다.

그러나 이와는 반대로 현존 수업은 당신이 고통과 불편으로부터 도망가거나 반격하는 대신, 거기에 귀를 기울이는 것으로 응답하도록 권유한다. 당신은 자신이 경험하는 어떤 고통이나 불편에도 그것이 일어나는 목적이 있을 것이라는 가능성에 대해 생각해보게 된다.

다시 말해서 고통과 불편이 일어날 때는 그것이 당신에게 필요하기 때문에 일어나는 것이다. 그것들은 당신에게 필요하고 가치 있는 기능을 지닌 의사소통 형식이기 때문에 가치가 있다.

이 통찰은 당신이 고통과 불편에 대한 인식을 변화시키기를 권유한다. 이제 당신은 고통과 불편이 적이 아니라 친구일 수 있다는 가능성, 그것들이 당신을 해치는 것이 아니라 도와주러 온 것일 수 있다는 가능성에 대해 기꺼이 생각해보게 된다. 고통과 불편은 당신이 자신의 신체적, 정신적, 감정적 경험의 특정한 면들에 주의를 집중하게 함으로써 당신을 돕는다. 그런데 그것이 왜 필요한 것일까?

당신이 고통과 불편에 충동적으로 반응하는 방식에 대해 생각해보자. 당신은 대개의 경우 고통과 불편을 경험하고 있는 곳으로부터 다른 곳으로 주의를 돌려 반대 방향으로 도망간다. 당신은 술이나 약, 그 밖의 다양한 의료적 처치를 통해 고통과 불편의 경험에 대한 자신의 감각을 무마시킨다.

그러나 이런 반응적인 행동은 고통과 불편을 통합시키지 못하고 한동안 그것을 억눌러 지연시키는 것일 뿐이다. 결국 그 고통과 불편은 계속해서 당신의 주의를 잡아끌다가 나중에는 지금과 다른 모습으로 당신 앞에 다시 나타날 것이다.

현존 수업

이 점을 생각해보자. **고통과 불편의 가장 불쾌한 측면은 그에 대한 당신의 저항이기가 십상이다.**

당신의 억압된 기억들은 현존 수업을 하는 동안에 느낌과 직감을 통해 통합되기 위해 의식 표면에 떠오른다. 이 기억들은 종종 신체적 통증이나 불편함으로 나타난다. 그것은 당신이 당면해 있는 곤경에 주의를 기울일 수 있도록 흩어진 주의를 내면으로 끌어들이려고 신체가 동원하는 방법이다.

그 불편으로부터 도망가거나 당신에게 관심을 줄 다른 사람을 찾는 것이 당신의 자동반응적이고 프로그램된 충동이다. 통일장의 모든 힘이 당신 안에 이미 구족한데도 타인의 관심에 의존하려고 하는 것은 무익한 행위다. 그래서 이제부터는 다른 사람에게 의존하려는 성향을 바꾸어 오랫동안 회피해왔던 신체적, 정신적, 감정적 감각을 조건 없이 '느끼기를' 선택하도록 당신에게 권유하는 것이다.

다른 사람이 아무리 자격 있고 경험이 풍부하다 해도 그들이 당신이 느끼는 불편을 대신 겪어주지는 못한다. 그들이 당신을 대신하여 신체적 행동을 취하거나 정신적 과정을 겪어줄 수는 있어도 당신을 대신해 '느껴줄' 수는 없다.

이 점을 분명히 알기 위해 3주간 집을 비우는 친구가 있다고 해보자. 그는 당신에게 대신 집을 봐줄 것을 부탁한다. 당신은 흔쾌히 그러겠다고 하고는 친구의 집에 들어가 산다. 친구가 집을 떠나 있는 동안 당신은 애완동물에게 먹이를 주고 정원을 가꾸는 등 그 집의 물리적 환경을 돌본다. 심지어 친구가 없는 동안 친구 집을 찾아오겠다는 사람들에게 정보를 전하는 것과 같은 정신적 활동까지도 친구를 대신하여 해준다. 그러나 친구가 집을 비울 때 당신에게 이런 부탁을 할 수는 없다. "내가 집을 비운 동안 나 대신 느껴줘"라고 말이다.

당신이 고통과 불편을 통합하는 데 제한적으로밖에 성공할 수 없는 것은 '다른 누군가의 관심이 당신을 대신해서 당신의 경험을 통합시켜줄 수는 없기' 때문이라는 사실을 생각해보라. 지금 불편한 상태인 것은 그 누구도 아닌 바로 '당신 자신의' 경험이므로, 그것을 통합하는 데도 '당신의' 관심이 기울여져야만 한다.

인간으로서의 경험을 통과해가는 이 여행을 졸업한 모든 이들이 하나같이 이야기하는 것이 있다. 그것은 우리 모두가 공유하고 있는 창조적 원리와 직접 이어지게 하는 연결고리는 바로 우리 각자의 내면에 있다는 사실이다. 어떤 차원에서든 간에 이 사실을 받아들일 수만 있다면 — 처음에는 단지 관념만으로라도 — 당신은 친밀한 현존과 맺는 '당신의' 직접적인 연결고리와 우리 모두가 공유하고 있는 이 창조적 원리가 지닌 무한한 통합력이 실은 '의식적으로 기울이는 당신의 주의' 속에서 발견될 수 있다는 사실에 마음을 열게 된다.

그러나 당신이 이러한 깨달음에 숨어 있는 가능성을 체험을 통해 탐사해보기 전까지는 그것은 한갓 정신적 유희에 그친다. 이 가능성을 경험적으로 탐사하는 방법은, 고통과 불편의 경험에 의식적으로 주의를 기울여 그것을 통합시키기로 결정하는 것이다. 다시 말해 매 순간의 경험이 당신의 탐구를 위한 실험실이 되게 하는 것이다.

현존 수업에서는 당신의 주의를 몸으로 되가져와 '지금 여기'에 닻을 내리게 하는 도구로서 15분간의 호흡 수련법을 이용한다. 호흡 연습을 하면 당신은 아동기부터 늘 당신과 함께 있었지만 인식되지 않도록 용케도 억눌러왔던 그 고통과 불편을 자각할 수 있게 된다.

친구가 집을 비운 사이에 대신 집을 봐준다는 앞의 비유를 확장해보면, 당신이 현 순간의 자각을 높인 결과로 억압해온 고통과 불편이 어떻게 당신의 주의에 들어오게 되는지를 알 수 있다. 당신이 평소 일주일에 한 번씩 친구 집에 들러 차를 마시곤 한다고 하자. 그때마다 당신은 한 시간 가량을 친구 집에서 보낸다. 그렇게 일주일에 한 번씩 몇 년 동안 친구 집을 찾았다고 하자. 그러면 당신은 자신이 친구의 집안에 대해 잘 안다고 생각하게 될 것이다. 그러나 딱 하루만 친구 집에 종일 있어보면 미처 예상하지 못했던 일들이 일어나기 시작한다. 친구 집의 실내구조와 장식에 대해 전에는 알아차리지 못했던 뭔가를 발견하게 될 수도 있다. 그것은 천장에 난 금일 수도 있고 복도 벽에 걸린 그림일 수도 있다. 당신은 몇 년 동안 친구 집을 드나들면서도 그것들을 인식하지 못했다. 그렇게 며칠을 보내고 나면 당신은 예전에 친구 집을 드나들 때 알아차리지 못했던 것들을 더 많이 알게 된다.

당신이 의식적으로 호흡을 연결시킬 때도 이와 비슷한 일이 일어난다. 이때 당신은 '시간'이라는 관념적 틀 속을 정신적으로 들락거리는 대신 몸을 의식적으로 자각한다. 그 결과로 일어나는 신체적, 정신적, 감정적 경험은 당신에게 아주 생소한 것으로 다가온다. 하지만 그것들은 당신이 지금까지 겪어온 삶의 경험 속에서 항상 일어나고 있던 것들이다. 다만 당신이 그것을 인식할 만큼 충분히 오랫동안 육체적으로 현존하지 못했기 때문에 알아차리지 못했던 것뿐이다.

지금에 와서 의식 표면에 떠오르는 이런 경험들로부터 도망가기를 택한다면 당신은 그것을 자각하기로 한 처음의 의도를 망치는 것이다. 이것이 바로 '고통 없이는 얻는 것도 없다'는 진퇴양난의 문제다. 당신은 고통과 괴로움에 저항할 것이 아니라 그 경험을 억압하거나 다른 사람에게 전가하고 싶어하는 자동반사적 충동에 저항해야 한다. 그리고 그것을 느껴보기로 함으로써 그 경험을 기꺼이 탐사해보아야 한다. 그러기 위해서는 계속 '아무런 문제도 없고' '이대로 괜찮은' 척하게끔 만드는 모든 가식을 넘어서야만 한다. 당신의 통합 여행에 불가피한 과정으로서 일어나는 일들을 받아들이라는 몸의 요구에 용감하게 응답하여, 조건 없는 느낌과 직감으로써 그것을 가능한 한 깊이 응시함으로써 불편으로부터 도망치려는 본능적인 반사 충동을 극복해야 한다. 불편한 느낌을 받아들여 그것의 속알맹이를 기꺼이 찾아내고자 한다면 당신은 '통찰(in-sight)'을 얻을 수 있게 된다.

고통과 불편을 통합하는 것은 생각보다 단순한 과정이다. 그저 '아무런 조건 없이' 고통이나 불편과 '함께하기를' 택하라. 이것은 당신이 '불편과 함께하는 것' 외에는 다른 어떤 의도도 갖지 않는다는 뜻이다. 불편한 느낌을 어떤 식으로도 고치거나 바꾸거나 이해하거나 심상화하거나 변화시키려고 하지 말라. 느낌과 직감으로써 그것을 가능한 한 깊이 들여다보라. 누적된 감정이 '필요에 따라' 응답하도록 허용하는 것이다. '필요에 따라'라는 것은 당신이 불편과 '함께한' 결과로 어떤 일이 일어나든, 그것은 모두 나름의 의미를 갖는다는 뜻이다.

이런 식으로 다가가면 고통이나 불편에 대한 당신의 태도가 점차 변화해간다. 이제 당신은 더 이상 이런 일들을 당신의 영토를 침공해오는 적군처럼 대하지 않는다. 당신은 말을 듣지 않는 아이를 자신의 무조건적인 현존으로써 부드럽게 달래주는 어머니와 같은 태도로 고통과 불편에 다가간다. 이렇게 하면 당신의 내면에는 갑옷과 무기 대신 에너지를 통합시키는 능력이 생겨난다.

'자기 안에서 싸움을 일으켜서는 결코 내면의 평화를 이룰 수 없다.' 조건 없는 주의에 내재된 통합의 힘만이 이 일을 해낼 수 있다. 이 통합의 힘은 누구에게나 있다. 이것은 실로 당신의 타고난 권리이다. 당신은 자신의 경험 속의 불편을 통합하는 데 필요한 느낌과 직감을 지니고 이 세상에 태어났다. 필요한 것은 단지 이 통합 능력을 계발하는 것뿐이다. 그리고 그 힘은 그것을 실제로 사용함으로써 계발된다.

당신을 대신해서 느껴줄 수 있는 사람은 없듯이, 당신을 대신해서 이 통합 작업을 해줄 사람도 없다. 다른 사람이 당신을 대신하여 이런 재주를 부리게 하는 것을 '마술'이라고 한다. 마술은 그것을 믿는 사람의 정신체 안에서 일어나는 환영일 뿐이고, 마술가를 자칭하는 사람의 손안에서 벌어지는 속임수일 뿐이다.

이런 '마술 같은' 환영은 처음에는 진짜인 것처럼 보여도 시간이 흐르면 결국 무너지고 만다. 시간은 원인으로서의 진정한 힘을 지니고 있지 않다는 사실이 폭로되고 만다. 지속적이고 진정한 근원의 힘은, 통합을 필요로 하는 당신의 경험의 모든 측면에 의식적으로 조건 없는 느낌과 직감을 기울일 때에만 얻어진다.

무엇을 느끼는 것은 그것을 통합시키기 위한 것이다.

경험을 통합하기 위해서는 그 경험이 조화상태에서 얼마나 멀어져 있는지를 정확히 파악해야 한다. 그런데 그것을 파악하는 것은 문제의 경험을 의식적으로 느껴보지 않고서는 불가능한 일이다. 느낌이 그 척도인 것이다. 기계나 도구나 자격 있는 수련자가 당신을 대신해서 그것을 느껴줄 수는 없으므로 그들에게는 그런 능력이 없다. 통합되지 못한 감정의 누적물을 해소하는 데 필요한 과정의 양 날개가 느낌과 통합이다. 이 통찰을 받아들이고 그에 준한 조치를 취하지 않는 한, 당신은 자기 삶의 경험에서 조화를 회복할 수가 없다.

고통과 불편을 통합하는 능력을 발휘하려면 특별한 것이 한 가지 요구되는데, 그것은 바로 어떠한 조건도 없이 그저 그것을 느끼는 것이다. 그리고 당신은 어디에 있든지 그것을 느낄 수 있다. 자신의 고통과 불편에 조건 없는 주의를 기울여보면 자신이 경험하고 있는 그 느낌이 어떻게 변화되어 가는지도 알아차릴 수 있다. 어떠한 판단도 내리지 말고 그저 그 변화를 지켜보라. 그 변화가 당신에게 유리한 것이기를, 혹은 당신이 느끼고 있는 불편을 당장 끝내주기를 기대하지 말라. **어떤 결과가 오든 그것에 마음을 열고 있으라.** 어떤 특정한 결과가 있을 것이라는 '의도'를 품지 말라. 어떤 변화가 일어나든 그것은 당신에게 필요한 것이고, 따라서 나름의 의미를 갖는다는 사실을 인정하라.

고통과 불편에 무조건적인 주의를 기울일 때, 때로는 상황이 실제보다 확대되어 보이는 경우도 있다. **그러나 그것은 상황이 더 악화되고 있다는 뜻이 아니라 당신이 그것을 더 잘 자각하게 되었다는 뜻이다.** 때로 그것은 모습을 바꾼다. 또 때로는 그것이 당신의 몸 안에서 이리저리 옮겨 다니는 것처럼 느껴질 수도 있다. 어떤 때는 잠잠하거나 사라지기도 한다. 어떤 결과가 나타나더라도 그것은 나름의 의미가 있고, 따라서 그것은 필요한 것이다.

어떤 식으로든 자기가 원하는 결과를 미리부터 염두에 두고 있으면 밑바닥에 있는 원인의 움직임을 가두어서 제한하는 꼴이 되고 만다. 그러면 당신이 느끼는 불편은 더 커진다.

주의와 의도를 가지고 당신의 역할을 의식적으로 다한 뒤에는 고통과 불편한 느낌이 스스로 제 갈 길을 가도록 내버려두라. 그 밖의 모든 방법은 진정과 통제라는 적대적 행위로 되돌아가는 것밖에 되지 않는다. 현존은 어떤 어려움도 알지 못한다는 사실을 명심하라. 현존은 감정 통합에 필요한 것이 무엇인지를 정확히 알고 있다. 그러니 현존이 스스로 결과를 결정하도록 내버려두라. 어떤 결과가 오더라도 그것은 현존에 의해 의도적으로 마련된 것임을 알고 받아들이라.

당신은 살아온 대부분의 시간 동안 이 고통과 불편을 무시하고 억눌러왔다. 그것을 물리쳐야 할 적으로 대했다. 사실 그것은 감정의 통합을 돕기 위해서 찾아온 메신저인데 말이다. 그러니 이제부터 당신이 고통과 불편에 의식적으로 다가가려면 인내심이 필요하다. 부모에게서 오랫동안 사랑을 받지 못한 아이라면 부모가 갑자기 팔을 벌려 사랑으로 안아준다고 해서 금세 마음이 누그러지지는 않을 것이다. 아이는 처음에는 망설인다. 마찬가지로 당신도 즉각적인 결과를 기대하면서 서둘러서는 안 된다.

무릇 통합적 접근법은 '응급처방식' 접근법이 아니다. 거기에는 고통과 불편에 대하여 당신이 여태껏 품어온 적의를 점진적으로 변화시켜가는 과정이 필요하다. 당신이 자신을 이렇게 키워갈 때만 통합의 열매는 자라난다.

이것으로 현존 수업 4주차가 마무리되었다.

현존 수업 5주차 7일 동안의 의식적 응답은 이것이다.

"나는 순진무구하다."
(I am innocent.)

아동기의 통합

당신의 내면에는 인도와 가르침을 상징하는 아버지, 돌봄과 양육을 상징하는 어머니, 그리고 순수, 기쁨, 창의성을 상징하는 아이의 삼위일체 상태가 잠재되어 있다. 누적된 감정을 통합하여 당신의 아동기 자아와 새로운 관계를 맺겠노라는 의도를 세우면 이 삼위일체의 상태가 일깨워진다. 이것은 또한 당신이 아동기 때 필요로 했으나 받지 못했던 무조건적인 관심을 자신에게 적극적으로 줄 수 있는 기회를 제공한다.

무조건적인 관심을 받는 관계를 아동기의 자아에게 되찾아주고자 하는 당신의 의도는 당신이 자기 자신의 부모가 되는 데 필요한 감정적 힘을 일깨워준다. 아동기의 자아와 연결을 맺으려면 자기 자신에게 연민의 마음을 보냄으로써 열리는 길, 곧 자기 양육과 내적 인도의 길로 발을 내디뎌야 한다. 이 길은 당신이 아직도 무의식 속에서 부모님과 공유하고 있는 통합되지 못한 감정적 각인을 극복할 수 있게 해준다. 무조건적인 관심을 받는 관계를 자신의 아동기 자아에게 되돌려주려는 노력을 기울일 때마다, 현존과 현 순간의 자각이 커지는 보상이 돌아온다.

우리 안의 아이는 순진무구하고, 또 동시에 무력한 상태로 태어난다.

무력하기 때문에 아이는 부모에게 모든 것을 내맡기고 신뢰한다. 하지만 결국 무력하고 취약한 아이는 자신이 기대하는 사랑에 못 미치는 경험을 내면에 각인시키고 만다. 그것은 부모가 의도적으로 사랑을 덜 주었기 때문이 아니다. **부모 역시 자신이 어릴 때 받았던 바로 그 정도의 무조건적인 관심밖에는 아이에게 줄 수가 없기 때문이다.**

아이가 성인이 되면 그는 아동기 때 부모와의 상호작용을 통해 각인받은 불편한 에너지가 만들어내는 현실에 늘 부딪히며 살게 된다. 성인이 된 그는 그 불편한 경험이 신체적, 정신적, 감정적으로 표출된 그것을 자신과 동일시한다. 그는 '내가 두려워하고 화나고 슬퍼한다'고 믿는다. 그는 그것이 감정적으로 각인된 두려움, 분노, 슬픔이 외부로 표출된 모습일 뿐이라는 사실, 그것은 자신이 아니라는 사실을 알지 못한다.

불편한 감정적 각인이 표출된 모습을 자신과 동일시해버리면 자신이 애초에는 순수한 상태로 삶의 경험에 들어섰다는 사실을 잊어버리게 된다. 자신의 참된 모습인 현존 대신 자신이 하는 경험, 다시 말해 자기 내면에 각인된 상태를 자신과 동일시해버리면 당신은 애초의 순수성에 대한 자각을 잃어버린다.

자기가 외부에 투사한 것 — 다시 말해서 어릴 때 받았던 감정적 각인이 현재의 성인기 경험 속에 표출된 것 — 을 자신과 동일시함으로써, 당신은 '나의 잘못'으로 인식하는 것에다 자신의 정체성의 토대를 잘못 두게 된다. 겉으로 드러난 이런 '잘못들'을 곧 자신이라고 여김으로써 당신은 자신의 순수성(innocence), 다시 말해 자신의 내면의 느낌(inner sense)에 대한 자각을 잃어버리게 된다. 그러나 당신의 경험을 통해 표출되는 잘못이 곧 당신 자신인 것은 아니다. 당신은 순수한 상태로 태어났다. 왜냐하면 당신 내면의 느낌인 현존이 순수하기 때문이다.

성인이 된 당신은 스스로 의식하는 자신의 잘못을 극복하기 위해 '다른 사람에게 도움이 되고자' 애쓴다. 그렇지만 당신은 '자신을 돌보는 것'에 관해서는 무엇을 해야 할지를 알지 못한다. 심지어 자신에게 참된 사랑을 주는 행위를 할 때마다 죄책감을 느낄 수도 있다. 자신의 잘못이라고 생각하기 때문에 '당신은' 자신의 무조건적인 관심을 받을 만한 가치가 없다고 여긴다. 다른 사람의 행복을 위해 자신의 행복을 희생시키는 경우마저 생긴다. 이때 당신은 다른 사람을 돕는다는 명분 아래 자신을 희생시키게 만드는 주범이 무엇인지를 깨닫지 못한다. 당신은 자신에게 잘못이 있다고 믿는 무의식적인 생각 — 그리고 그에 대해 아무것도 할 수 없다는 무력감 — 이 그 주범이라는 사실을 깨닫지 못한다.

자신의 행복을 희생하여 다른 사람을 도와주는 상황은 자기 안의 곤경이 주변 세상에 반영됨으로써 더욱 가속된다. 그러나 이런 식으로 행동하면 잠시 동안은 기분이 좋아질지 몰라도 결국에는 당신이 도와준다고 공언하는 사람들을 의존적으로 만들어 그들이 가진 힘을 빼앗는 꼴이 되고 만다. 이런 의존성은 그들이 자신의 통합되지 못한 감정과 그로부터 생겨나는 '자기 잘못'으로 보이는 현상을 스스로 돌볼 수 없다는 믿음을 강화시켜놓는다.

스스로 기분이 좋아지기 위해서 남을 돕는 것은 어느 편에도 도움이 되지 않는 행위다. 자신이 갖지 않은 것을 남에게 줄 수는 없는 법이다. 당신은 마치 그렇게 할 수 있는 것처럼 행동하지만 시간이 지나면 당신의 행동은 실체가 없는 것임이 드러나고 만다.

오직 무조건적인 관심으로 자신을 돌보는 법을 알 때에만 당신은 진정으로 다른 사람에게 무조건적인 관심을 기울일 수 있다. 이를 위한 첫 단계는 당신 존재의 어느 측면이 상처받은 느낌인지, 그래서 당신의 무조건적인 관심이 필요한지를 파악하는 것이다.

성인이 된 당신은 다양한 신체적, 정신적, 감정적 불편을 경험하게 되는데, 사람들은 대개 이 불편한 느낌으로부터 자신을 무감각하게 만들기 위해서라면 무엇이든 한다. 아니면 다른 사람의 관심을 구한다. 시간 중심적인 패러다임 속에서 살고 있는 당신은 '자신이 현재 경험하고 있는 신체적, 정신적, 감정적 불편이 결코 지금의 상황에서 비롯하는 것이 아님'을 ― 비록 그 불편이 현재의 상황에 분명하게 반영되어 있다 하더라도 ― 알지 못한다.

현존 수업 4주차 과정에서 당신은 당신이 느끼는 불편을 조건 없이 느껴보았다. 이 방법을 통해 얻게 될 깨달음은, 당신이 느끼는 모든 불편에는 특징적인 감정이 담겨 있다는 사실이다. 그 특징적인 감정은 당신이 느끼는 불편에 따라다니는 울림의 느낌으로서, 하나의 감정 상태이다. 이 특징적 감정은 두려움, 분노, 슬픔이라는 삼총사 안에서 일어나 올라오는 온갖 감정들 가운데 하나이다.

당신의 특징적인 감정에 접근하는 방법은 간단하다. 예컨대 만약 허리 통증이 잘 가시지 않는다면 자신에게 이렇게 물어볼 수 있다.

"이 허리 통증은 어떤 기분이 들게 하나?"

이 질문에 대한 대답은 허리 통증이 나를 짜증나게 만든다든가 낙담하게 만든다든가 하는 것이 될 것이다. 당신이 자신에게 이 질문을 던졌을 때 나오는 어떤 대답이라도 그것은 두려움, 분노, 슬픔, 혹은 이 세 가지의 조합에서 생겨나는 감정 상태를 가리키고 있다. 당신이 느끼는 불편으로 인해 방아쇠가 당겨진 이 감정 상태를 말로 표현함으로써, 당신은 자신의 특징적인 감정을 정신적으로 묘사해보는 데까지 접근하게 된다.

자신의 특징적인 감정에 바로 접근하려면 느낌과 직감의 능력이 필요하다. **특징적 감정은 머리로 생각하거나 정신적으로 설명할 수 있는 무엇이 아니다. 그것은 불편에 맞닥뜨렸을 때 당신이 경험하는 감정 상태의 직접적인 느낌, 혹은 질감이다.** 현존 수업은 이러한 특징적 감정을 '감정의 누적물(emotional charge)'이라고 부른다.

현존 수업을 해나가면 다음과 같은 사실이 점점 더 분명하게 드러날 것이다. 즉, 현재에서 벗어나 주의를 흩뜨리는 정신적, 신체적 활동 속으로 도망치려는 당신의 충동을 부채질하는 것은 당신이 느끼는 불편함 뒤에 꽁꽁 숨어 있는 누적된 감정이라는 사실 말이다. 당신은 자신의 누적된 감정에 의식적으로 응답하기보다 자동적으로 반응함으로써 현존(Presence)으로부터 거짓(pretence)으로 도피해간다. 당신은 진실로부터 빠져나와서 드라마 속으로 도피한다. 인간의 모든 드라마는 통합되지 못한 감정적 누적물에 대한 개인적, 집단적 반응이 외부로 투사되어 나타나는 현상이다.

이제 당신은 이 누적된 감정이 어디에 닻을 내리고 있는지를 안다. 3주차에 당신은 누적된 감정의 경험적 뿌리를 찾아내는 법을 배웠다. 다시 설명하자면, 자기 삶의 경험을 되돌아볼 때, 그것을 일련의 물리적 상황으로 바라보지 않고 자신의 특징적 감정이 반복적으로 표출된 것으로 인식할 수 있다면 당신은 아동기까지 거슬러 올라가는 자신의 특징적 감정의 경로를 발견할 수 있다는 것이었다. 이 경로는 오늘 당신이 느끼는 불편한 느낌이 — 물리적인 것이든 아니면 정신적, 감정적인 것이든 ─ 당신이 지금 겪고 있는 성인기의 경험과는 관련이 없음을, 그 경험은 단지 당신 내면의 불편을 '비춰 보여주고(반영해주고)' 있을 뿐임을 밝혀준다. 이 시점에서 당신이 얻을 수 있는 가장 큰 통찰 중 하나는, 통합이 필요한 것은 당신의 성인기 경험이 아니라 통합되지 못한 아동기의 감정이라는 사실이다.

당신이 성인 세계에서 인정받는 존재가 되기 위해 아동기에 등을 돌리는 순간부터 당신의 아동기 자아는 신체적, 정신적, 감정적 불편을 통해 당신의 관심을 다시 얻으려고 애쓴다. 이것은 당신의 아동기 자아가 아직도 벗어나지 못한, 자신의 통합되지 못한 감정적 곤경을 돌보기 위해서 벌이는 일이다. 당신이 아동기의 이 통합되지 못한 경험에 의식적으로 관심과 주의를 기울일 때까지 당신의 성인기 경험들은 계속 그것을 반영하는 내용으로 점철될 것이다.

다시 말해 당신이 '시간 속에서 사는' 한 당신의 성인기 경험은 아동기의 반영일 뿐이다. 그것은 언뜻 아무렇게나 일어나는 것처럼 보이는 신체적, 정신적, 감정적 불편으로 짜깁기된 무질서하고 단절된 경험들이다.

현존 수업의 이 지점에서, 당신은 자신의 성인기 경험으로 표출되는 불편은 문제의 원인이 아니라 결과라는 사실을 반드시 깨달아야 한다. 원인이 아닌 결과를 만지작거리고 있는 것은 무익한 일이다. 원인에 영향을 주어야 진정한 변화가 시작될 수 있는 것이다. 당신이 성인기에 경험하는 불편은 그것을 통해 아동기의 원인을 알아낼 수 있다는 데에만 그 의미가 있다. 이 점이 분명해지기 전에는 통합을 위한 당신의 시도는 효과를 보지 못할 것이다.

행복의 추구는 ─ 자기 내부에서 편하게 느끼기 위해 외부 환경을 통제하고 안정시키려는 시도와 마찬가지로 — 원인을 변화시키려고 하면서도 실제로는 결과만 만지작거리는 것에 지나지 않는다. 원인을 건드리지 않고는 결과를 바꿀 수 없다. 결과물을 놓고 벌이는 행동들은 당신의 아동기 자아가 지니고 있는 기쁨으로부터 당신을 점점 더 멀어지게 할 뿐이다. 당신의 아동기 자아는 순수와 기쁨과 창의성의 원천이다. 그러나 아동기 자아의 통합되지 못한 상태를 돌보지 않고 무시해버린다면 그것은 순수와 기쁨과 창의성을 수용할 능력을 없애고 '행복해지기 위해 뭔가를 지어내려는' 노력에다 에너지를 낭비하는 꼴밖에 되지 않는다.

여기서 당신은 또 하나의 중요한 통찰에 이른다. 그것은 시공간을 거슬러 올라가 당신의 길 잃은 아동기 자아를 구제하여 현재의 울림 속으로 데려오지 않으면, 그리고 그 현재의 울림 속에서 길 잃은 아동기 자아가 필요로 하는 무조건적인 관심을 기울여주지 않으면 당신은 평화를 얻을 수 없다는 사실이다.

당신의 길 잃은 아동기 자아를 찾아 구해내는 것은 과거로 거슬러 올라가는 시간여행처럼 보일 수도 있다. 그러나 이 시간여행은 공상과학 소설에 나오는 식의 그런 여행이 아니다. 이 여행은 '외부에서' 일어나는 여행이 아니다. 이 여행은 '당신의 내면에서' 일어나는 여행으로, 이것의 진짜 목적은 현재 분리되어 멀어져 있는 당신 존재의 일부와 다시 에너지적인 연결을 맺는 것이다.

다시 말해 이것은 통합되지 못한 당신의 과거를 의식적으로 현재에 통합하는 내면의 작업이다. 이러한 의도가 통합되지 못한 과거 경험에 의해 촉발된 무의식적 행동을 '지금' 당신의 의식 표면에 떠오르게 하여, 당신으로 하여금 거기에 무조건적인 관심을 기울일 수 있는 기회를 준다. 이 내면의 작업을 일관성 있게 꾸준히 하면 당신의 아동기 자아는 통합되지 못한 정신적 외상으로부터 벗어날 수 있다.

'통합되지 못한 아동기 자아를 구출하면' 그 결과로 당신의 현재의 성인기 자아의 신체적, 정신적, 감정적 불편으로 자신을 표출하고 있는 누적된 감정으로부터 해방된다. **통합되지 못한 당신의 아동기 자아와, 통합되지 못한 감정적 누적물의 총합은 하나이고 같은 것이다.**

당신의 통합되지 못한 아동기는 '감정의 지배자'(emotionally in the charge)이다. 이 감정의 누적물(emotional charge)을 통합하지 않으면 당신은 자기 경험의 질에 스스로 책임을 지지 못한다. 성인인 당신은 감정의 누적물에 떠밀려 다니든가(driven by a charge), 아니면 책임을 져야(in charge) 한다.

감정의 누적물에 떠밀려 다닌다는 것은 당신이 아동기 자아의 통합되지 못한 측면에 의해 좌지우지된다는 뜻이다. 그러니까 구출을 기다리는 것은 아동기 자아 전체가 아니라 그중 현재까지 통합되지 못하고 있는 부분만이다.

순진무구한 아이들과 마찬가지로 당신의 아동기 자아는 자신이 접하는 모든 것을 진실이고 실재하며 가능한 것으로 인식한다. 아동기 자아는 당신이 성인의 눈으로 텔레비전에서 보는 것과 일상생활에서 경험하는 것의 차이를 식별하지 못한다. 또 상상 속에서 보는 것과 당신이 성인의 생활 속에서 날마다 경험하는 것을 서로 구분하지 못한다. 이것은 당신의 아동기 자아가 속임 당하기 쉽고 상처받기 쉬운 존재라는 뜻이다.

아동기 자아는 당신이 생각하고 말하는 모든 것에 귀를 기울인다. 또 당신이 타인을 어떻게 대하는지 등을, 당신의 모든 행동을 지켜보면서 그대로 배운다. 당신이 속으로는 '예'라고 하면서 "아니오"라고 말하거나 속으로 '아니오' 하면서 "예"라고 말하면, 아동기 자아는 자신의 요구를 들어주는 당신의 능력에 의심을 품는다. 그것은 '아동기' 자아이기 때문에 당신의 현재 성인기 자아를 자신의 일부로 보지 않는다. 대신 그것은 당신의 성인기 자아를 자신과는 분리된, 부모와 같은 인물로 간주한다.

이런 이유로 당신이 자신의 아동기 자아에 접근하고자 할 때는 그 의도에 완벽성이 요구된다. 아동기 자아에 '무조건적으로' 그리고 '지속적인' 관심을 기울여야 하는 것은 바로 이 때문이다. 만약 당신이 조건부의 관심만 주거나 지속적인 관심을 기울이지 못한다면 두려움, 분노, 슬픔과 같은 통합되지 못한 현재의 상태는 더욱 악화될 것이다.

만약 아동기 자아와 의식적으로 상호작용한 경험이 아직 없다면, 당신이 현재 아동기 자아와 맺고 있는 관계는 여러 해 동안 아이를 방치한 부모와 아이 사이의 관계와 비슷하다. 일곱 살이 되면 당신의 아동기 경험은 성인의 세계에 들어서기 위해 의도적으로 방향을 바꾼다. 이것은 당신이 아동기로부터 돌아서서 일부러 거기서 멀어져 갈 것을 요구한다. 이렇게 시간이 흐르고 나면 다시 뒤를 돌아보며 한때 겪었던 아동기의 상태를 되새기기란 어려워진다. 당신은 자기 경험의 이 측면에 망각이라는 담요를 덮어씌우고는 자신이 어렸을 때 어떤 일이 일어났는지 기억하지 못하겠노라고 내놓고 말한다. 이런 이유로 '당신의 아동기 자아는' 계속해서 모든 것을 지켜보고 있음에도 불구하고 '당신은' 아동기 자아를 더 이상 자각하지 못할 수도 있다. 당신은 더 이상 아동기 자아의 통합되지 못한 측면을 느끼지 않는 것처럼 보인다. 그러나 실은 당신이 성인이 되어서 경험하고 있는 불편이 바로 이 통합되지 못한 아동기의 감정적 누적물을 비춰 보여주는 거울이다. 당신은 아동기 자아가 현재 당신에게 어떤 영향을 주고 있는지를 전혀 자각하지 못하기 때문에 이런 질문을 던진다. "왜 지금에 와서 다시 과거로 돌아가서 그것을 마주하라는 거지? 과거는 그냥 내버려두고 현재의 삶을 열심히 살면 되잖아?"

그러나 당신이 처한 불행은, 통합되지 못한 아동기가 주는 불편한 느낌이 감정의 자국으로 당신의 뒤를 졸졸 따라다닌다는 사실이다. 그것은 시계처럼 정확하게 규칙적으로 일어나는 불편한 느낌의 패턴으로 당신의 성인기 경험을 오염시킨다.

더구나 이 시계는 당신의 손목시계처럼 중립적인 시계가 아니다. 이 아동기 시계의 째깍거리는 소리와 그것이 당신의 현재 경험에 미치는 영향은 '감정적 시간'이라고 할 수 있다. 그냥 시계를 차는 것과 현 순간을 항해하는 도구로 시계를 사용하는 것은 무척 다른 경험이다. 현재를 항해하는 데 시계를 사용하는 것은 의식적인 체험이다. 당신은 시계를 벗어버리고 더 이상 시계가 끼치는 영향력에 노출되지 않겠다고 선택할 수도 있지만, 그러나 '감정적 시간'의 부스러기가 의식적으로 통합되기 전까지 그것은 당신이 현존하지 못하도록 계속 훼방을 놓을 것이다.

당신은 성인기 경험 속으로 새어 들어오는 아동기의 통합되지 못한 감정의 파편들을 꽤 오랫동안 잘 억눌러서 통제할 수 있을지도 모른다. 그렇지만 머지않아 이 누적된 에너지는 문제를 일으킬 것이고, 그러면 당신은 위기에 처할 것이다.

아동기 자아가 관심을 얻으려면 위기가 꼭 필요한 경우도 있긴 하지만, 다행스럽게도 위기를 당하고 나서야만 자신의 통합되지 못한 아동기 파편을 돌보기 시작할 수 있는 것은 아니다. 신체적, 정신적, 감정적 불편은 당신이 내면을 향하여 자신의 아동기 자아에게 관심을 보내는 순간부터 통합되기 시작한다.

'아동기 자아가 평화로워지면 당신도 평화로워진다. 그것은 이처럼 단순하고 강력하다. 당신이 지금 평화를 경험하지 못하고 있다면 그것은 당신의 아동기 자아의 일부가 아직 완전히 통합되지 못했기 때문이다.' 당신은 다른 곳을 쳐다볼 필요가 없다. 당신 경험의 이 통합되지 못한 부분이 주는 울림을 조건 없이 꾸준히 느끼는 것 외에 다른 할 일은 없다.

아동기 자아의 통합

현존 수업의 여정 중에도 당신에게는 도저히 현존을 느낄 수 없는 경우가 무수히 많이 있었고, 앞으로도 그럴 것이다.

이럴 때 당신은 초조하고 불안해하고 불편과 혼란을 느낀다. 다시 말해서 당신은 두려움과 분노, 슬픔으로 가득 찬다. 그러나 이때가 바로 당신의 통합되지 못한 아동기 자아가 당신에게 주의를 기울여주기를 요청하는 때이다.

이런 불편한 순간에 있을 때 당신은 지금 이 순간 느끼는 울림 속에 불편한 느낌이 분명히 반영되어 있음에도 불구하고, 그 느낌은 '지금' 일어나고 있는 일과는 아무런 관계가 없다고 성인 자아에게 다짐하려고 애쓴다. 이 불편은 스스로 소화할 수 없는 경험과 여전히 싸우고 있는, 아직 통합되지 못한 당신의 아동기 자아가 보내오는 구조요청이다.

이 구조요청에 어떻게 응답해야 할까? 대답은 간단하다. 그렇게 하기 위해서는 무조건적이고 지속적인 느낌과 직감이 필요하다. 자신의 불편한 감정 상태의 울림을 느끼면서 아무런 조건 없이 그것과 함께하라.

불편한 증상은 메아리와 같은 것이다. '증상(symptom)'이란 단어를 소리 내어 말하면 '어떤 시간(some time)'으로 들린다. 증상이란 이런 것이다. 통합되지 못한 당신의 과거의 한 조각이 불편한 느낌으로 나타나는 것이다.

당신의 의식이 어디에 머물러 있는가에 따라 증상은 신체, 정신, 감정의 세 가지 차원에서 나타날 수 있고, 이 세 가지가 복합되어 나타날 수도 있다. 이미 살펴보았듯이 당신이 느끼는 불편의 신체적, 정신적인 측면은 그 원인, 즉 당신의 통합되지 못한 최초의 경험이 작용하여 나타난 결과이다. 이 원인의 실제적인 울림은 순수한 에너지 상태로 당신의 에너지체 혹은 감정체 — 감정(emotion)이란 곧 움직이는 에너지(energy in motion)이다 — 안에 저장되어 있다. 에너지가 자유롭고 조화롭게 움직이고 있을 때 당신의 감정체는 평화롭다. 반면 에너지가 자유롭게 흐르지 못하면 그때 일어나는 감정의 누적으로 인해 당신의 감정체는 불편을 겪는다.

자유롭게 움직이지 못하는 에너지의 근원 — 두려움, 분노, 슬픔과 같은 감정 상태 — 에 맞닥뜨릴 때 당신은 느낌과 직감으로서 그것과 함께해야 한다. 그것은 통합되지 못한 아동기 자아를 품에 안고 무조건적인 사랑과 위로를 쏟아주는 것과 비슷하다.

우리들 중 일부는 서로 조금씩 다르게 태어났기 때문에 다음과 같은 시나리오를 생각해보는 것도 도움이 된다. 예를 들어 분노와 같은 감정 상태를 경험할 때, 눈을 감고 일곱 살 난 당신의 아동기 자아가 지금 당신 앞에 서 있는 장면을 머릿속에 그려보라. 그 아동기 자아는 지금 당신이 느끼는 것과 똑같은 분노를 느끼고 있다. 이제 이 아이를 품에 안고 그 아이가 느끼는 분노와 함께하는 장면을 상상하라. 아이가 하고 있는 경험을 어떤 식으로든 변화시키려 하지 말라. 왜냐하면 아이의 경험은 그것 자체로 의미 있고 필요한 것이기 때문이다. 오로지 그것과 '무조건적으로' 함께하라. 아동기 자아를 이처럼 심상화하여 돌보면 당신 내면에 있는 부모의 자질이 일깨워진다. 아동기 자아에 이렇게 관심을 기울일 때면 조화롭고 편안한 울림이 일어난다.

어떤 이들에게는 이런 심상화 작업이 도움이 되지만 모두에게 그런 것은 아니다. 이런 것이 필요하지 않은 사람도 있다. 많은 이들에게는, 의식 표면에 떠오르는 누적된 감정, 다시 말해 특징적인 감정의 울림을 단지 직감으로 느끼는 것만으로도 충분하다. 심상화되지 않고 개념화되지 않은 경험의 느낌과 함께하는 것만으로 충분한 것이다. '어려움을 모르는' 현존의 통합 능력은 당신의 상상력에 있지 않다. 그것은 조건 없이 꾸준히 기울여지는 당신의 주의에 있다.

아동기 자아를 통합하는 작업이 제대로 진행되는지를 판단할 수 있는 한 가지 방법은 울음과 같은 감정적 반응을 통해서이다. 그런 울음은 반드시 당신이 불편에 주의를 기울이고 있는 순간에만 일어나는 것은 아니다. 그것은 당신이 전혀 예상하지 못한 때에 아무렇게나 일어날 수 있다. 특별한 이유 없이 울음이 나오는 것은 누적된 감정의 통합 작업이 시작되었다는 표시다. 이렇게 흘리는 눈물은 당신이 어른으로서 흘리는 눈물이 아니라 아이 때 울지 못했던 울음을 지금 우는 것이다. 이 눈물은 무의식중에 당신의 삶을 불편한 느낌으로 오염시켜온, 막히고 정체된 에너지를 상징한다. 그 눈물이 흐르도록 그냥 내버려두면 당신은 현재의 흐름 속으로 점점 더 깊이 들어가게 된다. 이런 감정 반응은 당신의 성인기 자아와 아동기 자아를 연결하는 에너지 통로가 회복되고 있다는 뜻이다.

처음에 아무런 감정적 반응도 경험되지 않는다고 해서 염려할 필요는 전혀 없다. 당신의 통합되지 못한 아동기 자아는 굳은살이 박인 듯이 무딘 상태인 경우가 흔히 있다. 이때 당신이 할 일은 그저 인내심을 발휘하는 것이다. 통합되지 못한 경험의 일부를 통합하겠다는 당신의 의도는 무조건적인 것이다. 해방과 안도의 눈물은 당신이 전혀 예상하지 못한 때에 흘러나온다.

통합되지 못한 경험의 일부에 대한 통합 작업이 시작되고 나면 당신은 그 과실을 맛볼 수 있다. 그 과실이란 평화와 기쁨과 창의성에 대한 자각이 높아지는 것이다. 지금까지 당신을 괴롭히던 일상의 경험이 이제는 더 이상 문제가 되지 않는다. 당신은 자연스럽게 다른 사람들과 더 즐겁게 지내고 신체적, 정신적, 감정적 불편도 지속적으로 줄어드는 것을 깨닫게 된다. 누적된 감정을 짊어지고 살던 지금까지의 삶의 방식을 내려놓고, 자신의 삶에 대해 자신 있게 책임을 떠맡을 줄 알게 된다. 당신의 가식과 드라마는 갈수록 더 큰 빛을 발하는 현존과 현 순간의 자각으로 점차 대치된다.

통합되지 못한 당신의 아동기 자아를 구출해낸 결실을 거둬들이려면 조건 없는 느낌과 직감의 힘을 계속 꾸준히 발휘해야 한다. 그러기 위해서는 당신이 현재 느끼고 있는 불편의 이면에 흐르고 있는 특징적 감정이 의미 있는 것임을 자각할 필요가 있다. 첫 운전 수업에서 고속도로를 달리지 못했다고 자동차 운전을 포기하는 사람은 없을 것이다. 통합되지 못한 아동기 자아를 함부로 포기해서는 안 된다. 또 자신이 통합을 이뤄낼 수 없다고 생각하여 그것을 포기해서도 안 된다. 통합을 위한 노력의 결과는 즉석에서 경험되는 것이 아니기 때문이다.

통합되지 못한 당신의 아동기 자아는 곧 통합되지 못한 당신의 누적된 감정이다. 거기에 접근할 때, 당신의 관심을 끌려고 애쓰는 아동기 자아를 당신이 얼마나 오랫동안 억누르고 통제하면서 무시해왔는지를 상기하고 깨닫는 것이 도움된다.

당신이 현재의 현실 속에 표출하고 있는 불편한 경험은 통합되지 못한 당신의 과거가 보내는 구조요청이라는 사실을 명심하고, 거기에 조건 없는 느낌과 직감을 꾸준히 기울임으로써 이 요청에 응답한다면, 당신은 자기 경험의 질에 조화를 회복시키는 에너지 차원의 과정을 개시하여 자신의 인간적 표현의 소중한 한 단면을 과거라는 관념의 감옥으로부터 해방시킬 수 있다.

이것으로 현존 수업 5주차가 마무리되었다.

현존 수업 6주차 7일 동안의 의식적 응답은 이것이다.

"나는 누적된 감정을 통합한다."
(I integrate charged emotion.)

누적된 감정의 통합

현존 수업의 이 시점에서 당신은 이제 누적된 감정을 통합하는 인식적 도구의 여러 측면에 대해 알게 되었다. 우리는 이 도구를 '감정 통합 절차'라고 부른다. 이 인식의 도구가 가진 장점은, 단지 그것의 메커니즘(작동 방식)에 대해 알게 되는 것만으로도 그것을 활용할 수 있다는 점이다. 이 인식의 도구를 사용하는 것은 '행위'가 아니라 하나의 존재 상태라고 할 수 있다.

감정 통합 절차를 시작하기 전에 우선 감정체(emotional body)가 본래 어떤 성질을 지녔는지, 그리고 '누적된 감정(charged emotion)'이 어디에서 비롯되는지를 살펴보자.

현재의 이 순간에 육신의 가장 차원 높은 용도는, 현존의 온전한 능력이 세상에 의식적으로 닻을 내리게 하는 초점이 되는 것이다. 육신을 가진 삶은 현 순간의 자각을 달성할 — 다시 말해 지금의 이 경험 속에 '등장할' — 하나의 기회이다. 이를 위해서는 정신체와 감정체 역시 그 능력이 가장 높은 목적에 이용될 수 있도록 조율되어 있어야 한다.

정신체의 가장 차원 높은 용도는 '주의'의 초점이 목표에 이르도록 안내하는 역할이다. 또 감정체의 가장 차원 높은 용도는 '의도'를 추진해줄 연료를 공급하는 것이다.

정신체는 당신의 '존재할' 능력을 찾아주는 네비게이션 시스템이며, 감정체는 다양한 감정을 그 안에 담고 있는 연료 탱크와 같다. 연료에도 여러 등급이 있는 것처럼 감정체도 다양한 강도의 움직임을 일으키는 여러 가지 감정을 그 안에 담고 있다.

이것은 당신의 누적된 감정은 마치 고장이 난 것처럼 '치유'가 필요한 무엇이 아니란 뜻이다. 당신의 각인된 감정적 누적물을 통합이 아니라 치유나 수리가 필요한 무엇으로 간주하는 것은 깡통이 깡통 따개를 치유가 필요한 무엇으로 보는 것과 다르지 않다. 깡통 따개는 그저 깡통을 따는 데 사용되기를 기다릴 뿐이다. 당신의 통합되지 못한 감정(다시 말해 움직이는 에너지) 역시 그러하다. 누적된 감정은 통합되기를 기다린다. 그리고 당신의 누적된 감정 속에는 실현되지 않은 가능성을 향해 '당신을 열어줄' 잠재력이 숨겨져 있다.

누적된 감정은 아직 사용하지 않은 연료전지와 같다. 통합 과정을 거치는 동안 이 연료전지는 진정한 변화의 움직임에 힘을 보태줄 것이다. 이 움직임은 돌이킬 수 없는 인식의 변화로 나타난다.

이 점을 진정으로 이해할 때, 아동기에 각인된 감정은 당신의 몸에 연료를 공급해주는 도구라는 사실을 깨닫게 된다.

'시간 속에서 살' 때 당신은 몸이 가진 구조적 잠재력을 좀처럼 활용하지 못한다. 또 몸의 네비게이션 시스템이 가진 힘을 이용하지도, 그것의 연료공급 능력을 활용하지도 못한다. 대신에 당신은 몸을, 실제로 존재하지도 않는 과거와 미래로 정신적 여행을 다니는 사이에 중간 중간 섞어가는 빈 공터나 간이정류장 정도로 여긴다. 당신은 자신의 몸을, 계획을 세우는 동안 중간 중간 쉬어가는 장소로 생각하는 것이다.

당신은 또 신체와 정신체를 사용하여 '온갖 일을 벌임으로써' 스스로를 혼란에 빠뜨린다. 당신은 영혼의 목적에 별로 도움이 되지 않는 신체 활동과 정신 활동에 끊임없이 빠져든다. 그렇게 당신은 삶의 대부분의 시간을 소유물을 축적하는 데 허비한다. 그러나 그 소유물은 당신이 처한 현재 상황의 경계를 넘어 나아가는 여행에 가져갈 수 없는 것들이다.

정신체를 자신의 경험에 대해 생각하고 그것을 분석하고 이해하고 통제하는 도구로만 사용하면, 그리고 감정체를 진정과 투사, 온갖 드라마를 지어내는 도구로만 사용하면 당신은 종종 자신이 아무것도 이루지 못한 것처럼 느끼게 된다. 그리고 실제로 그런 경우가 드물지 않다!

현존 수업은 이러한 문제를 바로잡아준다. 현존 수업은 자동차 모터에 시동을 걸고 차고 밖으로 차를 후진시켜 생명이라는 도로 위에 올려놓는다. 현존 수업은 다음 방법을 통해 이를 달성한다.

1. 현존 수업은 호흡을 이용하여 몸 안으로 의식적으로 다시 들어가는 법을 알려준다.
2. 현존 수업은 정신체의 네비게이션을 가동시켜 작동이 유지되도록 도와주는 의식적 응답과 가르침을 제공한다.
3. 현존 수업은 당신에게 누적된 감정의 통합에 필요한 과정을 안내함으로써 잠재되어 있는 연료를 의식적으로 활용할 수 있게 한다. 그 과정이란 아무런 조건 없이 당신의 누적된 감정을 느끼는 것이다.

시간 속에서 살면서 '더 좋은 시간'이나 '더 편안한 시간'을 가지려고 애쓰는 동안, 당신은 좋음과 나쁨, 편함과 힘듦이라는 양 극단 사이를 바삐 오간다. 당신은 나쁘다고 느끼기 때문에 좋은 시간을 가지려고 하고, 자신의 경험이 힘들게 느껴지기 때문에 그것을 더 편한 것으로 만들려고 한다.

그런데 문제는, 이 경험에서 도망하여 저 경험을 좇아가는 데에 시간을 낭비하는 동안 당신이 실제로 '하고 있는' 일이란 스스로 만든 인식의 감옥의 벽을 이리저리 튕겨 다니는 것이란 사실이다. 이 소동은 상당히 많은 외부적 활동을 촉발하고, 당신은 그에 따라 다양한 신체적, 정신적, 감정적 상황을 경험할 것이다. 그러나 거기서 당신이 얻어낼 수 있는 진정한 변화의 움직임은 아무것도 없다.

이것이 현존 수업을 하는 동안 당신이 얼마나 좋은 느낌이나 편안한 느낌을 느끼는가를 기준으로 공부의 진척을 판단할 수 없는 이유이다. 감정의 성숙, 다시 말해 참된 변화의 움직임을 시작하는 일에 관한 한 '좋음'과 '편안함'은 결코 성공의 기준이 아니다. 오히려 그것은 대개 회피와 저항과 부인을 나타내주는 표시일 뿐이다.

참된 변화의 움직임을 일깨우는 데는 통합적인 접근법이 필요하다. 통합적 접근법은 자신의 감정 경험에 대해 '좋다', '나쁘다' 같은 이름표를 더 이상 붙일 필요가 없어지는 경지로 당신의 인식을 고양시켜 준다.

현 순간의 자각 속에서는 '좋은' 감정, '나쁜' 감정이라는 것이 존재하지 않는다. 오직 흐르는 에너지와 흐르지 않고 막혀 있는 에너지만이 존재할 뿐이다. 현 순간의 자각 속에서는 모든 감정 상태를 다양한 강도를 지닌 움직임을 추동하는 데 필요한 여러 등급의 연료로 간주한다.

당신이 인간으로서 겪는 경험 속에서 최고속도로 가장 멀리까지 가기 위해서는 사용할 수 있는 모든 연료를 사용해야 한다. 이를 위해서는 자신의 감정들을 어느 한 가지도 배제하지 않고 모두 끌어안아야 한다.

예컨대 '시간 속에서 사는' 동안 당신은 '행복의 추구'라는 변덕스러운 외면적 경험과 진정한 기쁨을 혼동한다. 그러나 진정한 기쁨을 경험하는 것은 단지 기분 좋은 느낌을 느끼는 것과는 다르다. 진정한 기쁨은 '모든 것을 느끼는' 것에 관한 것이고, 이를 위해서는 모든 감정을 끌어안아야 한다. 여기서 좋은 소식은, 이제 당신은 자신의 모든 감정을 통합하는 능력을 지니고 있어서 더 이상 무의식적으로 어떤 경험에는 다가가고 또 어떤 경험에서는 달아나지 않아도 된다는 사실이다.

현존 수업을 시작한 이래로 당신은 감정 통합 절차를 통해 자신의 누적된 감정을 의식적으로 통합시켜왔다. 지난 4주 동안 감정 통합 절차의 세 요소를 가지고 해온 작업을 통해서 당신은 이제 감정 통합 절차라는 도구의 구성요소들과 친숙해졌다. 감정 통합 절차는 당신을 신체적, 정신적, 감정적 자동반응을 떠나서 책임성을 향해 이끌어가게끔 설계되었다.

가능할 때면 언제 어디서나 감정 통합 절차를 사용함으로써 당신은 '좋은 기분'을 느끼려는 노력으로부터 어떤 감정이라도 느낄 수 있는 열린 상태로 점차 옮겨간다. 이 도구를 부지런히 사용하면 당신이 겪는 모든 힘겨운 경험들, 다시 말해 당신을 송두리째 흔들어놓는 모든 감정들을 감정 통합을 위한 기회로 탈바꿈시킬 수 있다. 감정 통합 절차에 완전히 숙달되고 나면 더 이상 불안한 마음도 일어나지 않는다. 그것은 감정 통합 절차를 사용한 결과, 이제 당신은 불편하게 느껴지는 삶의 모든 상황을 의식적으로 통합할 수 있게 되었기 때문이다.

현존 수업의 이 지점에 이르기까지 당신은 다음 세 가지 인식적 절차를 탐사해왔다.

1. 당신은 세상이라는 거울이 비춰주는 반영을 통해 통합되지 못한 과거의 기억이 의식의 표면에 떠오르는 것을 알아차리는 법을 배웠다. 이것을 '메신저를 알아차린다'고 한다.

2. 당신은 이렇게 의식 표면에 떠오르는 기억의 내용으로부터 통찰에 다가가는 법을 배웠다. 이것을 '메시지를 받는다'고 한다.

3. 당신은 의식 표면에 떠오르는 기억에 담긴 고통과 불편을 조건 없이 느끼는 법을 배웠다. 이것을 '조건 없이 느낀다'고 한다.

감정 통합 절차는 이 세 단계를 결합시킨 하나의 통합된 인식 도구이다. 감정 통합 절차를 지속적으로 사용하면 그것은 당신을 자동반응하는 사람으로부터 의식적으로 응답하는 사람으로 변신시켜줄 새로운 자각의식의 경로를 뚫어준다.

이 도구를 사용할 때마다 당신은 어렸을 때 감정체에 각인된 누적된 감정들을 통합해간다. 그 열기 — 감정체 속의 불편한 느낌 — 가 통합되면서 누적된 감정으로부터 일어나는 정신적으로 각인된 신념체계들도 해체된다. 또 이것은 타인의 관심을 얻고자 하는 요구가 줄어들게 하고, 따라서 그런 드라마를 만들어내는 일도 줄어든다. 이것은 또 자가치료 행위의 원인도 제거해준다. 그 결과로 당신이 경험하는 삶의 질이 변한다.

감정 통합 절차를 꾸준히 해나가면 당신은 참된 변화의 움직임을 성취할 수 있다. 이것은 당신이 경험하는 삶의 질이 당신의 감정 상태의 질에 의해 결정된다는 사실을 확인시켜준다. 자신의 감정 상태를 통합하는 순간이 곧 자유를 얻는 순간이다. 왜냐하면 그때서야 자신이야말로 자기 삶의 질에 책임져야 할 사람이라는 사실을 몸소 '깨닫게 되기' 때문이다.

감정 통합 절차를 지속적으로 해나가는 데는 기꺼이 자신을 책임지겠다는 자세가 요구된다. 당신은 이미 이 훈련을 해보았으므로 이제부터 당신에게 필요한 것은 주도성과 일관성과 인내심이다.

감정 통합 절차는 매우 단순하지만, 이 도구를 효과적으로 사용하는 법을 배우는 것은 마치 걸음마를 처음 배우는 것과도 비슷하다. 첫걸음에 걸음마를 터득할 수는 없다. 감정이라는 자신의 두 발로 스스로 일어나서 서는 법을 배워야 한다. 어쩌면 이것은 당신이 평생 처음으로 하는 경험이 될 수도 있다.

자동반응의 메커니즘

감정 통합 절차의 메커니즘을 알아보기 전에 우선 자동반응의 메커니즘부터 살펴보자.

통합을 위해 의식 표면에 떠오르는 누적된 감정은 당신을 불편하게 하는 어떤 상황이나 행동으로 나타난다. 불편한 느낌을 느낄 때마다 당신의 행동은 예측가능한 경로를 따라 일정한 신체적, 정신적, 감정적 상태로 이어지는데, 이 경로를 우리는 자동반응, 혹은 드라마라고 부른다.

아동기 때 당신은 부모가 자식들이나 다른 사람들을 대하는 방식이나 자신들의 곤란한 문제를 해결하는 방식을 보아오면서 자동반응적인 접근방식에 익숙해진다. 다시 말해 자동반응 행동의 메커니즘은 각인 과정의 일부로서 당신에게 전해져 내려온 것이다. 어느 단계에서 이런 자동반응적 행동을 의식적으로 중단하고 그것을 의식적인 응답으로 대치하지 않는다면 당신은 그 자동반응적 행동을 자녀에게도 물려주게 될 것이다.

자동반응적인 행동과 의식적으로 응답하는 행동의 차이는, 자동반응 행동은 불에다 기름을 끼얹는 것인 반면 의식적 응답 행동은 불에다 물을 끼얹는 것이다. 다시금 말하지만, 이것은 '열기'에 관한 것이다. 경험에 무의식적으로 자동반응할 때 당신은 어떻게 행동하는가?

우선 어떤 일이 뜻대로 풀리지 않으면, 그래서 당신의 감수성이 모욕을 느끼면, 당신은 감정이 동요된다. 그것은 자동반응한 것이다. 자동반응이란 당신이 그 원인을, 그러니까 그에 대한 책임을 자기 이외의 다른 요인으로 돌리는, 신체적, 정신적, 감정적으로 흥분된 모든 행동을 말한다.

자동반응 행동에는 직접적이든 간접적이든 비난의 뜻이 담겨 있다. 그리고 결국 돌아오는 것은 당신이 인정하든 안 하든, 죄책감과 후회와 수치심이다. 화가 나서 누군가를 막 비난했다가 제정신을 차린 다음에야 자신의 행동에 수치심을 느낀 경험은 누구에게나 다 있다. 이처럼 자동반응 행동은 에너지의 낭비이고, 그것은 사전에 충분히 막을 수 있는 일이다.

자동반응 메커니즘의 세 요소는 흥분하기, 비난하기, 그리고 죄책감과 후회, 혹은 수치심 느끼기이다. 이들 각 요소들에 대해 더 자세히 살펴보자.

1. 먼저 '흥분하는(동요하는)' 행동을 살펴보자. 현존 수업이 권하는 인식의 변화는 이것이다. 즉 당신은 '흥분해야 하는'(getting upset) 것이 아니라 '상황을 마련받는'(being set up) 것이다.

당신의 감정을 흔들어놓는 경험을 직감과 느낌으로써 바라보면, 이 특정 상황 배후의 감정적 누적물이 당신의 삶의 경험에서 이번에 처음으로 나타난 것이 아니라는 사실이 분명해진다. 이것이 반복되는 경험이라는 사실은 '반응(reaction)'이라는 단어의 구조에서도 분명히 드러난다. 반응(re-action)이란 특정한 행동(action)이 반복되는(repeated) 것이다. 이 단어는 당신에게 마련된 그 사건이 당신을 새로운 행동 패턴으로 인도해주지 않는다는 사실을 말해준다. 그 사건은 비슷한 상황이 발생할 때마다 의식 표면으로 올라오곤 하는 습관적이고 예측 가능한 행동 패턴을 촉발시킨다.

그러므로 자동반응의 3요소 가운데 첫 단계는 흥분이다. 흥분에는 계산된, 습관적이고 예측 가능한 신체적, 정신적, 감정적 드라마, 곧 당신의 역할 연기가 뒤따른다. 반복되는 특정 드라마의 원인이 되는 감정적 누적물은 아동기에 당신의 감정체 안에 각인된 것이다.

2. 자동반응 행동의 3요소 중 두 번째 단계는, 당신은 상황을 마련받을 때마다 특정 유형의 드라마에 의지한다는 사실이다. 그리고 그 드라마의 핵심적 의도는 언제나 동일한 '비난'이다. 그 드라마는 현재 일어나고 있는 일에 대한 책임을 자신이 아닌 다른 사람과 사물에 전가하는 반복적 행동이다.

비난은 드라마를 동원하여 주변의 관심 — 특히 공감 — 을 끄는 동시에 자기 자신으로부터 다른 사물과 사람으로 관심을 돌려놓는, 특이한 행동들 중의 하나이다. 자신이 경험하는 삶의 질에 책임을 질 준비가 되어 있지 않은 한, 당신은 언제나 비난에 의지한다. 비난이란 거울에 비치는 내용을 놓고 거울을 탓하는 것이다.

그러나 비난은 그에 상응하는 결과를 가져온다. 잘 살펴보면 비난이라는 단어는 당신이 이 전략에 의지할 때 보이는 행동의 진실되지 못한 성질을 폭로한다. 비난(blame)이란 곧 '절름발이가 되는(be lame)' 것이다. 비난은 당신에게서 힘을 빼앗아 간다. 왜냐하면 비난한다는 것은 곧 당신이 스스로를 희생자, 곧 다른 사람의 손에 놀아나는 무력한 제물이라고 생각함을 선언하는 것이기 때문이다.

3. 이 무력감으로부터 당신은 자동반응의 세 번째 단계에 이른다. 그것은 죄책감과 후회, 수치심이다. 죄책감과 후회와 수치심을 느끼게 되는 의식적인 이유는 감정이 흥분될 때 당신이 외부로 투사한 자동반응 행동 때문이지만, 거기에는 무의식적인 이유도 있다. 당신은 다른 사람을 비난함으로써 자신을 배신했기 때문에 죄책감과 후회와 수치심을 느끼는 것이다. 당신은 무심코 자신이 자신의 통제를 벗어난 상황의 노예가 되었다고 선언함으로써 자신을 저버리고 스스로 힘을 빼앗는다.

비난에 동조함으로써 당신은 인과법칙의 존재와 그 영향을 간과해버린다. 이것은 모든 사람을 동등하고 자유로운 존재로 만들어주는 그것을 무시하고 무력화하는 행위이다.

자동반응 행동은 어떤 차원에서도 당신에게 도움이 되지 않는다. 다행히도 당신은 새로운 행동방식을 만듦으로써 그것을 쉽게 지울 수 있다. 감정의 방아쇠가 당겨질 때마다 당신이 감정 통합 절차를 밟는 이유가 바로 이것이다.

감정 통합 절차

1단계: 메신저에 걸려들지 않는다. 당신이 감정적으로 동요될 때마다 해야 할 일의 첫 번째는 지금 당신에게 마련된 사건이나 사람은 당신에게 일어나고 있는 일과는 아무런 관계가 없다는 사실을 인정하는 것이다. 그 사건이나 사람들은 메시지를 가지고 온 메신저messenger로서 당신이 처한 엉망이 된 상황을 종식시켜주러 온 이(mess-ender)이다. 메신저는 통합되지 못한 과거로부터 의식 표면에 떠오르고 있는 당신의 기억을 거울처럼 비춰 보여주고 있을 뿐이다.

'메신저를 쏴 죽이는' 것은 쓸모없는 짓이다. 왜냐하면 현존은 당신에게 그 같은 메신저를 끝없이 보낼 수 있기 때문이다. 그러니 감정 통합 절차의 첫 단계는 '메신저에 걸려들지 않는' 것이다. 어쩌면 당신은 마음 깊이 이 메신저들에게 고마움을 느끼고 그들이 제 갈 길을 가도록 해주어야 할 것이다. 그들에게 자동반응하여 화를 내는 대신 이렇게 말해야 할 것이다. '이제 잠시 혼자만의 시간을 가져야겠군.' 자동반응하려는 자신의 충동으로부터 품위 있게 한 걸음 비켜나는 것은 처음에는 용기가 필요한 일이다. 왜냐하면 그렇게 하기 위해서는 당신이 평생 동안 쌓아온, 드라마로 도피하는 자동반응적 습관을 내려놔야만 하기 때문이다.

2단계:　**메시지를 받는다(통찰).** 감정 통합 절차의 두 번째 단계는 '메시지를 받는' 것이다. 이를 위해 당신은 내면으로 주의를 향한 다음, 마련된 상황에서 경험되는 감정 반응의 에너지 울림을 느낌과 직감으로 만나야 한다.

당신의 몸이 이 울림과 공명한다면 제대로 하고 있는 것이다. 감정의 동요를 느낄 때 당신은 얼굴이 붉어지거나 손이 떨리거나 명치가 아래로 쏠리는 느낌을 받을 수도 있다. 이때 당신이 느끼고자 의도한 결과로서 무엇을 느끼든, 그것은 나름의 의미를 갖는다.

3단계:　**조건 없이 느낀다.** 당신이 느끼는 불편을 비난에 의지하여 외부화하는 대신 이제 당신을 흥분하게 만드는 경험이 지닌 불편한 울림을 의식적으로 담아 안고 소화시키라. 조작이나 치료, 치유, 이해 등 어떠한 의도도 갖지 않은 채 다만 그것을 있는 그대로 느끼기만 하라.

이 단계에서 당신은 투사를 내주고 통합을 돌려받는다. 이것은 조건 없는 담아 안음을 통해 이뤄진다. 담아 안는 것(containment)과 억압(suppression)을 혼동해서는 안 된다. 억압은 마치 '그런 일이 일어나지 않은 척하는' 행동이다. 그 경험을 당신의 의식에서 지워버릴 수 있다면 무엇이든 하는 것이 억압이다. 반면에 담아 안는 것은 '이것이 일어나고 있다'는 사실을 선언하는 것이며, 처음에는 '저 밖에서' 일어나는 줄로 알았던 일의 원인이 실은 당신의 에너지장 안에 있다는 사실을 선언하는 것이다.

담아 안는 것은 자신이 경험하는 삶의 질에 스스로 온전한 책임(responsibility)을 지겠다는 응답적인(responsive) 행동방식이다. 그것은 당신이 성인이 되어 느끼는 불편이 실은 당신의 아동기 자아가 보내온 구조요청이라는 깨달음을 실천에 옮기는 행위이다. 담아 안음은 당신의 아동기 자아가 보내온 구조요청에 응답하는 방식이다. 이 응답에서 당신은 조건 없이 느끼기를 통해 당신의 아동기 자아에게 이렇게 선언한다. "네가 아프다는 걸 알아. 네가 두려움과 분노와 슬픔을 느끼고 있다는 것도 알아. 그 사실을 인정해. 이제 이 불편을 의식적으로 느낄 거야. 그렇게 네게 무조건적인 관심을 기울일 거야. 그리고 평화의 느낌을 회복할 수 있다면 앞으로도 계속 이런 방식으로 네게 응답할 거야." 당신이 느끼는 불편의 근원자리에 서서 조건 없이 느낌으로써 당신은 통합의 과정을 시작한다. 이처럼 통합이란 아동기의 통합되지 못한 측면들을 의식적으로 소화해내는 과정이다.

당신은 이 3단계 기법을 당신에게 감정적 불편을 일으키는 모든 의견 불일치와 신체적 질병, 갈등을 통합하는 데 이용할 수 있다.

이 기법을 사용할 때마다 당신은 자신이 겪는 모든 불편한 경험(당신은 그것이 '저 밖에' 있다고 생각한다)의 성질을 스스로 변화시킬 수 있음을 체험을 통해 깨닫는다. 의식적으로 자신의 내면으로 들어가 조건 없는 느낌과 직감을 통해 내면의 변화를 일으킴으로써 말이다.

이 기법을 지속적으로 적용하다 보면 당신이 세상에서 겪는 모든 경험의 성질은 당신의 현재 감정 상태의 반영이란 사실이 분명해진다. 그것은 또 평화를 실현하는 일은 '상대방'과는 아무런 관계가 없는 일임을 경험을 통해 알게 해준다. 균형을 잃은 어른이란 다름 아니라 관심을 받지 못한 아동이다. 조건 없이 느끼기만 하면 당신이 경험하는 불편은 통합된다.

이것으로 현존 수업 6주차가 마무리되었다.

물속으로

현존 수업 7주차를 시작하기 전에 읽으라.

너무 뜨겁지 않은 따뜻한 물에 몸을 담그는 것으로 현존 수업 7, 8, 9주차를 시작할 것이다. 욕조에 물을 담을 수 없으면 15분 동안 따뜻한 물로 샤워를 하는 것도 좋다.

물에 있는 동안에는 호흡을 의식적으로 연결시키는 데 신경을 쓰지 말라. 대신 따뜻한 물에 몸을 담갔을 때 어떤 경험이 의식에 떠오르든지 단지 그 느낌에 주의를 기울이라.

물에서 나오자마자 몸을 말린 뒤 지금까지 해오던 15분 호흡 연습을 한다. 물에 몸을 담그는 것은 7~9주차 3주 동안의 첫 호흡 연습 때만 하면 된다. 하지만 이 3주 동안에는 하고 싶을 때 얼마든지 해도 상관없다.

호흡에 주의를 기울이기에 앞서 따뜻한 물에 몸을 담그면 호흡 연습을 하는 동안 더 깊은 신체적, 정신적, 감정적 경험이 일깨워진다는 사실을 알게 될 것이다. 이때 어떤 경험이 일어나더라도, 심지어는 아무 일도 일어나지 않는 것처럼 보여도 그것은 모두가 나름의 의미가 있다.

어떤 경험이 불편하게 느껴질 때마다 연결호흡을 하면서 편안하게 이완한 채로 그 경험의 느낌에 조건 없는 주의를 기울이라. '이 불편감이 무슨 의미인지, 또는 무엇에 관한 것인지'와 관련하여 떠오르는 모든 스토리를 무시하라. 모든 정신적 스토리는 쓸데없는 것들이다. 불편이 느껴지는 곳으로 가져가는 조건 없는 느낌과 직감만이 통합의 힘을 지니고 있다.

물에 몸을 담그는 연습의 효과를 높여줄 아래의 지침을 따르라.

1. 하루 24시간 중 언제라도 물에 몸을 담그기 전과 후에는 물을 충분히 마시라.
2. 물이 너무 뜨겁지 않고 적당히 따뜻하게 하라. 체온과 비슷한 수온이 가장 이상적이다.
3. 머리, 그중에서도 얼굴만 물 밖으로 내어놓은 채 전신이 물에 잠기도록 드러누우라. 되도록 심장(가슴)이 물속에 잠겨 있게 하는 것이 좋다. 샤워를 한다면 바닥에 앉아서 물이 가슴께를 흘러 지나가게 해도 좋다.
4. 만약 어떤 이유로 해서 물에 몸을 담그기가 불가능하다면, 어떤 경험이든 나름의 의미가 있음을 스스로에게 상기시키며 편안한 마음을 가지라. 당신이 경험하는 그 어떤 불편도 누적된 감정이 의식 표면에 떠오르고 있다는 신호일 뿐이다. 그 누적된 감정이 당신의 자각의 장을 통과해 지나갈 때 당신은 불편을 느낀다. 그것을 빠져나가는 길은 오직 그것을 통과해 지나가는 길밖에 없다.
5. 연로하거나 허약한 사람은 물에 몸을 담그는 동안 누군가가 곁에 있어 주는 것이 안전하다. 또 물에 몸을 담그는 것이 안전상의 이유로 조금이라도 염려된다면 먼저 의사와 상담하는 것이 좋다.
6. 물속에서 15분이 지나고 나서도 경험의 느낌이 계속 일어나고 있다면 물속에 조금 더 앉아 있어도 좋고, 아니면 느껴지고 있는 느낌을 온전히 자각하면서 물 밖으로 나와 몸을 말린 뒤 15분 호흡 연습에 들어가도 좋다. 물에 몸 담그기나 호흡 연습이 끝날 때까지도 불편이 완전히 통합되지 않는 경우도 있다는 사실을 기억하

라. 그것은 온전한 통합을 위해서는 살면서 직접 부딪히는 것이 필요하기 때문이다. 당신이 하는 어떤 경험도 억지로 완벽하게 만들려고 애쓰지 않는 것이 중요하다. 물속에 좀더 오래 앉아 있기로 했지만 조금 뒤 너무 오래 있었다는 생각이 든다면 물 밖으로 나와 몸을 말린 뒤 잠시 호흡을 하라. 자신의 상식을 신뢰하라.

현존 수업 7주차 7일 동안의 의식적 응답은 이것이다.

"나는 지금 안전함을 느낀다."
(I feel safe now.)

신체적 현존감 받아들이기

신체적 현존감을 받아들이는 것은 반응적인 행동으로부터 응답적인 행동으로 영구히 옮겨가기 위한 첫 단계이다.

신체적으로 현존하지 않으면 당신은 책임 있는 선택을 내릴 수 없다. 응답적 행동은 인과의 원인을 다루어서, 당신의 의식 표면에 떠오르는 감정적 누적물로부터 싹트는 불편한 느낌을 통합시켜줄 것이다.

몸 안에 현존하지 못할 때, 당신은 정신의 영역에서 표류하고 있는 것이다. 그러니까 당신의 의식은 과거 혹은 미래라는 관념적 세계를 떠돌고 있는 것이다. 당신은 환영인 이 정신 영역에서 자신이 인식한 것을 토대로 결정을 내린다. 그러나 그것은 당신에게 어떤 도움도 되지 않는다.

외부로 끊임없이 표출되고 있는, 통합되지 못한 자신의 두려움과 분노와 슬픔에 자동반응하는 것은 자기파괴적인 짓이다. 왜냐하면 이때 당신은 원인이 아니라 결과만을 다루고 있기 때문이다. 그래서 날마다 호흡 연습을 하는 것이 중요하다. 의식적인 연결호흡은 '시간 속에서 사는' 정신적 매몰 상태로부터 당신의 의식을 구출해내는 신속한 방법

라. 그것은 온전한 통합을 위해서는 살면서 직접 부딪히는 것이 필요하기 때문이다. 당신이 하는 어떤 경험도 억지로 완벽하게 만들려고 애쓰지 않는 것이 중요하다. 물속에 좀더 오래 앉아 있기로 했지만 조금 뒤 너무 오래 있었다는 생각이 든다면 물 밖으로 나와 몸을 말린 뒤 잠시 호흡을 하라. 자신의 상식을 신뢰하라.

현존 수업 7주차 7일 동안의 의식적 응답은 이것이다.

"나는 지금 안전함을 느낀다."
(I feel safe now.)

신체적 현존감 받아들이기

신체적 현존감을 받아들이는 것은 반응적인 행동으로부터 응답적인 행동으로 영구히 옮겨가기 위한 첫 단계이다.

신체적으로 현존하지 않으면 당신은 책임 있는 선택을 내릴 수 없다. 응답적 행동은 인과의 원인을 다루어서, 당신의 의식 표면에 떠오르는 감정적 누적물로부터 싹트는 불편한 느낌을 통합시켜줄 것이다.

몸 안에 현존하지 못할 때, 당신은 정신의 영역에서 표류하고 있는 것이다. 그러니까 당신의 의식은 과거 혹은 미래라는 관념적 세계를 떠돌고 있는 것이다. 당신은 환영인 이 정신 영역에서 자신이 인식한 것을 토대로 결정을 내린다. 그러나 그것은 당신에게 어떤 도움도 되지 않는다.

외부로 끊임없이 표출되고 있는, 통합되지 못한 자신의 두려움과 분노와 슬픔에 자동반응하는 것은 자기파괴적인 짓이다. 왜냐하면 이때 당신은 원인이 아니라 결과만을 다루고 있기 때문이다. 그래서 날마다 호흡 연습을 하는 것이 중요하다. 의식적인 연결호흡은 '시간 속에서 사는' 정신적 매몰 상태로부터 당신의 의식을 구출해내는 신속한 방법이다. 당신은 이를 통해 신체적 현존감을 쌓고 유지시킬 수 있다.

당신은 아동기를 지나는 동안 마음이 몸을 떠나서 당면한 주변환경에 대한 온전한 자각으로부터 멀어져 '시간'이라는 환영의 정신적 경험 속으로 피해 들어가게 하는 습관을 붙이기 시작했다. 그것은 당신이 현재 일어나고 있는 일에 대해 두려움으로 반응했기 때문이다. 그것은 아주 단순하다. ― 당신은 두려움으로 인해 현존에 대한 자각을 잃어버린 것이다. 두려움은 당신을 몸으로부터 멀어지게 한다. 당신은 두려움 때문에 현존(Presence)을 가식(pretence)이라는 정신적 갑옷과 맞바꿔버린 것이다.

우리는 누구나 두려운 경험을 한 적이 있다. 그리고 그 두려운 경험을 제대로 통합할 수 없었기 때문에 마음속에서 시간이라는 환영의 굴속으로 달아나고 말았다. **머릿속에서 만들어낸 이 꿈의 세계에서 당신은 모든 것이 괜찮은 척, 아니면 앞으로 언젠가는 괜찮아지리라고 가상한다.** 실제로 많은 이들에게는 이러한 정신적 도피가 구원의 은총으로 느껴진다. 그러나 현존 수업을 통해 통찰을 얻고 나면 이 같은 반응적 행동은 더 이상 유용하지도 필요하지도 않게 된다.

지난 6주 동안 당신은 신체적, 정신적, 감정적 불편이 생기는 원인에 대해 깊은 통찰을 얻었다. 또 현 순간의 자각으로 돌아가는 데 기초가 되는 인식 절차에 대해서도 알아보았다. 감정 통합 절차를 꾸준히 밟아나감으로써 당신은 이미 자신의 접근방식을 자동반응에서 의식적 응답으로 바꿔가고 있다.

이제는 당신을 과거와 단절시켜놓은 힘겹고 두려운 경험들 모두가 당신의 성장과 이익을 위해 가면을 쓰고 나타난 기회라는 사실을 조금은 더 쉽게 받아들일 수 있을 것이다. 그 경험들은 아직 사용하지 않은 감정의 연료전지다. 이 근원적 경험들이 만들어내는 결과에만 관념적으로 묶여 있는 한 당신은 이 사실을 깨닫지 못한다. 하지만 현 순간의 자각 속으로 들어서면 이 가능성은 현실이 된다.

누적된 감정을 경험적으로 통합하고, 통합과 함께 오는 선물을 깨달아간다면 당신은 삶의 길에서 부딪히는 모든 장애물을 성장의 기회로 받아들일 수 있다. 이러한 깨달음에 도달하려면 '그것이 실제로 그러함을 체험해야' 한다. 실제로 체험하는 것은 단지 그렇게 될 것이라고 막연히 바라거나 기대하거나 믿는 것과는 아주 다르다.

감정 통합 절차를 꾸준히 밟기만 하면 누구나 이런 깨달음에 도달할 수 있다. 누적된 감정을 하나씩 통합해가는 것은 감정의 연료전지를 하나씩 얻는 것과 같다. 그 연료전지에 들어 있는 에너지는 당신의 경험에 참된 변화의 움직임을 불어넣어줄 것이다. 이 사실을 깨닫고 나면 당신의 과거는 더 이상 두려움과 후회의 대상으로 당신 뒤를 따라다니지 않는다. 이제 당신의 과거는 개인적 성장을 위한 기회가 된다.

어느 시점에 이르면 당신이 겪는 모든 경험이 당신을 위해 교묘하게 마련된 과정이라는 사실을 받아들이지 않을 수가 없게 된다. 이 사실을 깨닫고 나면 과거에 대한 두려움과 현 순간의 자각의 실현 사이에 놓인 유일한 장애물은, 왜 이런 일이 일어나고 이 사건들이 무엇을 의미하는가에 관하여 스스로에게 들려주는 스토리뿐이다. 이런 정신적 미로에서 빠져나오기 위해서는 '그 스토리를 내려놓은' 뒤 그것을 일으키는 원인인 누적된 감정을 조건 없이 느낄 수 있어야 한다. 스토리에 집착하고 있는 한 당신은 지금 이 순간 대신 과거를 선택한 것이다.

지금 당신의 의식 표면에 떠오르는 누적된 감정에 능숙하게 응답할 수 있게 되면 모종의 안전감이 당신의 경험 전반에 스며들게 된다. 이것은 당신이 자신이 경험하는 삶의 질에 책임을 지기 시작하면서 당신의 아동기 자아가 다시금 안전감을 느끼고 있다는 뜻이다. 이제는 '시간 속에서 사는' 정신적 환영의 경험을 떠나 몸속으로 다시 들어가도 안전하다고 생각하는 것이다. 현재의 경험을 통과해가는 당신의 여행에서 몸은 당신의 진정한 고향이다. 자신의 몸으로 돌아오겠다는 의도를 내는 것은 곧 당신이 자기 경험의 모든 측면에서 신체적으로 현존하겠노라고 결정하는 것이다. 이 과정에서 당신은 또한 그 안전한 아이가 동시에 기쁨과 창의성이 넘치는 아이라는 사실을 알게 된다.

당신이 되찾은 신체적 현존감은 하나의 선물이다. 왜냐하면 신체적 현존감은 당신으로 하여금 의도의 방향을 수정하여 당신에게 도움이 되는 경험으로 자신을 의식적으로 이끌어가게끔 힘을 부여하기 때문이다. 이때가 바로 현존 수업에서 당신이 자기 경험에 책임을 진다는 과제를 받아들이는 순간이다.

자신의 모든 경험을 향해 가고, 그것을 통과하여 빠져나오는 데 사용할 수 있는 도구는 두 가지가 있다. 그것은 주의(attention)와 의도(intent)이다. 주의는 정신체가 사용하는 도구로서 초점을 맞추는 '대상'에 관한 것이다. 의도는 감정체가 사용하는 도구로서 초점을 맞추는 '이유'에 관한 것이다. 어느 순간에나 당신 경험의 질은 당신이 얼마나 의식적으로 주의와 의도를 사용하는가에 따라 결정된다. 그것은 아주 간단하다. 하지만 이 두 가지 인식적 도구를 의식적으로 사용하기 위해서는 신체적으로 현존해야만 한다.

잘 깨닫지 못하고 있긴 하지만 당신은 자기 경험의 매 순간마다 주의와 의도를 함께 사용하고 있다. 그러나 당신은 자신의 통합되지 못한 감정적 누적물에 떠밀려서 주의와 의도를 거의 무의식적으로 사용한다. 정신적 영역에서 방황하고 있는 당신은 자기 삶의 경험이 의식 표면으로 끊임없이 떠오르는 통합되지 못한 불편에 떠밀려 다니는 배와 같다는 사실을 깨닫지 못한다.

신체적, 정신적으로 고착된 상태로 자신을 바라보는 당신은 스스로를 자기 의지에 반하는 예상치 못한 불쾌한 물리적 사건들에 의해 '강제로' 떠밀려 다니는 존재로 인식하는 경향이 있다. 그리하여 당신은 그 사건들에 관한 스토리를 지어내어 스스로에게 들려준다. 이 스토리를 근거로 당신은 자동반응적인 대응을 한다. 하지만 당신도 알게 될 테지만 이 예상치 못한 불편한 물리적 사건들은 모두 메신저일 뿐이다. 다시 말해 의식 표면에 떠오르는 통합되지 못한 감정적 누적물을 외부로부터 비춰 보여주는 거울인 것이다.

당신이 정신적 능력을 갖춘 이래로 줄곧 자신에게 들려주었던 스토리들이 당신이 현재 가지고 있는 핵심적인 신념체계를 형성했다. 그러나 이 신념들을 추동하는 감정적 누적물의 대부분은 당신이 정신적, 관념적 능력을 갖추기 이전에 당신의 에너지 시스템에 각인되었던 것이기 때문에 이들 스토리들은 아무런 의미도 갖지 못한다. 이 스토리들은 모두 결과로서 나타난 현상일 뿐이다. 당신의 신념은 그 환영과 같은 마음의 논리회로를 만들어내고, 당신은 이 모든 외견상의 혼돈과 불확실성을 이해해보려는 필사적인 수단으로서 그 스토리를 따라가는 것이다. 그러나 자신의 주의와 의도를 이 스토리에 따라 움직이게 하는 것은 파멸을 자초하는 짓이다. 심리적 차원에서 이것은 정신이상 상태이다. 그것을 '정신적으로 된다'(being mental, 통용되는 뜻은 '미친다')고 말하는 것은 아주 적절한 표현이다.

당신의 스토리는 과거에 일어났다고 당신이 믿는 것과, 그것이 미래에 대해 가지리라고 추측하는 의미에 토대를 두고 있다. 그렇기 때문에 지금까지도 당신은 두려움에 찬 '억측'에 근거하여 자기 삶의 경험의 질을 설계해왔다. 그러나 더 정확히 말하자면, 당신은 아동기 자아의 통합되지 못한 측면으로 하여금, 그것의 미숙한 세계관을 토대로 당신에게 무엇이 최선인지를 결정하도록 책임을 떠넘긴 것이다!

이 스토리들 가운데 어떤 것도 당신이 현재 겪고 있는 인간적 경험을 해석하는 수단으로는 의미가 없고, 당신의 감정 통합에도 아무런 도움을 주지 못한다. 그러므로 무의식 속의 핵심적인 신념들을 당신의 현재 경험의 질을 결정짓는 기준으로 삼는 것은 파멸을 자초하는 짓이다. 이런 이유로 이제부터 당신은 자기 삶의 경험을 의식적으로 이끌어가는 운전자가 되기로 선택해야 한다.

이 새로운 방향으로 나아가는 첫 단계는 '스토리를 내려놓는 것'이다.

설령 당신이 자신의 스토리에 법정도 손을 들어주리라고 믿더라도, 그것은 어디까지나 누적된 감정이 빚어내는 곤경에 대한 정신적 해석일 뿐이다. 스토리에 집착하는 것은 과거에 집착하는 것이다. 어떤 스토리도 당신을 과거로부터 자유롭게 해주지는 못한다.

'어떠한 조건도 없이 지금 있는 것을 그대로 느끼는 것'만이 현존에 대한 자각과 현 순간이 발하는 빛으로 돌아갈 수 있게 한다. 그 빛은 당신이 당신 존재의 참된 표현과 하나가 될 때마다 당신에게서 뿜어져 나오는 빛이다.

느낌으로 통과해 나가기

현존 수업에 들어갈 때 당신은 자신의 참된 내면의 상태에 대한 자각을 다시 일깨워줄 길을 통과하기 위해 의도적으로 '준비'를 갖춘다. 이를 위해 다양한 도구를 사용하는데, 호흡 연습은 신체적 현존감을 다시 일깨우는 데 도움이 되며, 그 밖에 의식적 응답과 텍스트, 인식의 도구들은 함께 마음을 명료하게 일깨우는 데 도움이 된다.

지금부터 3주간의 현존 수업은 따뜻한 물에 몸 담그기를 추가함으로써 '감정체에 대한 자각'을 의식적으로 다시 일깨울 것이다. 이제 당신은 의식적으로 이 여행의 감정 구간으로 진입하는 것이다. 감정 영역으로 들어가서 그곳을 통과해가는 작업은 많은 사람들에게 힘겨운 일이다. 왜냐하면 '생각'으로는 그곳을 통과해갈 수 없고 오직 '느낌'으로써만 지나갈 수 있기 때문이다. 현존 수업의 이 단계에서 당신이 지금 느끼고 있는 것, 그리고 현존이 당신에게 전하고 있는 것을 받아들이기 위해 반드시 그 '이유'를 알아야 할 필요는 없다는 사실을 상기해두는 것이 좋다.

자신이 지금 느끼고 있는 것에 대해 생각하고 분석하고 이해하려고 애쓰는 대신 그것을 조건 없이 느끼는 것이야말로 현존과 경험적 관계를 맺는 데 필요한 것의 전부이다. 그 이유를 알려면 현존(presence)이라는 단어를 시각적으로 잘 살펴보면서 그 소리의 울림에도 귀를 기울여보면 된다. 그것은 '의미 이전(pre-sense)'의 상태다.

현존과 참된 관계를 맺으려면 모든 것을 머리로 분석하고 이해하려는 노력을 멈춰야 한다. 모든 것을 머리로 분석하고 이해하려고 하면 당신은 정신적으로 한 곳에 고착되고 만다. 정신적으로 고착될 때마다 당신은 자신의 경험을 '머리로 이해하기' 전에는 그것이 가진 의미를 받아들이지 못한다. 이것은 당신에게 도움이 되지 않는데, 왜냐하면 현존은 '이해하는 것이 아니라 알기' 때문이다. 현존은 생각하거나 고민하거나 돌이켜보지 않는다. 예를 들어 물속에 몸을 담글 때, 무슨 일이 일어나고 있는지를 머리로 이해해야만 그 경험이 의미 있게 되지는 않는다.

당신이 하는 경험은 당신이 그것을 경험하고 있다는 사실만으로 의미를 갖는다. 그것에 관해 생각하는 것이 아니라 단지 그것을 느끼는 것만으로 의미를 갖는 것이다. 스스로 지어내는 스토리나 머릿속의 그럴듯한 이해가 당신의 경험에 의미를 부여하는 것이 아니다.

이제 당신은 감정체에 대한 자각을 다시 회복하려고 하고 있다. 감정체에 대한 자각이란 '당신의 느낌과 직감을 통해 감정체의 참된 상태를 온전히 자각하는 능력'을 말한다.

감정체에 대한 자각이 생기면 자신의 모든 감정 상태를 '작용하는 에너지'로 볼 수 있다. 감정체에 대한 자각 능력이 생기면 감정체 안에서 일어나는 경험의 느낌을 당신이 '이해할' 수 있는 스토리로 굳이 변환하지 않고도 자신의 감정체를 대할 수 있게 된다.

작용하는 에너지를 접하는 느낌을 끊임없이 스토리로 옮겨놓으려는 당신의 이런 정신적 습관은 위험을 내포하고 있다. 당신이 그 스토리를 진짜로 믿는다면 그에 따라 행동하게 될 가능성이 있기 때문이다. 그러나 그런 행동은 자동반응일 뿐으로, 한 걸음 나아갔다 두 걸음 물러서는 것과 같다. 다시 말해서 그것은 에너지 낭비이고, 에너지를 낭비해서는 참된 작용을 일궈낼 수가 없다.

당신이 지금 무엇을 느끼고, 왜 느끼며, 그것이 인간으로서 당신의 경험에 어떤 의미를 갖는지에 관해 제멋대로 스토리를 지어내지 않고 그저 그것을 느끼기만 할 수 있다면, 누적된 감정을 통합하는 당신의 능력은 부쩍 향상될 것이다. 그 결과는 삶의 경험의 질이 그만큼 변화하는 데서, 그리고 당신의 인식능력이 진화적으로 발달하는 데서도 확인된다.

스토리를 지어내지 않고 느끼는 능력을 키우면 의식적으로 진동하는 자각의식으로 들어가 그것을 품어 안을 수 있다. 이해를 통해서는 진동하는 자각의식을 가질 수 없다. '진동하는 자각의식은 머리로 이해해서는 알 수 없다.' 오직 직접적인 체험을 통해서만 알 수 있다.

현 순간의 자각을 향해 가는 앞으로의 여정에서도 아마 당신은 계속 자신에게 일어나는 일을 '머리로 이해하여 지나가려고' 애쓸 것이다. '머리로 이해하려고' 애쓰는 것은 당신에게는 자연스러운 일이다. 하지만 자신에게 일어나는 일을 머리로만 이해하고 범주화시키려는 습관적인 충동은 여러 가지 혼란을 일으킨다.

7주차에서 10주차에 이르는 동안 다음을 명심하도록 하자. 그것은 '지금 내가 감정체의 참된 상태에 대한 자각 속으로 더 깊이 들어가는 과정에서 정신적으로 혼란스러운 느낌을 경험하는 것은 이롭다'는 사실이다. 그것은 정신체가 당신을 데려갈 수 있는 곳까지 데려갔다는 향상의 신호이다. 이제 정신체가 '바닥을 쳤다'는 말이다!

혼란은 당신에게 이롭다. 혼란은 당신이 '정신적으로 감정의 영역에 들어가려는' 시도를 하지 못하도록 막아준다. 반드시 머리로 이해를 해야만 당신이 하는 경험이 의미를 갖게 되는 것은 아니라는 사실을 스스로에게 인식시키면, 당신은 현존 여행의 이 구간을 더 부드럽고 희망차게 지나갈 수 있다.

자기 내면의 정신적 혼란을 편안한 마음으로 대하고 그것을 일시적으로 필요한 일로 — 그리고 향상의 표시로 — 받아들이면 불필요한 드라마에 휘말리는 불상사를 막을 수 있다. 당신이 혼란을 느낄 때, 거기에 잘못된 것은 아무것도 없다. 자신의 경험에 어떤 조건도 갖다 붙이지 말고 혼란스러운 느낌을 느끼라.

물속에 몸 담그기와 함께 현존 수업 7주차를 시작하면서, 당신은 느낌으로써 10주차까지의 여행을 계속 이어가야 한다. 느낌으로 자신의 감정 영역을 지나가다 보면 당신은 자신의 감정체를 더 능숙하게 자각할 수 있게 된다. 당신은 감정체를 다시 일깨우고, 당신의 의식도 그것에 대해 깨어나고 있는 것이다. 이렇게 자각이 향상되면 누적된 감정에 대한 자동적인 반응이 줄어들고, 이를 통해 당신은 어떤 상황에도 현존할 수 있게 된다.

따뜻한 물에 몸을 담그면 누적된 감정을 정면으로 느끼는 데서 생기는 저항감의 열기를 따뜻한 물의 온기가 다스려준다. 물론 처음에는 그것이 미미하게 느껴질 것이다. 여기서 물은 참이고, 당신의 감정적 저항은 가식이라고 할 수 있다. 이 두 가지의 열기가 합쳐질 때 한쪽이 다른 한쪽에 양보하지 않으면 불편함(dis-ease)의 상태가 커지면서 당신은 마치 폐소공포와 같은 상태를 경험할 수 있다. 이때 당신이 스스로에게 들려주는 스토리는 이런 식이다. — "뭔가 끔찍한 일이 일어나고 있어." 하지만 이때 당신이 느끼고 있는 것은 당신의 조건 없는 주의를 받아 통합되기 위해 의식 표면에 떠오르고 있는 누적된 감정의 내용물이다.

물에서 나와서 호흡 연습에 들어갈 때에도 이 열기의 교환은 의식 표면 아래서 여전히 진행된다. 이 경험의 느낌에 계속 머물러 있으면 당신은 거기에 현존을 가져가는 것이고, 그로부터 통합이 일어나기 시작한다.

　이 통합의 경험은 신체적으로는 감각을 통해 나타나고 정신적으로는 사고 과정, 그리고 감정적으로는 두려움과 분노와 슬픔의 표현으로 나타난다. 지금 자신에게 일어나고 있는 일을 아무런 조건 없이 느끼면 누적된 감정은 점차 당신의 감정체에서 풀려나간다. 이때 몸에서 열기가 나면서 땀이 난 뒤 갑작스레 몸이 추워질 수도 있다. 이것은 당신의 외면적 드라마의 일부가 한 꺼풀 벗겨지면서 가식(pretence)이 드높아진 현존(Presence)으로 대체되는 순간이다.

　이런 통합 과정은 매일의 호흡 연습 중에도 일어날 수 있다. 호흡 연습을 하는 동안 당신은 열기가 파도처럼 일어났다가 잠잠해지는 것을 경험할 수 있다. 이때는 평소보다 약간 춥게 느껴지기도 한다. 이것은 누적된 감정이 의식 표면에 떠올랐다가 해소되는 과정이다. 이런 열 교환 현상은 당신이 그저 '지금 있는 것'을 아무런 조건 없이 그대로 느낄 때도 — 특히 매우 불편한 감정 상태를 느끼면서도 거기에 자동적으로 반응하지 않을 때 — 일어난다.

　따뜻한 물에 한 차례 몸을 담그는 것은 당신 과거의 감정적 짐에서 그 무게를 조금 덜어내는 것과 같다. 당신은 숨을 틀 공간을 갖게 된 것 같은 느낌을 통해 자신이 누적된 감정을 의식적으로 해소했다는 사실을 알 수 있다. 당신은 몸을 더 꼿꼿하게 세우고 더 깊이 호흡하면서 당신 경험의 지평을 지금 여기, 있는 그대로 주시할 수 있게 된다. 당신의 인식도 그에 따라 변화하여, 당신의 삶을 통합되지 못한 과거와 투사된 미래라는 왜곡된 렌즈를 통하지 않고 있는 그대로 볼 수 있게 된다.

　물속에 몸 담그기와 호흡 연습을 한 차례씩 할 때마다 당신의 누적된 감정은 계속 통합되고, 당신이 과거로부터 해방되었다는 증거도 다양한 방식으로 나타난다.

예컨대 누적된 감정이 해소된 뒤에는 텅 빈 것 같은 공허한 느낌이 느껴질 수도 있다. 이것은 자연스런 현상이다. 당신이 지금까지 무의식적으로 자신의 일부로 잘못 여기고 있던, 과거의 어떤 것이 통합되면서 당신은 더 이상 그것을 자신과 별개인 '고쳐야 할' 대상으로 인식하지 않는다. 누적된 감정이 해소된 뒤에는 체온이 평소보다 낮아진 것처럼 느껴지는 경우가 종종 있다. 이것은 당신이 지금껏 저항해오던 뭔가가 해소되었기 때문이다. 저항하는 과정에서 일어나던 마찰열이 해소되면서 체온이 내려가는 것이다. 그러나 당신의 몸은 거기에 신속히 적응하여 금세 새로운 균형상태를 회복한다.

지금부터 3주 동안의 현존 여행에서는 다음 사실을 명심할 필요가 있다. 물속에 몸 담그기와 잇따른 호흡 연습을 마칠 때마다 감정체에 대한 자각이 커진다. 15분간 물속에 몸을 담근 뒤 즉시 호흡에 주의를 기울이면 당신의 현 순간의 자각은 더욱 높아진다. 이것은 당신의 감정과 생각, 말, 행동, 그리고 그것의 결과 사이의 거리가 더 짧아짐을 의미한다. 이것은 이제 당신이 원인과 그 결과 사이의 연관성을 인식하게 되었기 때문이다. 이 인식의 향상으로 인해 시간이 이전보다 더 빨리 가는 것처럼 느껴질 수도 있다. 이런 경험이 일어난다면 그것을 위협으로 간주하기보다는 즐기도록 하라.

현존 수업의 이 시점부터 10주차를 시작하기 전까지는 하고 싶은 마음이 들 때마다 따뜻한 물속에 몸을 담근 뒤 즉시 호흡 연습에 들어가라. 감정체에 대한 자각을 일깨우겠다는 의도를 가지고 따뜻한 물속에 몸을 더 자주 담글수록 당신의 누적된 감정도 통합되기 위해 의식 표면에 더 많이 떠오를 것이다. 그러나 어떤 것도 억지로 해서는 안 된다.

당신은 강물을 거슬러 올라가지 않아도 된다.

주의 현존 수업의 목적을 위해서는 따뜻한 물속에 15분간 몸을 담근 뒤 욕조에서 나와 몸을 말리고는 지체하지 않고 바로 15분 호흡 연습에 들어가라. 그 결과로 호흡 연습을 하는 동안 감정적, 정신적, 신체적 불편함이 느껴지더라도 당신은 계속 호흡을 연결시키면서 아무런 조건 없이 그 경험의 느낌과 함께할 수 있다. 이 단순한 지침을 따르기만 해도 현존 수업 과정은 훨씬 더 수월해진다.

 이제 당신은 현존과 소통하는 열린 채널을 다시 개통하는 길에 제대로 들어섰다. 이것은 평범한 성취가 아니다. 당신이 이 세상에 태어나 지금까지 거쳐 온 자각의식의 경로들 — 어머니 자궁 속의 진동적 자각에서 아동기의 감정적 자각, 십대의 정신적 자각, 성인기의 신체적 자각에 이르기까지 모든 자각의식의 경로들 — 을 통해 이제 당신은 여기, 몸에 대한 자각에 닻을 내릴 수 있게 되었다. 하지만 아직도 이것은 여행의 시작일 뿐이다.

 현존 수업은 이 여행이 자동적으로 계속 이어지게 해준다. 현존 수업은 당신이 호흡 연습을 통해 신체적 현존감을 키운 뒤 의식적 응답, 텍스트, 인식의 도구를 통해 정신적 명료함으로, 그리고 물속에 몸 담그기를 통해 감정체에 대한 자각에까지 이르게 한다. 이 같은 인식의 이동은 당신이 자각의식의 경로를 따라 의식적으로 본래의 자리로 회귀하고 있음을 보여준다. 이로써 당신은 신체적 자각 속에 머물러 있으면서도 동시에 진동하는 자각의식 속으로 의식적으로 다시 들어가는 데 필요한 직감을 계발할 수 있다.

 이 자각의 여행 속에서 이 같은 '한 주기의 마무리'는 당신으로 하여금 온전함을 되찾게 하여 존재의 신성을 회복시켜준다. 이런 점에서 현존 수업은 당신이 물리적 세계에 의식적으로 자각의 닻을 내리고 있으면서도 그와 동시에 걸음을 되밟아가서 현존과의 의식적 연결을 다시 확립하게 한다. 현존이란, 당신이 그곳으로부터 난, 진동하는 존재 상태이다.

이로써 당신은 조건에 매인 이 세상에서 살면서도 동시에 이 경험의 모든 측면이 존재하게 하는 무조건적인 근원과 의식적으로 연결을 맺는 소통의 끈을 잇는다.

이로써 어떤 가능성이 나타날 것인가는 아직 알 수 없다. 이 가능성은 진화해가는 인간 경험이 아직 가보지 않은 새로운 영역이다. 이 가능성은 '이 세상에 살면서도 세상에 속하지 않는' 존재 상태로 당신을 데려간다. 이로써 당신은 우리 모두가 공유하는 현존을 통해 이 세상과 깊이 접촉하면서도 세상이 당신을 전혀 건드릴 수 없는 그런 곳에 서 있을 수 있다. 이것으로 당신은 희생자나 지배자 심리에서 벗어나 네비게이션 시스템과 연료가 완벽하게 준비된 배를 타고 현존의 인도를 따라 나아갈 수 있다.

이 여행을 할 준비가 되었는가?

이것으로 현존 수업 7주차가 마무리되었다.

현존 수업 8주차 7일 동안의 의식적 응답은 이것이다.

"나는 자신을 용서한다."
(I forgive myself.)

두 번째 물속에 몸 담그기와 함께 시작한다

평화란 느껴지는 울림이다

우리의 가장 큰 착각 중 하나는 평화를 원한다면 평화를 '만들어내야' 한다고 생각하는 것이다. 심지어 우리는 '평화를 만든다(make peace)'고 말한다. 이것은 우리가 평화를 만들어내지 않으면 평화가 존재할 수 없다는 생각이다.

그런데 이런 오해는 우리가 정신적, 신체적으로 고착되어 있는 데서 생겨난다. 이 오해는 자기 경험의 질을 변화시키기 위해서는 그것의 물리적, 정신적 측면을 재조정해야 한다는 생각에서 생기는 것이다.

이런 접근방식이 착각이라는 것을 알기 위해서는 평화를 구할 때 우리가 어떻게 행동하는지를 관찰해보면 된다. 평화에 대한 잘못된 생각 때문에 우리는 다음 두 가지 방식 중 하나를 택한다. 우리는 자신이 처한 환경을 '물리적으로' 변화시키려 하거나, 아니면 그것을 '정신적으로' 재조정하려 든다.

세계와 지역의 지도자들을 관찰해보면 그들은 이 두 가지의 비효과적인 접근방법을 시범보여주고 있다.

우리의 지도자들은 평화를 실현하려면 사람들을 이리저리로 옮기고 국경을 다시 정하고 인구를 조절해야 한다고 믿는다. 그러나 이것은 물리적 환경을 조정하면 평화가 실현된다는 생각에서 나온 믿음이다. 이 방법은 결코 평화를 실현하지 못한다. 물리적 환경을 재조정하여 얻어지는 외관상의 평화는 결코 오래가지 못한다. 왜냐하면 그것은 통제와 억제를 통해 실현된 평화이기 때문이다. 평화가 물리적으로 표현될 수는 있어도, 평화의 존부가 물리적 환경에 의해 결정되는 것은 아니다.

우리의 지도자들은 또한 '평화 회담' 같은 방식을 주장한다. 평화 회담에서 각국 정부와 평화 단체들은 조약을 맺고 협상을 하며 오랜 논의와 논쟁 끝에 결국 평화에 합의했다고 선언한다. 그러나 이런 접근 방식은 평화가 정신적인 어떤 것이라는 잘못된 믿음에 기초하고 있다. 이런 방식은 결코 참된 평화를 실현한 적이 없었다. 정신적 논의와 논쟁으로 얻어진 평화는 반대하는 당사자들로 하여금 서로 합의에 이르게 하지만, 그 생명은 언제나 짧을 수밖에 없다. 왜냐하면 그것은 통제와 억압으로 생겨난 평화이기 때문이다. 물리적 환경이 곧 평화가 아닌 것과 마찬가지로 정신적 합의도 평화라고 할 수 없다.

평화는 느낌과 직감을 통해 인식되는 진동이다. '행동이나 생각'으로는 평화를 실현할 수가 없다. 평화는 '느껴야' 한다. 평화는 지금 이미 존재하고 있다. 그것은 따로 만들어낼 필요가 없다. 평화는 어느 곳에나 있다. 당신이 그것을 깨닫든 깨닫지 못하든 말이다. 온 지구가 평화에 감싸여 있다.

실제로 이것을 체험으로 깨닫는 것은 어려운 일이 아니다. 갈등 상황이나 전쟁으로 피폐해진 상황 속으로 들어가서, 거기서 모든 인간들을 제외시킨 다음에 그곳을 둘러보라. 그러면 즉석에서 스스로 드러나는 것은 평화의 울림이다. 평화는 모든 혼돈과 갈등의 한가운데에 이미 존재하고 있다. 당신의 행동이나 생각은 그 어느 것도 이 실재하는 현실에 무엇을 더하거나 빼지 못한다.

자기 경험의 매 순간마다 당신은 평화의 진동하는 울림 속에 젖어 있다. 그러나 두려움과 분노, 슬픔으로 표출되는 당신의 각인된 감정적 누적물과, 이런 감정 상태가 지어내 정신적 스토리, 그리고 그 스토리를 믿음으로써 일어나는 물리적 행동으로 인해 당신은 이미 주어져 있는 평화를 자각하지 못하고 있다.

당신은 '평화를 만들어낼' 필요가 없다. 단지 그것을 깨닫기만 하면 된다. '깨닫는다(realize)'는 것은 '참된 눈(real eyes)', 즉 가슴의 눈으로 그것을 인식한다는 말이다.

평화를 느낄 수 없다면 그것은 당신이 느끼는 불편한 느낌에 대한 신체적, 정신적, 감정적 반응에 의해 현재의 평화의 경험이 가려져 있기 때문이다. 당신은 각인된 불편한 느낌이라는 현재 상태를 억누르고 통제함으로써 그와 동시에 평화를 실현하는 데 필요한 인식 메커니즘, 곧 느낌의 능력까지 닫아버리게 된다. 그러므로 평화의 깨달음에 이르는 길은 자신의 감정적 누적물을 통합하려는 의도와 밀접하게 연결되어 있다.

우리 모두는 평화를 느끼는 능력에 스스로 책임을 져야 한다. 자신이 평화를 경험하느냐 하지 못하느냐는 자기 개인의 책임이다. 다른 사람이 당신을 대신해서 그것을 느껴줄 수는 없다. 따라서 어느 누구도 평화의 경험을 당신에게 선사해줄 능력은 갖지 못한다. 평화를 느끼겠다고 결정하는 순간, 평화는 지금 여기에 이미 존재하고 있다.

평화의 진동하는 울림을 진정으로 느낄 수 있다면, 그 울림은 자연스럽게 당신의 정신과 육체에까지 울려 퍼질 것이다. 그러니 평화는 당신의 내부에서 개인적으로 시작되는 것이다. 개인적 평화의 실현은 집단적 평화 실현의 전제조건이다. 그래서 사람들은 "평화가 당신과 함께 하기를"이라고 말한다.

용서를 통해 평화를 깨닫기

당신은 어렸을 때 무조건적인 사랑을 받지 못하고 조건부의 사랑을 받았기 때문에 화를 낸다. 이것은 그 사실을 탓하자는 것이 아니다. 이것은 단지 끊임없이 조건이 변화해가는 세상에 태어나는 인간이 처하게 되는 곤경일 뿐이다.

아동기 이래로 당신은 자신에게 무조건적인 사랑을 가져다주리라고 생각하는 조건에 맞추어 살려고 엄청난 에너지를 쏟아왔다. 이것은 관심과 인정을 얻기 위해서 당신이 행하는 끊임없는 신체적, 정신적, 감정적 '행동'(드라마)으로 표출된다.

그러나 조건 없는 사랑이란 당신이 드라마를 통해서 다른 사람에게서 강요할 수 있는 무엇이 아니다. 당신이 드라마를 통해 얻으려고 하는 관심이란 '그 본질상 조건적인 것일 수밖에' 없다.

당신이 무조건적인 관심을 얻고자 할 때마다 실패하는 이유는, 그것이 돈처럼 '벌' 수 있는 것이 아니기 때문이다. 사랑은 자신의 장점을 가지고 획득할 수 있는 무엇이 아니다. 사랑은 자격 조건을 따질 수 없다. 사랑은 그저 존재하는 것, 당신이 태어날 때부터 타고난 권리인 것이다. 사랑은 당신 존재의 본질적 일부이다.

아동기 때 부모가 자녀인 당신이나 타인에게, 혹은 서로에게 보여주는 사랑의 본보기가 당신이 사랑에 대해 내리는 주된 정의(definition)가 된다. 이것이 감정적 각인의 자연스러운 결과이다. 이런 이유로 어른이 되어 스스로 사랑의 경험을 표현하려고 할 때도 당신은 무의식중에 어릴 때 부모님에게서 경험했던 감정의 울림을 재현하는 신체적, 정신적, 감정적 시나리오를 만들게 된다. 이 울림은 반드시 편안하거나 유쾌하지만은 않다. 단지 어릴 때 경험했던 것과 비슷하기 때문에 당신에게 친숙하게 느껴질 뿐이다.

예컨대 어릴 때 당신이 사랑을 필요로 하는 상황에서 학대를 당했다고 하자. 그러면 이 학대와 관련된 느낌의 울림이 당신이 아동기 때 지녔던 사랑에 관한 정의(definition)의 일부를 이룬다. 그 결과 당신이 어른이 되어서 사랑을 필요로 한다고 느낄 때마다, 당신은 어느 시점에 가서는 이처럼 학대하는 울림의 느낌이 나타나는 경험을 지어내게 된다. 이것은 무의식적으로 그리고 자동적으로 일어나는 일이다. 왜 이런 일이 일어나는 것일까? 왜냐하면 이것이야말로 각인된 감정이 당신에게 인식시키려고 하는 그 사랑을 얻을 수 있는, 당신이 아는 유일한 방법이기 때문이다. 그러나 그리하여 결국 당신이 받는 사랑은 그 조건부적인 성질 때문에 오히려 당신에게 아픔을 주고 만다.

현재의식의 당신은 이렇게 물으리라. '내게는 왜 이런 일이 자꾸만 일어나는 걸까?' 당신에게 아픔을 주는 동일한 경험이 자꾸만 일어나는 이유는, 당신이 그것밖에는 아는 것이 없기 때문이다. 이것이 각인된 감정이 영속시키는 곤경이다. 이것은 전체 인류의 가슴에 난, 벌어져 있는 상처다. 이 때문에 많은 이들이 사랑은 아프다고 말한다. 그러나 조건이 아픈 것이지, 사랑은 아프지 않다. 사랑은 어떤 하나의 상태다.

현존 수업에서 당신은 각인된 감정이 만들어내는 해석의 한계를 넘어서 상황을 인식하는 방법을 점차로 배우게 된다. 당신은 감정적으로 성장하는 법을 배운다. 이런 감정 계발의 결과는, 자신의 아동기 경험에 의해 형성된 조건들이 제거되기 시작하는 것이다. 그 조건들이 하나씩 둘씩 제거되면 당신은 자신의 경험에 대해 지금까지와 다른 새로운 인식을 즐길 수 있게 된다. 이 새로운 인식은 당신의 통합되지 못한 감정적 누적물로부터 연료를 공급받는 것이 아니다. 당신은 현 순간의 자각을 통해 새로운 인식을 접한다.

당신이 현 순간의 자각 속으로 깨어나고 있다는 증거는 인간의 조건에 내재된 곤경에 관하여 당신이 얻는 통찰로 온다. **그러한 통찰 중 하나는, 내가 만나는 사람들은 어떻게 행동하든 상관없이 모두가 조건 없는 사랑의 경험을 갈구하고 있다는 통찰이다.** 설령 그들이 증오에 차 있더라도 그것은 사실은 사랑을 갈구하는 왜곡된 외침이다.

현 순간의 자각 속으로 깨어나기 전까지는, 자신에 대한 무조건적 사랑의 경험을 창조하기 위해서 당신이 하는 행동들이 실제로 당신이 구하고 있는 조건 없는 사랑을 반영하는 경우는 별로 없다는 사실이 분명하게 다가오지 않을 것이다. 당신은 자신의 행동이 타인으로부터 '사랑을 얻기' 위한 것임을 깨닫지 못한다. 또 당신이 구하고 있는 무조건적 사랑에다 스스로가 조건을 덧붙이고 있다는 사실도 깨닫지 못한다. 다시 말해서 당신은 지금 자신의 행동이 자신이 원하는 경험과 모순되고 있다는 사실을 자각하지 못하고 있다!

자각하는 힘이 생기면서 당신은 모든 사람이 당신에게서 무언가를 '얻어내고자' 한다는 사실을 깨닫게 된다. 세상이 끊임없이 당신에게서 무언가를 얻어내려고 하는 것만 같은 이 느낌은 곧 '세상에서 무언가를 얻어내고자 하는 당신 자신의 행동'이 자동으로 반영되어 나타난 것이다. 당신은 어렸을 때 부모님이 자신들의 감정적 곤경을 처리하는 방법을 보고 따라함으로써 이 같은 행동을 터득했다. 또 당신의 부모님은 각자 자신들의 부모님을 보고 배웠다. 그러나 무조건적인 사랑은 다른 이에게서 무언가를 '얻어내는' 것으로는 결코 경험할 수 없다. 그것은 오직 '주고받음' 속에서만 경험할 수 있다.

사람은 자신의 각인된 조건에 따라 조건적인 사랑의 경험을 무의식 중에 표출한다는 사실을 인식할 수 있을 정도로 현 순간의 자각을 키우면, 당신은 자신이 처해 있는 곤경이 우스꽝스러운 비극임을 깨닫게 될 것이다. 당신은 부모님이 보여주신 본보기를 맹목적으로 똑같이 흉내내는 자신에게 웃음을 터뜨리게 될지도 모른다. 부모님이 처음에 다른 모습을 보여주셨다면 당신이 처한 곤경도 지금과 다른 모습을 띠었을까?

이렇게 말할 수 있다. '당신이 아동기 때 부모님과의 만남을 통해 받았던 각인된 감정 상태를 통합하기 전까지는 당신 역시 부모님과 똑같다'고 말이다. 그것은 맹인이 맹인을 인도하는 것과도 같다.

이런 반복순환적인 상황을 깨닫고 나면, 당신은 자신의 잘못된 과거 행동에 대해 스스로를 용서할 수 있다. 당신은 이제껏 엉뚱한 곳에서 잘못된 방식으로 사랑을 구하고 있었다. 이런 통찰이 일어나면 당신은 자신이 표출해내는 경험의 질이 좋지 못했던 이유를 깨달을 수 있게 된다.

무조건적인 사랑이 어떤 것인지를 스스로 알지 못한다는 사실을 인정하면 그때부터 참(authenticity)을 향한 여정이 시작된다. 무조건적인 사랑이 어떤 것인지를 모르는 것은 지적 능력과는 상관이 없는 일이다. 끊임없이 변화하는 조건 지어진 세상에서 무조건적인 사랑의 경험이란 엄청나게 희귀한 보석과 같은 것이다. 무조건적인 사랑에 깨어나는 것은 깊은 심해에서 한 모금의 신선한 공기를 찾는 것과도 같다.

세상 속에 머물면서 무조건적 사랑에 깨어나는 열쇠는 이것이다. ─ 곧, 깊은 심해에서 신선한 공기를 경험하고자 한다면 '당신 스스로가 신선한 공기를 만들어내야' 한다는 사실이다.

자신이 처한 곤경을 진정으로 이해하면 당신은 자신이 지어내고 있는 드라마를 스스로 비웃을 수 있게 된다. 웃음은 우리가 찾고 있는 약이다. 자신의 드라마를 스스로 비웃을 수 있다는 것이야말로 당신의 자기용서가 진짜라는 증거다.

자신에 관하여 이것을 받아들이고 나면 다른 모든 사람에 대해서도 받아들일 수 있다. 다른 사람이 어떤 행동을 하더라도, 그들은 그들이 어렸을 적 무조건적 사랑을 구할 때 각인되었던 감정적 누적물의 울림을 따라 무조건적인 사랑의 경험을 구하고 있는 것이다. **당신이 그들의 행동의 질이 어떻다고 인식하든, 그들이 보여주는 겉모습이 어떠하든, 그리고 그들이 보여주는 삶의 상황이 어떠하든 간에, 그들은 모두가 자신의 감정체에 각인되어 있는 것을 통해 바라볼 때는 최선을 다하고 있는 것이다.**

이러한 곤경을 정신적 차원에서는 이해한다고 해도, 다른 사람이 자신들의 각인된 조건 때문에 당신에게 가한 상처에 대해 그들을 용서하는 것은 쉽지 않은 일이다. 처음에는, 이렇게 비극적으로 잘못 꼬인 사정을 당신 자신의 상황과 관련된 한에서는 받아들일 수 있을지도 모른다. 또 당신은 무조건적인 사랑이 어떤 것인지 몰라서 자신과 타인에게 상처를 입히게 된다는 사실도 받아들일 수 있을지 모른다. 하지만 다른 이들도 똑같이 이런 어려운 상황에 처해 있다는 사실은 받아들이고 싶지 않을 것이다. 특히 부모님이나 당신에게 계속 상처를 주고 있는 사람에 대해서는 더 그렇다. 왜 그런가?

왜냐하면 분노에 의해 가려지고 산산조각난 당신 경험의 일면이 아직도 남아 있기 때문이다. 타인을 비난할 필요성과 그럴 권리를 갖고 있다고 느끼는 당신 경험의 일면이 아직도 남아 있기 때문이다. 당신이 받아야 마땅하다고 여기는 것을 받지 못한 데 대해 복수해야 한다고 생각하는 당신 경험의 일면이 아직도 존재하고 있는 것이다.

다른 사람이 당신에게 상처를 주는 것을 받아들이기 어려워하는 당신의 일면은, 관심을 받지 못했던 불쌍한 당신의 아동기 자아의 일면이다. 어렸을 때 조건부로 사랑받은 경험과 관련된 감정의 누적물 말이다.

"그들이 나의 부모님이라면 그렇게 해서는 안 돼." 혹은 "나를 세상에 낳아놓은 것은 부모님이야. 그러니까 내가 안전하게 느끼게 해줄 책임도 부모님이 져야 마땅해." 이렇게 말할 때, 당신은 자신이 이 관심받지 못한 불쌍한 아동기 자아로 퇴행하고 있다는 것을 안다. 이것이 바로 드라마이다. 이것은 인간을 에워싸고 있는 복잡다단한 곤경을 아직 이해하지 못하는 어린아이의 목소리다.

분노, 타인에 대한 비난의 필요성, 그리고 복수하고 싶은 은밀한 욕망을 통합하기 위해서는 당신의 감정 진화의 길 앞에 놓인 가장 커다란 장애물을 직면해야 한다. 그 장애물이란 바로 '오만'이다. **오만은 당신이 처한 곤경이 상대방의 경험 속을 지나 흘러가고 있다는 사실을 깨닫지 못하게 한다.**

당신이 감정 각인의 메커니즘과 그 결과를 경험을 통해 이해한 후에도 오만은 자신과 타인을 용서하는 당신의 능력을 방해한다.

오만의 결과는, 당신이 자신의 미숙함은 쉽게 용인하면서도 타인의 행동에 대해서는 여전히 화를 낸다는 것이다. 이 분노를 통합하지 않으면 그것은 타인들, 특히 당신의 부모가 자신들의 부모에게서 물려받은 것을 가지고 최선을 다했다는 사실을 받아들이지 못하게 할 것이다.

오만과 그것이 불러오는 화를 중화시키려면 다음과 같은 단순한 통찰이 필요하다. **그것은 당신이 타인과의 관계에서 목격하는, 무조건적 사랑의 행동이 아닌 모든 행동은 무조건적 사랑에 대한 그들의 무의식적인 갈구라는 사실이다.**

표면적으로는 이것이 분명해 보이지 않을 수도 있다. 우리 어른들은 내면의 상태를 숨기는 데 명수이기 때문이다. 어른인 우리는 '만사가 아무런 문제 없는 척하는 데' 선수들이다. 당신은 속으로는 어떤 의도를 품고 있으면서도 그와는 전혀 다른 행동을 취하는 법을 잘 안다.

어른의 세계에서는 모든 것이 '좋고' '문제가 없으며' '나쁘지 않다.' 그러나 성인 세계의 표면 아래에 숨어 있는 감정 상태는 다음과 같다. 즉, 당신이 만나는 평화롭지 못한 사람들은 모두가 자기 안에 무조건적 사랑을 받지 못해 두려워하고 화내는 무너진 가슴의 아이를 가지고 있다.

이러한 통찰이 인식을 해방시켜주는 열쇠이다. 이 통찰은 당신이 마음의 평화를 확립하기 위해 지나가야 할 입구이다. 이 통찰이 모든 참된 용서의 근본이다.

타인의 행동에 대해 좋지 않은 평가를 내릴 때, 당신은 사랑에 대한 그들의 갈구를 그것이 아닌 뭔가 불순한 것으로 해석하고 있는 것이다. 이런 깨달음에 이른다고 해서 분별을 할 필요가 없어지는 것은 아니지만, 이것은 심판적인 마음이 되지 않게 해준다.

심판이란 자기 앞에 놓인 세상 속에서 자신의 통합되지 못한 과거와, 두려움으로 투사한 미래를 보고는 그것을 깨닫지 못하고 자신이 인식한 것을 두고 타인을 비난하는 것이다.

현 순간의 자각에 다가가면 당신은 자기 앞에 놓인 세상이, 그것이 알고 있는 유일한 방식으로, 무조건적인 사랑을 갈구하고 있다는 사실을 알게 된다. 그것은 당신도 마찬가지이다. 세상은 당신이 처한 곤경을 거울처럼 그대로 되비춰준다.

당신의 부모님도 한때는 어린아이였다. 현 순간의 자각의 눈으로 부모님을 바라볼 때, 당신은 거기서 당신과 마찬가지로 두려움에 떨며 이 조건 지어진 세상에 내동댕이쳐진 한 아이를 보게 된다. 이 아이도 당신 안에서 아파하는 아동기 자아와 마찬가지로 무조건적인 사랑을 갈구하고 있다.

부모님이 그분들 자신의 아동기 각인 경험을 통해 자기 안에서 일어난 에너지 복제 행동에 책임을 져야 할까? 자신의 인식오류를 깨달으려는 자비로운 선택을 내리는 대신 계속 분노에 매달려 있는 것은 과연 도움이 될까? 심판이란 곧 사물을 명료하게 바라보는 눈이 없는 것이며, 당신의 인식을 감염시키는 바이러스다.

어떤 차원에서든 심판은 오만이다.

심판은 또한 이율배반이다. 심판은 한편에서는 당신이 우월한 것처럼 보이게 만들어주고, 다른 한편에서는 모든 사람이 당신과 똑같이 행동하기를 고집하면서 그렇지 않은 사람에게는 훈계를 하려 든다.

하지만 심판의 가장 해로운 결과는, 자신과 타인들을 만유의 본성인 현존과 동일시하지 않고 자신이나 그들이 하고 있는 경험과 동일시하는 것이다. 요컨대 심판을 통해 당신은, 모든 인간이 공통으로 처해 있는 곤경을 두고 상대방 탓만 한다.

그러니 당신이 어렸을 때 부모님에게서 받기를 바랐던 무조건적인 사랑으로써 부모님을 용서하고 축복해드림으로써 이러한 인식상의 폭력행위를 해결하기로 하자.

이 단 한 차례의 사랑의 행위만으로 당신은 당신 앞의 무수한 세대를 괴롭혀온 비극적인 악순환의 통합을 촉발한다. 이렇게 자신을 해방시킴으로써 당신은, 당신이 현생 경험의 경계를 지나가고 나서 한참 뒤에 올 후세들의 경험 속에 평화실현 가능성의 씨앗을 뿌리는 것이다.

무조건적 사랑의 품을 향한 당신의 여정은 '이제껏 다른 사람에게서 구해온 것을 스스로 자신에게 주는 데서부터' 시작된다. 이것이 실제로 의미하는 바는, '매 순간 경험하는 것에 어떠한 조건도 부여하지 않고 그저 그것을 느끼는 것'이다.

자신에 대한 무조건적 사랑을 실천한다는 것은 곧, 당신의 인간적 경험에서 오는 느낌들은 타당하고도 필요한 것이며, 그래서 타당하고 필요한 것으로서 그것을 느껴야만 한다는 사실을 깨닫는 것이다. 당신의 감정체에서 어떤 느낌이 일어나더라도 당신은 느낌과 직감을 통해 거기에 무조건적인 주의를 기울이라. 어떤 일이 있더라도 무조건적인 주의를 자신에게 보내라.

무조건적인 사랑은 '주기 위한(for giving)' 것이다. 무조건적인 사랑은 '용서하기(forgiving)' 위한 것이다. 당신은 무조건적인 사랑을 통해 자신을 용서한다.

감정체에서 나오는 불편한 울림을 느낌과 직감을 통해 무조건적으로 느끼기 전에는, 당신의 아동기 자아는 무조건적인 사랑이 어떤 것인지를 알지 못한다. 당신은 자신의 감정체와 상호작용하는 방식을 통해 '스스로 본보기를 보여야' 한다. 그런 본보기를 통해서 당신은 무조건적인 사랑이 어떤 것인지를 자신의 감정체에게 적극적으로, 확실히 보여주어야 한다. 이것을 통해 당신은 다른 사람들도 이런 방식으로 대하는 법을 터득하게 된다.

통합되지 못한 자신의 아동기 자아에게 본보기가 됨으로써 무조건적인 사랑을 보여주기 전까지는 당신은 계속 '사랑이란 세상으로 들어가서 "얻어내야" 하는 것'이라는 가정하에서 행동할 것이다.

당신이 불편한 느낌에 대한 무조건적인 응답을 통해 자신의 경험 속에서 무조건적인 사랑의 본보기를 보여주지 않는다면 당신의 그릇 인도된 아동기 자아의 원한에 찬 행동은 계속 당신을 좌절시킬 것이다. 왜냐하면 당신이 무조건적인 사랑을 경험하고자 할 때마다 그 원한에 찬 행동이 무조건적인 사랑을 보내려는 당신의 의도를 방해할 것이기 때문이다. 아동기 자아는 자신에게 각인된 감정의 울림을 방사하도록 설계된 곤경을 지어냄으로써 그렇게 한다.

자신을 무조건적인 사랑으로 대하지 못하는 데에는 어떠한 이유나 변명, 정당화의 구실도 있을 수 없다. 그렇게 하는 것은 오만한 짓이다. 당신은 무조건적으로 사랑을 주고받을 자격이 있다. 자신에게 무조건적인 사랑을 보내는 연습을 함으로써 그것이 무엇인지를 알아가는 것은 당신의 책임이다. 왜냐하면 이것이 당신이 세상 경험 속에서 무조건적인 사랑의 울림을 만들어내는 유일한 방식이기 때문이다.

무조건적인 사랑은 당신이 인류에게 줄 수 있는 가장 위대한 봉사행위이다. 자신을 무조건적으로 사랑하는 것은 깊은 심해에 한 모금의 신선한 공기를 내뿜는 행위다.

사랑이라 불리는 이 위대한 신비의 본질을 발견해가는 당신의 여정은 당신 자신에게 무조건적인 태도를 갖는 것에서부터 시작한다. 그것은 당신이 진실로 느끼고 있는 것에 어떠한 판단도 내리지 않고, 또 그것을 고치거나 변화시키거나 이해하거나 치유하려고 하지 않고 그저 그것을 느낌으로써 가능해진다. 당신이 느끼는 불편을 기꺼이 통합하고자 하는 의도는 — 다시 말해서 그것을 타당하고 필요한 것으로 인식하고 그에 따라 행동하는 것은 — 용서를 경험하고 평화를 실현하는 뿌리가 된다.

자신의 각인된 곤경으로부터 비롯되어 나오는 행동에 대해 진정으로 자신을 용서하는 것이 곧 세상을 용서하는 것이다. 용서를 경험하고 나면 당신은 진정한 평화에 대한 자각으로 돌아간다.

용서를 통해 평화를 실현하는 것은 '당신의' 손에 달려 있다. 그것은 '다른 사람들'과는 아무런 상관이 없는 일이다.

용서를 위한 기도

현존 수업 여행의 이 시점에서 스스로에게 이런 질문을 던져보면 도움이 될 것이다. "나는 그들이 아는 유일한 방식으로 나에게 무조건적인 사랑을 요구하는 이들을 어떻게 대하고 있나?"

그들은 자신이 동원할 수 있는 유일한 방법을 사용하고 있다는 사실을 기억하자. 그 유일한 방법이란, 그들이 어렸을 적에 부모님에게서 무조건적인 사랑을 원하던 때 각인된 감정적 누적물의 울림, 그것을 다시 일으키고 싶은 충동이다.

이때 당신의 오만이 그들이 제대로 행동해야 한다고 생각하게 만들지 않는가? 다시 말해서 각인된 감정이 인간의 행동에 미치는 영향을 당신도 알고 있으면서도 그들이 지금처럼 행동해서는 안 된다고 생각하지 않는가? 그렇다면 '당신은' 과연 그렇게 행동하고 있는가?

이것은 사람들의 파괴적 행동은 그들 속에 각인된 감정의 산물이므로 그들이 당신을 아무렇게나 짓밟고 지나가도 된다는 뜻이 아니다. 용서하는 태도로 사는 것과 모든 사람에게 호락호락하게 사는 것은 다르다. 이것은 당신이 사람을 그 행동으로, 그러니까 그에게 각인된 조건으로 판단하지 않는다는 하나의 인식적 접근법일 뿐이다.

분별력은 각인된 감정의 영향으로 당신에게 상처를 입히는 사람을 향해 "아니오"라고 말할 것을 요구한다. 또 분별력은 다른 사람이 당신의 선택을 존중하지 않을 때 분명한 선을 그은 뒤 당신의 의견을 명확히 표현할 것을 요구한다. 하지만 당신이 그들의 파괴적인 충동에 대해 "아니오"라고 말할 때에도 그들을 반드시 심판할 필요는 없다. 당신은 그들이 보이는 행동을 곧 그들의 정체성으로 여기지 않고도 자신을 돌볼 수 있다.

자동반응으로서 "아니오"라고 말하는 것은 '상대방을 내치는 것'이다. 반면 의식적 응답으로서 "아니오"라고 말하는 것은 '자기 자신을 향해 다가서는 것'이다.

용서할 수 없다고 생각되는 사람을 의식에 떠올렸을 때 일어나는 울림의 느낌을 살펴보는 것도 좋다. 이렇게 어떠한 울림의 느낌이라도 아무런 조건 없이 느껴보라.

이들은 통합되지 못한 당신의 아동기 복수심의 대상들이다. 그들은 당신의 오만의 희생양이다. 그들은 또한 당신의 마음의 평화를 해제시키는 사람들이다. 그들을 의식에 떠올릴 때 일어나는 특징적인 감정을 통합하기 전에는 당신은 통합되지 못한 감정적 불편과 그 결과로 일어나는 정신적 혼란과 신체적 자동반응으로부터 자유롭지 못할 것이다.

당신이 그들에 대해 계속 분노를 느끼고 있다면, 그것은 당신의 의식이 '명료하지 못하기' 때문이다. 이미 주어진 평화를 자각하지 못하는 것도 그 때문이다. 이 불편한 울림을 통합하지 않으면 당신의 느낌과 직감은 부분적으로 억눌리고 통제된 채로 있게 되고, 그러면 당신을 언제나 감싸고 있는 평화를 느낄 수 없게 된다.

참된 용서가 없이는 평화에 대한 자각이 있을 수 없다. 그리고 당신을 화나게 만드는 사람들에게 주의가 갈 때 일어나는 울림을 통합하기 전까지는 진정한 용서란 있을 수 없다.

기도는 오만을 중화시키고 평화에 대한 자각을 회복시키는 도구이다. 오만한 사람은 도움을 구하는 기도를 올리지 않는다. 그러니 당신이 처한 곤경을 진정으로 인식할 수 있는 힘과 연민, 감정적 성숙함을 달라고 기도하자. 자신을 용서할 수 있는 능력을 달라고 기도해보자. 그러면 당신이 다른 사람을 아프게 한 것을 용서받을 수 있고, 당신 또한 다른 사람을 진정으로 용서할 수 있게 될 것이다. 오만의 반대인 겸손을 달라고 기도해보자.

오직 기도를 통해서만, 당신이 용서를 거두어 비난하고 벌주기로 한 사람들이 실은 가면을 쓰고 나타난 당신의 구세주라는 사실을 깨달을 수 있다.

용서는 억지로 되지 않는다. '용서하는 것이 옳은 일'이라고 해서 기계적으로 용서할 수 있는 것이 아니다. 이 때문에 당신은 자신의 근원 앞에 겸손하게 무릎을 꿇고 도움을 요청하는 것이다.

당신이 어떤 종교를 가졌는지는 문제가 되지 않는다. 기도는 그저 기도일 뿐이다. 이처럼 겸손한 방식으로 도움을 구함으로써 당신은 오만의 아성을 무너뜨리고 분노의 독을 중화시킨다. 겸손은 오만의 불길을 끈다. 오직 오만만이 기도를 통해 용서를 구하는 행위를 꺼리게 만든다.

이것으로 현존 수업 8주차가 마무리되었다.

현존 수업 9주차 7일 동안의 의식적 응답은 이것이다.

"나는 나 자신을 조건 없이 사랑한다."
(I love myself unconditionally.)

세 번째 물속에 몸 담그기와 함께 시작한다

사랑에 관한 무의식의 정의를 통합하라

이제 당신은 사랑에 관한 당신의 무의식적 정의를 결정적으로 바꿔 놓을 준비가 되었다. 우리 모두가 눈만 뜨면 나서는 일, 곧 당신이 '사랑을 구하여' 일을 벌일 때마다 일어나는 모든 불쾌한 상황도 바로 사랑에 관한 이 무의식적인 정의로부터 야기된다.

사랑에 관한 당신의 무의식적 정의는, 당신으로 하여금 조건 없는 사랑을 경험하지 못하게 만드는 상황이 되어 나타난다. 사랑에 관한 이 무의식적 정의는 당신의 신체적, 정신적, 감정적 드라마의 근원일 뿐 아니라 모든 결핍 경험의 근원이다.

우리는 모두가 아동기 이래로 줄곧 동일한 주제의 드라마를 반복하고 있다. 이것은 당신의 비극이자 도덕적 상처이며 아킬레스건이다. 이 드라마 주제는 여러 가지 다양한 감정 상태로 나타나지만 당신이 스스로에게 들려주는 정신적 스토리로도 전해진다. 또 당신에게 일어나는 불편한 물리적 상황으로도 나타난다. 하지만 그것은 감정적인 것도, 정신적인 것도, 신체적인 것도 아니다. 본질적으로 그것은 하나의 '진동'으로, 아동기 때 받아 각인된 에너지, 다시 말해 지속적인 저항 패턴에 아직도 걸려 있는 에너지이다.

'시간 속에서 사는' 한 당신은 강박적으로 이 비극을 상연하게 된다. 그리고 현 순간의 자각이 충분히 쌓이기 전까지는, 당신은 자신이 이처럼 스스로 비극을 상연하고 있다는 사실을 알아차리지도 못한다. 당신과 함께 많은 시간을 보내는 사람들은 그것을 곧 알아차리지만, 가장 늦게 그 사실을 깨닫는 사람은 언제나 당신 자신이다!

사랑에 관한 당신의 무의식적 정의를 알아차리는 것은 쉽지 않은 일이다. 그것이 쉽지 않은 이유는, 사랑에 관한 당신의 무의식적 정의는 당신이 삶의 경험을 시작한 이래로 줄곧 당신과 함께 있었기 때문이다. 그것은 당신이 부모님과 맺는 관계를 통해, 그리고 두 분 사이의 관계와 그분들이 자신들의 삶의 상황에 대처하는 행동방식을 관찰해온 당신의 경험을 통해 당신의 감정체 안에 에너지로 각인되어 있다.

이러한 관찰은 처음에는 에너지의 느낌으로 시작해서 다음에는 관념적인 것으로, 그리고 그다음에는 상황적인 것으로 바뀐다. 그리하여 당신은 이 불편한 울림을 자신과 동일시하게 되고, 그러면 그것이 당신과 별개인 무엇이라고는 생각조차 못하게 된다. 당신이 자신을 본성인 현존으로 인식하지 못하고 자신의 경험을 곧 자기로 그릇 동일시하는 한, 당신은 자신이 하는 경험이 곧 자기라고 생각하며 산다.

사랑에 관한 당신의 '무의식적' 정의는 '성인이 된' 당신이 내리는 사랑에 관한 정의와는 다르다. 십대를 지나면 세상은 당신에게 사랑에 관한 어른의 정의를 배급한다. 그것은 사랑이란 달콤한 연애 끝에 결혼하고 아이를 낳아 '영원히 행복하게' 사는 것이라고 속삭인다. 하지만 이런 세속적 정의의 사랑은 조건부 사랑이다. 한편 사랑에 관한 당신의 무의식의 정의는 당신의 아동기 자아가 경험했던 불온전한 사랑의 정의로서, 당신이 아무리 좋은 의도를 품더라도 성인이 된 당신을 끝까지 따라다닌다. 성인인 당신이 사랑에 관해 가지고 있는 정의는 정신적으로 물려받은 것으로서 동화에 가까운 '스토리'인 데 반해, 사랑에 관한 아동기의 정의는 감정적으로 각인된 것으로서, 그 핵심은 직감으로 느끼는 에너지의 경험이다.

조건부 사랑을 받은 아이는 세상 사람들이 사랑을 뭐라고 믿든 개의치 않는다. 만약 아이가 아픔을 사랑이라고 느낀다면, 그가 커서 달콤한 연애에 멋진 결혼식, 자녀들과 함께하는 삶을 산다 하더라도 사랑에 관한 이 무의식적 정의가 통합될 때까지 그 모든 것은 결국 아픔으로 이어지고 말 것이다.

사랑에 관한 당신의 무의식적 정의는 성인이 된 이후의 모든 삶의 영역에 침투하지만, 그중에서도 가까운 사람과 맺는 관계에서 가장 분명하게 드러난다. 무조건적 사랑을 받고 싶은 욕구와 깊고 친밀한 관계를 맺고 싶은 욕구는 그 뿌리가 동일하기 때문이다. 이런 이유로, 실패로 돌아간 친밀한 관계를 돌이켜보는 것은 자신이 가진 사랑에 관한 무의식적 정의가 어떤 것인지를 깨닫는 좋은 방법이 된다. 친밀한 관계를 맺으려는 시도가 불러온 결과를 살펴보면 사랑에 관해 자신이 가지고 있는 무의식적 정의가 무엇인지를 알 수 있다는 말이다.

당신의 가장 친밀한 관계인 부모님과의 관계가 불온전할 때, 그 불온전함은 연인과 맺는 모든 친밀한 관계에도 그대로 반복되어 반영된다.

당신이 '시간 속에서 사는' 한은 어떤 연인도 당신이 '사랑에 관한 어른의 정의'를 근거로 추구하는 그것을 충족시켜주지 못한다. 그들은 당신이 원하는 무조건적 사랑을 주기 위해서 당신의 경험 속으로 들어온 것이 아니기 때문이다. 그들은 당신이 무조건적인 사랑의 경험을 만들어내지 못하는 이유를 알려주기 위해서 온다.

다시 말해서, '시간 속에서 사는' 한은 당신에게 연인이 생기더라도 그는 당신에게 무엇이 사랑이 '아닌지를' 보여줄 뿐이다. 오직 현 순간의 자각으로 살 때만 연인은 사랑의 가능성을 반영하는 존재가 될 수 있다.

사랑에 관한 무의식적 정의는 사람마다 다른 모습을 띠지만 그것이 드러나는 메커니즘은 동일하다. 즉, **사랑에 관한 당신의 무의식적 정의는 당신이 사랑을 필요로 하던 어린 시절에 경험했던 그 특정한 감정의 울림이다.** 그 결과로 무조건적인 사랑을 받고 싶을 때나, 아니면 특정한 타인에게 무조건적 사랑을 주려고 할 때마다 당신은 이 특정한 감정의 울림을 무의식중에 재현해내게 된다.

현 순간의 자각이 충분히 쌓이기 전에는 오직 다른 사람에게서만 이것을 알아차릴 뿐, 자신이 그런 것은 알아차리지 못한다. **이런 이유로 당신은 애정관계를 맺으려고 시도할 때마다 마치 '상대방이 당신에게 사랑 없는 행동만 하는 것처럼'** 보일 수 있다. 거울처럼 당신을 비춰주는 메신저의 작용에 의해, 사랑에 관한 당신의 무의식적 정의는 상대방이 당신에 대한 사랑의 대가로 내거는 조건들로 그 모습을 드러낸다.

친밀한 관계가 시작되는 방식은 대개 사랑에 관한 어른의 정의가 내리는 명령을 따른다. 즉 그것은 달콤한 연애와 착한 짓들, 영원히 행복하게 살자는 약속으로 출발한다. 반대로 사랑에 관한 당신의 무의식적 정의는 사랑을 경험하려는 노력의 '결과'로 적나라하게 드러난다. 다시 말해 사랑에 관한 무의식적 정의는 당신의 친밀한 관계가 '출발하는' 방식에서가 아니라 '귀착하는' 방식에서 자신을 확연히 드러낸다. 설령 당신의 친밀한 관계가 파국을 피해서 계속 이어진다고 하더라도 사랑에 관한 이 무의식의 정의는 '늘 삐걱거리는 관계'로 모습을 드러낸다. 물론 당신은 이런 결과를 상대방의 탓으로 여긴다.

이제 당신은 거울효과가 어떻게 작동하는지를 이해한다. '당신의 가슴을 미어지게 하는' 사람은 '메신저'이다. 그리고 이 경험에 당신이 감정적으로 대응하는 방식 속에 '메시지'가 들어 있다. 그리고 이제 당신은 이 메시지를 통해 모습을 드러내는 자신의 누적된 감정들을 통합할 수 있는 도구를 보유하고 있다.

여기까지 현존 수업을 해온 당신은 이제 사랑에 관한 당신의 무의식적 정의를 좀더 직접적으로 통합하는 발걸음을 내디딜 준비가 되었다. 어린아이에게는 무조건적인 사랑의 경험을 기대하며 자신을 맡겼다가 거부당하고 모욕받고 상처받는 것보다 더 슬픈 일은 없다. 그 아이가 성인이 되어서도 계속해서 이 불쾌한 경험을 반복하면 '슬픔'이라 불리는 그 울림은 계속 증폭된다. 어떻게 하면 당신에게 아픔을 주는 이 무의식의 악순환을, 그리고 그것이 만들어내는 온갖 신체적, 정신적, 감정적 증상들을 통합해낼 수 있을까? 올바른 질문을 던진 다음, 이 반복되는 드라마에 근본적인 변화를 가져올 수 있는 답을 적용함으로써 그것들을 통합할 수 있다. 그 답이란, 그 불편한 느낌에 조건 없는 주의를 기울여 가만히 느껴보는 것이다.

방법은 간단하다. 당신의 친밀한 관계가 끝나거나 뒤틀릴 때, 스스로 자신이 어떻게 느끼고 있는지를 물어보라. "나는 어떤 느낌을 느끼고 있는가?"

이 질문을 던지기 위해서는, 당신의 친밀한 관계가 끝나거나 틀어지게 된 사연과 물리적 상황에서는 주의를 거두어들여야 한다. 당신 자신뿐 아니라 파트너의 행동으로부터도 주의를 거두어들여야 한다. 그리고 오로지 '그 결과만을 가만히 느껴봐야' 한다.

현존 수업에 입문하기 전에는, 실패로 돌아간 친밀한 관계가 불편한 느낌을 불러올 때 당신은 그 관계를 둘러싼 물리적 상황에만 주목했다. 이것이 바로 과거에 당신이 가졌던 여러 관계들이 그 결과는 다 달랐던 것처럼 보이는 이유이다. 그러나 그것들은 물리적 상황이나 그에 관하여 당신이 지어낸 스토리의 내용만이 서로 다를 뿐이다. 이제 당신이 할 일은, 관계가 파국을 맞을 때마다 당신의 '느낌이 어땠는지'에 주의를 기울여보는 것이다. 그때 그 느낌은 '지금' 내 몸의 어디에 있는가?

느낌과 직감을 통해 자신의 실패한 관계와 관련된 감정적 누적물을 마주칠 때, 사실 당신은 사랑에 관한 자신의 무의식적 정의를 대면하고 있는 것이다. 사랑에 관한 무의식적 정의를 통합하려면 다른 모든 감정적 누적물을 통합하는 데 사용한 방법과 동일한 방법을 사용하면 된다. 그 방법이란 바로 아무런 조건 없이 느끼는 것이다. 누적된 감정을 조건 없이 느끼면 상황의 원인에 영향이 미치고, 그 결과는 반드시 나타난다.

누적된 감정을 통합하는 데 시간이 얼마나 걸리는지, 그것을 통합한 결과로 당신의 경험이 어떤 모습을 띠게 될지는 당신이 신경 쓸 일이 아니다. 시간은 걸릴 만큼 걸릴 것이다. 누적된 감정을 조건 없이 느끼는 것은 어떤 '특별한 경험'도, 그냥 '하나의 경험'도 아니다. 그것은 단지 당신이 사용하는 도구일 뿐이다. 조건 없이 이 누적된 감정을 느끼면 변화가 일어난다. 그것은 당신의 일상생활 속에 다양한 경험들을 일으켜서 당신에게 필요한 깨달음을 드러내준다. 그것은 각인된 감정을 통합하는 데 필요한 것들을 당신에게 가져다주기 위해서 오는 경험들이다.

당신이 사랑에 관한 무의식적 정의를 통합하기 시작했음을 보여주는 한 가지 증거는, '사랑받고 있다고 느끼기 위해서 더 이상 누군가를 찾아다니지 않게 되는 것이다.' 사랑에 관한 무의식적 정의에 끌려다니고 있을 때만 당신은 '사랑을 찾아' 헤맨다. 이 감정적 누적물이 통합되면 당신은 '필요할 때' 사랑이 당신을 찾아오도록 허용한다.

자신에게 스스로 쏟아주는 조건 없는 사랑, 그것만으로 자족하다. 만약 누군가가 당신이 가진 것을 함께 나누기 위해 당신의 공간으로 들어온다면, 그 더욱 좋다. 그렇게 되면 사랑이란 오로지 조건 없이 주는 것이 된다. 그리고 그 무조건적인 줌 속에 받음이 있다.

조작

한 남자아이가 태어난다. 아이는 태어난 뒤 맨 먼저 엄마의 젖꼭지를 입에 문다. 아이는 엄마의 젖꼭지를 빠는 행위를 통해 자신이 필요로 하는 모든 영양분을 공급받는다. 그러다 조금 지나면 엄마의 젖꼭지는 영원히 감춰져버린다.

얼마나 가여운 아이인가! 스스로 알아차리지도 못하는 채, 그 아이는 엄마의 젖꼭지를 다시 빨고 싶어하며 평생을 보낸다. 그가 만나는 모든 여성은 그가 갈구하는 이 재회의 후보자가 된다. 이런 딜레마 때문에 그는 끊임없이 굶주림을 느끼며 안절부절못한다.

어느 날 그가 만난 한 현명한 여성이 이렇게 말한다. "난 당신의 엄마가 아니에요. 어떤 여자도 당신의 어머니가 될 수는 없어요. 내 가슴을 좀 내버려둬요. 근원(source)만이 당신의 유일한 어머니예요. 그러니 근원의 젖꼭지를 찾아가세요. 그리고 내가 누구인지를 알아낼 때까지 돌아오지 마세요. 그때가 되어서야 나는 옷을 벗고 당신의 품에 안길 거예요."

그에게 이런 상황은 무척 혼란스럽다. 그 순간까지 그는 사랑이 무엇인지, 그리고 자신이 세상에서 하는 일의 이유를 안다고 생각하며 살아왔다. 그런데 충격적인 사실을 발견한다. '남자도, 젖꼭지도, 국가도, 그 모두'가 조작물(manipulation, man-nipple-nation)이었던 것이다!

이러한 발견과 함께 그는 여성들을 — 어떤 사람도 어떤 사물도 — 그렇게 대하는 한 자신은 만족을 모르는 젖먹이에 불과하다는 사실을 확연히 깨닫는다.

사랑에 대한 무의식의 정의를 통합하기 전에는, 당신은 필요와 욕구와 필요조건을 구별하지 못한다. 이 사실을 깨닫지 못한 당신은 사랑에 관한 당신의 무의식적 정의와 잘못 연관 지은 감정적 누적물의 울림을 재현하려고 애쓰는 과정에서 의식적으로, 무의식적으로 자신의 모든 경험을 조작한다.

현존 수업의 관점에서 욕구(need)란 인간 경험의 세계에서 살아가는 데 절대적으로 필요한 것들, 예컨대 음식, 물, 공기 같은 것이다.

현존 수업의 관점에서 욕망(want)이란 무의식에 각인된 감정이 불편한 상황을 야기할 때, 당신이 기분 좋은 상황을 만들어내기 위해 찾는 무엇이다. 욕망은 당신의 누적된 감정으로 인해 일어나는 불편을 억누르거나 통제함으로써 그것에 대한 당신의 자각을 둔화시킨다. 이러한 행동을 하게 만드는 원인이 불편한 느낌이기 때문에, 그 필연적인 결과 역시 불편함일 수밖에 없다.

현존 수업의 관점에서 필요조건(requirement)이란 '실제로 일어나는 일'이다. 필요조건은 원하든 원하지 않든 당신에게 주어진다. 필요조건은 모두가 현존에 의해 연출되는 당신 경험의 단면들로서, 당신의 개인적 진화를 돕기 위해서 오는 것이다. 필요조건이 당신이 원하는 경험인 경우는 별로 없지만, 거기에 의식적으로 응답한다면 당신은 그 결과로 개인적 성장을 이룰 것이다.

사랑에 관한 당신의 무의식적 정의에 따라 움직일 때, 당신은 오직 욕망에만 관심을 갖는다. 그래서 당신은 당신이 욕망한다고 생각하는 것을 얻기 위해 모든 것을 조작한다. 그러나 욕망하던 것을 아무리 많이 얻어내도 당신은 결코 만족을 느끼지 못한다. 사랑에 관한 당신의 무의식적 정의는 그 본질이 '조건적인' 것이기 때문에, 그것은 당신이 찾고 있는 무조건적인 경험을 결코 가져다주지 못한다. 그렇게 그것은 '난 만족해' 하는 느낌을 당신에게서 완전히 뺏아가버린다. 오직 '조건 없는' 울림만이 '만족'의 경험을 일으켜낼 수 있는 것이다.

당신이 자신의 경험을 조작하는 한, 자신의 필요에 성숙하게 응답하기란 쉽지 않다. 게다가 당신의 필요조건을 감사의 마음으로 받아들이기란 거의 불가능하다. 필요조건은 당신이 원하는 것을 얻지 못하도록 끊임없이 훼방을 놓는 것처럼 보인다!

사랑에 관한 무의식의 정의를 통합하고 나면 당신은 자신의 욕구와 욕망과 필요조건을 구별하여 그에 따라 의식적으로 응답할 수 있게 된다. 당신이 '욕구'를 신체의 중요한 영양공급원으로 인식하고, '필요조건'을 영혼의 성장에 필요한 영양공급원으로 인식할 수 있게 되어야만 당신은 더 이상 자신의 경험을 조작하려 들지 않을 것이다.

그때에만 비로소 당신은 조작을 '이미 일어나고 있는 일을 다른 무엇으로 바꿔놓으려는 시도'로 알아차리게 될 것이다. '있는 그대로의 상황과 무조건 함께하고자 하는' 의도는 조작행위를 부추기는 각인된 감정적 누적물을 드러냄으로써 그것을 통합한다.

조건 없이 주는 것이 곧 받는 것이다

아동기 각인의 결과로 당신은 무언가를 얻기 위해서는 그것을 다른 사람에게서 가져와야 한다고 생각하고 그에 따라 행동한다. '얻기 위해서는 남에게서 가져와야 한다'는 것이 당신이 의문의 여지 없이 받아들이는 법칙이 되었다.

그러나 전일적 관점에서 보면 이런 행동은 앞뒤가 맞지 않는다. 전일적 관점을 취하기 위해서는 자신을 '만유로 이루어진 몸속의 하나의 세포'로 볼 수 있어야 한다. 이 단순한 심상은 당신이 개체적이면서 동시에 상호의존적인 존재임을 이해하도록 도와준다. 당신 삶의 경험을, 만유가 공유하고 있는 현존이라는 통일장의 일부로 바라본다면 하나의 세포가 자신이 필요로 하는 것을 다른 세포로부터 빼앗는 것은 전체 경험 안의 누군가가 손해를 보는 것이다. 그리고 이것은 전체인 몸에 불편한 느낌을 일으킨다.

남에게서 무엇을 뺏어옴으로써 얻고자 할 때, 당신은 당신의 세상경험 속에다 결핍을 반영하기 시작한다. 뺏어옴으로써 얻으려는 행위가 어떻게 전체의 조화를 회복시킬 수 있겠는가? 남에게서 빼앗아야 얻는다는 생각은 결핍을 현실화할 뿐이다.

남에게서 빼앗아야 얻는다는 생각이 결핍을 현실화한다는 사실을 이해하려면 거울 앞에 서서 거울에 비친 자기로부터 무엇을 빼앗으려는 행동을 해보면 된다. '빼앗아서 얻으려는' 행동을 할 때 거울 속의 당신 역시 '당신에게서' 빼앗아서 얻으려고 하고 있음을 알아차리라.

이것은 거울 없이 머릿속에서도 심상화할 수 있지만, 당신의 아동기 자아가 당신이 처해 있는 곤경을 깨달을 수 있도록 거울 앞에서 직접 해보는 것이 좋다. 이것은 잠시밖에 걸리지 않지만, 그것이 통합되면 이 잠시의 시간이 당신이 경험하는 전체 삶의 질을 송두리째 바꿔놓을 것이다.

꼭 거울 앞에 서서 이것을 해보라. 그리고 잘 관찰해보라. 거울 앞에 서서 거울에 비친 자기에게서 무언가를 빼앗는 것처럼 행동해보라. 그러면 '빼앗아서 얻는 것'이 당신의 결핍 경험의 원인이라는 사실을 확연히 깨닫게 될 것이다.

만약 당신 경험의 어떤 면에서든 결핍이 느껴진다면, 그것은 당신이 자기에게 없다고 생각하는 것을 다른 사람에게서 빼앗아서 얻으려고 하기 때문이다.

그런데 여기 당신이 소화해야 할 중요한 깨달음이 있다. — 당신의 통합되지 못한 감정적 누적물이 일으키는 욕망은 당신으로 하여금 당신이 만족감을 위해 구하는 것이 단단하고 만질 수 있는 것 — 돈, 자동차, 새 집, 지위 같은 것들 — 이라고 믿게 만든다는 사실이다. 그러나 그것은 그렇지 않다. 당신이 진정으로 추구하는 것은 '물건'이 아니다. 당신이 추구하는 것은 '물건을 소유할 때 일어나는 울림'이다.

그러니 자신에게 이렇게 물어보라. '내가 원하는 것을 가질 때 일어나는 울림은 어떤 느낌이지?' 그런 다음에는 그 물건을 손에 넣으려고 애쓰는 대신 '지금' 그 울림을 느낌으로써 그것을 자신에게 주라. 아무 조건 없이 그 울림을 느끼라.

자신이 결핍의 경험으로 되돌아가는 것을 알아차릴 때마다 이것을 연습하라. 당신이 끝없는 욕구로써 구하고 있는 그 울림을 자신에게 주는 법을 터득하고 나면 '남에게서 빼앗아서 얻어야 한다'는 생각은 점차 줄어들 것이다.

자신의 경험에서 부족하다고 느끼는 것을 남에게서 빼앗아서 얻으려고 하는 대신, 그 울림을 조건 없이 자신에게 주어서 느낀다면 당신은 결핍감을 확연히 덜 느끼게 될 것이다. 결핍감이란 자신을 감정적으로 만족시킬 힘이 없는 데서 오는 울림이다. 그 울림은 뒤이어 정신적인 스토리나 물리적 환경으로 현실화한다.

예를 들어 지금 직장에서 누군가가 차지하고 있는 자리를 당신이 원하고 있다고 하자. 이때 당신이 이 사람의 자리를 차지함으로써 얻을 수 있다고 여기는 울림은 '성공했다'는 느낌일 것이다. 그러니 당신이 할 일은, '지금 이 순간에' 성공의 울림을 느낌으로써 자신에게 그 울림을 조건 없이 주는 것이다.

이를 위해서는 자신에게 이렇게 물어보라. '지금 성공해 있는 것은 어떤 느낌이지?' 그런 다음엔 그 성공의 울림이 당신 안에서 자연스럽게 일어나게 한다. 당신은 거기에 그 어떤 조건도 붙이지 않는다. 이 울림을 무조건적으로 느끼는 것은 근원적인 힘을 갖기 때문에, 그것은 앞으로 펼쳐질 당신 삶의 경험에 영향을 미친다. 이 영향은 진정한 성공을 위해 겪어야 할 경험들을 당신에게 가져다준다. 진정한 성공은 남의 성공을 빼앗아서 성공하는 것과는 전혀 다르다.

성공의 울림을 자신에게 줄 수 있다면 다른 사람에게도 그들이 성공했다고 느끼도록 힘을 주는 방식으로 그들을 대할 수 있다. 거기에다 아무런 조건도 달지 않고 말이다.

그러면 실제로 마법이 일어난다!

상대방에게 이런 울림을 주고, 어떤 조건도 달지 않고 그들을 성공자로 대함으로써 당신은 또 하나의 강력한 깨달음에 눈 뜨게 된다. 그것은 '무조건적으로 주는 것이 곧 받는 것'이란 사실이다!

이번에도 거울을 들여다보면 이것이 어떻게 작용하는지를 알아차릴 수 있다. 거울 앞으로 다시 가서 거울에 비친 자기에게 뭔가를 건네줘 보라. 그러면 거울에 비친 모습 역시 당신에게 뭔가를 건네는 것을 보게 될 것이다. 이로써 당신은 '주는 것이 곧 받는 것'이란 사실을 깨닫는다. 통일장 안에서 주고받기 관계를 부흥시킬 열쇠는 '무조건적으로'라는 한마디 말에 모두 들어 있다.

'주는 것이 받는 것'이라는 생각은 우주라는 통일장이 맞추어 움직이는 에너지 주파수이다. 하지만 '줌이 일어난 지점에서 반드시 받음이 일어나야 하는 것은 아니다.' 당신은 통일장 안에서 움직이기 때문에 조건 없이 줌으로 해서 당신이 받게 되는 것은 '그 어디서든' 올 수 있다.

만약 주는 바로 그 장소에서 받아야 한다고 생각한다면 당신의 주는 행위에는 언제나 조작이 따른다. '주기'를 '빼앗기'로, '받기'를 '얻기'로 변질시켜놓는 것이 바로 이런 조작이다.

당신이 찾고 있는 것의 울림을 자신에게 조건 없이 주는 법을 알고, 이 울림의 느낌을 타인에게 조건 없이 주는 능력을 계발하는 것이야말로 무한정한 풍요로 가는 열쇠이다.

무한정한 풍요란 '당신이 필요로 하는 것이면 무엇이든 필요로 하는 바로 그때에 받는 것'이다. 이것은 원하는 것을 원할 때마다 얻는 것과는 다르다. 그것은 당신의 욕망과 조건을 만족시키는 것과는 무관하다.

욕망은 모두가 조건적이다. 당신의 욕망을 추동하는 감정적 누적물의 울림을 통합한 후에만 무한정한 풍요를 경험할 수 있는 것은 이 때문이다. 욕망과, 그로부터 촉발되는 '빼앗아서 얻는' 행위는 풍요가 아니라 결핍을 일으킨다.

당신이 지금까지 다른 사람에게서 구하던 것, 즉 '무조건적인 관심'을 자신에게 줄 수 있을 때 당신은 비로소 결핍에서 벗어나 무한정한 풍요로 들어설 수 있다.

사랑은 모든 것이다. 사랑에 관한 당신의 무의식적 정의를 통합하는 것이 무한정한 풍요에 대한 자각과 경험을 여는 열쇠인 이유도 바로 이 때문이다.

겉모습이야 어떻든 간에 당신에게 일어나는 경험들은 일어나는 그대로가 고스란히 당신에게 필요하기 때문에 일어나는 것이다. 이때 당신이 할 일은, 자신에게 일어나는 일에 자동적으로 반응하기보다 거기에 소중한 의미가 담겨 있는 듯이 의식적으로 응답하는 것이다. 조건 없는 의식적 응답을 통해서 당신은 통합된다. 반대로, 조건 지어진 반응을 통해서는 당신은 분열된다.

일상의 경험에 조건 없이 응답하는 것은 간단한 일이다. 그저 자신에게 일어나는 일을 느낌과 직감으로 대하기만 하면 된다. 자신에게 일어나고 있는 일의 울림을, 그것은 필요하고 의미 있다는 마음으로 가만히 느껴보라. '거기에 어떠한 조건도 갖다 붙이지 말고' 그저 그것을 느끼라.

그것을 치유하거나 이해하거나 고치거나 변화시키려는 목적으로 느끼는 것이 아니다. 단지 그 일이 '지금 일어나고 있기 때문에' 무조건 느끼는 것뿐이다. 그것을 느끼는 데는 아무런 기대도 섞여 있지 않다.

처음에는 이것이 다소 어렵게 느껴질 수도 있다. 그것은 단지 당신이 자신의 경험을 '그 경험으로부터 원한다고 생각하는 것'이 되도록 조작하는 자동반응에 중독되어 있기 때문이다. 이런 조작을 멈추는 순간, 즉 당신에게 일어나는 일을 어떤 조건도 없이 느낌으로써 그것이 당신에게 '필요하기 때문에' 일어나는 일로 받아들이는 순간, 당신은 사랑에 관한 당신의 무의식적 정의를 통합하기 시작한 것이다. 이것이 '자신을 조건 없이 사랑한다는 것'의 실질적인 의미이다.

근원의 차원에서 자신을 무조건적으로 사랑한다는 것은, 매 순간 자기 경험의 느낌을 포용하여 받아들이는 것을 말한다. 즉 자신에게, 혹은 자신을 통해 일어나고 있는 일에 대해 판단을 내리지 않고 그것이 의미가 있고 자신에게 필요한 것이라는 사실을 인정하면서 받아들이는 것이다. 자기 경험의 느낌을 이렇게 대할 수 있어야만 다른 사람들과 그들이 겪어야 할 경험에 대해서도 그렇게 대할 수 있다.

이 세상으로부터 '얻을' 것은 아무것도 없다. 당신은 빈손으로 왔다가 빈손으로 간다. '빼앗아서 얻는' 것이 당신이 이 세상에 온 목적이 아닌 것은 이 때문이다.

당신이 이 세상에서 '얻어내야 할' 사랑 또한 존재하지 않는다. 세상은 거울처럼 중립적이다. 당신이 그 앞에 놓는 것은 무엇이든 다 비쳐 보인다. 세상으로부터 사랑을 빼앗아 얻으려고 한다면 당신은 자신의 경험을 결핍의 구렁텅이로 몰고 가는 것이다.

당신이 온전히 통합되고 나면 이 세상에서 얻어야 할 것은 아무것도 없다. **그보다 당신은 당신의 세상 경험 속에서 무조건적인 사랑을 주기 위해 이 세상에 왔다.** 그렇게 함으로써 당신은 당신이 필요로 하는 모든 것을 빠짐없이 얻을 수 있는 경험 속으로 들어가는 다리를 건너게 된다.

당신이 그릇되게 타인에게서 구하려고 하던 그것을 자신에게 주는 법을 터득하는 것이야말로, 당신의 부모님과 가족, 그 밖에 어떤 형태로든 당신에게 친밀한 경험을 가져다주는 사람들이 당신에게 전하려고 애쓰고 있는 '메시지'이다. '당신'의 경험 속에 조건 없는 사랑을 가져다주는 것은 결코 그들의 책임이 아니며 그것은 앞으로도 마찬가지이다. 그들의 책임은, 그들에 대한 당신의 사랑에 당신이 스스로 갖다 붙이고 있는 조건들을 당신의 눈에 되비춰주는 것뿐이다. 아동기 때 당신의 감정체에 각인된 에너지적 조건들은 당신이 세상에 태어나서 극복해야 하는 조건들이다. 당신이 무조건적인 사랑을 경험하지 못하도록 훼방하는 것이 바로 그것이기 때문이다.

사랑에 관한 자신의 무의식적인 정의를 추동하는 불편한 울림을 통합해갈 때, 당신은 부모님과 가족과 과거에 사랑했던 사람들을 완전히 새롭게 바라보게 된다. 당신의 누적된 감정이 그들에게 들씌웠던 장막들이 걷히면서 그들의 참된 모습을 인식하게 된다. 그들의 참된 모습이란, 그들이 통합되지 못한 당신의 감정적 누적물을 되비춰주는 고통스러운 역할을 기꺼이 떠맡을 만큼 당신을 사랑한 사람들이라는 것이다. 그들 덕분에 당신은 당신의 통합되지 못한 감정적 누적물을 발견하고 무조건적으로 '느끼고' 통합할 수 있었던 것이다.

당신은 이 감정적 누적물을 너무나 깊이 억눌러 통제하기 때문에, 그것을 알아볼 수 있는 유일한 방법은 당신이 외면으로 드러내는 드라마를 통해서뿐이다. 당신이 이 감정적 누적물에 의식적으로 응답하여 그것을 통합하는 순간, '시간 속에서' 당신 앞에 공연되던 비극은 더 이상 필요성을 잃고 만다.

보지 못하는 것은 당신이다. 배우들(메신저들)은 스스로 자각하든 못하든 간에 당신의 최대의 이익을 늘 염두에 두고 있다. 그들의 표면적인 역할의 배후에는 만인이 공유하고 있는 현존의 무조건적 사랑의 에너지가 흐르고 있다. 현존은 당신의 고유한 책임을 빼앗지 않으면서 최대한 부드럽게 당신을 일깨우기 위해, 할 수 있는 일은 다 하고 있다. 현존은 책임(responsibility)이 없는 자유는 결코 자유가 아니라는 사실을 알고 있다. 매 순간 의식적으로 응답할(respond) 수 없다면 어떻게 자유로워질 수가 있겠는가?

자유의지란 하고 싶은 것을 하고, 원하는 것을 얻는 것이 아니다. 자유의지란 자신에게 필요한 것에 의식적으로 응답하는 능력이다. 당신이 다른 사람에게서 얻고자 했던 모든 것의 울림을 자신에게 조건 없이 줄 수 있다는 사실을 깨닫는다면, 당신은 자신이 필요로 하는 모든 것을 얻을 수 있다.

자신의 각인된 감정 상태를 내려놓지 못한다면, 당신을 해방시켜주기 위해 찾아온 천사가 오히려 악마처럼 보일 것이다. 그러나 당신이 의식적으로 응답하는 순간, 그리하여 현 순간의 자각에 들어서는 순간, 그 악마들은 본래의 모습인 천사로 돌아갈 것이다. 그들은 전체 속에 의식적인 조화를 심기 위해 함께 일하는 우리의 형제자매들이다. 이런 의식적인 조화는 책임성 있는 자각으로부터 생겨난다. 당신이 체험을 통해 이러한 자각을 얻는 순간, 당신의 두려움과 분노와 슬픔은 통합되기 시작할 것이다.

당신에게 이번의 삶이 주어진 이유 가운데 하나는 무조건적으로 사랑한다는 것의 의미를 깨닫기 위해서인지 모른다. 당신이 어떤 조건도 부여하지 않고 자신의 인간적 경험의 느낌과 관계를 맺는다면 그것은 곧 자신에 대한 무조건적 사랑을 연습하는 것이 된다. 자기 내면에서

이 일을 달성함으로써 당신은 다른 사람들도 모두 이렇게 대하는 힘을 키울 수 있다.

이것으로 현존 수업 9주차가 마무리되었다.

현존 수업 10주차 7일 동안의 의식적 응답은 이것이다.

"나는 지금의 나에게 감사한다."
(I appreciate what I am.)

의식적으로 통일장에 들어가기

인과의 법칙은 '구하는 대로 찾고, 기도하는 대로 받으리라'고 말한다. 자신이 찾고 있는 그것을 언제나 보고, 자신이 요구하던 바로 그것을 매 순간 경험하게 되는 것도 이 인과법칙의 자동적이고 정확한 결과다.

이것은 당신의 삶과, 그것을 경험하는 당신의 방식이야말로 당신이 끊임없이 던지는 질문에 대한 살아 있는 답이자, 당신이 구하는 것에 대한 살아 있는 계시임을 뜻한다. 그런데도 이 사실이 분명하게 드러나지 않는 이유는, 어렸을 때 자신의 에너지장에 각인된 감정적 누적물의 영향으로 인해 당신이 '무의식중에' 질문을 던지고 답을 구하기 때문이다.

만약 자신의 내면을 들여다보며 현재의 각인된 감정적 누적물의 총합을 느껴보고, 또 외부를 둘러보며 자기 삶의 감정적, 정신적, 신체적 경험에서 방사되는 울림의 총합을 느껴볼 수 있다면 이 둘이 정확히 일치한다는 사실을 깨달을 것이다.

이런 이유로, 당신이 경험하는 삶의 질이 조화롭지 못하게 느껴진다면 그것의 원인이 되는 각인된 감정 상태를 통합하는 것은 당신의 책임이다. 어느 누구도 당신을 대신해서 그 일을 해줄 수는 없다. 스스로 이 능력을 갖추는 것이 바로 자유의지이다.

현존 수업이 가져다주는 중요한 혜택은, 인간 경험의 통일장 안에서 '목적을 가지고 살' 기회를 당신에게 준다는 것이다. 이것이 일상의 삶 속에서 구체적으로 어떻게 일어날 수 있는지를 살펴보자.

당신과 다른 모든 타인들 사이에는 간격이 있다. 우리 사이에 존재하는 공간이 그것이다. 이 간격은 우리가 신체를 가지고 있다는 사실로 인해 실재하는 것처럼 보인다. 세상이 자신의 모습을 나타내는 곳도 바로 당신과 타인 사이에 존재하는 이 간격이다. 우리의 세상은 바로 이 간격이다.

신체를 가진 당신은 이 간격이 실재하는 것이고, 그래서 사람들은 서로 분리되어 있다고 믿는다. 당신은 자신의 몸이 다른 사람의 몸과 분리되어 있다고 믿기 때문에 자기만의 신체 감각을 갖고 있다고 믿는다. 또 자기만의 정신체를 갖고 있기 때문에 자기만의 생각을 갖고 있다고 믿는다. 또 자기만의 가슴을 갖고 있으며, 그에 따라 자기만의 느낌의 상태를 갖고 있다고 믿는다. 또 자기만의 진동체를 갖고 있다고 믿으며, 그에 따라 자기만의 진동하는 통찰과 계시를 갖는다고 생각한다.

이와 같은 분리된 인식은 당신이 다른 사람들과 함께하지 않을 때도 스스로 완전히 독립적이라고 믿게 만든다. 신체를 가졌다는 사실이 우리로 하여금 자신이 통일장 안에서 완전히 독자적으로 홀로 있을 수 있다고 믿게 만든다.

그러나 우리는 누구나 이것이 그렇지 않음을 보여주는 경험을 한 적이 있다. 이런 경험을 '하나 되는 경험'(unified experiences)이라고 부르기로 하자. 신체적으로 고통받는 누군가를 보고 자신도 그 고통을 느낀 적이 있을 것이다. 또 누군가에 대해 생각한 직후에 그 사람과 마주치거나, 그에게서 전화가 걸려오는 경우도 있다. 아니면 인기척을 느껴 뒤를 돌아보면 누군가가 당신을 쳐다보고 있었다는 것을 깨닫기도 한다. 내가 어떤 생각을 말하려고 하는 순간 바로 옆에 앉은 누군가가 나와 똑같은 생각을 말하기도 하며, 나의 감정을 누군가에게 털어놓으려고 하는 순간 그 사람도 나와 똑같은 감정 체험을 하고 있었음을 알게 되기도 한다. 또 나에게만 유일한 것으로 알았던 진동하는 통찰과 발견을 다른 사람도 똑같이 하고 있었음을 알게 되기도 한다.

우리는 이런 하나되는 경험을 '이심전심', '감정이입', '직감', '공감', '텔레파시', 혹은 '감각이 예민한 탓' 등으로 일컫는다. 어떤 이름으로 부르든 그건 중요하지 않다. 중요한 것은, 당신은 이런 하나되는 경험들이 당신 앞에 내놓는 증거들에 맞추어 '실재'에 대한 자신의 인식을 바꾸어간다는 사실이다. 이 하나되는 경험들 속에 담긴 증거는 다음과 같은 사실을 보여준다.

- 우리의 신체는 서로 분리된 것처럼 보이지만 그렇지 않다. 우리 각자의 신체는 에너지적으로 서로 긴밀하게 연결되어 있다.
- 머릿속의 뇌가 곧 당신의 정신체는 아니다. 정신체의 능력은 신체적 경계를 넘어 생각이 닿는 어떤 거리에도 미친다.
- 당신의 감정 체험은 당신 안에만 갇혀 있지 않다. 주변의 세상이 그것을 공유한다.
- 살아서 펼쳐지고 있는 당신의 진동하는 자각의식은 개인적이고 배타적인 것이 아니라 범우주적이고 포괄적인 것이다.

이처럼 명백하게 드러나는 하나되는 경험들 — 당신의 정신체는 그것을 최대한 빨리 내칠 테지만 — 에도 불구하고 우리가 서로 분리된 경험을 하고 있다고 믿게 만드는 것은 무엇일까? 그것은 각자에게 일어나고 있는 일을 서로 간에 분명하게 소통할 수 있는 능력이 없기 때문이다. 자신의 경험을 다른 사람에게 설명할 때 자신이 그 경험을 끊임없이 언어화하고 있다는 사실을 당신은 아직도 깨닫지 못하고 있는 것이다. 그것은 자신이 하고 있는 경험 자체의 울림이 아니라 그것에 대한 개인적 해석, 다시 말해 정신적 스토리에 너무나 몰두해 있기 때문이다.

어떤 경험이든 그것을 정신적으로 해석하는 순간, 당신은 그것을 자기만의 것으로 만들어버린다. 그리고 그 과정에서 그것을 개별적인 사건, 따라서 서로 분리되어 있고 동떨어진 사건으로 바꾸어버린다. 자신이 전하고 싶은 바를 상대방이 알아듣지 못할 때, 당신은 분리와 소외의 느낌을 받는다. 이것은 우리가 서로 분리된 존재이며, 따라서 '자신만의 경험'을 갖는다는 환상을 더 강화시킨다.

당신은 자신의 신체적, 정신적, 감정적 경험을 다른 사람에게 이야기할 때마다 자기 안에서 일어나는 순수한 느낌 차원의 현상 대신 그것의 '의미'에만 지나치게 집중한다.

우리는 서로 다른 신념체계 — 경험의 성격에 대한 각자의 정신적 스토리 — 를 가졌기 때문에 특정 사건이 갖는 의미도 사람마다 다르다. 당신이 가진 믿음은 당신이 찾고 있는 것만을 보게 만든다. 이 때문에 당신은 자기가 경험하는 현상에 대한 해석을 왜곡시켜서라도 자신의 믿음이 진실임을 확증해 보이려고 한다.

만약 당신 앞에 나타난 현상이 당신이 개인적으로 갖고 있는 정신적 스토리와 부합하지 않으면, 당신은 그것을 설명해낼 방법을 찾는다. 그러나 이것은 '아무것도 보지 않는 것'과 마찬가지다. 정신체는 하나되는 경험을 끊임없이 어떻게든 설명해내려고 한다. 왜냐하면 그 경험들은 당신이 현재 가지고 있는 집단적 스토리와 부합하지 않기 때문이다. 당신이 가진 집단적 스토리는, 신체를 가진 우리는 서로 분리되어 있다고 속삭인다.

우리가 하나인가 그렇지 않은가를 놓고 논쟁을 벌이는 것은 무의미하다. '하나되었다'는 말의 의미가 개인적으로 갖고 있는 스토리에 따라 사람마다 다르기 때문이다. 그러니 '하나되었다'는 말에 관한 당신의 '생각'은 덮어둔 채, 하나되는 당신의 경험이 지금 당신에게 드러내 보여주는 바에 집중하는 것이 더 유익할 것이다. 당신의 경험이 곧 당신의 배움이 되게 하라. 경험 자체의 가치를 받아들이라.

당신이 누군가를 머릿속에 떠올린 직후에 마침 그 사람이 전화를 걸어왔다고 하자. 그런데도 왜 당신은 계속 그들과 분리된 존재처럼 행동할까? 이 경험에서 발견되는 증거가 충분하지 않아서일까?

이제 우리는 하나되는 경험 — 우리들 각자와 모든 생명 안에 있는 현존의 깊은 연결성 — 에 의식적으로 접근해가고 있지만, 우리가 무수한 세대를 거쳐 전해온 오랜 감정적 각인에 의해 얼마나 뿌리 깊게, 무의식중에 노예가 되어 있는지를 또한 알고 있다. 이 감정적 각인은 정신적인, 오래된 신념으로 변환되어 분리의식을 키워준다. 지금의 경험에 들어오는(이 세상에 태어나는) 순간부터 당신은 부모님으로부터 이 해묵은 감정적 각인을 물려받는다. 부모님이 그들의 부모님으로부터 물려받았던 것과 마찬가지로 말이다.

우선 이 오래된 감정적 각인과, 그것이 낳은 '세상에 대한 믿음'은 그 성질 자체가 이미 한물간 것이라는 사실부터 알아두자. 비록 그 오래된 감정적 각인과 믿음이 당신의 정신체에는 너무나 익숙하고 편안하게 느껴지더라도 그것은 아무런 결과도 만들어내지 못한다. 인류 진화의 일정 시점에서는 그것이 기여를 했을지 모르지만, 더 이상은 도움이 되지 않는다. 이제 그 각인과 믿음은 오히려 우리를 제한시키면서 우리가 서로 분리된 존재이고 혼자라는 환상, '밖으로 나가서 자기 것을 확보해야' 하며 그러지 않으면 없는 채로 지내야 한다는 환상을 계속 유지시킨다.

오늘날 인류가 겪는 고통의 상당 부분은 이러한 감정적 각인과 그것이 지지하는 낡은 신념체계에 바탕을 두고 있다. 감정적 각인과 낡은 믿음은 그것이 부추기는 분리의식과 인종주의, 민족주의, 계급의식을 통해 인류의 오랜 두려움과 분노와 슬픔의 원인이 되고 있다. 지금 하고 있는 하나된 경험을 그 증거로 앞에 두고도 우리가 서로 분리되어 있다는 생각을 계속 가지고 있는 것은 미친 짓이다. 그것은 부인이요, 착각이다. 그것은 멀리 바라보이는 수평선이 둥근 곡선을 이루고 있는 것을 뻔히 보면서도 지구가 평평하다고 믿는 것과 마찬가지다.

'우리는 하나'라는 실상을 받아들일 수 있도록 인식을 업데이트하는 효과적이고 빠른 방법은, 우리는 하나라는 이 패러다임과의 만남을 의식 속으로 넘치게 불러들이는 것이다. 당신은 지금 이 순간부터 '주변의 모든 생명체와 하나인 듯이 행동함으로써' 경험적인 인식의 업데이트를 시작할 수 있다. 그와 동시에 당신은 우리는 하나라는 패러다임이 당신의 개인적 경험에 어떤 힘을 미치는지를 보여주는 일상의 사건들을 불러들이게 된다.

요청하고 받기. 우리가 하나의 몸, 하나의 정신적 연결망, 하나의 가슴, 하나의 진동장이라는 경험적 증거를 의식적으로 찾음으로써 인과의 법칙을 통해 이것을 일깨우라. 그 증거를 의식적으로 찾으면 그것을 발견하게 된다. 인과의 법칙은 찾는 것은 발견하리라고 말한다.

구하고 찾기. 이렇게 요청하고 구하는 모든 일은, 당신이 자기 자신과 합의한 바에 달려 있다. 여기서 합의한 바란, '경험적인 증거가 앞에 놓여 있을 때 정신체가 그것을 다른 방식으로 설명하도록 허용하지 않는다'는 것이다.

이 증거를 정신체가 다른 방식으로 설명하지 못하게 하는 가장 좋은 방법은 '갈무리(containment)'이다. '우리는 하나'라는 패러다임의 경험적 증거가 일상적인 만남에서 드러난다면, 그것을 다른 사람에게 보여주거나 설명하지 않아도 된다. 하나된 체험을 다른 사람에게 보여주거나 설명하는 것은 당신에게 일어난 일의 가치를 다른 사람이 인정해주기를 바라는 것이다. 그러나 하나된 장에 대한 당신의 경험을 대신 확증해줄 수 있는 사람은 아무도 없다. 왜냐하면 하나된 경험을 설명하려는 행위는 곧 즉각적으로 분리를 인정하는 것이 되기 때문이다. 하나된 경험을 다른 사람에게 설명하려고 하는 순간, 당신은 하나에서 둘이 된다! 두 사람 사이에 있었던 하나된 체험을 설명하는 것은 분리의식을 필요로 하고, 또 그것을 더 강화시킨다.

다른 사람이 당신의 의견과 동의하든 하지 않든, 그것은 당신의 실제 체험이 갖는 의미와 아무런 관련이 없다.

당신이 하나된 체험을 남에게 설명하려 들지 않으면 그것은 대충 말로 설명해 넘길 수가 없어진다. 하나된 경험을 하고서 그것을 자기 내면에 갈무리할 때, 비로소 당신은 그것을 소화하게 된다. 이처럼 하나 됨의 경험을 자기 안에 갈무리하는 것이 갖는 영양학적 이익은, 하나됨 의 패러다임에 대한 확신이 '앎'으로 성장해갈 수 있다는 점이다. 세상 의 해묵은 감정적 각인이 아무리 널리 퍼져 있다 해도 이 앎은 당신의 모든 행동과 의식 속에 스며든다. 확신은 외부의 지지를 필요로 하지 않는다. 믿음만이 외부의 지지를 구한다.

"우리는 하나다"라고 떠벌이는 사람들은 모두 분리의식의 관점에서 말하고 있다. 참된 '하나됨'의 느낌은 자연스럽게 행동으로 확장된다. 그것은 그 의미를 찾기 위해 의논하거나 논쟁을 벌여야 할 대상이 아 니다.

하나됨의 체험을 자기 내면에 갈무리하여 소화하기로 한 다음에는 이 하나됨의 패러다임을 의식 속에 넘치도록 불러들이는 과정을 가속 시킬 수 있다. 그것은 이 패러다임을 확인하는 실제적인 단계를 밟아가 면 된다. 이런 방식으로 살기를 의식적으로 택하라. 이것을 이루는 것 은 간단하다. 이것의 달성이 현존 수업이 당신을 안내하는 목표지점이 다. 이것은 현존 체험에 내재된 부름이다. 하나된 체험은 현 순간의 자 각이 담당하는 영역이다. 왜냐하면 모든 생명과의 하나됨을 체험하는 것은 오직 현 순간에서만 가능하기 때문이다. 현재는 하나됨의 장(통일 장)이다.

이제 다시, 우리가 우리 사이에 존재하는 것으로 인식하고 있는 '간 격'으로 관심을 돌려 보자. 이 간격의 공간이 곧 당신이 살고 있는 세상 이 존재하는 곳이다. 이 간격 속에는 그야말로 엄청나게 많은 것들이 존재하고 있다. 당신은 우리 사이의 간격에 놓여 있는 것들이 무엇인지 알고 있다. 우리는 그 각각의 사물들을 부르는 이름에 대해 서로 합의했기 때문이다.

예를 들어 우리 사이에 펜이 한 자루 놓여 있다고 하자. 우리 두 사람은 그것이 무엇인지 안다. 왜냐하면 이 물건을 무엇이라고 부를지, 또 그 용도가 무엇인지에 대해 이미 서로 합의했기 때문이다. 이 합의로 인해 우리는 "펜 좀 건네줘"라거나 "펜에 잉크 좀 넣어줄래?"라고 말할 수 있다. 펜이 무엇인지에 대해서는 서로 합의했기 때문에 우리는 더 이상의 논의 없이도 상대방의 의중을 파악할 수 있다. 우리는 펜이 무엇인지, 그리고 그 용도가 무엇인지를 놓고 논쟁을 벌이지 않아도 상대방의 뜻을 이해한다.

이것이 우리 사이의 간격에 놓인 모든 것들이 지닌 기본 성질이다. 즉 우리 사이에 놓인 모든 사물은 이름과 용도를 갖고 있다. 우리 사이의 간격에 놓인 사물들의 이름은 대부분 우리가 서로 합의한 것들이다. 사용하는 사람이 말하는 언어에 따라 물건의 이름이 바뀔 수는 있지만, 이런 경우를 제외하고라도 당신은 대개 펜은 펜, 자동차는 자동차, 집은 집이라고 생각한다.

의견차가 생기는 것은 그 물건이 가진 용도의 성격에 관해서다. 이때는 물건을 사용하는 사람의 경험 속에서 물건이 갖는 의미가 중요해지고, 그에 따라 논쟁과 오해가 생길 수도 있다. 펜 자체는 우리 사이의 간격에 놓인 다른 모든 물건과 마찬가지로 중립적이다. 펜은 그것 자체로 아무런 목적도, 의미도 갖지 않는다. 펜에 목적과 의미를 부여하는 것은 펜을 사용하는 사람이다. 그리고 우리가 그 경험을 공유하는가 아니면 분리시키는가 하는 것도 그 물건을 사용하는 사람이 부여하는 목적과 의미에 따라 달라진다.

예를 들어 펜은 연애편지를 쓰는 데도 사용될 수 있고, 선전포고문에

서명하는 데도 사용될 수 있다. 펜 자체는 사랑이나 증오의 성질을 갖고 있지 않다. 다만 사랑이나 증오에 의해 사용될 뿐이다. 사랑을 지지하느냐 증오를 지지하느냐에 따라 당신은 펜을 사용하는 사람의 경험을 함께 공유할 수도 있고 분리시킬 수도 있다. 펜은 경험을 돕는 매개물일 뿐이다.

이 생각을 이어가 보자. 분리라는 생각이 초래하는 곤경에 대해 생각해보기 위해 분리에 관한 당신의 믿음을 잠시 유보해보라. 자신과 다른 사람들 사이에 간격이 존재한다는 사실은 쉽게 받아들일 수 있다. 또 이 간격의 공간이 당신이 알고 있는 세상이 존재하는 곳이라는 사실도 쉽게 받아들일 수 있다. 그런데 현존 수업은 우리 사이에 존재하는 이 간격 ― 당신이 이름과 용도를 부여한 세상이 존재하는 곳 ― 이 만유가 공유하고 있는 현존의 경험과 당신 사이에 놓여 있다는 사실을 생각해보게 만든다.

다시 말해 현존 수업을 통해 당신은, 다른 생명체나 다른 사람과 자신 사이에 인식되는 거리가 바로 정확히 현존의 경험과 당신 사이의 거리라는 사실을 생각해보게 된다. 또한 이 간격에 당신이 부여하는 의미가 당신이 다음 사실을 깨닫지 못하게 하고 있다는 점에 대해서도 생각해보게 된다. 즉 '이 간격의 저편에서는 언제나 현존이 당신을 똑바로 돌아보고 있다'는 사실 말이다.

당신의 가슴이 이 말을 진정으로 느끼고 소화하게 하겠다는 의도를 품고 위의 말을 다시 천천히 읽어보는 것도 좋다.

현존 수업은 우리 사이에 존재하는 간격, 다시 말해 우리가 만들어놓은 이 세상이 실은 나비 날개보다 얇고 한 줌의 공기보다 투명한 막이라는 사실에 대해 생각해보게 한다. 그럼에도 우리는 우리 사이에 놓인 물건에 부여한 중요성과 의미, 목적 때문에 진짜인 것을 알아보는 법은 까먹고 있다. 우리는 그 간격 너머에 있는, 결코 변하지 않는 것을 알아보는 법을 잊어버린 것이다.

우리 사이의 간격에 놓인 모든 사물은 계속해서 변화한다. 그러므로 간격과 그 간격 안에 놓인 모든 사물에는 지속적인 실재성이 전혀 없다고 할 수 있다. 만약 당신이 느낌과 직감을 계발하여 참되고 영원한 것을 알아볼 수 있게 된다면, 당신은 간격의 저편에서 당신을 지켜보고 있는 현존은 언제나 그 모습 그대로라는 사실을 깨닫게 될 것이다.

참되지 못한 것, 다시 말해 간격이나 그 간격에 놓인 내용물과만 관계를 맺는다면 당신은 현존 자체가 아니라 밖으로 드러난 현존의 겉모습에만 눈이 팔린 것이다.

간격 너머를 보기 위해서는, 끊임없이 변화하는 당신의 인간적 경험을 구성하는 세 가지 요소의 이면을 볼 수 있어야 한다. 당신은 어느 순간에라도 현존의 표현물의 행동과 겉모습과 상황에 과도한 중요성을 부여하지 않는 훈련을 해야 한다. 왜냐하면 현존의 이런 측면들은 끊임없이 변화해가고, 따라서 진짜가 아니기 때문이다. 이것들은 원인이 아니니 착각하지 말아야 한다. 이것들은 당신과 영원히 변치 않는 것 사이에 놓인 미망의 장막일 뿐이다. 당신이 느낌과 직감을 통해 이 간격 너머를, 그리고 간격의 변화하는 겉모습 너머를 볼 수 있다면 당신 앞에 있는 것은 언제나 동일한 현존이라는 사실을 깨닫게 된다. 현존은 오직 하나밖에 없다. 현존은 우리 모두가 공유하고 있는 것이다. 현존은 곧 '우리'이다. 우리가 하나가 될 때, 그것이 곧 현존이다.

이 사실을 '깨닫기' 위해서는 느낌과 직감을 계발해야 한다. 아동기 시절 당신 안에 각인되었던 감정의 누적물을 통합함으로써 이 느낌과 직감을 계발할 수 있다. 감정적 누적물이 통합되지 못한 상태로 있으면, 그리하여 느낌과 직감을 계발하지 못하면 당신은 자신의 행동과 겉모습, 삶의 상황이 곧 자신의 참된 정체성이라고 우기는 마음의 스토리를 그대로 믿어버리게 된다. 그러면 당신은 다른 사람들의 정체성도 그렇게 그릇되게 규정지어버린다.

직감을 통해 자기 안의 현존과 연결을 맺지 못하면 다른 사람의 현존과도 연결을 맺기 어렵다. 결과적으로 우리는 우리가 하나의 몸, 하나의 정신적 연결망, 하나의 가슴, 하나의 진동하는 핵이라는 사실을 깨닫지 못한다. 그러나 다행인 것은, 이 미망을 녹여 없애기 위해서는 그렇게 하겠다는 의도를 내는 것만으로도 충분하다는 사실이다.

언제 어느 순간에도 당신 앞에는 단 두 가지의 선택만이 있다. 그것은 '자신의 해묵은 감정의 각인을 따라 살면서 우리 사이의 간격을 더 벌려놓을 것인가, 아니면 하나되는 현존이라는 무한한 가능성에 자신을 열어놓고 살 것인가' 하는 선택이다. 당신은 우리 사이의 간격과 그 안에 놓인 것들을 중시하든지, 아니면 간격 저편에 있는 현존을 중시할 수 있다. 그것은 이렇게 간단 명쾌하고 쉬운 것이다. 선택은 당신 자신의 몫이다.

예를 들어 마트에서 물건값을 계산하는 동안, 당신은 자신이 구매한 물건을 보고 있을 수도 있고, 아니면 당신을 대신해 계산을 해주고 있는 계산대 직원을 보고 있을 수도 있다. 혹시 비싸게 산 것은 아닌지 물건 가격에 신경을 쓸 수도 있고, 계산대 직원에게 따뜻한 인사를 건넬 수도 있다. 저녁식사 때 먹을 음식을 제대로 샀는지를 따져보고 있을 수도 있고, 계산대 직원에게 주말을 어떻게 보낼 작정이냐고 물어볼 수도 있다. 당신은 물건에 주의를 끎으로써 간격을 벌려놓을 수도 있고,

간격 저편의 현존을 알아봄으로써 그 간격을 좁혀놓을 수도 있다. 그것은 이처럼 간단 명쾌하고 쉽다. 선택을 내리는 것은 당신의 몫이다.

당신이 삶 속의 사물들, 그러니까 우리 사이에 펼쳐진 세상에만 마음이 팔려 있을 때 우리 사이의 간격은 벌어진다. 반면 이 간격 너머에 있는 현존에 초점을 맞출 때, 간격은 줄어든다. 사람과의 어떤 만남에서든, 당신은 이 간격을 벌려놓을 수도 있고 좁힐 수도 있다.

간격을 벌리는 것은 삶에 자동반응하는 것이며, 간격을 좁히는 것은 삶에 의식적으로 응답하는 것이다.

살아가는 매 순간마다 당신은 분리의 장막을 드리우든가, 아니면 우리 모두가 공유하고 있는 하나의 현존을 한시도 망각하지 않음으로써 그 장막과 의식적으로 작별할 수도 있다.

간격을 벌리고 좁혀놓는 것은 외면적인 '행위'가 아니라 '존재의 상태'이다. 간격 벌리기를 가능하게 하거나 불가능하게 만드는 정해진 시간과 장소, 작업설명서 같은 것은 없다. 그것은 어떤 관점에서 바라보느냐 하는 차이다. '신성한 자신'을 알아보는 관점을 가질 수 있느냐 하는 문제다. 그것은 가슴에서 우러나는 삶을 사는 것이다. 그것은 의식적으로 선택한 자각의 수준으로서, 이를 위해서는 현 순간의 자각만 있으면 된다.

당신이 간격에 놓인 물건들과 주고받는 상호작용이나 관계도 당신이 그 간격을 벌려놓을 것인지, 아니면 좁혀놓을 것인지를 결정짓는다. 당신은 이 물건들을 가지고 간격을 넓혀놓을 수도 있고 좁혀놓을 수도 있다. 왜냐하면 그 물건들 자체는 아무런 목적도 갖지 않기 때문이다. '세상'이라 불리는 간격에 놓인 모든 물건들은 중립적이라는 사실을 알아야 한다. 폭탄은 그저 하나의 물건 덩어리일 뿐이다. 당신이 그것에 목적을 부여하기 전까지는 말이다. 장미 역시 당신이 사랑하는 사람에게 선물하기 전까지는 그저 한 송이의 꽃일 뿐이다. 간격에 놓인 물건에 의미와 목적을 부여하는 것은 그것을 사용하는 사람이므로, 물건 자체는 중립적이다. 펜을 사랑의 편지를 쓰는 데 사용할 것인가, 아니면 증오의 편지를 쓰는 데 사용할 것인가는 펜을 사용하는 사람이 결정한다. 사랑의 편지를 쓴다면 당신은 간격을 좁히게 된다. 반대로 증오의 편지를 쓴다면 간격을 벌리는 것이 된다. 선택은 당신의 것이며, 이어지는 삶의 경험은 당신이 내리는 선택과 의도의 결과이다. 그것은 이처럼 단순 명쾌하고 쉽다.

목적을 가지고 살기

현존 수업을 통해서 자기 삶의 목적을 발견하고자 하는 의도를 품었던 사람도 있을 것이다. 당신은 삶의 목적을 '행위를 통해 달성하는 무엇'이라고 믿고 있다. 당신은, 자기가 어떤 일을 해야 할지를 안다면, 다시 말해 자기만의 소명과 재능이 무엇인지를 발견한다면 삶의 균형과 조화와 충만감을 느낄 것이라고 믿는다. 당신은 이렇게 자기 삶의 목적을 발견하면 평화가 찾아오리라고 믿는다.

그러나 살아 있는 목적이 자신이 하는 일(행위)에 있을 것이라는 생각은 아동기에 생긴 오해이다. 그것은 오래된 신념체계의 일부로 당신에게 전해져 내려온 오해이다. 그 신념체계는 당신 이전의 무수한 세대로부터 당신에게 전해져 내려와 각인된 에너지이다.

이런 오해의 근본원인은 간단하다. 바로 당신이 있는 그대로의 모습인 현존으로서 무조건적인 사랑을 받지 못했기 때문에 생긴 것이다. 그래서 당신은 무조건적인 사랑을 받기 위해서는 무슨 일을 해야 하는지를 알고 싶어한다.

어릴 때 무조건적인 사랑을 받지 못했기 때문에 당신은 스스로를 불편하게 여긴다. 이는 또 있는 그대로의 자신의 모습에 만족할 수 있게 만들어줄 것을 찾아 나서게 만드는 결과를 낳는다. '있는 그대로의' 당신의 모습이 받아들여지지 않았기 때문에 당신은 자신의 참된 현존으로부터 관심을 돌려 외부에서 '해야만 할' 일을 찾기 시작한다.

부모님은 아이에게 이렇게 묻는다. "넌 커서 뭐가 될래?" 하지만 이 질문은 있는 그대로의 당신의 모습을 부정하는 것이다. 그 결과로 당신은 이 질문에 정답을 제공하는 삶을 만들어가야 한다고 생각하게 된다. 그래야만 어릴 때 받지 못했던 무조건적인 사랑을 받을 수 있다고 판단하고 그에 따라 행동하게 되는 것이다.

이로써 당신은 끝없는 '행동'에 몰두하게 되고, 이것이 당신의 성인기 삶의 경험이 된다. 당신은 성공을 통해 자신이 살아 있을 가치가 있음을 증명해 보이려고 한다. 이미 살아 있음에도 불구하고, 당신은 '생계를 잇게'(earn a living) 해줄 수 있는 삶의 목적을 찾고 있다.

하지만 이때 당신이 실제로 구하고 있는 것은 '사랑을 얻는'(earn a loving) 것이다.

이런 자동반응적 행동의 결과는 불편과 혼란과 분리와 결핍이다. 그리고 두려움과 분노와 슬픔에서 생겨나는 온갖 불균형 상태이다. 이렇게 되면 당신 삶의 경험은 당신이 하는 모든 '행위' 속에서 끊임없이 의미와 목적을 발견하려는 유독한 탐색이 되고 만다.

이미 있는 그대로의 자신의 모습 — 우리 모두가 공유하고 있는 현존의 한 독특한 표현 — 에서 의미를 발견할 수 없기 때문에 당신은 행위를 통해 의미를 만들어내려고 한다. 게다가 당신은 그 행동의 도구들과 행동을 통해 얻는 물건들에다 확실하지도 않은 의미를 부여한다. 당신의 행위와 그 행위에 도움이 되는 물건들이 당신을 해방시켜주는 근원이라고 믿음으로써, 당신은 자신과 참된 것 사이에다 벽을 친다. 당신은 자신의 본래적인 온전함과, 세상 속에서 형성된 자신의 모습 사이에 있지도 않은 환상의 간격을 만들어낸다. 이 간격과, 그것이 실재한다고 믿는 당신의 믿음이야말로 당신이 느끼는 모든 두려움과 분노와 슬픔의 주범이다. 이 간격은 당신이 행동을 통해 만들어내는 것이다. 그것은 진실이 아니라, 단지 진실이 일시적으로 드러난 모습일 뿐이다.

만약 현존 수업이 무엇인가를 이루고자 한다면, 그것은 이것이다. — 현존 수업은 당신이 자신의 끝없는 무의식적 행위로부터 스스로를 구제한 뒤, 있는 그대로의 자기 모습에 대한 자각으로 돌아가도록 당신을 돕는다.

처음부터 현존 수업 과정은 당신에게 '멈추기를' 요구한다. 멈추어 호흡을 연결시키고, 현 순간이 당신에게 주는 울림을 통해 있는 그대로의 자신의 모습에 의식적으로 응답하게 한다. 당신은 있는 그대로의 모습으로 이미 완전하고 완벽하다. 당신이 하는 어떤 행위도 이미 있는 그대로의 당신의 모습을 더 낫게 만들어주지는 않는다. 당신이 '되어야만 할' 어떤 것도 없다. 단지 있는 그대로의 당신의 현재 경험에 현존하기만 하면 된다. '지금 여기에' 온전히 현존하기만 하면 되는 것이다.

현존 수업은 당신이 '행위'가 아닌 '존재'로서 자신의 목적을 발견할 기회를 갖도록 잠시 멈추어 서기를 권한다. 당신은 '행위하는 인간'(human doing)이 아니라 '존재하는 인간'(human being)이다. 당신은 자신의 자동반응적 행동을 멈춘 뒤 그것을 품어 안는다. 그리고 그런 행동을 추동하는 자신의 각인된 감정적 누적물을 느낀다. 무조건적으로 그것을 느낌으로써 — 다시 말해 있는 그대로의 그것과 함께 '존재함으로써' — 그 누적된 감정이 통합되게 하는 것이다.

이 오래전에 각인된 에너지를 통합할 때까지, 당신은 행동과 참된 현존 사이의 간격 속에서 길을 잃은 채 무의식적 반응의 세계를 계속 헤매고 있을 것이다. 자신을 멈추어 호흡을 연결시킨 다음, 지금 존재하고 있는 것을 무조건적으로 느끼기 전까지 당신은 경험 속에 고립되어 자신이 무엇을 '해야 할지를' 알고자 할 것이다. 그리고 그것을 알기만 하면 모든 문제가 해결될 거라는 그릇된 믿음을 붙들고 있을 것이다.

그러나 우리 모두가 공유하고 있는 참된 현존을 느끼면, 당신에게 이미 주어진 평화의 울림을 느낄 수 있다. 그렇게 할 수 있다면 '그 어떤 일이 일어나도' 당신은 평화를 잃지 않는다.

'알아봄'의 가치 알아보기

현존 수업이라는 이 특별한 과정의 막바지에서 당신은 또 하나의 과제를 부여받는다. 그 과제는 10주간의 여행을 넘어 앞으로 당신에게 펼쳐질 모든 경험에까지 확장되는 과제이다. 다시 말하지만 이 과제는 당신의 '행위'를 요구하지 않는다. 그것은 '존재'의 울림이다.

현존 수업은 당신으로 하여금 과거에도 그랬고 현재도 그러한 당신이 있는 그대로의 참 모습인 현존임을, 더 정확히 말하자면 하나된 현존(Presence unified)의 한 독특한 표현임을 알아보라고(appreciate) 당신을 부추긴다. 당신은 이 일시적인 쇼가 당신의 참모습이 아니라는 사실, 그것은 당신의 참모습이 독특하게 표현된 것으로서 늘 변화해간다는 사실을 인식하면서 이 삶의 경험을 내다보도록 권유받는다. 당신은 우리 모두가 영원히 공유하고 있는 현존뿐만 아니라 '세상'이라는 영역에서 독특하고 정묘하고 아름답게 표현된 현존도 알아볼 것을 권유받는다. 하지만 여기서 당신은 무엇이 원인이고 무엇이 원인이 아닌지를 구별할 수 있어야 한다. 원인을, 곧 우리 모두가 공유하고 있는 현존을 알아볼 수 있어야 한다.

여기서 '알아보다(appreciate)'란 단어가 의미하는 바는 무엇일까? 표면적으로 이 단어는 '존중하다, 가치 있다고 여기다, 감사하다' 등의 의미를 갖는다. 그러나 이 단어에는 이것과 다른 의미가 또 하나 있다. 우리는 주식 가치가 상승할 때 주가가 '오르고 있다(appreciating)'는 표현을 쓴다. 즉, appreciate란 영어 단어는 '가치가 오른다'는 의미도 갖고 있다. 그러므로 '무언가를 알아본다(appreciate)'는 말은 그것의 가치를 더 크게 만든다는 의미도 된다.

당신이 좀처럼 충분히 활용하지 못하고 있는 당신의 창조적 능력 가운데 하나는, 당신이 어떤 대상에 무조건적인 주의를 기울이면 그것은 힘들이지 않고 자연스럽게 커진다는 사실이다. 현존 수업의 맥락에서 알아봄(appreciation)이란 단어는 '무조건적인 주의를 기울여 그것의 가치를 알아봄으로써 그것을 사랑의 마음으로 더 커지게 만든다'는 의미이다.

현존 수업에서 당신은 사랑의 마음으로 현존에 대한 자각을 키울 수 있도록, 우리 모두가 공유하고 있는 현존을 알아보도록 권유받는다. 또한 외부적으로 표현된 현존의 모든 측면들도 알아보도록 권유받는다.

이 알아봄을 통해 당신은 우리 모두가 공유하고 있는 현존의 속성들을 더 잘 자각할 수 있게 된다. 곧 평화, 순수, 무조건적 사랑, 존재하는 모든 것과의 의식적인 하나됨을 말이다.

현존을 알아보는 것은 다른 사람이 당신을 대신해서 해줄 수 없는 경험이다. 그렇게 되기 전에는, 당신은 간격이라는 환상 너머에서 모든 생명체로부터, 모든 생명체를 통해 당신을 바라보고 있는 그 친숙한 현존을 알아보지 못할 것이다.

무조건적으로 현존을 알아봄으로써 당신은 행위만을 중시하지 않고 이미 있는 그대로의 자신의 모습에 더 충실할 수 있다. 이런 의도를 가지면 살아 있는 매 순간마다 간격을 좁혀갈 수 있다. 또 간격의 공간에서 만나는 사물을 어떻게 사용할 것인가는 당신의 선택사항이라는 사실도 깨달을 수 있다. 우리 모두가 공유하고 있는 현존을 알아봄으로써, 당신은 살면서 만나는 모든 사물을 이 간격을 좁히는 데에 이용할 수 있다.

이처럼 알아봄이라는 단순한 도구를 가지고 간격을 좁히는 선택을 내림으로써, 당신은 자신의 경험을 끝없는 경외감으로 안내해가는 어떤 것을 발견하게 된다. **당신은 '하나된 장이 지닌 자연스러운 성향이 바로 그 간격을 좁히는 것'이란 사실을 깨닫게 되는 것이다.**

진심으로 자신의 경험과 세상의 '사물들'을 간격을 좁히는 데에 사용하고자 하는 순간, 하나된 장의 모든 자원이 당신의 일거수일투족을 도와줄 것이다. 그러면 당신이 느끼는 불편과 혼란, 결핍의 경험, 외로움, 두려움, 분노, 슬픔 같은 것이 모두, 우리가 서로 분리되어 있는 듯이 느끼고 생각하고 말하고 행동하는 데서 비롯된다는 사실을 깨닫게 된다. 그러나 하나된 장은 그러한 행동(분리된 듯이 느끼고 생각하고 말하고 행동하는 것)을 돕지 않는다. 왜냐하면 하나된 장은 참되지 않은 것을 돕지 않기 때문이다. 지금까지 당신은 피와 땀과 눈물로써 이 환상을 지속시켜왔다.

서로가 분리되어 있는 것처럼 사는 것은 강물을 거슬러 올라가는 것처럼 부자연스러운 일이다. 그렇게 하기 위해서는 많은 기계와 자원과 노동이 필요하다. 더욱이 언제까지고 그것을 유지하는 것은 불가능한 일이다. 우리가 서로 분리되어 있다는 그릇된 인식으로써 성취해낸 일이 있다면, 그것은 엄청난 노력을 언제까지나 쏟아부어야 했던 일이다. 게다가 이런 관점에서 성취한 것은 어떤 것도 오래가지 못한다. 게다가 그것은 불편한 느낌이 끊임없이 올라오게 만든다.

우리 모두가 공유하고 있는 현존이 '모든' 인간 경험에 — 그 어떤 경험이든 — 근원적인 영향력을 갖는다는 사실을 알아볼 때, 당신은 지금까지와는 완전히 다른 존재 방식을 발견하게 된다. 당신은 편안함, 명료함, 자연스러운 기쁨, 안락함, 안전, 그리고 무조건적인 사랑의 무한한 원천을 발견한다. 평화와 조화를 발견한다. 참된 것을 재발견한다. 현존의 힘을 깨닫는다. 현존은 우리 모두가 언제 어디서나 공유하고 있는 것으로, 당신이 필요로 하는 것을 당신이 필요로 하는 그때에 당신에게 가져다주는 능력을 가지고 있다.

당신 앞에 놓인 과제는 간단하다. 당신은 세상이라는 '마트'에서 주의를 거두어 '계산대 직원'의 눈을 들여다보아야 한다. 누구나 공유하고 있는 현존을 알아보겠다는 의도를 가지고 말이다. 그것이 진실임을 느낌으로 느껴보라.

그 관점에서 당신은 이렇게 말할 수 있다. "오늘도 좋은 하루 되세요."

그것은 이처럼 간단 명쾌하고 쉽다.

당신의 만남이 온전했을 때, 당신은 그것을 알아보는 마음으로 이렇게 말할 수 있다.

"제게 신경 써주셔서 고마워요."

그것은 이처럼 간단 명쾌하고 쉽다.

이 인정과 인식, 기억, 그리고 무엇보다 '알아봄'의 순간에, 당신은 현존이 다른 사람의 눈을 통해 의식적으로 당신의 눈을 바라보게 한다. 이런 관점에서 모든 사람을 대할 때, 당신은 그들이 현존함을 알아볼 수 있다. 이것은 다시 당신으로 하여금 현존감을 느끼게 해줄 것이다. 간격을 넘어 의식적으로 현존과 상호작용할 때 당신은 참된 경험을 불러들이는 것이다.

모든 사람에게서 현존을 알아보겠다는 의도를 내는 것은 곧 '근원'의 눈을 들여다볼 기회를 자신에게 주는 것이다. 그러면 근원은 우리에게 윙크를 보낼 것이다. 이렇게 당신은 우리 모두가 하나의 가슴으로 느끼면서 공유된 하나의 울림 속에서 춤추는, 한 몸 안에서 모두 연결된 세포들임을, 하나의 정신적 연결망임을 다시금 떠올리게 된다.

'현존을 불러내는' 연습을 하다 보면 ― 당신의 의도가 무엇인지를 누구에게 설명하지 않고도 ― 당신은 현 순간의 자각이 일으키는 기적을 목격하게 된다. 당신은 전혀 낯선 사람들 가운데서도 무수히 다양한 뜻밖의 방식으로 현존이 깨어나는 것을 볼 것이다. 당신은 현존이 자신의 유희 속에서 가장 뜻밖의 순간에 분명하고도 부드럽고 사랑스런 손짓으로서 우리를 알아봐주는 것을 목격한다.

이런 하나되는 경험을 많이 해나갈수록 당신은 자신이 결코 혼자가 아님을 추호의 의심도 없이 알게 된다. 또한 다른 모든 생명체와 함께

현존 수업   333

하는 경험이 우리가 공유하고 있는 현존의 독특하고 특별한 표현임을 알아보고, 그것을 귀하게 여길 줄 알게 된다.

또한 우리 모두가 하나임을 개인적 체험을 통해 알고 받아들일 때, 장막이 걷히면서 만사를 그 목적에 따라 펼쳐지는 있는 그대로의 모습으로 인식할 수 있게 된다. 그러면 당신은 자신이 '지금 여기 존재하고 있는' 목적도 깨달은 것이다. 그 목적은, 이미 그것인 당신의 모습을 있는 그대로 사랑하고 알아보는 것이다. 어떤 조건도 달지 않고 말이다.

자각의식이라는, 하나된 장 안에서의 현존 체험이 쌓여가면 당신은 이 만남의 기쁨을 남에게, 어떤 육신(some body)에게 설명하려 들지 않고 그저 자기 안에 갈무리하여 소화시킬 수 있게 된다. 하나된 경험은 누군가에게 설명해야 하는 것이 아니다. 그것은 오직 당신 자신만이 알아볼 수 있는 경험이다.

축하드린다!
이것으로 현존 수업이라는 10주에 걸친 당신의 체험여행이 마무리되었다.

4부

가능성의 문

정원사가 있는 곳에 정원이 있다

우리가 공유하고 있는 현존의 속성을 표현하는 데는 정원사의 삶을 비유로 드는 것이 적절할 것 같다. 모든 생명의 표현에 온전히 참여하겠다는 의도를 지니고 소매를 걷어붙이고 손에 흙을 묻힐 때, 당신은 현 순간의 자각을 자신의 모든 경험에 가져오고 있는 것이다.

현 순간의 자각을 자신의 경험 속으로 가져오는 것은 곧 근원의 영향력을 갖는 것이다. 근원의 영향력을 갖는다는 것은 곧 만유의 근원을 자신의 삶을 통해 구체적으로 드러내 보이는 것이다. 이때 당신은 깨어 있는 삶의 정원사가 될 수 있다. 이렇게 본보기를 보임으로써 당신은 만나는 모든 사람에게 현 순간의 자각이라는 시원한 그늘을 제공할 수 있게 된다.

4부에서는 당신에게 펼쳐지는 경험의 정원, 정원을 책임지겠다는 선택을 의식적으로 내릴 때 드러날 수 있는 가능성에 대해 알아볼 것이다. 현존의 빛을 자신의 경험 속으로 가져오고자 하는 의도가 내포하는 결실 말이다. 이 결실은 당신이 '지금 여기'에 존재하겠다는 의식적 선택을 내릴 때 열리는 가능성의 문이다.

하나된 장에는 물론 흥미로운 장소와 경험들이 많이 있다. 하지만 지금 당신이 여기에 있는 이유는 당신이 필요하기 때문이다. 오직 '지금 여기 이 안에 있음으로써만' 당신은 인간으로서의 현재 경험의 한계를 넘을 수 있는 지혜와 경험의 동력을 얻을 수 있다. 부인否認과 산만한 주의로는 진화가 일어나지 않는다. 또한 지금 이곳이 아닌 다른 곳에 있고자 함으로써는 진화가 일어나지 않는다. 당신은 '지금 여기' 자기 앞에 놓인 상황과 기회를 책임성 있게 맞이하고 받아들임으로써 진화해 간다.

현존 수업은 당신으로 하여금 의식적으로 호흡을 연결시키게 하고, 다음 호흡을 또 연결시키고 또 그다음을 연결시키게 하여, 현 순간의 자각 속으로 깨어나는 당신의 여행을 궤도 위에 올려놓았다. 그렇게 한 이유는, 바로 지금 여기서 경험하고 있는 삶을 제대로 돌볼 때만 그 밖의 다른 것들도 경험할 사다리를 놓을 수 있기 때문이다.

체험을 통해 현존 수업 과정을 마쳤든 아니면 책으로만 이해했든 간에, 당신은 앞으로의 경험의 방향을 완전히 바꾸어놓을 새로운 의도의 에너지를 일으킨 것이다. 이제 현 순간의 자각을 향한 이 여행에 의식적으로 나설 때 일어날 가능성 몇 가지를 살펴보자.

현존 수업의 결실

현 순간의 자각을 얻은 결과로 당신이 만나게 될 가능성에 대해 살펴보자. 당신은 부분적으로는 이미 삶의 변화를 겪고 있을 수도 있다. 그것들을 좀더 의식적으로 음미해보자.

자동적으로 반응하지 않고 의식적으로 응답하게 된다. 이것은 현 순간의 자각이 커지면서 생긴 결과이다. 당신이 자기 경험의 질에 책임을 진다는 사실을 깨닫고 나면 어떤 상황에서든 거기에 자동적으로 반응하는 성향이 줄어들게 된다.

더 깊은 차원에서 당신은 당신의 현재 경험이 과거의 감정과 생각, 말, 행동의 총합이라는 사실을 알고 있다. 그리고 이렇게 일어나는 일에 대해 남 탓하기로 자동반응하는 것은 진실을 부인하는 짓이라는 사실도 안다.

당신은 또한 엄청난 양의 누적된 감정을 통합한 결과로, 더 이상 '감정적 누적물을 짊어지고' 삶을 살아갈 필요가 없다는 사실을 알게 된다. 그러면 감정적으로 폭발해 '뚜껑이 열리는' 일도 줄어든다. 당신은 또한 두려움, 분노, 슬픔으로 인해 일어나는 경험을 점점 덜 하게 된다.

자동반응은 무의식적인 행동이다. 더욱 현존하게 될수록 당신은 이런 자동반응 상태를 좋아하지 않게 된다.

에너지가 넘친다. 자신의 누적된 감정을 줄여나갈 수 있게 되기 전까지, 당신은 자신의 감정체에서 나오는 불편한 느낌을 억누르고 통제하는 데에 엄청난 에너지를 쏟으면서 살아왔다.

또한 세상이 당신이 자각하지 못하는 감정 상태를 비춰 보여주는 거울임을 깨닫기 전까지, 당신은 거울 속에 비친 모습과 맞서 싸우는 데 엄청난 에너지를 소모하면서 살아왔다.

이렇게 두려움과 분노와 슬픔에 계속 힘을 실어주는 것은 무척 진 빠지는 일이다. 이미 일어난 일에 대해 원한을 품고 자기도 모르게 복수를 계획하는 것은 당신을 지치게 만든다. 과거와 같은 일이 앞으로 다시 일어나지 않게 만들려는 노력도 당신을 지치게 만든다. 이런 반응적인 행동에 더 이상 힘을 실어주지 않을 때 당신은 원기가 충만해지는 것을 경험하게 될 것이다.

질질 끄는 일이 없어진다. 시간 중심적인 패러다임 속에서 당신은 자신이 이루고자 하는 바에 대해 '적당한 때'가 되면 실천에 옮길 것이라며 많은 계획을 세운다. 그러나 당신이 과거를 반추하고 미래를 걱정하고 있는 동안은 결코 '적당한 때'란 있을 수 없다.

현 순간의 자각을 쌓아가면 당신은 '지금이야말로 가장 적당한 때'임을 깨닫는다.

당신은 생각에 마음을 빼앗기지 않는다. 과거에 대해 추억에 잠기거나 미래에 관한 백일몽을 꾸지 않고 현재의 활동에 충실할 수 있다. 그 결과 당신이 지금까지 끊임없이 계획만 세웠지 그것을 행동에 옮길 정도로 현존하지 못했던 일들을 실제로 이룰 수 있게 된다.

일을 힘들이지 않고 효율적으로 처리할 수 있다. 또 시간적으로 더 여유롭게 일 처리를 하는 것처럼 느껴진다. 마음의 무의식적인 작용을 통합하는 법을 터득하기 전까지는 무의식의 작용이 하루 24시간 당신을 괴롭힌다. 그래서 당신은 자신이 지금 하고 있는 일에 온통 주의를 기울이고 있다고 생각하는데도 실은 그렇지 못한 경우가 많다. 당신의 주의 가운데 상당 부분이 내면에서 일어나고 있는 무의식의 갈등에 쏠려 있는 것이다.

무의식적 마음의 작용을 통합하고 나면 현재의 활동에 집중하는 능력도 향상된다. 그 결과 이전에는 당신을 힘들고 지치게 만들던 일이 점차 수월해지고, 더 짧은 시간에 마칠 수 있게 된다. 시간이 더 많이 남는 것처럼 보이고, 당신이 주의를 기울이는 모든 일들이 더 빠른 속도로 일어나는 것처럼 느껴진다.

또 현재의 활동으로부터 주의를 분산시키는 무의식적 활동을 더 적게 하게 되므로 과거에는 당신을 지치게 만들던 일이 오히려 즐거워지고, 그로부터 에너지를 얻게 된다. 현 순간의 자각이 커지면 과거에는 꺼렸던 일상의 활동이 의미 있고 즐거운 활동으로 바뀐다.

서두르지 않게 된다. 현 순간의 자각을 쌓으면 당신은 삶이라는 모험에서 모든 것이 나름의 때와 장소를 가지고 있다는 사실을 깨닫게 된다. 그래서 당신은 움직이지 않는 것을 억지로 움직이게 하거나, 반대로 움직이고 있는 것을 굳이 멈춰 세우려고 하는 것이 어리석은 일임을 알게 된다. 당신은 더 이상 강물을 거슬러 오르려 하지 않는다. 최선을 다해서 일을 마무리할 것이지만, 만약 그렇게 하지 못하더라도 그 상황 속에서 평화롭게 지낼 수 있다.

당신은 최선을 다하면서도 미친 듯이 서두르지 않는다. '서두르는 것은 이미 늦었음을 무의식중에 내비치는 행동'이라는 사실을 우리는 안다.

현존을 만나게 되면 당신은 삶에 종결이란 없으며, 따라서 그것을 마무리 짓기 위해 서두르는 것은 어리석은 일이라는 사실을 깨닫는다. 당신은 목적지 의식(destination-consciousness: 목적지에 도착하기만 하면 그만이라는 생각)을 내려놓고 대신 여행 의식(journey-consciousness: 여행하는 과정 자체를 중시하는 생각)을 얻는다.

살면서 서두르지 않게 되면 당신이 기울이는 주의의 질이 저절로 높아진다. 주의의 질이 높아지면 당신이 이루는 성취의 양도 많아지고,

그 질도 좋아진다.

일이 더 즐거워진다. 현존 수업에 들어가기 전에는 많은 사람들이 지금의 직장을 떠나 다른 직장을 갖고 싶다는 생각을 자주 했다. '시간 속에서 살면' 좀처럼 자신의 밥벌이인 직장생활을 즐기지 못한다.

그러나 현존 수업을 마치면 직장생활이 더 즐거워지는 것을 깨닫게 된다. 일이 더 재미있어지고 수월해지며, 동료들도 함께하기가 더 유쾌한 사람들로 바뀐다. '저 푸른 초원'을 찾아 떠나고 싶은 생각이 사라진다.

당신은 또 자신이 있어야 할 곳에 있다는 사실을 깨닫는다. 또 지금 상황에서 일정한 완성 지점에 이르기까지는 계속 그곳에 있게 될 것이란 사실도 알게 된다. 지금의 자리를 떠날 때는 다시 새로운 변화의 문이 자연스럽게 열리리라는 사실도 믿는다. 당신은 삶의 경험에서 지금 이 순간, 지금 이 장소에 있는 것이 곧 당신 삶의 목적을 실현시키는 일이라는 사실을 안다. 무엇보다 중요한 것은 '지금 이곳에 있는 동안 온전히 이곳에 있는 것'이다.

이처럼 당신이 일하는 환경을 더 즐거운 마음으로 즐기게 되는 것은 '환경'이 바뀌었기 때문이 아니라 누적된 감정을 통합함으로써 환경에 대한 당신의 '경험'이 바뀌었기 때문이다.

예측 불가능한 삶의 흐름에 저항하지 않는다. 이것은 삶에서 일어나는 모든 일에는 나름의 때와 장소가 있다는 사실을 '알게' 되면서 자연스럽게 따르는 결과이다. 현 순간의 자각을 쌓으면 지금까지 당신에게 일어났던 일들 — 특히 힘겨웠던 경험들 — 이 모두 당신의 정서적 성장과 인류의 진화에 필요한 원료라는 사실을 알게 된다.

당신은 행복이란 것이 일시적이고 덧없는 상태이며, 따라서 일어났다 사라진다는 사실을 깨닫는다. 행복을 느끼는 순간은 무척 즐겁지만 그 순간들이 반드시 정서적 성장으로 이어지지는 않으며, 오히려 그것은 감정 진화의 휴지기에 속한다는 사실도 깨닫게 된다.

그러므로 당신은 참된 기쁨을 선택한다. 참된 기쁨은 일시적인 감정 상태가 아니라 존재의 상태이다. 그 존재 상태에서 당신은 당신에게 '필요해서' 일어나는 모든 일을 — 특히 힘겹게 느껴지는 순간들을 — 받아들일 수 있다. 행복의 순간이 웃음과 휴식과 놀이의 시간이라면, 언뜻 보기에 불행스럽게 느껴지는 순간들은 성장과 자기성찰의 시간, 당신의 여행에 필요한 힘을 얻는 시간이라는 사실을 참된 기쁨은 안다.

이런 관점에서 보자면 당신이 행복 아니면 불행으로 여기고 있는 것들도 실은 그 경계가 모호해진다. 당신은 행복한 상태에서도, 불행한 상태에서도 기쁨을 느낄 수 있다. 왜냐하면 당신은 행복과 불행 모두를 통합된 삶의 경험을 이루는 데 반드시 필요한 요소로 보기 때문이다. 행복과 불행 모두를 받아들일 때 당신 삶의 경험은 온전한 것이 되며, 그것이 바로 거룩함에 가닿을 수 있는 길이다.

결과적으로 삶의 예측 불가능한 흐름에 대한 당신의 저항이 줄어든다. 자신을 내맡겨 '흐름과 함께 가는' 법을 알게 된다. 삶이 당신을 그 끊임없이 변화하는 품 안에 안고 가도록 내버려둔다. 살면서 어떤 일이 일어나더라도 그것이 당신의 가장 높고 고귀한 의도에 맞추어 펼쳐지는 경험임을 안다.

자발적인 창조성을 경험한다. 당신이 자신의 근원으로 받드는 그것은 '치유자'가 아니다. 근원이 만들어내는 것은 부서지지 않는다. 왜냐하면 근원이 만들어내는 것은 완벽하게 실현되었기 때문이다. 완벽하게 실현된 것은 그 정의상 불완전을 경험할 수 없다.

그러나 드러난 현상을 재료로 당신의 각인된 자아가 만들어내는 현상이 불완전해 보이는 이유는 당신의 각인된 해석 때문이다. '그저 존재할 뿐인' 현상에 대한 당신의 각인된 해석은 일종의 망상이라고 할 수 있는데, 왜냐하면 그 해석은 지금 일어나고 있는 현상이 아니라 통합되지 못한 당신의 과거를 바탕으로 한 것이기 때문이다. 이로 인해 당신은 자신을 '치유해야 한다'는 생각에 빠져든다. 그러나 당신에게 필요한 것은 그저 자신의 경험을 통합하는 것이다. 일단 이 작업이 시작되면 자신을 치유해야 한다는 생각은 쓸모가 없어진다. 그러면 당신의 에너지는 참된 것을 향해 흘러들어간다.

치유는 에너지를 참되게 사용하는 것이 아니다. 치유는 일시적인 조정의 상태이다. 경험의 치유 단계에 계속 머물러 있다면 자기 꼬리를 물려고 제자리를 맴도는 개와 같은 꼴이 되고 만다. — 재미도 별로 없지만… 우리 모두가 공유하고 있는 근원은 치유자(healer)가 아니라 창조자(creator)이다.

자신의 경험을 통합하는 순간 당신은 온전함(wholeness), 다시 말해서 거룩함(holiness)에 발을 딛는다. 그 결과, 당신의 경험은 우리 모두가 공유하고 있는 근원의 뜻에 부합하게 된다. 또 그 결과로 당신은 창의적인 영감을 얻는다. 근원과 닮는다는 것, 근원의 힘을 갖는다는 것은 곧 창조적인 존재가 된다는 말이다. 자신을 치유해야 한다는 생각에 계속 매달려 있는 것은 창조적인 '존재의 인간'으로 진화해가는 것이 아니라 고장난 '행위의 인간'으로 스스로 한계를 짓는 짓이다.

만약 당신이 치유를 업으로 택한다면 거기에는 당신이 이 세상을 살아가기 위한 방편으로서 고장난 채로 남아 있기를 무의식중에 선택하게 될 위험이 도사리고 있다.

가족들과 더 잘 지내게 된다. 자신의 누적된 감정을 통합하기 전까지 가족은 당신의 내면을 가장 선명하게 보여주는 거울과 같다. 이 거울이 어떻게 당신의 내면을 비춰주는지를 깨달을 때까지는, 그리고 자신의 경험을 통합하는 수단으로서 거울에 반사된 자신의 모습을 의식적으로 들여다보기 시작하기 전까지는, 가족과 함께 지내는 것이 불편한 느낌일 수 있다. 당신이 미처 통합하지 못한 자신의 일면을 가족들이 끊임없이 되비춰주기 때문이다. 이 때문에 얼핏 보면 가족들이 당신을 '꼭지 열리게 만드는' 것처럼 보일 수 있다.

그러나 당신이 감정 통합 작업을 시작하는 순간, 가족들은 더 이상 당신의 누적된 감정을 되비춰줄 필요가 없게 된다. 대신에 당신은 가족들의 현존에서 편안함과 기쁨을 느낌으로써 감정 통합 작업이 훌륭하게 수행된 결실을 경험하게 된다. 당신은 가족 곁에 있으면 평화를 느낀다. 의식적으로 감정 통합을 마치고 나면 가족들이 편안하게 느껴진다.

과거에 당신을 괴롭혔던 상황이나 사람이 더 이상 당신의 주의를 끌지 못한다. 거울에 비친 자기 모습에 자동반응하지 않고 의식적으로 응답할 때 당신을 괴롭히던 것들이 거짓말처럼 사라지는 것을 보게 된다. 그러나 그것들이 실제로 사라지는 것은 아니다. 유심히 관찰해보면, 당신을 괴롭히던 것들은 변하지 않고 그 자리에 있다. 자신의 내면 상태를 바꾸고 그 결과로 자신의 경험과 결부시키는 감정의 관계가 바뀌게 한 것은 바로 당신 자신이다.

현존 수업은 당신으로 하여금 하던 일을 멈추고 거울에 비친 자신의 얼룩을 깨끗이 지우게 한다.

애정관계가 더 좋아진다. 가족과 마찬가지로, 가족 외의 친밀한 사람들도 당신의 모습을 비춰주는 거울이 된다. 감정 통합에 의식적으로 관심을 갖기 전에, 당신은 통합되지 못한 자신의 감정을 되비춰주는 사람들에게서 무의식중에 매력을 느꼈었다. 처음에는 이것이 당신을 기쁘게 하는데, 왜냐하면 당신은 이제 '행복을 느낄 수 있는 기회'가 왔다고 생각하기 때문이다.

'이 사람이 나를 행복하게 해줄 것'이란 생각은 곧 당신이 '이 사람이 되비춰주고 있는 나의 감정 각인을 통합하면 내 삶의 경험의 질이 향상된다'는 사실을 무의식중에 알고 있음을 가리켜준다.

당신은 어릴 적에 부모 밑에서 각인되었던 감정을 통합하려고 무의식적으로 애쓴다. 그러면서도 의식적으로는 자신이 '사랑에 빠졌으며', '내가 찾던 사람을 마침내 찾았다'고 믿는다. 맞다. 그 사람은 당신이 찾던 사람이 맞다. 하지만 그것은 그들이 당신을 행복하게 해주기 위해서 당신의 경험 속으로 들어왔기 때문이 아니다. 그것은 그들이, 당신이 현 순간의 자각을 얻기 위해 통합해야 할 각인된 감정들을 정확히 되비추는 거울이 되어줄 것이기 때문이다.

그 사람에 대한 당신의 낭만적 생각이 말 그대로 낭만적인 생각에 지나지 않는다는 사실이 분명해지면 당신은 크게 상심한다. 그들이 되비춰주는 것을 가지고 통합 작업을 할 기회를 당신이 받아들이지 않으면,

처음에 당신을 매혹시켰던 그들의 성격이 이제는 오히려 불편하게 느껴진다. 이렇게 되면 당신은 중무장을 한 채 방어적이고 공격적인 태도를 취한다. 그러나 자신의 감정적 짐을 통합하겠노라고 마음먹는 순간, 시나리오는 송두리째 반전된다. 부모님과 아직 해결하지 못한 일 — 누적된 감정의 통합 — 로 인해 처음에는 이 사람의 성격에서 뭔지 모를 매력을 느꼈지만 이제는 그것이 표피적인 것이었음을 깨닫게 된다.

자기 안에서 감정 통합을 이루면 당신의 배우자(연인)도 변화한다. 어쩌면 그 사람을 생전 처음 보는 것 같은 느낌을 받을 수도 있다! 당신은 그가 되비춰주는 당신의 과거로부터 그를 알아보는 것이 아니라, 있는 그대로의 그의 모습을 알아보게 된다.

당신의 경험의 이런 변화는 다음 두 방향 중 하나로 일어난다. 즉, 사랑이 참된 애정관계로 꽃을 피우든가, 아니면 두 사람이 처음부터 서로 애정관계로 발전할 사이가 아니었다는 통찰을 받아들이든가, 둘 중 하나이다. 어느 경우든 두 사람의 관계는 향상되고 더 가까워진다. 왜냐하면 둘의 관계가 참된 상태로 들어섰기 때문이다.

타인의 삶에 간섭하지 않는다. 당신의 경험은 당신에게 꼭 필요한 대로 흘러간다는 사실과, 불편한 느낌을 느끼는 것은 통합되지 못한 당신의 감정적 누적물 때문이라는 사실을 받아들이면 당신은 확실하지도 않은 조언을 다른 사람에게 하지 않게 된다. 당신은 그들도 당신처럼 자신이 알고 이해하고 있는 것을 가지고 최선을 다하고 있다는 사실을 깨닫게 되는 것이다. 그들 역시 준비가 되면 자신들의 책임에 눈을 뜰 것이다. 그러나 그렇게 하기 전까지는 아직 아니다.

다른 사람이 자신의 경험을 어떻게 통과해 나가야 하는지에 대해, 그들이 청하지도 않은 조언으로써 그들의 경험에 간섭하는 것은 그들의 모습과 행동, 상황이 당신에게 부정적 영향을 줄지 모른다는 생각 때문에 하게 되는 무의식적 행동이다. 그렇지 않다면 왜 당신이 그들에게 구하지도 않은 조언을 주려고 하는가? 그들의 경험에 '간섭하는(interfere)' 것은 곧 '두려움 속으로 들어가는(enter fear)' 것과 같다.

  타인의 경험에 간섭하는 것은 모든 사람이 각자 자기 경험의 질에 책임을 지고 있다는 사실을 주제넘게 부정하는 짓이다. 현 순간의 자각을 품고 있으면 당신은 모든 사람이 부분적으로는 자신의 통합되지 못한 감정적 누적물 때문에 현재의 상황에 처해 있다는 사실을 깨달을 수 있게 된다. 그리고 그것은 당신도 마찬가지다. — 당신도 자신의 통합되지 못한 감정적 누적물 때문에 지금 이곳에 있다.

  그러니 다른 사람의 행동이 당신 경험의 질에 어떤 영향을 미칠까 두려워할 필요가 없다. 만약 그들이 당신 경험의 질에 영향을 미치는 것처럼 보인다면, 그것은 그들이 당신의 통합되지 못한 감정적 누적물을 되비춰주고 있기 때문이다.

  이제 당신은 '메신저'를 당신의 드라마 속에 끌고 들어와서는 온전한 통합에 이를 수 없다는 사실을 알고 있다. 통합을 이루려면 그들이 되비춰주는 당신의 모습에 귀 기울이고 그것을 관찰하면서 그로부터 통찰을 얻는 수밖에 없다. 이처럼 현 순간의 자각을 쌓아감에 따라 당신은 타인의 삶에 간섭하지 않는 것이 중요하다는 사실에 눈뜨게 된다. 자신이 느끼는 두려움을 통합하고 나면 다른 사람 때문에 두려움에 빠지는 일은 없을 것이다.

잠을 더 편하게 잔다. 자신의 감정적 누적물을 의식적으로 통합하기 전에는 당신은 그것을 무의식적으로 해내려고 애쓴다. 이것은 두 가지 결과를 낳는다. 우선 낮시간 동안에는 당신의 의식이 '누적된 감정'을 처리해야 하는 일을 회피하려고 온갖 억제와 통제의 전략을 동원한다. 의식이 잠드는 밤시간에는 무의식이 주도권을 잡으면서 당신의 경험을 처리하고 통합하기 위해 최선의 노력을 다한다. 이 무의식의 활동은 에너지를 필요로 하는데, 이 때문에 당신은 편안한 잠을 빼앗기게 된다.

깨어 있는 시간 동안에 하는 경험의 질에 의식적으로 책임을 지는 순간부터, 당신의 수면 패턴에도 변화가 생긴다는 것을 발견할 것이다. 처음에는 잠을 더 많이 자는 수도 있고, 그런 다음에는 예전만큼 잠을 잘 자지 못하는 수도 있다. 그러나 결국 당신의 수면 패턴은 안정을 되찾을 것이고 당신은 더 편안한 잠을 자게 될 것이다. 수면 패턴에 이같이 전반적인 조정작용이 일어나는 이유는, 당신이 이제는 잠자는 동안에 무의식적으로 내면 작업을 하는 대신 깨어 있는 동안에 의식적으로 내면 작업에 주의를 쏟기 때문이다.

오랫동안 겪었던 불편한 증상들이 통합된다. 이것은 감정적 누적물의 통합에 따른 자연스런 결과이다. 현존 수업을 시작하게 되는 계기가 트라우마 증상이 당신의 삶에 영향을 끼치기 때문인 경우가 흔히 있다. 그런데 커다란 트라우마 증상이 있으면 그보다 작은 증상들도 여러 가지 있는 것이 상례인데, 당신은 그런 것들을 그저 인간으로서 하게 되는 경험의 일부로 받아들이며 그것과 함께 살아간다. 현존 수업을 통해 자신을 불편하게 하는 이런 자잘한 증상들이 통합되는 것을 지켜보는 것은 놀라운 경험이다.

오랜 습관이 사라진다. 손톱을 물어뜯거나 몸을 자꾸 긁거나 만지는 등 오래된 습관이 사라진다. 너무 갑자기 사라져서 몇 주가 지난 뒤에야 그 사실을 알아차리기도 한다.

신경성 경련 같은 습관들은 불안 때문에 생기는 것이다. 그리고 불안은 현재로부터 도망가려는 욕구이다. '불안(anxiety)'이라는 단어와 '어떤 출구라도'(any exit)라는 표현을 비교해서 살펴보라. 불안할 때 당신은 어떤 구멍을 찾아서라도 현재로부터 도망가고 싶어한다. 당신이 현재에, 그러니까 지금의 당신 몸에 대해 편안함을 느끼는 순간, 이런 고질적인 습관은 통합될 것이다.

다이어트를 하지 않아도 체중이 준다. 과체중은 당신이 지나친 감정적 누적물을 지닌 채 살고 있음을 말해준다. 근본 원인이 되는 감정적 누적물을 해결하지 않고 무작정 다이어트만 하는 것은 상어에 물린 상처에 반창고를 붙이는 것과 마찬가지다.

내면의 불편이 겉으로 드러나는 현상을 억누르고 통제하여 속사정을 일시적으로 은폐하는 방법은 많이 있다. 하지만 증상의 원인을 통합하기 전까지는 당신은 아무것도 편안한 마음으로 먹지 못할 것이다. 늦든 빠르든 간에 안전핀이 뽑히기만 하면, 다이어트를 통해 강제로 억제해 왔던 체중은 원상태로 되돌아올 것이다.

자신의 감정적 누적물을 통합하는 과정에서 체중도 자동적으로 조정이 된다. 과체중은 원인이 아니라 결과일 뿐이다. 과체중인 사람은 누구나, 통합되기만을 기다리고 있는 많은 감정적 누적물을 자기 안에 지니고 있다.

아이들과 함께하는 것이 즐거워진다. 이것은 아동기에 각인된 감정을 해소한 데 따르는 자연스런 결과이다. '아동기의 순수한 기쁨을 느끼는 데 늦은 나이란 없다'는 말도 있다.

당신 내면의 아이가 죽음과 같은 상태로 퇴행하는 것은 불안한 어른인 당신이 그것을 질식시키기 때문이다. 성인기의 불안을 통합하면 당신의 아동기 자아가 뛰쳐나와 마음껏 뛰어놀 수 있게 된다.

하지만 어른인 척하기에 여념이 없는 당신 주변의 어른들은 마음껏 뛰어놀고 싶은 당신의 충동과 함께하지 않을 것이다. 그래서 당신은 자연스럽게 아이들에게 끌린다. 그리고 아이들도 당신과 함께하는 것을 즐거워한다.

우리는 모두가 현존의 자녀들이다.

더 많이 웃고 더 활달해진다. 다시 말하지만 아동기의 순수한 기쁨을 느끼는 데 늦은 나이란 없다. 지금 이 순간 속에서는, 어른이란 인위적으로 만들어낸 관념에 불과한 반면에 아이는 현존의 드러남이라는 사실을 깨닫게 된다. 어른들은 너무 심각하고 바빠서 제대로 놀 줄을 모른다. 어른으로서 당신이 하는 행동은 대개가 현존을 질식시키기 때문에, 당신은 마치 자신이 온 세상을 이끌고 가야만 할 것처럼 느낀다. 그리고 당신은 그것이 얼마나 중요하고, 또 사람의 진을 빼놓는 일인지를 잘 알고 있다!

이와 반대로 아이들은 경쾌하고 언제나 웃음이 얼굴에 가득하다. 당신은 지금 이 순간 속에는 세상에 어른이란 존재하지 않는다는 사실을 깨닫게 된다. 현 순간에는, 생기 차게 살아서 현존하는 아이와, 어른의 체면을 유지하느라 심각하게 애쓰고 있는 아이만이 존재한다.

과거에 대한 원망과 미래에 대한 두려움을 내려놓을 수 있다면 심각할 것이 무엇이 있을까? 당신은 살아 있으며, 삶 속에서는 무엇이든 가능하다. 진동으로 자각하는 존재가 심각하고 경건하며 종교적이고 엄숙한 깊은 묵상 상태에 빠져 있어야 한다는 것은 잘못된 생각이다.

더욱 깨어날수록 당신은 더 많이 웃는다. 자신과 자신의 끝없는 드라마에 대해 웃을 수 있을 때 당신은 무한한 웃음에 다가갈 수 있다. 자신이 그러한 통찰을 가졌든 그렇지 못하든, 그리고 스스로 그것을 인정할 용기를 가졌든 그렇지 못하든 간에, 당신은 웃음이 당신이 찾던 약이라는 사실을 잊고 있다. 마음껏 웃는 순수한 웃음은 모든 분리의 감각을 녹여 없앤다. 웃음은 진동하는 오르가즘이다.

자연스럽게 건강한 식생활로 바뀐다. 이것은 자신의 신체에 '현존한' 자연스러운 결과이다. '시간 속에서 살 때' 당신은 먹긴 하지만, 그 음식이 당신에게 어떤 영향을 미치는지를 제대로 느끼지 못한다. 왜냐하면 음식을 먹는다는 경험을 의식적으로 소화할 정도로 충분히 몸속에 '현존하지' 않기 때문이다.

(특히 신체 차원의) 현 순간의 자각을 쌓아가면 당신은 다양한 음식이 몸 안에서 어떻게 서로 다르게 느껴지는지를 더 잘 감지하게 된다. 당신과 맞지 않는 음식은 잘 당기지 않고, 싱싱하게 살아 있는 음식은 더 자주 찾게 된다. 엄격하게 짜인 식단으로 이런 변화를 강제하지 않아도 된다. 단지 현 순간의 자각을 키우기만 하면 된다.

무엇을 어떻게 먹는가 하는 식습관은 원인이 아니라 결과이다. 당신은 자신의 누적된 감정을 억누르고 통제하는 수단으로서 음식을 먹는 경우가 종종 있다. 의식 표면에 떠오르는 감정적 누적물을 억눌러서 주의를 불편한 상황으로부터 딴 곳으로 돌리기 위해 음식을 먹는 것이다. 자신의 누적된 감정을 통합하고 나면 자가치료 행위로서의 식습관은 멈춰진다. 그렇게 되면 왜곡된 쾌락과 공허한 만족을 위해 먹는 것이 아니라 영양과 건강, 웰빙을 위해 먹게 된다.

즐거움이 아니라 영양학적 이유로 음식을 먹는 것은 재미없는 일이라고 생각하는 사람도 있다. 그러나 실제는 이와 반대이다. 생생하게 살아 있고 영양이 풍부한 음식이 맛도 좋고, 보기에도 더 좋다. 또 몸 안에 들어가서도 더 좋은 느낌을 줄 뿐 아니라 더 명료한 정신 상태와 침착한 감정 표현을 돕는다.

자신의 건강에 적극적으로 관심을 갖게 된다. 몸속에 현존할 때만 당신은 그것이 당신의 정신적, 정서적 건강에 미치는 부메랑효과(다시 되돌아오는 효과)를 느낄 수 있다.

몸속에 현존하게 될 때까지 당신의 신체란 대개 당신의 통합되지 못한 감정 상태가 무의식적으로 드러난 것일 뿐이다. 몸속에 현존하는 순간, 당신은 몸을 근원적 영향력을 지닌 도구로서 사용할 수 있게 된다. 몸에 대한 현존감이 생기면 당신은 헤아릴 수 없이 무수한 기능을 가진 놀라운 메커니즘의 유기체인 몸을 가졌다는 사실이 얼마나 큰 축복인지를 알게 된다. 그렇지만 몸의 가장 중요한 기능은, 현재의 경험 속에서 온전한 자각이 뿌리를 내릴 초점으로 사용되는 것이다. 몸이 없이는 당신은 '지금-여기'에 온전하게 현존할 수 없다.

물론 불편한 느낌을 갖고 있는 몸속에 현존하는 것은 쉬운 일이 아니다. 그러기에 자기 몸의 건강을 돌보는 것은 자기 경험의 질에 책임을 지는 행동이라고 할 수 있다. 몸이 없으면 춤을 출 수 없다. 춤을 출 수 없다면 살아 있다고 할 수 없다. 몸이 없으면 당신은 '지금 여기'에 현존할 수 없다.

당신의 몸은 사원과 같다. 그 사원 안에는 당신이 모든 존재의 근원에 감사의 기도를 올리는 제단이 있다. 현 순간의 자각을 쌓아감에 따라 당신은 부드럽고 사랑스럽게, 그리고 책임의식을 가지고 우리 모두가 공유하고 있는 현존의 이 독특한 표현물에 관심을 기울이게 된다.

사람들이 나에게 더 호감을 느끼고 나와 함께하기를 즐긴다. 이것은 당신이 더 참된 존재가 되었기 때문이다. 깨닫고 있든 그렇지 않든 간에, 당신은 언제나 참됨을 추구하고 있다. 그것은 우리의 본성이다.

특정 개인이 많은 사람의 관심을 받을 때, 당신은 그것이 그 사람의 외모나 행동, 그 사람이 처한 삶의 상황 때문이라고 짐작한다. 그러나 그것이 이런 외적인 요인 때문인 경우는 잘 없다. 그보다 그것은 그 사람에게서 독특하게 표현된 현존 때문이다. 현존에 대한 자각이 억압되면 현존은 자신을 표현하려고 애쓴다. 그리고 자신의 현존을 밖으로 표현하는 사람에게 이끌린다. 같은 것끼리 서로 끌어당기는 유유상종이다.

현존은 ― 억압되고 있을 때조차도 ― 현존에 이끌린다. 그러니 더욱 현존할수록 당신은 사람들에게 더 매력적으로 느껴진다. 그들이 찾고 있는 그것을 당신이 갖고 있는 것처럼 보이는 것이다. 물론 그들이 그것을 찾고 있다는 사실을 스스로 자각하지 못하고 있을지라도 말이다. 사람들은 어떤 사람에게 자석처럼 이끌렸던 경험을 종종 이야기한다. 그를 '실제보다 더 큰' 존재로 과장하면서 말이다. 그들은 그 사람이 '너무나 큰 존재감(presence)'을 지닌 사람이라고 말한다.

혼자 있는 것을 더 즐기게 된다. 현존하는 것이 쉽지 않을 때 당신은 다른 사람과 함께 있음으로써 주의를 딴 곳으로 돌리려고 한다. 자신의 각인된 감정을 통합해야겠다는 책임감을 느끼는 순간부터, 당신은 주의를 딴 곳으로 돌리기 위해 다른 사람들과 어울려 지내는 일이 줄어든다. 당신은 혼자 있을 때 느끼는 평화와 고요함을 좋아하기 시작한다. 외로움(loneliness)을 내어주고 대신 혼자임(aloneness)을 얻는다. 혼자임을 즐기는 것은 정서적으로 성숙해가고 있다는 징표다.

일이 일어나기도 전에 그 일을 직감한다. 이것은 현존이 당신이 생각하는 '시간'의 경계를 넘어선 곳으로부터 작용하기 때문이다. 생명의 흐름과 긴밀하게 연결되어 있는 현존은 이미 일어난 일과 앞으로 일어날 일을 모두 알고 있다. 자신의 통찰에 귀를 기울이면 미래에 일어날 일을 알 수 있는 것처럼 보인다. 그러나 실제로는 (미래의 일을 아는 것이 아니라) '현재 일어나고 있는 일의 결과'를 아는 것이다.

지금 일어나고 있는 모든 일은 그 결과를 갖는다. '시간 속에서 살' 때 당신은 그것을 알아보지 못한다. 그런데 더욱 현존할수록 당신은 직감을 통해 지금 일어나는 일이 앞으로 일으킬 결과에다 주파수를 맞출 수 있다. 그러면 이것이 우리에게는 마치 일이 일어나기도 전에 이미 아는 것처럼 보이는 것이다. 어떤 면에서 이 말은(일이 일어나기도 전에 그 일에 대해 아는 것)은 사실이다. 하지만 결과란 어디까지나 이미 일어난 무엇이다. 다만 그것이 당신의 현 순간의 자각의 장 속에서 아직 실현되지 않았을 뿐이다.

인과의 법칙은 매 순간 반드시 결과를 낳는다. 당신이 삶의 근원 자리, 곧 현 순간에서 살 때는 반드시 따라오기 마련인 결과가 — 비록 그것이 아직 신체적, 정신적, 감정적으로 현실화되지 않았다 해도 — 분명히 보인다. 이것은 원인과 그 결과는 두 개의 분리된 사건이 아니라 동시에 일어나는 것이기 때문이다. 그런데 '시간' 속에서는 그 둘이 시차를 두고 일어나는 것처럼 보인다. 이것이 시간의 속임수이다. 원인과 그 결과가 둘이 아니라 하나라는 의미에서 본다면 모든 일은 '동시에' 일어나고 있다고 할 수 있다. 정신체는 이 동시성을 이해하지 못한다. 왜냐하면 동시성은 머리로 이해하는 것이 아니라 그저 느끼는 것이기 때문이다.

삶의 사건들에서 동시성 현상을 경험한다. 동시성 현상*은 당신이 원인과 결과 사이의 에너지적 연관성을 인식할 때 하게 되는 또 한 가지의 경험이다. 기시감 현상** 역시 현 순간의 자각의 결과로 생기는 현상이다. 원인을 인식하기 전에 그 결과에 먼저 의식이 가닿을 때 기시감 현상이 일어난다. 그러다 원인을 인식하게 되면 당신은 지금 일어나고 있는 일이 이미 일어났었다는 사실을 깨닫게 되는 것이다. 이것 또한 원인과 결과의 동시성을 자각하게 된 결과이다.

더 큰 풍요를 경험한다. 돈은 내면의 에너지 흐름이 외부로 반영된 것이다. 감정체가 심각하게 막혀 있을 때 이것이 겉으로 돈의 결핍 현상으로 나타난다. 그러나 그렇다고 해서 감정 통합으로 현존감이 커지면

---

* 인과적 연관성이 없거나 함께 일어날 것 같지 않은 두 사건이 의미 있는 방식으로 함께 일어나는 것처럼 느껴지는 것. 역주.
** 데자뷰, 지금 자신에게 일어나는 일을 전에도 경험한 적이 있는 것처럼 느끼는 현상. 역주.

별안간 큰돈을 벌 것이라고 생각하는 것은 잘못이다. 큰돈을 모으는 것은 두려움 때문인 경우도 있는데, 특히 피와 땀과 눈물, 그리고 타인과 외부 세계에 대한 통제와 조작을 통해 부를 축적하는 경우가 그렇다.

현 순간의 자각 속으로 들어가면 돈은 빵과 같은 것이 된다. 빵처럼 돈도 그 순간 당신에게 필요한 만큼만 있으면 된다. 당신은 '지금' 이 순간에 충분할 만큼의 빵을(돈을) 갖는다. 당신은 그것을 쌓아두지 않는다. 대신 그것이 당신을 '통과해' 자유롭게 — 그러나 책임 있게 — 흘러가도록 한다. 당신은 배고픔에 대한 두려움 때문에 오래도록 먹을 만큼의 빵을 구입하지만, 몇 조각 먹기도 전에 곰팡이가 피어 먹을 수 없게 되고 만다. 현 순간의 돈은 당신이 그것을 필요로 하는 때에 — 정말로 돈이 필요한 바로 몇 순간 전에 — 필요로 하는 만큼 당신의 경험 속으로 들어오는 에너지 흐름이라고 할 수 있다.

현존할 때, 당신은 돈의 흐름에 대해 걱정하지 않는다. 왜냐하면 자신의 경험에 어떻게 응답하느냐가 그 흐름의 원인이 된다는 사실을 알기 때문이다. 더욱 현존할수록 당신은 자신에게 불편을 일으키는 행동을 하지 않고, 부족함을 드러내는 행동도 하지 않는다. 당신은 매 순간 충분할 만큼 가지고 있다. 설사 그렇게 느껴지지 않는 경우라도 당신은 그것이 당신에게 필요한 경험임을 안다. 당신은 '바로 지금' 충분히 갖고 있다는 것을 깨달음으로써만 '미래의 모든 지금'에도 충분히 가질 수 있다는 사실을 안다.

현재의 경제적 풍요란 많이 갖는 것을 의미하지 않는다. 그것은 당신이 필요로 하는 것을 필요로 하는 때에 갖는 것을 의미한다. 이것을 '근원의 경제학'(economy of source)에 따라 사는 것이라고 할 수 있다. 근원의 경제학에서는 내일 어떤 일이 생길지 모른다는 두려움 때문에 부를 쌓아두기 위한 대형 저장고가 필요하지 않다. 근원의 경제학은 믿음에 근거하고 있다. 그리고 여기서 믿음이란 자기 경험의 질에 책임질 수 있다는 확신을 갖는 것을 말한다.

'단지 쌓아놓기 위해 부를 축적하는 것'보다 더한 에너지 낭비도 없다. 단지 부자가 되기 위해 부를 축적하는 것은 두려움에서 생긴 질병이자, 자기 경험의 질에 책임질 수 있다는 믿음이 결여된 행동이다.

미래를 계획하는 일이 줄어든다. 당신이 진실로 주의를 기울일 수 있는 유일한 시간인 지금 일어나고 있는 일을 돌보는 것이 곧 앞으로 다가올 현 순간들까지 돌보는 것이 된다.

계획을 세우는 것은, 강물을 타고 내려가고 있으면서도 강물이 어떤 경로를 따라 흘러야 바다에 이를 수 있을지를 알아내려고 애쓰는 것과 비슷하다. 이것은 오만과 망상으로부터 비롯된 행동이다. 생명의 강물이 흘러가는 경로는 오직 하나이다. 그리고 그것은 우리 모두가 공유하고 있는 현존의 의지에 따라 정해진다.

현존이란 것이 있으니 아무런 계획도 세울 필요가 없다는 말은 물론 당신의 정신체에게는 위협적인 말로 들릴 것이다. 정신체는 자유의지를 필사적으로 믿는다. 그러나 정신체가 믿는 자유의지란 '내가 하고 싶은 것을 하고 싶은 때에 할 수 있는 것'을 말한다. 정신체는 자유의지가 전체와 동떨어져서 움직일 수 있는 능력이라고 믿는다. 그러나 이것은 강물을 타고 내려가면서 자신이 타고 가고 있는 강물의 방향을 마음대로 바꿀 수 있다고 믿는 것만큼이나 어리석은 생각이다. 인간의 몸 안에서 세포가 이렇게(전체와 동떨어져) 행동하면 우리는 그것을 암이라고 부른다. 또 전체 사회 안에서 한 사람이 이렇게 행동할 때 우리는 그것을 '야심' 혹은 '자본주의'라고 부른다.

현 순간의 자각으로 향해 가는 여행을 시작하고 나면 당신은 아동기의 경험이 얼마나 즐거운 것이었던가를 깨닫게 된다. '시간 속에서 사는' 한은 자유의지라고 믿었던 것도 실은 삶에 대한 무의식적 반응임을 깨닫게 된다. 이 무의식적 반응은 감정의 각인을 통해 우리 안에 에너지로 심어진 것이다. 당신은 자신의 습관조차도 복제물에 지나지 않는다는 사실을 알게 된다. 당신이 당신 부모님의 복제물이라면, 그리고 당신의 부모님도 조부모님의 복제물이라면, 어떻게 당신이 삶의 경험에 대해 '자유롭다'고 할 수 있겠는가?

모든 창조물에는 자유로운 것이 오직 한 가지 있는데, 우리의 집단적 표현의 근원이 그것이다. 그리고 당신은 현존감과 현 순간의 자각을 통해 이 집단적 근원에 연결될 수 있다. 근원에 연결하는 작업은 당신이 바깥세상에서 어떻게 행동하는가에 따라 결정되지 않는다. 당신은 가슴의, 내면의 성소聖所에 들어감으로써만 집단적 근원과 연결될 수 있다. 자기 안으로 더 깊이 들어가 현존과 손을 잡을 때, 당신은 해방된다.

자유의지는 오직 현 순간에만 의미가 있는 개념이다. 시간 중심의 패러다임에서는 자유의지란 존재하지 않는다. 왜냐하면 시간에 기초한 자동반응성이란 이미 일어나고 없어진 것의 감정적 복제물이기 때문이다. 자동반응하는 행동 속에 자유의지는 없다. 오직 우리의 집단적 근원에 연결됨으로써만 당신은 자유를 되찾을 수 있다. 자유란 곧 책임이다. 현 순간에 자신을 내맡길 때 당신은 '시간 속의 삶'으로부터 벗어날 수 있다. 우리의 집단적 근원이 그런 것처럼 당신도 자기 경험의 질에 기꺼이 책임을 질 때, 어느 순간 무슨 일이 일어나더라도 거기에 자유롭게 응답할 수 있다.

이 같은 존재 상태에서 미리 계획을 세울 필요가 있을까? 계획을 세운다는 것은 당신이 의도를 펼치는 과정에 뭔가 문제가 생길지도 모른다고 믿는다는 뜻이다. 그러나 당신 경험의 질에 책임이 있는 사람은 바로 당신 자신이라는 사실을 안다면, 누가 당신에게 훼방을 놓을 수 있을까?

집안 대청소를 통해 오랫동안 쌓아두었던 물건들을 처리한다. 과체중과 마찬가지로 집안에 너무 많은 물건을 쌓아두는 것 역시 통합되지 못한 감정 문제로 인해 생긴 결과이다. 이것은 과거에 집착하면서 동시에 미래로부터 자신을 보호하려는 욕구이다. 자신의 각인된 감정적 누적물을 통합하고 나면 지금껏 쌓아두었던 물건들의 실체를 알게 된다. 그것은 당신을 혼란스럽게 만드는 물건들이다. 그것들을 무조건 내다버리는 것이 당신을 해방시켜준다. 그것은 존재의 가벼움을 가져온다.
  강한 감정적 각인을 지니고 있는 마른 사람들은 흔히 그들의 삶을 어지럽게 만드는 물건들 속에다 자신의 나머지 체중을 담아두고 산다.

드라마를 덜 연출한다. 무릇 드라마란 관심을 끌고자 하는 무의식의 외침에 다름 아니다. 당신이 자신의 부모가 되어 자신의 경험을 인도하고 가르치고 양육하고 통합하는 법을 터득하는 순간이 곧 드라마에 빠지는 습성을 벗어날 준비가 갖춰진 순간이다. 그 순간은 또한 성취의 표시로서 자신들의 드라마를 흔들어 보이는 사람들과 자연스럽게 작별을 고하는 순간이다. 드라마drama를 내보이고 싶은 충동을 버리는 순간이 곧 다르마dharma(실재하는 진리)에 대한 열망을 일깨우는 순간이다. 자동 반응적인 행동을 통해서는 그 무엇도 '의도적으로' 행할 수가 없다.

당신의 행동반경에서 떨어져나가는 사람이 생긴다. 모든 사람이 자신의 과거를 통합하고자 열망하는 것은 아니다. 모든 사람이 현 순간의 자각을 받아들이는 것도 아니다. 모든 사람이 의식적인 삶을 살고자 하는 것도 아니다. 어제 일어난 일에 집착하고 내일 일어날지도 모르는 끔찍한 일에 안절부절못하는 사람은 이런 환영의 드라마에서 깨어난 사람과 함께하기를 좋아하지 않는다.

시간이 만들어내는 두려움 속에서 잠들어 있기를 택한 사람들은 아직도 휴식이 필요하기 때문에 그렇게 하고 있는 것이다. 이 때문에 당신이 현 순간의 자각을 선택하면 그들은 당신의 행동반경에서 점차 멀어져간다. 그렇게 하는 것이 그들에게 더 편하게 느껴지기 때문이다. 왜냐하면 당신의 커진 현존감의 빛 속에 있을 때, 그들은 당신이 거울이 되어 선명하게 비춰 보여주는 자신들의 억압된 감정을 대면해야만 하기 때문이다.

현 순간의 자각의식은 비난이나 후회를 별로 좋아하지 않는다. 현 순간의 자각의식은 불공평해 보이는 삶의 상처를 대화의 주제로 삼지 않는다. 그러니 희생자/지배자 심리를 넘어설 준비가 안 된 사람들은 개인적 책임감의 자각을 향해 달려가기 시작한 사람의 현존으로부터 먼지처럼 떨어져 나갈 것이다.

삶에 대한 낙관적인 전망을 자연스럽게 지니게 된다. 왜 그렇지 않겠는가? 당신이 자기 경험의 질에 책임을 질 때, 왜 매 순간을 즐기지 않겠는가? 당신 앞에 놓인 모든 예상치 못한 경험과 힘든 일들이 당신의 최고의 이익을 위한 것이라는 사실을 깨닫는다면, 그 아무리 힘겨운 상황이라도 당신의 낙관적인 전망을 앗아갈 수 있겠는가? 삶이 수월하게 흘러갈 때 낙관적인 전망을 갖는 것은 쉬운 일이다. 그러나 '어떤 일이 있어도' 낙관적인 전망을 갖기 위해서는 현 순간의 자각이 필요하다.

그러나 현 순간의 자각은 억지로 긍정적인 태도를 요구하지는 않는다. 억지로 지어낸 긍정적 태도는 부정의 한 형태이다. 당신이 자기 삶의 경험에 현존하고 있을 때, 삶에 대한 낙관적 전망은 당신을 열받게 만드는 것이거나, 억지로 지어낸 것이 아니다. 오히려 그것은 자연스럽고 전염성이 있다.

부정성은 드라마의 한 형태이다. 부정성은 부인하는 상태이다. 부정성은 자동반응이다.

자신의 울림이 평안한지에 관심을 갖게 된다. 현 순간의 자각이 커지면 어떤 일이 있어도 변하지 않는 자기 존재의 일면을 경험하게 된다. 자신의 불멸성이 참된 '앎'으로서 의식 위에 동터 오른다. 당신은 결코 변하지 않는 무엇인가를 기억해낸다. 언제나 존재하고 있는 무엇에 대한 자각이 갈수록 커진다.

당신은 자연스럽게 자기 존재의 이러한 일면과의 관계를 발전시키고자 한다. 왜냐하면 현 순간의 자각을 쌓아감에 따라, 우리 모두가 공유하고 있는 현존이야말로 모든 참된 것의 근원이라는 사실이 더욱 분명해지기 때문이다. 이에 따라 당신이 울림을 지닌 존재임을 자각시켜주는 수행법에 이끌리게 된다. 당신의 근원은 더 이상 당신의 종교적 각인에 의해 규정되는 인격이 아니다. 당신의 근원은 얼굴도 없고 시간도 초월한 현존(Presence)이 된다. '무無(nothingness)'인 동시에 '모든 생명의 본거지'인 현존 말이다. 당신이 그것에 관심을 갖는 것은 당연한 일이다. 그러나 진동 패러다임 속으로 들어가는 시간 중심적인의 모험들과는 달리, 현재 속의 당신의 근원인 그것에 접근해가는 방식은 참됨을 동력으로 삼는다. 당신은 머리로 이해하려고 애쓰는 대신 그것을 직접 체험하고자 한다.

딴 데에 한 눈 파는 일이 없어진다. 무의식이 자신의 누적된 감정을 돌보는 방식은, 그로부터 주의를 돌릴 방법을 끝도 없이 찾아내는 것이다. 시끄러운 음악이든 음식이든 스포츠이든 사람들과의 교제이든 일이든 간에, 당신은 끊임없이 바쁘게 움직인다. 당신은 한시도 가만히 있지를 못하는데, 그것은 당신이 무언가를 덮어서 가리려 한다는 증거이다.

당신이 스스로를 바쁘게 만드는 이유는, '있는 그대로' 그저 있지 못하기 때문이다. 보석처럼 아름다운 자신의 존재를 즐기지 못하기 때문이다. 그런데 누적된 감정이 줄어들면 가만있지 못하는 당신의 광기도 줄어든다. 그리하여 결국은 휴식을 취할 수 있게 된다. 시간 중심적인 의식으로 살 때 '가장 어려운 일은, 할 일이 없는 것이다!'

자신을 더 친절하고 자애롭게 대한다. 어렸을 적에 무조건적 사랑을 받지 못한 당신은 그것이 당신에게는 그럴 자격이 없기 때문이라고 생각한다. 그리고 그것은 무의식적인 자기처벌과 자기비하로 이어진다.

더욱이 당신의 부모님이 결혼생활의 문제나 행동의 문제가 있는 경우라면, 자식인 당신은 그것이 자신의 탓이라고 생각한다. 어린 당신은 무언가 잘못된 일이 생기면 그것을 모두 자기 탓으로 돌리며 자신을 비난한다. 이는 당신이 자기 경험의 질에 책임 있는 사람은 자신이라는 사실을 가슴으로 알고 있었기 때문이다.

그런데 순수한 당신은 부모님과 형제자매의 경험의 질에 대해서도 자신이 책임을 져야 한다고 생각한다. 이 그릇된 생각 때문에 당신은 지나치게 애를 쓰고 불필요한 희생을 감수하면서 '집안을 구하는 사람'이 되고자 했다. 부모가 무엇에 중독되어 고생이 심한 가정의 자녀는 '집안을 구하는 사람'이 되고자 노력하는 경우가 많다.

오늘날 같은 세상에서 자신을 어떻게 돌보아야 하는지도 모르는 채로 성장하는 것은 정상적인 일이다. 오히려 자신을 돌본다는 것은 나약함이나 이기심의 징표라고 생각하는 것도 이상한 일이 아니다. 그런데 현존 수업을 거치면 이런 생각이 바뀐다. 당신은 스스로 자신을 돌봐야 한다는 사실을 알게 된다. 왜냐하면 무조건적인 사랑은 '어딘가에서 얻어야' 하는 것이 아니라 '스스로 자신에게 주어야' 하는 것이기 때문이다. 그리고 그럴 때라야 당신도 다른 사람에게 진정으로 무조건적인 사랑을 줄 수 있게 된다.

이렇게 당신은 자신에게 더 친절해지고 더 큰 자애의 마음을 갖게 된다. 지금까지 당신이 다른 사람에게서 구해온 것이 있었다면, 먼저 그것을 자신에게 무조건적으로 줄 수 있어야 한다는 사실을 당신은 깨닫는다. 그리고 그럴 때라야 당신의 경험 속으로 들어오는 모든 사람들에게도 그것을 무조건적으로 줄 수 있다는 사실을 깨닫는다. 당신이 친절과 자애의 마음을 무조건적으로 자신에게 줄 때, 세상은 그것을 되비춰 줄 것이다. 그러면 당신은 친절하고 자애로운 세상을 경험할 수 있을 것이다.

불안이 줄어든다. 불안(anxiety)이라는 단어의 철자로 '어떤 출구라도' (any exit)라는 말을 만들 수 있다. 불안은 지금 이곳이 아닌 다른 곳에 대한 환상을 지닌 채 현 순간의 자각으로부터 도망가려고 하는 상태이다.

현존 수업의 특징 중 하나는 감정 통합 절차를 가르친다는 점이다. 이 도구를 숙달하면 아무리 힘든 경험이라도 통합해낼 수 있다. 이 도구를 지속적으로 사용하여 자신의 어떤 경험이든지 통합해낼 수 있다는 사실을 깨닫고 나면 당신이 느끼는 불안의 수준도 낮아진다. 왜냐하면 자신의 어떤 경험이라도 통합할 수 있다면 삶의 불확실성도 더 이상 당신에게 두려움을 안겨주지 못할 것이기 때문이다. 자신에게 일어나는 어떤 사건도 처리할 수 있다는 것을 당신은 안다. 그리고 그러한 도전을 통해 통찰과 지혜를 얻어 성장하게 된다는 것도 안다. 불확실성은 이제 받아들임으로 바뀌고, 마침내는 삶의 경험 전체를 끌어안을 수 있게 된다.

사랑의 마음으로 끌어안는 삶에 불안이 설 자리가 있을까?

타인에게 더 큰 자애와 관용의 마음을 갖게 된다. 다른 사람에게 더 큰 자애와 관용의 마음을 갖게 되는 것은 모두가 한 배에 탔다는 사실을 알기 때문이다. 삶은 쉽지 않다. 특히 당신에게 일어나는 경험의 배후에 숨겨진 메커니즘을 모를 때는 더욱 그렇다. 현존 수업은 이 메커니즘을 드러내줌으로써 당신에게 힘을 부여해준다. 현존 수업은 당신이 아동기의 각인으로부터 어떻게 영향을 받는지, 아동기 각인을 통합하는 선택을 어떻게 내릴 수 있는지를 보여준다. 다시 말해 당신에게 도움이 되지 않는 행동을 버리고 도움이 되는 행동으로 대체하는 법을 알려준다.

우리 모두가 이런 곤경을 겪어야만 한다고 하더라도 타인의 경험에 대해 지나치게 판단을 가하는 것은 오만한 행위다. 우리는 모두가 각인된 감정의 영향을 받고 있으며, 설령 겉으로는 그렇게 보이지 않을지라도 저마다 자기가 처한 상황에서 최선을 다하고 있다. 모든 인간의 삶은 무조건적인 사랑에 대한 열망의 표현이다. 현존 수업은 당신 자신의 경험 속에서 이 곤경의 진실을 밝혀내줌으로써, 당신으로 하여금 다른 사람이 처한 상황에 더 큰 자애와 관용의 마음을 품게 해준다.

정해진 목적지를 향해 가는 삶이 아니라 여행 같은 삶이 된다. '시간 속에서 사는' 한 당신이 하고 있는 일을 '완수하고자 하는' 욕망은 주변의 허락과 인정과 무조건적 사랑을 구하려는 무의식적인 동기에서 비롯된다. 당신은 무의식중에, 완수한 과업과 성취한 바를 통해 자신이 구하던 무조건적 사랑을 얻을 수 있으리라고 믿는다. 물론 이것은 잘못된 생각이다. 당신의 어떤 행동도 당신이 온전히 '존재하도록' 도와주지 못하며, 당신의 어떤 행동도 당신이 구하는 무조건적인 사랑을 '가져다주지' 못한다. 이 사실을 깨달을 때 당신은 편안한 마음으로 이 상황을 다시 가늠해보게 된다.

'시간 속에서 사는' 한 당신의 초점은 일의 시작과 끝에만 가 있게 된다. 그러면 그 사이의 모든 것은 그저 목적 달성을 위한 수단이 되고 만다. 그러나 현 순간의 자각에 들어가면 시작되는 것도 없고 끝나는 것도 없다는 사실을 알게 된다. 그저 모든 것이 계속될 뿐이다. 그리고 모든 것이 멈춤이 없이 그저 다른 무언가로 변해갈 뿐이라는 사실이 분명해진다. 현 순간의 자각은 행위 너머에 있는 '존재성'의 영원한 정수에 주파수를 동조시키는 힘을 당신에게 부여한다.

그렇게 당신은 속도를 줄이고 멈춰 서서 장미의 향기를 맡는다. 서두름이란 없다. 실제로 당신은 어디에도 가지 않는다(nowhere). 당신은 지금 여기(now here)에 있다. 당신은 양 대신 질을 선택한다. 지금 이 순간을 즐기며, 결과에서 관심을 거둔다.

여행은 원인인 반면, 목적지는 결과이다. 결과는 자동적인 것이기 때문에 거기에는 당신이 관여할 필요가 없다. 현 순간의 자각을 쌓는 일은 하나의 지속적인 여행이다. 당신의 근원은 무한하기 때문에 근원의 실현을 향해 가는 당신의 여행도 끝이 없다. 그렇다면 서두를 것이 무엇이 있을까? 깊이 숨 쉬고 미소 지으며 평화롭게 오늘 하루를 즐기자.

마음에서 우러나는 감사를 느낀다. 감사는 당신이 얼마나 현존하고 있는가를 보여주는 좋은 바로미터이다. 현 순간의 자각 속으로 더 많이 들어갈수록 매사에 더 큰 감사의 마음을 품게 된다. 설령 가진 것이 얼마 되지 않아도 삶은 풍요로움으로 넘쳐난다. 당신이 원하는 대로 일이 전개되지 않아도 삶에 기쁨이 넘친다. 설사 고통을 겪더라도 당신의 삶은 건강미를 발산한다.

아직 경험하지 않은 사람에게 이런 감사의 마음을 설명하기란 쉬운 일이 아니다. 이것은 다른 사람이나 사물과 비교하는 데서 나오는 감사가 아니기 때문이다. 이것은 어떠한 이유도, 정당화도, 설명도 필요로 하지 않는 감사이다. 현 순간의 자각에 들어가면서 느끼게 되는 감사의 마음은 삶 속의 어떤 물건이나 일이나 상황에 대한 것이 아니다. 오히려 그것은 삶의 모든 것에 대한, 그리고 당신이 그 삶의 일부라는 사실에 대한 끝없는 찬탄의 마음에서 나오는 감사이다.

현 순간의 자각을 받아들임에 따라 당신은 변화무쌍한 세상의 풍파 그 배후를 흐르고 있는 힘을 인식할 수 있게 된다. 당신은 근원이라는 보이지 않는 힘을 느낀다. 그 힘은 당신을 품에 안은 채 어딘지 모를 목적지를 향해, 마치 어떤 목적을 가지고 있는 것처럼 당신을 데려가고 있다. 이런 관점에서 보면 당신은 어둡거나 밝았던 과거의 모든 경험에 대해 감사의 마음을 느낄 수 있다. 또 당신은 앞으로 자신에게 다가올 모든 경험에 대해서도 감사의 마음을 느낄 수 있다. 왜냐하면 당신에게 흘러오는 모든 일이 은총의 강물을 타고 온다는 사실을 알기 때문이다.

마치 피부의 모든 땀구멍에서 감사의 마음이 뿜어져 나와 당신의 경험 전체를 흠뻑 적시는 것처럼 느껴지는 수도 있다. 이런 감사의 마음은 억지로 일으킬 수 없다. 이것은 억지로 요구하거나 어디 가서 얻어올 수 있는 것이 아니다. 이것은 당신이 참되기를 선택한 '결과로서' 자연스럽게 일어나는 현상이다. 당신은 경외감에 숨이 막힌 채 삶을 바라본다. 왜냐하면 당신이 삶 안에 있기 때문에, 아니 당신이 바로 '삶 자체'이기 때문에.

구하지 않아도 필요한 것이 스스로 찾아온다. 현존 수업에 들어가기 전에 당신은 '시간 속에서 사는' 사람들과 거의 똑같이 행동했다. 즉 원하는 것이 있으면 밖에 나가서 구해왔다. 피땀 나는 과정을 통해 그 일이 일어나게 만들었다.

힘들고 도전적인 일이라도 그것이 즐거운 일이라면 정당화될 수 있었다. 그러나 현 순간의 자각이 일어나면 이런 행동이 줄어드는 것을 알게 된다. 당신은 중생의 질병과 무지의 병을 고쳐주는 '약사여래'처럼 된다. 약사여래는 가만히 눈감고 손바닥을 위로 향한 채 앉아만 있어도 필요로 하는 것이 모두 저절로 손 위에 나타난다.

우리는 누구나 이런 능력을 가지고 있지만, 현 순간의 자각을 얻으면 이 능력이 더욱 커진다. 당신이 느낌과 함께 어떤 것에 무조건적으로 집중하고 있으면, 만약 당신이 그것을 필요로 한다면 그것이 자연스럽게 나타나는 것을 발견하게 된다. 마치 자신에게 필요한 것을 끌어당기는 자석이 된 것처럼 말이다. 당신이 필요로 하는 것에 편안한 마음으로 무조건적인 주의를 기울일수록 그것이 더 자연스럽게 현실화된다는 것을 알게 된다. 이것은 모든 사람과 사물 속에도 현존이 있기 때문이다. 현존은 삶의 모든 움직임의 배후에서 그것을 지휘하고 감독하는 자이다.

당신이 두려움과 의심, 삶의 연결성에 대한 믿음의 결핍으로 도배된 '피와 땀과 눈물'의 길을 택할 때라도 현존은 그 길이 당신을 완전히 지치게 만들 때까지 그렇게 행동하도록 내버려둔다. 왜냐하면 현존은 그 어떤 일에도 끼어들지 않기 때문이다. 하지만 당신이 통제를 내려놓고 현존을 신뢰하면서 그것이 당신에게 필요한 것을 가져오도록 허용하면 실제로 그렇게 된다. 이것이 약사여래인 현존이 당신에게 주는 가르침 가운데 하나다. 우리 모두의 내면에는 약사여래의 주파수가 진동하고 있다. 다만 그것이 현 순간의 자각을 통해 일깨워지기를 기다리고 있을 뿐이다.

자연과 더 깊이 교감한다. 새, 나무, 구름 등 지구상의 생명체는 모두가 현 순간의 자각을 지니고 있다. 당신이 현존 수업을 통해 일깨우는 것과 똑같은 현 순간의 자각을 모든 생명체가 지니고 있는 것이다. 왜냐하면 현존은 오직 하나밖에 없고, 그것은 모든 생명체 안에 깃들어 있기 때문이다. 당신의 눈에 보이는 모든 것은 현존이 스스로를 드러내어 표현한 모습이다. 당신이 현존과 그 모습에 더 정확하게 주파수를 맞출수록 그 관계가 당신의 세속적 경험 속에도 더 많이 반영되어 나타난다. 그러면 당신은 자연스럽게 모든 생명체와 공명할 수 있다.

현 순간의 자각에 들어가면 당신은 마치 새와 나비가 당신을 알아보는 것처럼 느껴지는 순간을 경험하게 된다. 이것은 '실제로' 새와 나비가 당신을 알아보기 때문이다. '시간 속에서 살 때' 당신은 자연계란 의식이 없고 무지하다고 잘못 믿어버린다. 그러나 이것은 '당신이' 알아차리지 못하기 때문에 그렇게 보이는 것뿐이다. 실은 길가의 풀 한 포기, 당신의 머리카락을 스치는 한 줄기 바람도 당신의 현존을 알아차리고 있다.

처음에는 이 사실을 이해하는 것은 고사하고 받아들이는 것조차도 어려울 수 있다. 오래된 감정 각인의 결과, 당신은 자연이 무지하고 의식이 없다고 믿는다. 당신은 말을 하지 못하는 것은 열등하다고 판단내린다. 걷지 못하면 죽은 것이라고 짐작해버린다. 당신은 대개 자연이 죽어 있다는 듯이 행동한다. 새의 울음소리를 그저 시끄러운 소음으로 치부하면서 산다. 그러나 자연은 살아 있고 무한한 지성과 의식을 지니고 있다. 자연도 당신 주변의 사람들처럼 당신을 되비춰준다. 현존할수록 당신은 자연과 더 깊은 교감을 느끼게 된다.

현존하지 못하는 사람만이 자연에 해를 입힌다. '시간 속에서 사는' 사람만이 장난으로 생명을 해친다. '시간' 속에서는 가슴의 중추가 닫혀 있어서 자신의 행동이 주변 생명에 어떤 영향을 주는지를 알지 못한다. 현 순간의 자각을 쌓아갈수록 자신이 자연 환경에 어떤 영향을 끼치는지, 자신이 자연과 얼마나 깊이 연결되어 있는지를 더 잘 알아차리게 된다. 현 순간의 자각이 쌓이면 당신은 춤추듯이 걸어서 이 세상을 통과해가게 된다. 그에 따라 자연도 당신과 함께 춤추듯 걷는다. 이렇게 당신은 자연 속에서 하나로 어우러진다.

자연 주기의 일부가 된다. 더욱 현존할수록, 당신은 하나된 장에서 펼쳐지는 에너지 작용들의 주기를 더 잘 알아차릴 수 있다. 어쩌면 하나된 장 전체가 곧 에너지 주기라고 하는 편이 맞을 것이다.

'시간 속에서 살 때' 당신은 보름날이나 동지, 하지에만 의식儀式을 치렀다. 그러나 현 순간의 자각에 들어가면 이것이 달라진다. 당신은 이런 의식을 치르지 않아도 자연의 주기를 느낄 수 있다. 예를 들어, 문득 밤소풍을 가고 싶어 밤에 소풍을 떠난다. 밤하늘의 별 아래 자리를 깔고 하늘을 올려다보는데 문득 보름달이 둥실 떠 있다. 또 봄맞이 집안 대청소를 해야겠다고 마음먹고 청소를 마치고 나니 누군가가 하늘의 행성 하나가 역행*했다며 '집안의 잡동사니를 치우기 좋은 날'이라고 알려준다.

이런 우연한 사건들이 일어나는 이유는, 당신이 현 순간에 자리 잡고 있으면 자연의 주기를 굳이 찾아보지 않아도 당신의 하나된 장 안에서 그것을 알아차릴 수 있게 되기 때문이다. 자연의 주기가 당신의 일상 경험의 일부가 되기 때문에 그것을 알아내기 위해서 특별한 일을 할 필요가 없는 것이다. 당신은 자연의 주기를 그저 자신의 경험의 당연한 일부로 받아들인다. 왜냐하면 당신은 자연의 주기가 펼쳐지는 그 순간 속에 현존하고 있기 때문이다. 당신은 자연의 주기를 느끼고 그에 응답한다. '당신 자신이' 곧 자연의 주기가 된다. 당신은 더 이상 인정받기 위해 행동해야 하는 분리된 개체로서 움직이지 않는다. 당신 자신이 자연의 주기가 되었으므로 더 이상 그것을 '관찰할' 필요도 없어진다.

---

* 지구상에서 관찰했을 때 행성이 천구상을 동쪽에서 서쪽으로 향하는 것 같이 보이는 시운동. 지구의 공전 속도가 빨라서 외행성을 따라잡기 때문에 생긴다. 역주.

세상의 가식적인 겉치레를 알아차리게 된다. 현존 수업이 가져오는 여러 결과 중 하나는 가식을 없애준다는 것이다. 현존 수업을 하면 자신이 특별한 존재임을 깨닫기 위해 별난 옷을 입을 필요가 없다는 것을 알게 된다. 또 자신이 여기 있다는 사실을 사람들에게 알리기 위해 깃발을 흔들 필요도 없다. 일상 속을 흐르는 내 안의 원주민의 피를 느껴보려고 자신에게 인디언 이름을 붙일 필요도 없다. 문에다 '영업중' 표시판을 붙여놓을 필요도 없다.

현 순간의 자각에 들면 당신은 다른 사람에게 자신의 재능을 알릴 필요조차 없다. 현 순간의 자각에 들면 당신 자신이 곧 그 재능이 '된다.' 그러면 현존이 당신의 도움을 필요로 하는 사람을 당신에게로 데려온다. 자신의 재능에 대해 떠벌리지 않고 자신이 곧 그 재능 자체가 '됨으로써' 사람들에게 당신이 하는 일을 알린다. 이것은 고도의 기술을 요하는 직업만이 아니라 모든 직업에 해당하는 이야기다. 그리고 이것이 바로 약사여래의 가르침이다.

또 도움을 필요로 하는 사람을 당신이 나서서 찾을 필요가 없다는 것도 알게 된다. 왜냐하면 당신이 그들과 상호작용할 준비를 갖추는 순간, 그들이 당신의 경험 속에 나타날 것이기 때문이다.

많은 사람이 이미 이렇게 살고 있다. 당신은 현존이 어디에나 있다는 사실을 알기 때문에 광고하지 않는다. 자신을 '팔아서' 다른 이로부터 이익을 취하려고 하지 않는다. 또 다른 사람들을 교묘하게 조종하여 당신이 제공하는 서비스를 구매하도록 만들지도 않는다. 일부러 고객을 찾아다니지도 않는다. 또 '비즈니스'를 되도록 오래 영위하기 위해 손님이 끊어지지 않게 하려고 노심초사하지도 않는다. 스스로 자신의 기술을 완성하면 현존이 당신의 도움을 필요로 하는 사람을 당신에게로 데려올 것이다. 이것이 근원의 경제학이다.

별난 것을 추구하지 않는다. 현재에 친숙하지 않을 때 당신은 별난 것을 추구한다. 이것은 당신이 이미 접하고 있는 현재의 위대함과 아름다움을 당신이 알아볼 줄을 모르기 때문이다. 이것이 당신이 별난 옷, 아메리카 인디언 이름, 허울뿐인 직함, 그 밖의 참되지 않은 것들에 매달리는 이유들 중 하나이다.

그러나 현 순간의 자각을 쌓으면 자신의 이런 행동이 얼마나 어리석은 것인지를 깨닫는다. 이런 가식적인 행동에 한껏 웃을 수 있게 된다. 이 웃음은 당신을 참된 행동으로 돌아가게 해준다. 이 웃음은 이런 자기중심적 난센스에서 당신을 해방시키는 웃음이자, 자기 자신을 향해 마음껏 웃는 웃음이다.

현 순간의 자각에 들면 별난 것을 추구하는 행동을 자연스럽게 그만두게 된다. 일상적인 자기 경험의 매 순간에 현존하기만 하면 — 샤워를 하든, 밥을 먹든, 설거지를 하든, 이웃과 수다를 떨든 — 당신의 삶 전체가 특별한 것이 된다. 당신은 별난 것을 추구한다고 해서 인생이 특별해지지 않는다는 사실을 깨닫는다. 얼핏 아무것도 아닌 순간들 속을 흐르는 현존의 특별한 에너지를 느낄 수 있을 때, 당신의 인생이 특별해진다는 사실을 깨닫게 된다.

당신은 편안한 마음으로 있는 그대로의 매 순간을 즐긴다. 왜냐하면 우리의 집단적 근원이 순간 순간을 엮어가는 방식 자체가 특별한 것이기 때문이다.

자신의 통찰을 신뢰하는 능력이 꽃핀다. 이것은 당신이 생각과 계획, 세상에 대한 통제로부터 자신을 해방시키는 마지막 단계이다. 세상을 통제하려는 당신의 시도는 곧 당신의 집단적 근원을 통제하려는 시도이다. 이에 근원은 당신의 통제 시도에 즉각 협조해주면서 당신이 자신의 모든 드라마를 즐기도록 내버려둔다. 그러나 결국 당신은 아무것도 이루지 못한다.

이런 무익한 곤경에서 빠져나오려면 자신의 통찰력과 다시 연결을 맺어야 한다. 왜냐하면 통찰은 곧 근원의 목소리이기 때문이다. 통찰은 말이 없고 고요하다. 통찰은 통제하는 정신체처럼 오만한 목소리를 질러대지 않는다. 통찰은 분명하게 말하며, 그 말에 귀 기울이는 법만 알면 당신이 해야 할 모든 것을 일러준다. 통찰의 이 목소리는 시간을 초월한 곳에서 오는 것이기 때문에 그것은 과거에 일어난 일과 앞으로 일어날 일을 모두 알고 있다.

자신의 통찰에 귀 기울이고 그것을 신뢰할 때, 당신은 더 이상 자신의 하루를 계획할 필요가 없어진다. 그저 자신의 하루 속으로 걸어 들어가, 펼쳐지는 그대로의 매 순간에 주의를 기울이면 된다. 매 순간이 당신에게 그다음 순간에 어떻게 해야 할지를 알려줄 것이기 때문이다. 당신은 더 이상 쇼핑목록을 작성할 필요가 없다. 단지 쇼핑 카트를 몰고 가게 안을 지나다니면서 통찰을 받아들일 준비를 하고 있으면 된다. 그렇게 할 때 통찰은 당신의 손목시계가 쓸모없어지게 만들어놓는다. 통찰은 누구를 통해서든, 어떤 일을 통해서든 당신에게 말을 걸어올 수 있다. 통찰은 바람에 창문이 닫히는 것으로 그것이 태풍이 다가오고 있는 전조임을 깨닫게 한다. 또 이웃집 개가 짖어대는 것으로 오후의 낮잠에서 깨어나게 한다. 통찰은 직장 상사를 통해서나 라디오의 노래를 통해 편안하게 말을 걸어오기도 한다. 하지만 그것을 들으려면 통찰이 전하는 말에 귀를 기울이는 연습을 해야 한다. 신체적인 귀가 아니라 가슴으로 듣고 받아들이는 연습을 해야만 한다.

문제는 이러한 통찰이 당신에게 언제나 타당하게만 여겨지는 것은 아니란 점이다. 이것은 통찰이 현재 당신이 있는 시간선 상의 위치를 초월한 곳으로부터 말을 걸어오기 때문이다. 통찰의 말을 따르면 당신은 통찰이야말로 늘 당신의 가장 숭고한 이익을 배려하고 있다는 사실을 깨닫게 된다. 마치 우유통에 우유가 떨어져가고 있음을 알려주듯이, 통찰은 당신에게 임박한 사고나 자연재해를 미리 경고해준다.

통찰을 신뢰하는 것은 당신의 가장 위대한 성취이다. 왜냐하면 그것은 근원의 입에서 나와 당신 내면의 귀로 연결되는 직통선을 개설한 것과도 마찬가지이기 때문이다. 이때 당신은 어떠한 중간 매개자도 필요하지 않게 된다. 목사도, 점쟁이도, 심지어 일기예보관조차도 말이다. 당신은 근원과 직접 연결된다. 이런 때 그 어디에 두려움이 있을까? 또 불안은? 두려움과 불안은 깨끗이 사라질 것이며, 당신은 근원이 당신을 위해 준비해둔 꿈의 설계도 속으로 곧바로, 친숙하게 걸어들어갈 것이다. 당신은 삶이라는 기적에 경외감을 느끼면서 살아갈 것이다.

사는 법을 배운다는 것은 곧 귀 기울여 듣는 법을 배우는 것이다. 듣는다는 것은 곧 받는 것이다. 귀 기울여 들을 때, 당신은 자신에게 필요한 모든 것을 언제나 받고 있다는 사실을 깨닫게 된다.

목적이라는 축복을 느낀다. 현존 수업을 하면 어떤 행동으로써도 지금 있는 그대로의 당신 모습에서 무엇을 더하지도 빼지도 못한다는 사실을 깨닫게 된다. '존재(being)'로서 당신은 이미 완벽하고 불변하다. 당신의 경험이 균형을 잃었을 수도 있지만 이제 당신은 그것을 통합시키는 법을 안다.

자신이 있는 그대로 이미 완벽하다는 깨달음이 당신이 다가가고 있는 곳이다. 당신은 자신이 하게 되어 있는 일이 곧 삶의 진정한 목적이 아니라는 사실을 안다. 당신 삶의 참된 목적은 당신이 현재 있는 지금 여기 이 안에 존재하는 것이다. 현존 수업이라는 도구를 통해 당신은 자신의 삶에 책임을 지고 온전히 현존하면서 주의를 기울이는 것보다 더 큰 삶의 목표는 없다는 사실을 의식하기 시작하게 되었다. 이렇게 함으로써 당신은 근원의 눈과 귀, 손과 발이 된다. 당신은 근원을 위해 말하고 걷고 살고 사랑한다. 당신의 현존이 곧 근원의 현존이다.

이렇게 살 때 당신의 삶은 의도적인 것이 된다. 그리고 당신이 하는 모든 일이 목적을 갖게 된다. 당신은 그저 존재할 뿐이다. 아무런 속셈도, 계획도, 해석도 갖지 않는다. 모든 조건을 내려놓는다. 삶 자체가 바로 당신이 '알아야 할' 경험이 된다. 그 경험 속에서 당신은 자신이 알아야 할 것을 알아야 할 때에 알게 된다는 사실을 믿는다. 당신이 근원과 맺는 관계는 이러하다.

당신은 아무것도 취하지 않으며, 간섭하지 않는다. 아무것도 방해하지 않고 아무것도 통제하지 않는다. 당신 삶의 경험과 그 내용이 곧 개인과 집단의 진화를 자극하는 데 이용될 도구상자가 된다. 당신은 사랑하기 위해 살고, 살기 위해 사랑한다.

세상에 참된 기여를 하게 된다. 현 순간의 자각에 들면 당신의 행위 가운데 최고의 행위는 봉사 — 자기 경험 안에서 자신의 역할을 함으로써 전체에 봉사하는 — 라는 사실이 분명해진다. 현 순간의 자각을 쌓으면 이런 열망이 내면에서 분출한다. 이 부름을 따를 때 당신은 기쁨에 넘치고 깊은 만족을 주는 경험을 하게 된다.

무조건적인 봉사에 헌신하는 삶의 경험 한 가운데에 서는 것보다 더 큰 축복의 자리는 없다. 이곳은 무조건적인 사랑의 영원한 샘물이 솟아나는 원천이다. 이곳이 당신이 오를 수 있는 가장 높은 산의 정상이다. 기쁘고 즐거운 봉사의 날개를 다는 기회는 당신이 자신의 가슴에 선사하는 최고의 선물이다.

사랑의 봉사의 발자국은 근원의 가슴 한가운데로부터 나오고, 또 그곳으로 돌아간다. 처음에 당신은 현 순간의 자각을 회복함으로써 자신에게 봉사한다. 그런 다음 당신은 당신의 가족이 있는 그대로 완벽하고 온전하다는 사실을 봄으로써 가족에게 봉사한다. 그리고는 심판도 염려도 없이 온전히 깨어서 당신의 마을을 통과해 걸어감으로써 마을에 봉사한다. 그런 다음 우리 모두를 시간의 안개에서 해방시키는 비전을 제시함으로써 당신이 살고 있는 도시를 위해 봉사한다. 마지막으로 당신 경험의 한가운데 서서 매 호흡 속에 근원이 현존하게 함으로써 지구를 위해 봉사한다.

그런 다음 최대한 참된 마음으로 하나된 장을 바라보며 별과 달, 해를 향해 미소 짓는다. 당신이 지구에 베풀 수 있는 최상의 봉사는 고요한 확실성 속에 깨어 머무는 것이다.

나는 깨어서, 살아서 지금 여기 이 안에 있다. 나는 한 인간이면서 동시에 그보다 훨씬 큰 존재이다. 나는 온전히 현존하는 진동이며, 물질 안에서 의식하고 있다. 우리가 공유하고 있는 현존을 통해 나는 당신을 사랑의 마음으로, 그래서 인정하는 마음으로 바라본다. 나는 당신이 곧 나이며, 내가 곧 당신이라는 사실을 기억해내기 위해 여기에 있다. 우리 함께 시간의 주술에서 깨어나 영원한 생명의 노래를 부르자, 영원히.

현 순간의 자각의식을 책임성 있게 방사하기

다시 깨어나거든
가만히 침대를 빠져나오자.

어두운 침실을 살금살금 지나서
아침의 빛 속으로 나가자.

그리고 우린 여기서 놀자.

아직도 잠들어 있는 이들을 흔들어 깨우지는 마.
그들은 휴식이 필요해서 자고 있는 거야.

그들도 다시 깨어나 우리가 노는 소리를 들으면
우리에게로 와서 함께할 테니까.

현존 수업은 당신이 시간의 꿈에서 깨어나 참된 책임의 살아 있는 본보기로서 당신의 이 세상 경험을 통과해가기를 권유한다. 현존 수업은 홀로의 힘으로 현 순간의 자각 속으로 발을 들여놓는 법을 가르쳐준다. 당신이 다른 사람을 대신하여 이 일을 해줄 수 없고, 다른 사람도 당신을 대신해 이 일을 해줄 수 없다.

당신의 여행이 참된 것이 되기 위해서는 시간 중심적인 의식으로부터 해방되어 현 순간의 자각 속으로 들어가는 발걸음을 당신 자신을 위하여, 당신 스스로 내딛어야 한다. 그리하여 당신의 걸음이 궤도에 오르면 이 추구에 바치는 당신의 헌신이 현존의 축복을 받은 당신의 자각의식을 모든 생명체의 낱낱의 세포 속으로 비춰들게 할 것이다. 현 순간의 자각의식을 책임성 있게 방사하는 작업을 의식적으로 해야 할 시점이 바로 이때이다.

다른 사람이 잠들어 있다고 해서 무작정 그들을 흔들어 깨우는 것은 어리석은 행위이다. 그것은 오만이자 훼방이며 무지의 행위다. 잠은 그들의 잘못이 아니다. 잠은 나름의 목적을 가지고 있다. 씨앗도 싹을 틔울 때까지는 잠을 잔다. 씨앗이 싹을 틔우는 것은 씨앗 혼자서 생명을 틔울 준비가 되었기 때문만은 아니다. 그것은 또한 씨앗 주변의 모든 생명체가 씨앗의 싹이 트도록 도와줄 준비가 되었기 때문이다. 때가 되지 않은 씨앗을 억지로 싹트게 하는 것은 씨앗을 분리된 존재로 취급하는 것이다. 따라서 그것은 하나된 장의 모든 부분들이 씨앗의 싹을 틔우는 기적에 깊숙이 참여한다는 사실을 무시하는 짓이다.

현 순간의 자각의식을 책임성 있게 방사하는 일에 관한 논의를 위해, 현 순간의 자각을 향해 떠나는 당신의 여행에 관한 이야기에서 한발 물러나 나의 개인적 체험을 다시 이야기하려고 한다. 끼어들어 간섭하지 않는 울림 속으로 깨어난 나의 경험을 이야기하는 것이야말로 이 지침을 전할 가장 좋은 방법이 될 것이다. 이 지침이 반드시 필요한 이유는, 당신이 더욱 현존할수록 책임성 있게 현존하는 것이 더욱더 요구되기 때문이다. 이 앎은 진실성을 요구한다. 진실성이 없으면 다른 사람에게 해를 끼칠 수 있다.

현 순간의 자각이 높아지면 다른 사람들이 꿈속에서 세상을 방황하는 딱한 처지가 더 분명하게 눈에 들어온다. 당신도 꿈속을 방황하다가 깨어난 적이 있다면 그들이 겪고 있는 방향상실이 어떤 상태인지를 잘 알 것이다. 방황하는 몽유병 환자를 만났을 때 할 수 있는 최선의 행동은 그들을 잠에서 깨우는 것이 아니다. 대신 그들이 침대로 안전하게 돌아갈 수 있도록 부드럽게 안내해주어야 한다. 그러면 그들은 잠자리로 돌아와 편안하게 휴식을 취한 뒤 자연스럽게 깨어날 것이다. 꿈속을 방황하는 사람을 그 자리에서 흔들어 깨우는 것은 위험한 일이다. 나는 이 교훈을 어렵사리 체득했다. 당신은 나보다 수월하게 책임의식을 갖게 되기를 바라는 마음에서 이 통찰을 당신과 나누고자 한다.

책의 서문에서 이야기했듯이 현존 수업은 이런 과정이 꼭 있어야 한다는 나의 의도를 통해 개발되었다. 나는 직접적인 체험을 통해서 이 과정을 발견했다. 나는 처음부터 현존 수업이 '깨달음(enlightenment)'을 위한 것이라고 생각하지 않았으며 그것은 지금도 마찬가지다. 실제로 나는 내가 사는 세상에서 유일하게 깨닫지 못한(unenlightened) 사람이 나라고 생각하고 있다. 아마도 그것은 내가 그런 정신 위주의, 목표 지향적인 개념을 믿지 않기 때문일 것이다.

일단 나의 각인된 감정들을 완전히 통합한 뒤 영원한 현재에 다시 들어가면 그곳에서 나를 기다리던 사람들은 이렇게 말할 것이다. "왜 이렇게 오래 걸렸어?" 여행의 이 지점에서 나는 어쩌면 그 자리에 털썩 주저앉아 나의 어리석은 행위에 한바탕 웃음을 터뜨릴지 모르겠다. 이 한바탕 웃음이야말로 내가 구하는 약이다. 그러나 나는 우리 모두를 섬기는(serve us) 봉사(service)의 개념을 좋아하기 때문에, 내가 영원히 지속되는 현 순간의 자각에 들 때도 일정한 순서를 밟으면서 단계적으로 다가가기를 바랐다. 그래야 내가 그 영역의 지도를 분명하게 그릴 수 있을 것이기 때문이다. 이런 생각을 하는 것은 나의 발자국을 통해 이 여행에 관심이 있는 사람들이 그것을 길잡이로 삼았으면 하는 바람에서다. 이것이 내가 인류의 '다르마'를 위해 바칠 수 있는 작은 기여다. 나는 여기에 역설이 있음을 안다. 그러나 이것은 내 삶이 드러내는 역설적 모습이다. 정신체는 이해하지 못하지만 가슴의 의도에는 뜻이 분명한 역설 말이다.

내가 처음에 현 순간의 자각을 얻는 경험에 들어갔을 때, 그것은 '나를 치유하기 위한' 무의식적이고 절박한 수단이었다. 나는 치유의 세계에 발을 들여놓음으로써 이 여행을 시작했다. 그러나 내가 처음부터 치유가가 되고자 했던 것은 아니다. 당시 나는 극심한 고통을 겪고 있었다. 그런데 여러 가지 치유 기법에 대해 알게 되면서 나 자신의 증상뿐 아니라 다른 사람들의 증상에도 영향을 미칠 수 있는 가능성에 마음이 뺏긴 나 자신을 발견했다.

치유를 '직업'으로 삼는다는 것은 자기가 중요한 존재라는 환상에 빠질 위험성을 안고 있다. 이 환상은 예고도 없이 덥석 당신을 집어삼킨다. 나에게도 이런 일이 일어났으며, 나는 이런 질병의 희생양이 된 사람들을 많이 보았다.

내가 내 경험에서 균형 비슷한 것을 회복하기도 이전에 나는 이미 온 세상을 치유하려 들고 있었다. 나는 스스로를 '치유가'라고 생각했다. '자가 치유가'라는 겸손한 타이틀로 이러한 과장된 자기망상을 짐짓 위장하면서 말이다. 속으로 나는 눈에 보이지 않는 신비스럽고 마술적인 능력을 사람들에게 휘두르고 싶었다. 고통받는 사람들에게 안락을, 지친 사람들에게 휴식을, 그리고 절망에 빠진 사람들에게 희망을 주고 싶은 마음이 있었다. 그것은 아마도 종교적 각인의 예상된 부작용이었을 것이다.

세상을 절망적 상황에서 구해낸다는 생각에 도취한 나는 나 자신의 고통을 치유하는 일에 대해서는 금세 잊어버리고 말았다. 그렇게 나는 권력에 굶주려 있었다. 나는 세상 곳곳에서 비치는 고통을 치유하는 나의 능력을 완벽하게 만들고 싶었다. 물론 세상에 비치는 나의 모습도 거기에 맞춰 함께 춤을 추었다. 그리하여 내가 세상을 치유하려고 덤벼들수록 나에게 세상은 더 균형을 잃은 곳으로 보였다.

그러나 '좋은 의도로만 포장된' 줄 알았던 이 자기망상의 길은 결국 막다른 골목에 이르고 말았다. 세상을 치유하겠노라는 치유의 업을 야심 차게 개업한 후로, 나는 점점 더 곤경 속으로 빠져들고 말았다. 내가 '치유하려고' 했던 사람들 역시 나만큼이나 진척 없이 그 자리에서 막혀 있었다. 질병이라는 경험이 나를 엄습해오기 시작하여 날 익사시킬 듯이 위협했다. 결국 나는 나의 도움을 필요로 하는 것처럼 보였던 모든 사람에게서 최대한 빨리 도망치고 말았다. 나는 다른 이들의 불평과 울음과 신음소리를 도저히 듣고 있을 수가 없었다. 그것에 대해 내가 진정으로 해줄 수 있는 것이 없음이 분명했기 때문이다.

거의 2년 동안 나는 깊은 신체적, 정신적 혼란과 감정적 소용돌이에 빠져 있었다. 진동하는 자각은 산산이 부서진 채 나는 좌절이라는 이름의 섬에 표류한 것 같았다. 이 상황은 너무나 갑작스럽게 찾아와서, 나의 신체적, 정신적 기능에 문제가 생길까봐 겁이 날 정도였다. 나는 그 후로 오랫동안 나의 가슴과 접촉하지 못했다. 그 후로 오랫동안 나는 나의 통일성을 거슬렀다. 나는 길을 잃고 혼란스러워하고 있었다. 좋은 의도를 가지고 시작했던 일이 어떻게 해서 나를 이렇게 절망적인 상황에 빠뜨렸는지를 이해할 수가 없었다.

그러던 나는 절망의 극에 이르고 나서야 사람들의 지혜로운 조언에 귀를 열 수 있었다. 사람들의 조언은 이랬다. "자네가 다른 사람에게 주는 조언을 자네는 언제 실천에 옮길 셈인가? 자네가 다른 사람을 위해 시도하고 있는 일을 자네 자신을 위해서는 언제 할 참인가? 자네 자신의 경험을 치유하는 일은 언제 할 건가?"

이 깨달음의 순간에, 그리고 세상을 치유하겠노라는 나의 어리석고 오만한 광기를 끝장내겠다는 결심을 한 순간에, 나는 비로소 '상처 입은 치유가'의 구덩이를 빠져나올 수 있었다. 나는 거울을 들여다보았다. 내 삶은 한 가닥 실에 의지해 아직도 버티고 있었고, 한 번만 더 오만한 행동을 한다면 그 한 가닥의 실마저 끊어질 것이 분명해 보였다. 나는 누구도 치유할 수 없다는 사실을 깨달았다. 그리고 나는 나만큼 자기 경험에 대한 치유가 필요한 사람이 없다는 사실을 인정해야 했다.

언제나처럼 세상은 나의 믿음직한 거울 역할을 말없이 잘 수행해주었다. 세상이 '나의' 도움을 필요로 하고 있다고 자신할 때마다 세상이라는 거울은 나의 망상을 되비춰주었다. 세상이 나를 보고 여기저기서 도와달라며 손짓하는 것처럼 보였다. 세상의 참담한 외침이 나를 압도했다. 세상의 비참에는 끝이 없어 보였다. 그러나 정작 도움이 필요한 사람은 나라는 사실을 깨닫는 순간, 그리고 오만과 자만을 던져버리고 도움을 구하는 순간, 참된 도움이 다양한 모습으로 내 앞에 나타나 자기망상의 구덩이에서 나를 건져주었다. 그때서야 현명한 스승들이 내 앞에 나타났다. 그들은 내가 어떻게 자신을 돌보고 인도하고 치유하고 가르쳐야 하는지를 보여주었다. 그들은 자신의 가르침을 전해주고는 곧장 사라져버렸다. 내가 그들에게 의지하지 않도록 하려는 것이었다.

스승들은 내가 해야 할 일을 보여주면서도 그 일을 나 혼자 하도록 내버려두었다. 그들은 나를 대신해 그 일을 해주지도, 나에게 간섭하여 끼어들지도 않았다. 그들은 자신들이 전하려는 가르침을 내 앞에 사랑스럽게 내려놓고는 곧장 멀어져갔다. 선택은 홀로 남은 나의 몫이었다. 그들은 나에게 연민의 마음으로 다가오지 않았고, 떠날 때도 염려하지 않았다. 그들은 나에게 참된 자기 권한을 선물했지만 아무런 보답도 요구하지 않았다.

이것이 내가 현존 수업에 접근하고 현존 수업을 구성하는 방식의 토대가 되었다. 현존 수업이라는 여행을 시작한 순간부터 나는 스스로를 현 순간의 자각을 배우는 학생이라고 생각했다. 나는 스승이 아니다. 나는 내가 배우려는 의지가 충만한 평범한 학생일 뿐이라는 사실을 안다. 나의 경험을 아름답게 해주는 모든 성취는 우리가 함께 공유하고 있는 현존으로 인해서 가능했다.

나는 계속해서 다른 사람들이 나의 스승이 될 수 있도록 내 가슴과 정신체의 문을 열어 두고자 최선을 다했다. 실제로 현존 수업 과정을 통해 개인적으로 자극을 받은 사람들 모두가 나의 스승이다. 이들은 모두 나에게로 다가와 자신들의 가르침을 내 발밑에 두고 갔다. 현 순간의 자각 경험을 일깨우고자 하는 열의를 통해 그들은 현존 수업이라는 이 과정의 진실성을 더 확고하게 다져주었다. 표면적으로는 내가 그들을 독려하면서 현존 수업 과정을 밟아가는 것처럼 보였을지 모르지만, 사실은 그렇지 않다. 나는 우리 모두가 공유하고 있는 현존과의 참된 관계를 확립함으로써 현 순간의 자각을 효과적으로 일으키는 법을 발견하고 싶었을 뿐이다. 그렇게 그들이 내게로 왔다. 그들은 아마도 내게 그 방법을 알려주기 위해 현존이 보낸 사람들인지도 모른다.

이런 점에서 나를 도우미로서 받아들이고 현존 수업 과정에 들어온 사람들 하나하나가 이 책을 함께 썼다고 할 수 있다. 그들은 지금까지도 이 시도의 진정한 주인공들이다. 이 책은 그들 한 사람 한 사람이 독자의 손에 쥐여주는 선물이라고 할 수 있다. 나는 한 순간도 내가 그들의 무엇을 치유했다고 생각하지 않는다. 나는 내가 그들을 가르친다기보다 나 자신의 경험을 통합하고 있다는 사실을 스스로의 가슴속에 분명히 해두려고 최선을 다했다. 또 직접 현존 수업에 참여하여 이 과정을 개선해갈 방법을 알려준 모든 사람에게 귀를 기울임으로써, 내가 현 순간의 자각에 대해 가능한 한 더 많이 배우고자 한다는 사실을 분명히 했다. 이런 의미에서 삶은 곧 나의 스승이며, 나는 삶의 학생이다.

앞서도 말했지만 나는 이제 '치유'라는 단어를 더 이상 사용하지 않는다. 대신 '통합'이라는 단어를 더 좋아한다. 나는 어떤 순간에도 '치유가(healer)'라고 불리는 것에 마음이 편하지 않다. 만약 나의 활동에 굳이 이름을 붙여야 한다면 나는 '통합가(integrationist)'라는 표현을 쓸 것이다.

현존 수업 과정은 사람들이 현 순간의 자각으로 가는 길을 내며 나아가는 것을 관찰함으로써, 그리고 그들이 내 앞에 놓아두고 간 교훈들을 통과해가는 내 발자국을 따라 지도를 그림으로써 만들어낼 수 있었다. 현존 수업 과정은 큰 질문을 던진 뒤 그에 대한 대답이 통합된 신체적, 정신적, 감정적 경험으로 나타나기를 인내심을 가지고 기다리는 가운데 만들어져 나왔다. 현존 수업의 모든 요소는 참된 현 순간의 경험을 — 그리고 엄청난 방황의 경험을 — 재료로 만들어졌다. 현존 수업의 기초는 '경험'이라는 오직 한 단어 위에 튼튼히 세워져 있다. 현존 수업 과정이 여기에 들어오는 모든 사람에게 영향을 미치는 것은 이 때문이다.

나는 이 책을 읽고 현존 수업 과정을 마치기로 선택한 모든 사람들이 저마다 자신의 감정의 심연 속으로 용감하게 뛰어들고 있으며, 또 그들이 '죽은 자 사이에서 스스로를 일으키는' 경험을 일깨우고 있다는 것을 가슴으로 알고 있다. 자신의 각인된 감정적 누적물을 의식적으로 통합하는 것은 용감한 자들 가운데서도 가장 용감한 자들이 걸었던 길이다. 현존 수업은 실로 신념에 찬 행위에 의해 창조된 신념의 행위이다. 그러한 신념의 빛으로 여기 들어온 사람은 모두가 자기가 필요로 하는 바로 그것을 얻음으로써 보상받는다.

체험 여행인 현존 수업이 모든 사람에게 적합한 것은 아니라는 사실을 기억할 필요가 있다. 이 점을 유념하기 바란다. 현존 수업 과정을 시작하려고 하는 사람은 이미 준비가 되었으므로 확신을 갖도록 설득할 필요가 없다. 아직 준비가 되지 않은 사람들은 당연히 관심부족이나 저항감을 드러낼 것이다.

현존 수업은 나에게 효과가 있었다고 하여 아무에게나 권유할 수 있는 경험이 아니다. 현존 수업은 참됨에 대한 준비가 된 사람만이 체험을 통해 떠날 수 있는 여행이다. 이 책을 읽는 것만으로 자기가 필요로 하는 것을 얻는 사람도 있을 것이다. 어떤 진입 단계를 택하든, 우리는 현 순간의 자각이라는 정원에 씨앗을 뿌리는 것이다. 그리고 우리는 이 씨앗들 하나하나를 소중하게 여기며 축복한다. 아주 작은 씨앗 하나를 심어도 그것이 자라서 겨자나무나 바오밥나무가 될 수 있기 때문이다.

이 여행을 마침으로써 — 이 책을 끝까지 읽고 현존 수업 과정을 경험함으로써 — 당신은 자기 인식의 기반을 바꾸고, 이로써 세상에 대한 자신의 경험도 바꿔놓게 된다는 사실을 기억하라. 세상에 대한 당신의 경험이 변하면 이 세상도 변한다. 앞으로 당신의 경험이 전개되는 과정에서 현존 수업은 오직 체험을 통해서만 이해할 수 있는 심오한 결과를 가져다줄 것임을 알라.

이어질 경험들을 통해서 당신은 만나는 모든 사람의 경험 속으로 현 순간의 자각이라는 의식의 빛을 방사한다. 그리고 그 영향력은 당신이 지구상에 사는 동안 — 그리고 그 너머로 — 계속 이어지고 확대될 것이다. 우리 모두가 공유하고 있는 현존을 통해, 당신은 자신에게 스스로 주었던 선물을 세상에서 만나는 모든 사람과 나눌 수 있다. 누군가는 당신이 씨앗을 뿌리고 키운 것을 감사의 마음으로 먹을 것이며, 또 어떤 이는 어떻게 하면 자신도 현 순간의 자각이라는 정원에 씨앗을 뿌릴 수 있는지를 물어올 것이다. 이 두 부류의 사람을 구분할 줄 알면 쓸데없이 남의 삶에 끼어드는 실수를 피할 수 있다.

나는 이 책에서 사례 소개는 하지 않았다. 하지만 우리가 함께한 여행을 마무리하는 지금 여러분과 나누고 싶은 사례가 하나 있다. 이 사례를 주의 깊게 살펴보면 현 순간의 자각을 일깨우는 일에 어떠한 가능성이 내재해 있는지를 알 수 있다. 그러면 당신은 자신의 참모습을, 그리고 '남에게 대접받고자 하는 것처럼 조건 없이 자신을 대접할 때' 일어날 수 있는 가능성을 경외감에 차서 바라보게 될 것이다.

클라이브와 나딘의 이야기

어느 날 클라이브라는 남자가 내게 전화를 걸어와 아이들을 상대로도 현존 수업을 안내해줄 수 있느냐고 물었다. 그에게는 나딘이라는 열두 살짜리 딸이 있었는데, 나딘은 최근 정신병원에 입원해 있었다. 나딘은 양극성 정신장애 진단을 받고 리튬이라는 정신과 약을 먹고 있었다.

클라이브는 자신이 최근에 이혼을 했고 딸은 전처와 함께 살고 있었다고 했다. 이혼수속을 밟고 난 뒤 딸은 클라이브가 모르는 이상하고 예측하기 어려운 행동을 하는 습관이 생겼다. 갑자기 폭력적으로 폭발하고 정신병 같은 행동을 하기 시작한 것이다. 진행속도가 너무 빨라 아내는 정신과의사의 안내에 따라 나딘에게 정신과 약을 복용하게 하고 병원에 입원시키는 데 동의했다고 한다.

클라이브는 이 이야기를 전해 듣고 화가 나서 즉시 병원으로 달려가 병원 근무자들의 만류에도 불구하고 딸을 집으로 데려왔다고 했다. 정신과 약을 많이 복용하고 예측하기 어려운 행동을 하는 열두 살짜리 딸을 집에 데려온 그가 내게 딸을 돌봐줄 수 없느냐는 것이다. 나는 이렇게 대답했다. "그럴 수 없습니다. 다만 '당신이' 우리와 함께 현존 수업을 경험할 의사가 있다면 딸아이도 자신의 문제를 해결할 수 있을 겁니다." 이 말을 듣고 그는 마음을 놓는 것 같았다.

나는 그에게 부모가 아동기의 감정적 각인을 해결하지 않는 한 그것을 자녀에게 고스란히 물려주게 된다는 사실을 설명했다. 그리고 부모가 아이에게 각인시킨 감정을 아이가 통합하기 전까지 아이들은 자신만의 참된 경험을 갖지 못할 것이란 점도 이야기했다. 문제가 있는 모든 아이들은 문제가 있는 부모의 반영이란 사실도 말해주었다.

그러고 나서 나는 딸아이의 문제에 전처는 어떻게 대응하고 있는지를 물어보았다. 그는 아내가 걱정을 하긴 하지만 정신병원에서 아이를 '다뤄주고' 있는 데 — 비록 그것이 나딘이 리튬을 복용하면서 병원생활을 하는 것을 의미한다고 해도 — 만족하는 것 같다고 말했다. 전처는 나딘을 집에서 다룰 능력도, 의사도 없었다고 했다. 그는 또 비록 아내는 딸아이를 돌볼 능력도 의사도 없지만 아버지인 자기만은 아이를 돌봐야 한다고 생각한다고 말했다. 그는 딸아이가 이처럼 힘든 상태에 계속 머물러 있는 것을 견딜 수 없었기 때문이다. 그는 딸아이가 처한 상황을 보면 마음이 찢어질 듯 아프다고 했다.

나는 그와 짧은 대화를 나눈 후 이렇게 이야기해주었다. 그가 딸아이를 무척 걱정하고 있고, 이 문제를 들고 나를 찾아온 사람도 '그'라는 사실을 미루어볼 때 딸아이가 처해 있는 상황은 많은 부분 아빠인 그의 통합되지 못한 아동기 문제가 반영되어 나타난 것이라고 말이다. 나는 지금 딸아이의 문제가 아빠인 그가 어릴 적에 '무척 걱정이 많은 아이'였기 때문에 나타난 현상이라고 설명해주었다. 나는 이렇게 말했다. "딸아이에겐 아무런 문제가 없어요, 클라이브. 딸아이는 당신의 어릴 적의 통합되지 못한 감정적 각인을 반영하고 있는 것일 뿐이에요. 당신 자신의 억압된 감정적 누적물을 통합하면 딸아이는 건강을 되찾을 거예요."

아니나 다를까, 그는 깜짝 놀라는 표정을 지었다. 이런 설명은 그 전에 한번도 들어본 적이 없다고 했다. 이어서 나는 그에게 '그가' 열두 살 때 무슨 일이 있었는지를 물었다. 전화 저편에서 한동안 침묵이 흘렀다. 이윽고 희미하게 그의 목소리가 전해져왔다. "아버지가 우리를 버리고 떠나셨어요. 내가 열두 살 때 중요한 일이 있었다는 사실을 어떻게 아세요?" 나는 그에게 7년 주기에 대해 간단히 설명해주었다. 그리고는 그가 과거에 처했던 상황이 지금 딸아이의 경험에서도 똑같이 재연되고 있다고 생각되지 않는지 물어보았다. 자신이 이혼하여 딸아이를 버려두고 떠난 일이 딸아이의 경험에서 되풀이되는 하나의 패턴이었다는 사실을 그가 알아차렸을까? 그는 딸아이가 처한 상황이 자신

가능성의 문 389

의 힘들었던 어린 시절과 관련 있다는 생각은 여태껏 미처 해보지 못했다고 답했다.

　나는 지금도 클라이브가 스스로 현존 수업을 마치기 전까지는 '감정 각인'이나 7년 주기의 성격을 제대로 이해했다고 생각하지 않는다. 나는 내가 딸아이를 돕기 이전에 아버지인 그가 자신의 경험을 통합하는 것이 먼저임을 그에게 말해주었다. 그리고 그는 나의 제안에 동의했다. 그는 그만큼 절박한 상황이었고, 또 그와 마찬가지로 나 역시 나딘이 정신과 약을 먹어야 할 만큼 심각한 상황이라고는 판단하지 않았기 때문이다. 지금 딸아이가 처한 상황을 자신의 통합되지 못한 감정 상태와 관련짓는 것은 그에게 큰 통찰을 가져다주었다.

　클라이브는 즉시 현존 수업을 시작하겠다고 했다. 또 자신이 현존 수업을 마치는 동안 딸아이도 리튬을 점차 끊을 수 있도록 만드는 방법을 생각해보겠다고 했다. 클라이브가 나와 개인적인 과정을 통해 경험한 것은 당신이 이 책에서 경험한 것과는 조금 다르다. 이 책에 소개된 과정 외에도 클라이브는 나와 개인적으로(일대일로) 세 시간짜리 호흡연습 시간을 일주일에 한 번씩 가졌고, 혼자서 거울 보기를 여러 번 했으며, 뜨거운 물에 몸을 담그는 세 시간짜리 연습을 세 번 했다. 이것은 혼자 시도해서는 안 되는 과정이다(도우미와 함께 해야 한다).

　클라이브가 나딘과 함께 밟은 10주 과정은 결코 쉽지 않았다. 하지만 그것은 두 사람 모두에게 참된 경험이었다. 클라이브는 현존 수업의 개인 도우미 버전(지금은 이 서비스를 제공하지 않는다)에 열심히 전념한 덕분에 딸아이와의 친밀한 관계를 다시 회복할 수 있었다. 그러자 그들의 가정에도 서서히 기쁨과 활기가 찾아왔다.

　현존 수업의 첫 3주 동안 클라이브는 이 과정에 대한 믿음으로, 그리고 딸아이를 걱정하는 절박한 아버지의 심정으로 수행 과정에 지속적으로 임했다. 나는 그의 그런 노력이 필연적으로 가져올 결과에 대해 조금도 의심하지 않았다. 왜냐하면 현존 수업이 가진 통합 능력을 이전에도 수없이 목격했었기 때문이다. 클라이브는 다른 대안이 없다고 여긴 듯 현존 수업에 열심히 임했다. 처음 몇 주가 지나는 동안 나는 그가 통합을 이룰 것이라는 확신이 들었다.

클라이브가 자신의 감정체 안에 있는 트라우마를 건드려 그것을 통합하기 시작하자 놀라운 일이 일어났다. 어느 날 직장에서 퇴근 후 집에 돌아왔는데 나딘의 행동에 설명할 수 없는 변화가 갑자기 생겼다는 것이다. 그는 믿지 못하겠다는 듯 고개를 갸우뚱거리며 나와의 연습시간에 도착했다. 그는 처음에 "딸아이가 이제 나를 향해 고함을 지르지 않아요"라고 말하더니 다음번엔 "어젯밤엔 나와 부엌에 앉아 한참이나 이야기를 나눴어요"라고 했다. 그리고 또 그다음엔 "내가 시키지도 않았는데 어제 저녁엔 설거지를 하더군요"라고 이야기했다. 그리고는 마침내 이런 말을 했다. "오늘은 딸아이가 차 안에서 나를 안으며 사랑한다고 말하지 뭡니까?"

클라이브가 현존 수업 10주를 마친 뒤 나딘은 다시 학교로 돌아갔다. 그리고 약을 완전히 끊었다. 이제 나딘은 여느 십대 아이들과 다름없이 행동했다. 전처는 클라이드가 따로 시간을 내어 나딘과 함께하는 것을 보고 깜짝 놀랐다. 나딘은 공부도 열심히 해서 학교 선생님이 클라이브에게 전화를 걸어 나딘을 크게 칭찬했다.

나와의 마지막 연습을 마친 뒤 클라이브가 물었다. "왜 세상 사람들이 이 작업에 대해 알지 못할까요?" 나는 미소를 지으며 모든 것에는 그에 적합한 때와 장소가 있기 때문이라고 대답했다. 그는 자신에게 일어난 일에 대해 책을 쓰고 싶다고 했다. 나는 이것이 그가 현 순간의 자각으로 맺은 열매와 꽃에 감사를 표시하는 그만의 방법이라는 것을 알았다. 그가 언젠가 나딘의 이야기를 이 세상의 모든 '클라이브와 나딘'을 위해 책으로 펴내기를 나도 바란다. 그러지 못하더라도 이 사례를 통해 그의 목소리를 당신도 들을 수 있을 것이다.

클라이브와 나딘의 이야기는 많은 사례 중 하나에 불과하다. 내가 여러분과 이 이야기를 함께 나누는 이유는 현존 수업이 이 세상과 사람들을 치유하기 위한 것이 아니라는 점을 당신이 가슴으로 알았으면 하는 바람에서다. 현존 수업은 당신이 세상과 세상 사람들에 대한 당신의 경험을 통합시킬 수 있는 직관을 갖게 하려는 것이다. 현존 수업은 남의 일에 개입하기 위한 것이 아니다. 다시 말해서, 누군가를 당신이 원하는 사람으로 만들기 위한 목적으로 현존 수업을 하는 것은 아니다. 좋은 의도로 닦은 길이라 해도 그것이 끔찍한 결과로 이어지는 경우가 종종 있다. 특히 무의식적으로 다른 사람들을 자신이 생각하는 상에 맞도록 변화시키려고 할 때 더욱 그렇다. 다른 사람의 특정한 면이 마음에 들지 않을 때는 자기 안에 쌓여 있는 누적된 감정을 통합함으로써 자신의 인식을 변화시켜야 한다. 그러지 않고 자신의 눈에 보이는 외부적 상황을 어설프게 바꾸려 해서는 안 된다. 현존 수업은 당신 자신을 위하여 당신의 내면으로, 그리고 당신 스스로 떠나는 여행이다. 그렇지만 클라이브와 나딘의 이야기를 통해 알 수 있듯이, 당신이 무조건적으로 현 순간의 자각을 일깨울 때면 모두가 그 혜택을 누릴 수 있다는 것이 또한 현존 수업이 보여주는 기적이다.

참된 방식으로 일깨운 현 순간의 자각은 잘 익은 복숭아처럼 그 향이 사방으로 은은하게 퍼져 나간다.

유기적으로 펼쳐지는 현 순간의 자각

나는 '세상을 치유하려는' 나의 잘못된 바람을 극복하고 나서야 참된 온전함에 이르는 여행을 시작할 수 있었다. 나는 우선 나 자신을 들여다보면서 나의 직접 경험 속에서 불편한 느낌을 일으키고 있던 명백한 각인들을 다루는 일부터 시작했다. 그리고는 마치 거울을 들여다보듯 나의 가족들을 살펴보았다. 그리고 가족 속에 반영된 나의 모습을 통해 내가 통합을 위해 필요로 하는 일이 무엇인지를 더 잘 알 수 있었다.

직계 가족은 당신의 통합되지 못한 감정적 각인을 가장 선명하고 정직하게 비춰주는 존재들이다. 당신의 직계 가족에게서 만약 무언가 '잘못된' 점이 보인다면, 그리고 그것이 당신을 감정적으로 불편하게 만든다면 그것은 예외 없이 모두 '당신 자신의 문제'이다. 이것은 삼키기에 쓴 약처럼 느껴질 수 있지만, 사실 이 규칙에 예외는 없다. 당신의 가족은 당신을 거울처럼 비춰주는 존재다. 이것이 그들이 당신의 가족인 이유이다. 당신이 만약 가족이라는 거울에 비친 불쾌한 모습이 싫어서 그것을 말끔히 지워버리는 실수를 범한다면 불행한 가족의 잔영은 오히려 더 커질 것이다. 그러지 않고 가족을, 당신의 모습을 정직하게 비춰줄 만큼 당신을 사랑하는 거울로 받아들일 때 기적이 일어날 수 있다.

한때 나는 가족으로부터 도망쳤었다. 다른 사람들과는 어울려도 가족과 어울리는 것은 싫었다. 그러나 지금은 현 순간의 자각에 깃든 축복과 통찰 덕분에 있는 그대로의 우리 가족을 바라보고 있다. 그것이 가족의 가장 완벽한 모습인 것이다. 과거에 가족에 관해 바꾸고 싶었던 모습들이, 그들이 내 곁에 없는 지금은 오히려 그리워지고 있다. 지금 나는 기쁨에 넘치는 가족을 가지는 축복을 받았다. 내가 가족을 변화시켰기 때문이 아니라 가족이 비춰준 모습을 통해 가족에 대한 나의 경험을 변화시켰기 때문이다. 그들은 완벽한 모습으로 창조되었다. 구름에 가려져 있는 것은 그들이 아니라 그들에 대한 나의 인식이다. 그들의 각인된 모습은 그들의 본질이 아니다. 그들은 각자가 우리 모두가 공유하고 있는 현존의 독특한 표현들이다.

가족 안에서 평화의 자각을 얻은 다음에는 공동체, 도시, 국가, 그리고 마침내는 대륙과 지구 전체에까지 현 순간에 대한 자각의식을 방사할 수 있다. 나는 이 의도를 나의 이어지는 여정으로 품어 안을 것이다.

이 책은 내가 사는 지구나, 지구를 함께 공유하는 사람들을 바꿔놓기 위해 쓴 것이 아니다. 당신은 이미 완벽하게 태어난 존재이다. 당신은 당신의 각인이 아니며, 그러므로 당신의 겉모습과 행동, 혹은 그것에 의해 투사된 환경이 곧 당신 자신은 아니다. 그렇지만 나는 현재 불편한 감정적 누적물을 경험하고 있는 모든 사람들을 초대하는 뜻으로 이 책을 내놓는다. 이 책은 누적된 감정으로 인한 곤경에 스스로 책임지는 법을 당신에게 가르침으로써 자기 경험의 질을 변화시킬 수 있도록 도와줄 것이다.

지금까지 나는 아무도 변화시키지 못했다. 이에 대해 근원에 감사한다. 왜냐하면 나는 이 아름다운 창조계 안에서 우리가 함께 공유하고 있는 현존의 표현들에 끼어들어 그들을 훼방하고 싶지 않기 때문이다. 이제 나는 나의 경험에서 무언가가 잘못되었다면 그것은 '내가 그것이 잘못되었다고 인식하기' 때문임을 안다.

내가 현존하고 있는지 그렇지 않은지를 어떻게 알 수 있을까? 만약 내가 세상에 대한 자신의 경험을 들여다보면서 지금과는 달랐다고 생각하는 과거의 관점으로부터 지금의 상황을 인식하고 있다면, 그리고 바로 지금 펼쳐지고 있는 상황을 어떻게든 달리 바꿔놓으려고 계획하고 있다면, 나는 '시간'이라는 산만한 장소에 살고 있는 것이다. 시간이라는 장소에서는 그 무엇도 '지금 이대로는' 괜찮지 않다. 반면 내가 살고 있는 세상을 바라보면서 그 아름다움을 느낄 때, 그 완벽한 불완전성과 삶의 충만함을 느낄 때, 그리고 아무 이유 없이 세상 속에 살아 있음에 매 순간 감사하는 마음이 솟아오를 때, 나는 바로 지금, 여기에 있음을 안다.

내가 삶의 '모든 것'을 받아들이는 데는 오랜 '시간'이 걸렸다. 그러나 지금은 삶의 모든 것과 사랑에 빠졌다. 왜냐하면 삶의 모든 것은 곧 나의 근원이 외부로 나타난 표현들이기 때문이다. 나는 내 삶의 어떤 것도 지금과 다르게 바꿔놓으려 들지 않는다. 물론 나는 아직도 '뚜껑이 열리는' 때가 있다. 그러나 이것은 나에게 아직 통합되지 못한 감정적 각인이 남아 있음을 의미할 뿐이다. 나는 아플 때든 건강할 때든, 부유할 때든 가난할 때든, 젊었을 때든 늙었을 때든, 잠들어 있을 때든 깨어났을 때든, 삶의 매 순간을 사랑하고 소중히 여길 것이다.

삶은 나의 근원이다. 그리고 현 순간의 자각은 내가 감사의 기도를 올리는 제단이다. 지금 나는 아무것도 원하지 않는다. 또 지금 내가 원하지 않는 것도 없다. 지금 나는 내가 필요로 하는 것들을 갖고 있으며, 내가 갖고 있는 것들을 필요로 하고 있다. 어떻게 그러지 않을 수 있겠는가? 만약 그렇지 않다면 그것은 내가 현 순간과 결별해 있기 때문일 것이다. 나는 지금 우리의 끝없는 현존, 우리가 영원히 함께 공유하고 있는 현존의 온기와 발랄한 미소를 가슴으로 느끼고 있다. 이 여행이 이어지는 한, 나는 기꺼이 그 여행에 나설 것이다.

나는 우리가 현 순간의 자각을 일으킬 때 열리는 문들이 — 이 책에다 담을 수 없는 가능성들을 향해 열리는 문들이 — 있다는 것을 안다. 이 문들은 오직 현 순간의 자각에 대한 각자의 개인적 체험을 통해서만 전해지는 존재 상태이다. 이 문들은 내가 끊임없이, 어쩌면 가장 무모한 방식으로 나 자신을 던져 넣는 심연深淵이다. 또 이 문들은 내가 당신에게 나서보기를 권유하는 모험여행이다. 이 문들은 내가 당신에게 스스로 던져보기를 바라는 큰 질문이다.

시간에 근거한 세상이 주장하는 것과는 달리, 당신은 지구에 평화를 가져올 존재로서 태어난 것이 아니다. 이런 생각은 당신의 주의를 흩뜨리는 환상일 뿐이다. 지구는 중립적인 곳이다. 그러므로 지구는 개인적 책임이라는 통과의례를 거쳐 진화해갈 준비가 된 사람이라면 그 누구에게도 완벽한 장소이다. 당신이 지구에 태어난 것은 '있는 그대로 존재하기' 위해서이다. 당신이 여기에 있는 것은 당신의 끊임없는 행위들의 겉모습에도 불구하고 그저 지금 이대로 존재하기 위해서이다. 지구라는 학교는 거울로 만들어진 거대한 홀과 같다. 지구(earth)와 가슴(heart)이 철자 배열만 다를 뿐, 같은 단어란 사실을 주목하라.

당신이 지금 여기 이 안에 존재하는 것은, 지금 여기 이 안에서 평화를 실현할 수 있음을 깨닫기 위해서이다. 그리고 그렇게 하기 위해서는 이 울림에 대한 자각을 자신의 가슴에 진정으로 바쳐야 함을 깨닫기 위해서이다. 당신에게 평화로 느껴지는 것에 대한 자각을 자신에게 바칠 때, 거울인 이 세상은 그 모든 유희에 웃음으로 답할 것이다. 그러면 이미 주어져 있고 앞으로도 영원히 그러할, 평화의 자각이 사방에서 쏟아져 들어올 것이다.

5부

이어가기

지금까지 현존 수업 과정을 해오는 동안 당신은 셀 수 없이 많은 씨앗을 뿌렸다. 이 여행은 현 순간의 자각 속으로 다시 깨어나는 봄철이라고 할 수 있다. 이 과정을 끝까지 마친다는 것은 곧, 펼쳐지는 당신 경험의 정원이 풍요로 가득하도록 돌보고 가꾸는 것이다. 또 이것은 다른 사람들이 당신이 드리운 시원한 그늘에서 아름답고 풍요로운 열매와 꽃을 함께 즐기도록 초대하는 것이다. 당신은 계속해서 위대한 가능성의 울림 안에서 살아갈 것이며 다른 사람들도 그것을 느낄 것이다. 물론 그것은 당신이 자신이 뿌린 씨앗에 지속적인 관심을 가지고 꾸준히 가꾸어갈 때 가능한 일이다.

이 책의 막바지에 이른 지금, 당신은 현존 수업 과정의 완료(completion)가 곧 종결(finishing)을 의미하는 것은 아님을 알아야 한다. 이 여행을 완료했다는 것은 당신이 기꺼이 자기 경험의 질에, 즉 자기 경험의 원인인 느낌의 측면에 대해 스스로 온전히 책임을 지는 의식 상태에 들어섰다는 뜻이다. 이것은 당신이 자신을 근원적인 자각의식 속에서 살도록 스스로 고양시켰다는 뜻이다. 근원적인 자각의식 속에서 의식적으로 산다는 것은 비옥한 땅에다 지속적으로 씨앗을 뿌리는 것과 같다. 그것은 지속적인 무르익음의 상태이다.

현존 수업 과정을 완료한다는 것은 근원적 의식 상태에 들어서는 것일 뿐만 아니라 당신에게 개인적 책임에 대한 자각이 충만해졌음을 의미한다.

그러니 의식적으로 느끼는 경험과 생각과 말과 행동으로써 뿌린 씨앗이 빛을 받기 위해 땅을 뚫고 나올 때, 기꺼이, 그리고 열심히 거기에 물을 주고 돌보아 가꾸라. 삶의 매 순간을 의식적으로 살라. 당신은 그 밖에는 다른 길이 없음을 잘 안다.

현 순간의 자각에 물을 주고 키우는 것과 같은 방식으로, 매 순간의 경험을 품어 안으라. 당신은 이제 그것을 어떻게 하면 되는지를 알고 있다. 그것은 경험에 자동반응하는 대신 의식적으로 응답하는 것을 통해, 즉 지배자나 희생자가 아니라 경험의 매개자가 됨으로써 가능해진다. 현존 수업의 이 마지막 순간에, 당신 앞에 펼쳐진 길을 잠시 살펴보기로 하자. 이것은 '근원적인' 삶의 울림, 그리고 그처럼 깊은 의도를 떠안는 책임에 관한 소중한 통찰을 당신에게 선사할 것이다. 그것은 또한 진동하는 자각의식에 의식적으로 다가갈 수 있게 할 도구를 선사할 것이다.

자유는 곧 책임이다

이제 당신은 현존 수업이라는 여행을 끝까지 성공적으로 마쳤다. 책을 덮기 전에 나눠야 할 몇 가지 통찰이 있다. 앞으로 나아가기 전에 우선 자신이 이 아름답고 심오한 여행을 완료한 시점에 다다랐음을 스스로 인정해주라. 자신이 어떤 경험을 했는지는 오직 자신만이 알 수 있다. 그러므로 자신의 경험을 제대로 인정해줄 수 있는 사람은 오직 자신뿐이다. 여기까지 오는 과정에서 자신이 어떤 경험을 했든, 그리고 그 결과로 앞으로 어떤 경험을 하게 되든, 그 모든 것이 자신에게 의미 있는 일임을 알라. 앞으로의 통찰도 바로 이 보물로부터 발굴될 것이다.

 책을 읽었든 아니면 직접 체험을 통해 현존 수업에 들어갔든, 이런 경험을 완료했다는 것은 결코 작은 성취가 아니다. 당신은 참된 무언가를 성취했다. 당신은 자기 경험의 질에 참된 변화를 일으킨 것이다. 여기에 이르기까지 개인적으로는 지옥처럼 힘든 과정을 겪었을 수도 있다. 그러니 일단 멈추어 잠시 호흡을 연결시키고 내면으로 미소 지으며 이 순간을 즐기는 것도 의미 있는 일이다. 당신은 지금까지 잘 해왔다. 이것은 당신 자신과 당신 삶의 경험에, 그리고 당신이 관계 맺는 모든 사람에게 축복을 내리는 일이다. 참 잘했다!

 하지만 다행히도 이것으로 끝이 아니다. 이 순간은 현 순간의 자각의식의 지속적인 경험으로 들어서는 심오한 여정의 연결지점일 뿐이다.

 현존 수업을 마침으로써 당신이 성취한 것은 본질적으로, 자기 삶의 경험이라는 배의 방향을 수정하여 마침내 당신에게 도움이 되는 방향을 향하게 한 일이다. 이제 당신은 시간 중심적인 정신상태 속으로 더 깊이 들어가는 대신 거기서 벗어나는 방향을 향하고 있다. 당신은 이제 이 여행의 열매와 꽃을 영원히 수확할 시기에 이르렀다. 왜냐하면 이것은 필연적으로 당신의 의식을 영원으로 향하게 하는 여행이기 때문이다. 이제부터 당신은 세상을 지금까지와 다르게 경험할 것이다. 이제 당신은 참된 삶의 경험이라는 선물을 의식적으로 받아들임으로써 오랜 무의식의 꿈에서 서서히 다시 깨어날 것이다.

 여기가 바로 책임 있는 인간으로서 사는 것이 중요해지는 지점이다.

이제 당신이 올바른 방향으로 움직이고 있다고 해서 그것이 운전대에서 손을 떼도 좋다는 뜻은 아니다. 책임성 있는 삶을 삶으로써 당신의 경험은 더욱 자연스럽게 흘러가겠지만, 책임을 자각하는 능력은 자동항법 단추를 누르기만 하면 저절로 갖추어지는 것이 아니다. 책임은 무의식적인 것과는 아무런 관련이 없다. 오히려 지금 당신은 그 어느 때보다 더욱, 자기 경험의 질을 조종해갈 운전대를 직접 잡고 있어야만 한다. 지금부터 당신은 다음의 비유를 염두에 두는 것이 좋다.

비행기는 예정된 항로 위에 정확히 머물러 있지 않기 때문에 조종사는 끊임없이 항로를 수정해야 한다. 왜냐하면 대기 중의 난기류에 흔들리는 비행기는 예정된 항로를 계속 이탈하기 때문이다. 비행기는 이렇게 항로를 계속 수정해주어야만 예정된 목적지에 안전하게 도착할 수 있다.

이 책을 마침으로써 당신은 자기 경험의 많은 측면에 참된 변화의 움직임을 일으켰다. 이제 당신은 한때 정지해 있었지만 지금은 점점 더 큰 속력으로 철로를 따라 움직이는 기차가 되었다. 이제 당신이 매 순간의 경험의 질에 스스로 책임지지 않는다면 기차는 틀림없이 충돌을 일으킬 것이다. 또 당신이 계속 현존을 유지하고 현 순간의 자각과 맺는 관계를 강화하겠다는 자신의 '의도 기관차'를 갑자기 멈춰버린다면 삶의 경험의 각 측면들을 대변하는 객차의 무게로 인해 참됨으로 향하는 당신의 의식적 여행은 정해진 궤도를 이탈하게 될 것이다. 이것은 당신을 겁주려는 것이 아니다. 이것은 바로 지금 펼쳐지고 있는 난국이다. 왜냐하면 자각이 커지면 그에 따라 책임도 커지기 때문이다.

자신을 다시 무의식 속에 빠지도록 내버려두면 그 결과는 충돌이다. 여기서 충돌이란, 해결되지 못한 과거라는 상상 속의 반영과 어울려 추는 죽음의 춤사위로 되돌아가는 것이다. 여기서 충돌이란, 당신의 두려움과 분노와 슬픔이 무의식중에 세상이라는 중립적인 화면에 계속 투사되도록 내버려두는 것이다. 여기서 충돌이란, 신체적으로 산만하고 정신적으로 혼란스럽고 감정적으로 균형을 벗어난 상태로 자신을 내버려두는 것이다. 여기서 충돌이란, 당신의 감정체 안에서 아직도 통합되지 못하고 있는 감정적 누적물의 결과에 책임지지 않는 것이다.

현 순간의 자각을 유지하고 키우는 책임을 지지 않음으로써 충돌을 선택한다면 이번에는 당신도 경험의 메커니즘에 무지해서 그랬다는 변명을 내세울 수가 없다. 이번에는 자신이 무의식으로 빠져들 때 의식을 일깨우겠노라는 선택을 의식적으로 내려야만 한다. 충돌은 얼마든지 피할 수 있는 일이다. 그럼에도 여전히 가끔씩 충돌의 경험이 드러나는 때가 있을 것이다. 당신은 이것을 당신 스스로 책임지는 태도가 더 바람직함을 스스로에게 상기시킬 기회로 삼아야 한다.

당신은 자신의 의도를 꾸준히 유지하면서, 초점을 잃을 때마다 그에 필요한 조정을 해야 하는 — 다시 말해서 의식적으로 응답해야 하는 — 책임을 지니고 있다. 살아가다 보면 자각의식이 바닥으로 추락하는 것처럼 보이는 경험을 불가피하게 하게 될 것이다. 이것은 당신을 혼란스럽게 만들고 당신이 지닌 의도라는 직물이 풀려 헤쳐지는 것처럼 보일 것이다. 왜 그럴까? 당신은 삶의 난기류에 의해, 그리고 신체적, 정신적, 감정적 통일장이 가진 에너지 주기를 경험하는 동안, 처음에 의도했던 경로를 계속 이탈하게 되기 때문이다. 그러니 이럴 때 어떻게 응답해야 할지를 기억해둬야만 한다. 이 세상에 살아 있는 한, 당신은 삶의 경험에 의식적으로 응답해야 한다.

당신은 자신의 비행경로가 궤도를 이탈하지 않도록 일정한 방향을 유지하겠노라는 의도를 지녀야 한다. 자신이 '시간'에 의해 의식이 없는 상태로 내던져지는 것처럼 느껴질 때, 거기에 어떻게 의식적으로 응답할 수 있을까? 어떻게 하면 자신을 제 궤도에 올려놓을 수 있도록 필요한 조정을 가할 수 있을까?

무슨 일을 하고 있든지, 그것을 멈춘 뒤 현 순간의 자각이 회복될 때까지 호흡을 연결시키면 된다. 그것은 이렇게나 간단하고 분명하다.

호흡을 의식적으로 연결시키면 현 순간의 자각을 회복할 수 있다. 이것은 또 삶의 난기류가 당신을 혼란에 빠뜨릴 때라도 당신이 처음에 지녔던 의도를 다시 상기할 수 있게 해준다. 의식적으로 호흡을 연결시키는 것은 충돌과 난파로부터 당신을 구해준다. 15분간의 호흡 수행을 마치 '이 닦기'처럼 일상의 일부가 되게 한다면 당신은 현존감의 감퇴로부터 안전하게 자신을 지킬 수 있다. 호흡 수행이라는 당신의 일상(routine)은 곧 당신 스스로 책임을 지는 일이다. 왜냐하면 그것은 그 모든 항로조정이 이뤄지는 본부인 당신 자신에게로 들어가는 길(route in)이기 때문이다. 당신의 일상이 된 호흡 수행은 난기류가 난무하는 시대에 당신을 안전하게 지켜주는 안전벨트이자 재난이 범람하는 시대에 생명을 보전하는 대피소일 뿐만 아니라, 온갖 방황을 뚫고 나가는 나침반이다.

이제 당신은 자기 경험의 중심이 되었고, 앞으로도 늘 그럴 것이다. 당신의 경험은 오직 당신이 '그 안에' 있기 때문에 일어나고 있는 것이다. 그러므로 가능한 한 현존하도록 끊임없이 자신을 다지는 것은 당신의 책임이다. 날마다 단 몇 순간이라도 평화를 느끼겠다는 선택을 의식적으로 내림으로써 당신 안에 살아 있는 평화에 대한 자각을 지속적으로 유지시키는 것은 당신의 책임이다. 당신이 받고 싶어 찾아다니는 것을 조건 없이 스스로 자신에게 주는 것은 당신의 책임이다. 당신이 즐거이 '주고자' 하는 그것을 조건 없이 '받도록' 자신을 여는 것은 당신의 책임이다. 자신에게 가장 적합한 수행을 통해 경험의 배를 참된 울림인 '나'라는 중심을 향해 계속 몰아가는 것은 당신의 책임이다. 자신의 태초의 순수를 기억하면서 솟아나는 환희와 장난기와 창조성을 돌보아 키우는 것은 당신의 책임이다. 자신에게 무조건적인 사랑을 주는 것은 당신의 책임이다. 가끔씩 멈추어서 자신에게 주어진 '현재'라는 영원하고 소중한 경험을 음미하도록 마음을 일깨우는 것은, 그리고 다시 한 번 호흡을 연결시키는 것은 당신의 책임이다. 정말 살아 있는 듯이 사는 것은, 당신의 책임이다.

  이 책을 처음부터 다시 읽어보면서 현존 수업을 돌아보면 당신의 여행을 도와줄 온갖 인식의 도구들이 책의 곳곳에 주어져 있다는 사실에 놀라게 될 것이다. 이제 당신은 삶이라는 이 멋진 여행을 의식적으로 항해해갈 준비를 더 잘 갖추고 있다. 당신은 필요할 때마다 이 책을 다시 읽음으로써 이 책이 담고 있는 통찰들을 더 잘 이해할 수 있다는 사실을 발견할 것이다. 이것은 그 자체로 당신의 자각의식이 얼마나 많이, 그리고 빨리 커졌는지를 나타내는 지표이다. 이 책을 다시 읽는 것은 만유가 공유하는 현존과의 의식적인 관계 속에 담긴 무한하고 놀라운 잠재력에 계속, 의식적으로 다시 깨어나도록 영감을 불어넣어줄 것이다.

  통합의 시간을 거치고 나면 당신은 다른 많은 사람들이 그랬듯이 이 경험을 다시 한 번 해보거나, 아니면 책을 다시 읽기로 함으로써 더 깊은 통찰에 다가갈 수 있다. 이 과정은 필요하다고 느낄 때마다 얼마든지 반복해도 좋다. 현존 수업은 언제나 당신이 있는 그곳에서 당신을 만나 더 깊은 현 순간의 자각 속으로 당신을 이끌어줄 것이다. 당신이 언제 그것을 경험하든, 그것은 모두가 나름의 의미를 갖는다.

장미는 가시가 있다

현존 수업을 통해 드러나는 통찰 가운데 하나는, 삶이 장미와도 같다는 사실이다. 가시 돋친 장미 말이다. 우리의 근원은 사랑의 상징, 사랑의 향기인 장미를 창조했다. 우리의 근원은 또한 이 아름다운 꽃에 의도적으로 날카로운 가시가 돋게 만들었다. 이 신성한 조합은 균형을 상기하게 하여 통합을 재촉하고, 온화와 존중에 당신을 다시 일깨운다.

우리는 모두가 불편한 느낌을 느껴왔다. 우리는 모두가 이번 삶의 경험에서만도 이미 커다란 신체적, 정신적, 감정적 불편을 겪었기 때문에 의식적으로든 무의식적으로든 영원한 기쁨의 상태를 구하는 성향을 갖게 되었다. 이런 기쁨의 존재 상태는 지금 여기서 가능하다. 그런 상태는 '목적지'를 가진 어떤 길을 택하거나, 한 길만을 배타적으로 고집하는 것으로는 오지 않는다. 당신의 근원은 무한하기 때문에 근원을 깨닫는 여행도 영원하다. 근원이 모든 것을 창조했으므로, 당신이 근원의 표현들을 통합할 때도 '모든 것'을 품어 안아야 한다.

어떤 경험은 밀쳐내고 어떤 경험은 끌어당기고 하는 것은 이 세상에 있는 동안 참된 기쁨을 누리는 길이 아니다. 기쁨은 영원한 행복의 지점에 이르는 것이 아니다. 삶은 그런 것을 위한 것이 아니다. 언제나 기분 좋으려고 하는 것, 언제나 내 뜻대로 상황이 펼쳐지는 것, 당신 경험의 모든 측면에서 완전하고 즉각적인 통합을 이루는 것은 사실 환상에 불과하다. 삶은 양면을 지녔으며 항상 이어지고 있다. 삶은 언제나 (always)이며, 모든 길(all ways)이다.

참된 기쁨의 경험으로 들어가는 길은 삶이 던져주는 모든 경험을 당신에게 필요한 것으로 받아들일 때 비로소 열릴 수 있다. 물론 그렇게 하는 것은 쉽지 않은 일이다. 기쁨은 삶의 아름다움과 향기뿐만 아니라 그 '가시'까지 품어 안는 데서 생겨난다. 지금 당장은 이것이 제대로 이해되지 않을 수 있다. 당신은 아직도 특정 존재 상태를 피해 다른 상태를 좇고 있을 수도 있으니까 말이다. 그러나 이 모든 것을 어떻게 느껴 경험해나가야 하는지를 터득해가다 보면 저절로 이해하게 될 것이다. 여정의 종착점에 넋을 파는 대신 현존 수업을 통해 배운 것들을 계속 수련해가다 보면, 당신은 틀림없이 환희의 주파수에 진입하게 될 것이다. 환희는 현존 수업이 촉발하는 모든 것의 불가피한 결과이다. 인내의 주파수 안에 머물면 당신이 뿌린 모든 씨앗이 싹을 틔우고, 모든 꽃이 열매를 맺을 것이다.

이 여행이 힘들게 느껴질 때는 다음 사실을 스스로 상기하는 것이 중요하다. 즉 당신의 삶에서 일어나는 모든 일은 — 당신이 그 일을 어떤 순간에 어떻게 해석하든 상관없이 — 우리 모두의 근원의 표현물이란 사실 말이다.

저항하지 않고 아무런 조건 없이 받아들이는 것이야말로 통합을 경험하는 열쇠이다.

당신이 근원의 육체적, 정신적, 감정적, 파동적 표면에서 인식하는 어떤 표현이라도 배척해서는 당신 본연의 신성함, 즉 자신의 온전성을 온전히 자각할 수 없게 된다. 온전한 인간으로 성장해간다는 것은 이런 것이다.

당신이 현재와 조화를 이루고 있는지를 알 수 있는 방법이 있다. 아래로 내려가는 것은 곧 '종말'이라고 생각하지 않으면서도 위로 올라갈 수 있다. 마찬가지로 앞으로 결코 위로는 올라갈 수 없을 것이라고 생각하지 않고도 아래로 내려갈 수 있다. 올라가는 것과 내려가는 것 모두가 삶의 경험을 통과해가는 동일한 여행의 한 부분들이다. 위든 아래든 거기에 집착하지 않을 때, 당신은 '근원의 눈'으로 보고 있는 것이다. 그러면 당신의 끝없는 여행은 진정으로 환희로운 여행이 된다.

이 삶의 경험 속에 있는 동안 집처럼 느낄 수 있는 유일한 장소는 당신이 이미 머물고 있는 영원한 현 순간뿐이다. 영원한 현 순간의 자각이야말로 언제나 돌아갈 수 있는 본향이다. 내 안의 고향에 있기를 열망하는 것, 다시 말해 이 세상에 있는 동안 온전히 현존하고자 하는 바람은 그 자체로 하나의 구도求道이다. 그것 이외의 어떤 피난처도 구하지 않는다면 당신은 실망하는 일이 없을 것이다. 현 순간의 자각은 목적지가 아니라 무한한 여정이다. 그러니 그 여정에서 당신은 자기 안에서 무한한 인내와 연민을 길러가야 한다. 당신이 이 여행에서 꼭 필요로 하는 이것을 조건 없이 자신에게 주라.

자각하는 힘이 커지면 장미에 가시가 있다고 해서 반드시 피를 흘려야 하는 것은 — 때로는 피를 흘릴 때도 있겠지만 — 아니라는 것이 분명해진다. 장미의 가시는 당신이 현 순간의 자각을 가지고 이 세상을 살아가도록, 서두르지 않도록, 장미의 꽃잎처럼 최대한 부드럽게 당신 자신을 대하라고 마음을 환기시켜준다. 이처럼 당신은 삶이라는 가시장미가 더 큰 자각으로 가는 길을 장식하고 있음을 깨닫게 된다.

이 고귀한 꽃이 지니고 있는 또 하나의 교훈이 있다. 장미에 가시가 있다고 해서 반드시 가시를 없애야 하는 것은 아니다. 가시는 당신이 이 창조물이 가지고 있는 아름다움을 현 순간의 자각에 내재한 사랑과 돌봄, 주의, 그리고 존중의 마음을 가지고 다루어야 함을 암시한다. 현존 수업은 우리들 각자가 이 길을 걸어가기를, 그리고 모든 사람을 위한 살아 있는 본보기가 되기를 끊임없이 권유한다.

현존의 힘

당신이 현 순간의 자각을 의식적으로 선택할 때, 당신 경험에 들어오는 모든 사람에게 당신이 얼마나 큰 축복이 될지를 떠올려보자.

현 순간의 자각이 다른 사람에게 어떤 영향을 미치는지, 반드시 그 드러난 흔적을 확인해야만 그것을 알 수 있는 것은 아니다. 현 순간의 자각은 노력 없이 자연스럽게 당신으로부터 방사된다. 그것은 모든 것의 표면 아래로 조용히 들어가 망각의 어둠 속으로 기억의 빛을 비춘다. 삶 자체의 축복을 확인하는 한 방식으로서 다른 사람의 삶에 영향을 미치는 데는 한 순간의 현 순간의 자각으로도 충분하다.

의식적으로 사용하는 현 순간의 자각은 당신이 만나는 모든 사람들의 마음의 고통과 곤경을 녹여줄 연민의 씨앗을 뿌린다. 이렇게 삶의 경험을 통과해갈 때 그 지나간 자리는 조화를 회복하는데, 그것은 현 순간의 자각은 당신의 근원으로부터 직접 방사되기 때문이다. 현 순간의 자각은 어떤 어려움도 알지 못하며 모든 조건과 한계를 넘어 움직인다. 그것은 필요한 것을 가져다놓는다.

현 순간의 자각은 환희의 약속을 전한다. 그것은 사람들 안에 있는 영원에 대한 기억을 일깨운다. 영원에 대한 기억, 그것은 이 세상이 제공하는 어떤 것보다 더 참된 표현물이다. 당신이 일깨운 현 순간의 자각은 사람들을 만유가 공유하는 현존으로 깨어나게 하여 하나됨의 경험으로 초대한다. 당신이 다른 사람들 곁에서 현존하기를 의식적으로 선택할 때, 그들은 참된 것에 대한 기억을 일깨워줄 길 위에 올라선다. 그리하여 그들은 자신의 근원을 기억해낸다. 근원을 기억하는 것은, 만물에 대한 당신의 경험 속에 새롭게 깨어난 자각을 가져가는 일이다.

당신 경험의 질에 조화를 회복하기 위해서 꼭 어떤 특별한 자격을 갖춰야 하는 것은 아니다. 당신이 만나는 모든 사람에게 평화에 대한 자각을 일깨우기 위해 특별강좌를 수강해야 한다거나 어려운 연습을 해야 하는 것도 아니다. 조건 없는 사랑의 잠재력을 온전히 발휘하기 위해 특별강좌에 등록해야 하는 것도 아니다. 가치 있는 것을 드러내 보이기 위해 한 마디 말도 할 필요가 없다. 진동하는 자각의식의 본보기가 되기 위해 특정한 색깔의 옷을 입을 필요도, 특별한 음식을 먹어야 할 필요도, 마법사 같은 태도를 취할 필요도 없다. 근원의 힘을 발휘하기 위해서 특별한 의식이나 찬송을 해야 하는 것도 아니다.

'현존'하기 위해서는 그 무엇도 '할' 필요가 없다. 당신에게 필요한 것은 오로지 현존하기로 선택하는 것뿐이다.

가슴 깊이 느껴지는 현 순간의 자각은 통일장의 온전한 힘과 영광과 형언 불가능한 가능성을 담고 있다. 현 순간의 자각은 두려움과 분노와 슬픔 때문에 생긴 온갖 장애물을 통합한다. 그것은 당신의 통합되지 못한 감정적 누적물로부터 비롯된 무의식적인 행위가 입혀놓은 상처를 치유한다. 그것은 오해를 즉석에서 녹여 없앤다. 고요한 현 순간의 자각은 '시간'이라는 인식의 바이러스에 감염된 당신의 모든 경험을 치료해주는 연고와도 같다. 현 순간의 자각은 그 누구의 어떤 행위도 용서하며, 모든 사람의 모든 행위를 용서한다. 그것은 외로운 사람에게는 위안을, 고단한 사람에게는 휴식을 제공한다. 길 잃은 사람에게 현 순간의 자각은 고향집이다.

당신이 자신의 경험 속에 기꺼이 현존하기를 택할 때, 그것은 다른 사람들에게도 그들이 자신들의 경험 속에 현존하도록 힘을 준다. 그러면 또 그들은 자신들의 현 순간의 자각을 다른 이들과 나눌 수 있게 될 것이다. 이렇게 현 순간의 자각은 갈수록 무한히 더 밝게 빛나는 연쇄 반응에 불을 붙인다. 현 순간의 자각은 우리가 그것을 함께 나눌 때 무한한 빛을 발하는, 영원한 자각의 불꽃이다. 당신이 현 순간의 자각에 깨어나고 그것을 사람들과 나누기를 의식적으로 택할 때, 그 불꽃을 꺼뜨릴 수 있는 것은 아무것도 없다.

조건 없이 주어진 현 순간의 자각은 세상에 대한 당신의 경험 속에 우리의 집단적 근원이 신체적, 정신적, 감정적으로 현존할 수 있게 한다. 현 순간의 자각은 어떠한 조건에도 아랑곳하지 않고 무조건적인 사랑이 표현되게 한다. 자신의 현 순간의 자각을 다른 이들과 나눔으로써, 당신은 우리의 집단적 근원이 사랑임을 '안다'. 그리고 그럴 때, 오직 그럴 때만 당신은 '삶'이라는 선물에 온전히 책임을 질 수 있다.

작별 선물

진동하는 자각의식에 의식적으로 다가가기

현존 수업을 통한 당신의 체험여행을 모두 마치면 당신은 이렇게 자문하게 될 것이다. '이젠 무엇을 해야 하나?'

이 질문에 대한 대답으로 내가 '진동하는 자각의식에 의식적으로 다가가기'라 부르는 나날의 훈련법을 당신과 나누고자 한다. 이 훈련의 결과가 어떤 것인지를 알고 싶다면 날마다 이 훈련으로 하루를 시작하기를 권한다. 이것은 삶의 근원점에다 자신을 조율시키는 간단하고도 실용적인 방법이다. 삶의 근원점이란, 당신 자신과 모든 '창조물'들 속을 관통하여 흐르고 있는 진동의 흐름이다.

이 도구는 종교적이거나 영적인 것이 아니다. 오히려 그것은 인간으로서의 당신의 경험이 그 통일된 근원으로부터 외부로 펼쳐져 나오는 방식을 모시고 받드는 인식방식이다. 이것을 날마다 행하면 자각의식의 자연스러운 흐름을 따라 근원으로 돌아갈 수 있는 능력이 길러진다.

이 훈련을 날마다 하는 것은 곧 모든 내적, 외적 활동 속에서 자신을 근원의 상태에 머물게 하는 방법이다. 이 인식의 도구를 꾸준히 길들여 사용한다면 당신은 일상의 경험 속에서 인식이 눈에 띄게 변하는 것으로 그 효과를 확실히 체험할 것이다.

1부:
1. 바닥에 가부좌를 하거나 의자에 편안하게 앉은 상태에서 허리는 곧게 펴고 몸을 이완시켜 편안한 상태를 유지한다. 몸이 추위를

느끼지 않도록 해주라.

2. 수행이 끝날 때까지 눈을 뜨지 말라.
3. 15분 동안 호흡을 연결시키라.(현존 수업에서 '호흡을 연결시킨다'는 것은 들숨과 날숨 사이에 중간 휴지 상태를 두지 않고 호흡하는 것을 말한다.)
4. 자신의 숨소리를 들을 수 있을 정도로 집중하여 호흡하라.
5. 되도록 코를 이용하여 호흡한다. 코가 막힌 상태라면 입으로 들숨과 날숨을 들이쉬고 내쉬라.
6. 끊김 없이 연결시킨 호흡의 리듬에 맞추어 속으로 이렇게 되뇌라. "나는 지금 여기 이 안에 있다." "나는"(들숨) "지금"(날숨) "여기"(들숨) "이"(날숨) "안에"(들숨) "있다"(날숨)

2부:

1. 15분 후에 입으로 최대한 숨을 들이쉬어 폐를 가득 채우라. 그리고 스물을 셀 때까지(너무 길면 더 짧게 해도 좋다) 숨을 멈추라.
2. 입을 통해 숨을 내쉬라.
3. 다시 입으로 숨을 들이쉬고 스물을 셀 때까지 숨을 참은 다음 입으로 내쉬라. 이 과정을 세 번 반복하라.

3부:

1. 이제 호흡에서 주의를 거두어들여 '눈을 감고 현존할 때' 의식이 머무는 곳에 주의가 머물게 하라. 두 육안 사이의 조금 위쪽에 자리 잡고 있는 이 내면의 지점은 눈 중추(eye center)이다.
2. 눈 중추에 머물면서 "나는 지금 여기 이 안에 있다."고 5분~10분 정도 속으로 되뇌라.

3. 만약 주의가 되뇌고 있는 말로부터 다른 무의식적인 생각으로 달아난 것을 알아차린다면 부드럽게 주의를 되돌려 의도적인 되뇜을 계속하라.
4. 이 수행을 하는 동안 자각의식이 머물 수 있는 서로 다른 두 지점을 알아차리라. 그것은 눈 중추의 의도적인 되뇜 속에 현존하는 것, 아니면 무의식중에 눈 중추에서 벗어나 (과거와 미래에 대한) '생각'의 꿈속을 헤매는 것이다.
5. 이렇게 의식이 무의식중에 다른 곳으로 달아나더라도 개의치 말고 다만 그것을 관찰하라. 그것과 조건 없이 함께하라.

4부:
1. 마음속의 모든 되뇜을 멈추라.
2. 느낌과 직감을 사용하여 자신의 몸속과 주변에서 일어나는 모든 감각을 알아차리라. 어떻게 인식되든 상관없이 이 경험의 느낌이 곧 진동하는 장과의 만남이다.
3. 몇 분간 이 진동장 경험의 느낌과 함께 앉아 있으라.

5부:
1. 전체 진동장을 의식적으로 느끼기를 멈추고 오직 '듣기'에만 집중하라.
2. 몇 분 동안 주변에서 들려오는 모든 소리에 귀를 기울이라. 아무런 조건 없이 그 소리에 귀를 기울이라. 청각적으로 그 소리들을 '받는 듯이' 들으라. 자신이 이 청각적 진동의 수신기인 것처럼 들으라. 어떤 소리든 상관없이 그것을 만유의 통일된 근원점에서

나오는 소리로 여기면서 이 모든 외부의 소리를 느끼라. 이 모든 외부 소리의 총합이 '신의 말'인 것처럼 여기라.

3. 이제 의식이 외부에서 들려오는 소리로부터 다시 한 번 내면의 현존 지점, 즉 눈 중추에 머물게 하라. 이번에는 눈 중추에 머무는 동안 '내면에서' 들려오는 소리에 귀를 기울이라. 아무 소리도 들리지 않으면 아무것도 없는 무無에 귀를 기울이라.

4. 이 소리를 듣는 동안, 혹은 아무 소리도 들리지 않는 동안, 주의가 눈 중추에 계속 머물게 하라.

5. 주의가 눈 중추에 머물며 귀를 기울이지 않고 무의식중에 일어난 생각이나 외부의 소리로 달아났음을 알아차린다면 주의를 부드럽게 되돌려서 듣기를 계속하라.

6. 이 연습을 하는 동안 주의가 머무르게 되는 두 가지 서로 다른 지점을 알아차리라. 그것은 곧, 눈 중추의 의도적인 귀 기울임에 현존하는 것, 아니면 무의식중에 눈 중추에서 벗어나 (과거와 미래에 대한) '생각'의 꿈속을 헤매는 것이다.

7. 무의식중에 주의가 다른 곳으로 달아나더라도 개의치 말고 그저 그것을 관찰하라. 아무런 조건 없이 그것과 함께하라.

8. 약 5분 동안 내면에 귀를 기울이라. 더 오래 하고 싶다면 그렇게 해도 좋다.

9. 이 '귀 기울인' 상태, 이 '수신기가 된' 상태가 울림의 명상이다. '귀 기울임'은 원래 가슴이 진동의 울림을 느끼는 방식이다.

내면의 어떠한 소리든 거기에, 혹은 무에 귀를 기울일 때, 당신은 '진동하는 자각의식으로 들어서는 내면의 문간에' 서 있는 것이다. 그 너머에서 어떤 일이 일어나든, 그것은 당신 혼자서 갈무리해야 할 일이다.

이 훈련의 효과는 '내면에서 무엇을 듣느냐'가 아니라 귀 기울인 상태에 계속 머무는 능력에 있다. 의식적으로 소리의 수신기가 되는 이 귀 기울임의 상태는 당신이 나날의 생활에 필요한 모든 것을 우리의 통일된 근원으로부터 직접 받을 수 있도록 열려 있게끔 힘을 준다. 귀 기울이는 능력이 발달할수록 받아들이는 능력도 발달한다.

울림에 관한 이 훈련은 어떤 완성 지점에 이르기 위한 것이 아니다. 그것은 '당신이라는 근원점'으로부터 펼쳐져 나오는 인간의 경험에 온전히 참여하기 위한 것이다. '억지로 애쓸' 필요는 없다. 피할 수 없는 결과 속으로 편안하게 들어가 그것을 즐기면 된다. 애쓰지 않아야 애쓰지 않는 자연스러운 상태가 생겨난다. 이 훈련이 당신과 당신이 사랑하는 모든 존재들에게 필요한 모든 것을 가져다줌으로 영원히 축복해주기를.